天津市文史研究馆馆员著述系列

竹心集

——宫白羽先生文录

宫白羽 著

王振良 张元卿 编

天津出版传媒集团

天津人民出版社

图书在版编目(CIP)数据

　　竹心集:宫白羽先生文录 / 宫白羽著;王振良,
张元卿编. —— 天津:天津人民出版社, 2015.11
　　(天津市文史研究馆馆员著述系列)
　　ISBN 978-7-201-09842-5

　　Ⅰ.①竹… Ⅱ.①宫… ②王… ③张… Ⅲ.①社会科
学–文集 Ⅳ.①C53

　　中国版本图书馆 CIP 数据核字(2015)第 248186 号

竹心集—宫白羽先生文录
ZHUXINJI GONGBAIYUXIANSHENGWENLU
宫白羽著 王振良 张元卿编

出　　　版　天津人民出版社
出 版 人　黄沛
地　　　址　天津市和平区西康路 35 号康岳大厦
邮政编码　300051
邮购电话　(022)23332469
网　　　址　http://www.tjrmcbs.com
电子信箱　tjrmcbs@126.com

策划编辑　沈会祥
责任编辑　赵　艺
装帧设计　汤　磊

印　　　刷　高教社(天津)印务有限公司印刷
经　　　销　新华书店
开　　　本　880×1230 毫米　1/32
印　　　张　17.375
插　　　页　1 插页
字　　　数　420 千字
版次印次　2015 年 11 月第 1 版　2015 年 11 月第 1 次印刷
定　　　价　56.00

编委会名单

主　编：刘志永

副主编：阎金明（常务）　南炳文　王宝贵

编　委：（以姓氏笔画为序）

马　竞　王宝贵　王振德　刘志永

阮克敏　张春生　张铁良　陈　雍

罗澍伟　南炳文　钱　钢　阎金明

崔　锦　韩嘉祥　甄光俊

漂泊在混沌江湖上的清白之羽（代序）

倪斯霆

1966 年的春天来得格外早，1 月下旬便已进入春节。然而，就在普通百姓欢欢喜喜过大年之际，一场冲击国人灵魂的风暴正在迅速生成。2 月下旬，伴着尚未褪尽的年味，国内一些屡经"运动"的文化人，已隐隐感到了"山雨欲来风满楼"的窒息。

此时，在天津市中山路西侧一片名叫二贤里平房的某个院落里，一位瘦弱老人正躺在家中床上，大口喘着粗气，断断续续地在向家人交代后事。多年脑血栓后遗症加上久治不愈的肺气肿，已让他的生命到了弥留之际。他将次子叫到床前，指着床下一捆捆已泛黄破旧的武侠小说吃力地说："快把它们烧掉，以后谁也不能再提我是写武侠的。"言罢，他又指了指隔壁书桌上码放整齐的数十册甲金文研究手稿，告诉次子尽快将其整理出来，力争发表，并嘱咐说，今后别人问起我，就说我是搞甲骨文研究的……

几天之后，老人驾鹤西去，享年 67 岁。时间是 1966 年 3 月 1 日 8 时 30 分。

这便是民国著名社会武侠小说作家白羽的最后时光。带着对人世间的依依不舍，带着满肚子的故事与学问，更带着未成硕果累累的文史学者反而成了名震遐迩的武侠名家的遗憾与不甘，白羽走了。

此刻，受其影响极深的金庸、梁羽生、古龙等港台新派武侠小说大家在大陆以外正如日中天。他们在享受着作品畅销所带来快乐的同时，也在过着受人景仰崇拜的幸福生活。与此同时，海外大学、报馆里的一些专家学者也在孜孜研读白羽小说及其甲金研究文论，褒贬成败，臧否得失。与之相较，作为他们的私淑老师与研究对象，白羽的身后可谓冷清寂寥。在被草草安葬后，已淡出人们视线多年的他从此愈加被人遗忘。其几十部武侠名著及散佚在旧报刊上的大量文史考证、讽世随笔，则更是随着此后的空前浩劫而灰飞烟灭。

幸焉？不幸焉？

幸亦不幸。

幸者，是他恰好死得其时，否则几月后便开始的历时十年的文化风暴他是无论如何也躲不过去的。不幸的是，他没能看到二十余年后，其恢弘的武侠佳构重又畅销神州；其精深的文史考证再次进入学术殿堂；其庞大的杂文随笔重新"出土"瑰集成编嘉惠后人。继1992年其武侠小说全集22部550万字正式付梓后，近年来，他更是被写进多种现代文学史并登堂入室走入象牙之塔。作为沦陷时期通俗文学代表的"著名作家"，目前他已被多所大学列为研究对象。而让其名扬海内外的武侠成名作《十二金钱镖》，目前也已被"妄改"成电视连续剧，在各地卫视播映。尤其是在玉宇澄清的今天，他生前极其渴望还他新文学家及文史学者身份的梦想，随着目前学界对其武侠小说的重新定位，伴着他的大量学术考证文章及杂文随笔不断被整理面世，也即将成为现实。

俱往矣——哀荣已不重要。重要的是，作为一种文学现象的标志与符号；作为一个术有专攻的专家与学者；作为一位个性独特的报人与观察家，白羽毕生的著述已被今人在陆续搜集整理并进行实事求是的客观研究。尤其是他生前的最后一个单位——天津市文史研究馆，更没有忘记他这个老馆员。在近期陆续编撰的

"天津市文史研究馆馆员著述系列"中，他作为有突出成绩的文史研究专家，也被幸列其中。更为难得的是，此次他的"著述"，不是让他尽享盛名的社会武侠小说，而是他生前最为看重且欲终生从事而不能的文史研究。相信在不久的将来，随着这部凝结着白羽一生学术成就的"著述"之面世，我们在钦佩其武侠小说辉煌成就之外，尚能发现一个作为著名文史学者的全新"白羽"。

那么，身后尽享社会武侠小说与文史学术研究盛荣的白羽，其生前的生活与写作又是怎样的呢？这一切，还要从百余年前说起……

辗转津京等地的"军人之子"

白羽虽然祖籍山东东阿，但据其自传《话柄》所言，"脚却从未踏过鲁境一步"。相反，他与天津却有着割舍不断的缘分。细数白羽一生经历，称天津为其实实在在的"故乡"并不为过，而其祖籍山东东阿仅仅成了他填写"籍贯"时的"例行公事"。

1899 年 9 月 9 日，白羽出生于天津附近的马厂（马厂位于今河北省青县境内，青县自清朝至民国的 280 多年里，一直隶属天津），本名宫竹心，曾用名宫万选，笔名尚有杏呆、宫羿、耍骨头斋主等。其父宫文彩为陆军中校，时任袁世凯卫队营长。作为"随军家属"，白羽在其父病逝前一直随父而居。其在马厂长到 5 岁后，便随父迁居天津市内，由塾师为其开蒙认字读书。1906 年 7 岁时又随父移防辽宁省开原县，翌年旋迁黑龙江省安达市，三年后再次返回天津。

这次重返天津，是因为其父与上司发生冲突，被以"巡防不力"撤差，回津赋闲。后经老上级倪嗣冲斡旋推荐，其父被军中降级为哨官，带部队驻防天津西郊疙疸村。虽然此次在津只住一年有余，但对白羽来说，这是他少年时期玩得最开心的时光。当时其父将家安顿在津西芥园，当年这里沟渠相连，野趣横生，以至在二十多年后，他已成为华北"名作家"时，仍对这少年玩耍之地恋恋不忘，对此其曾在自传《话柄》中回忆："二十年前的西芥园，虽位在软红十丈的津门，却地段旷野，有如村庄。""在西芥园过了两个年，到民二才移居故都，改入学校。但是芥园有荒坟似山，有水坑如河，我与学友游玩不倦。这真是我儿时游钓之乡，直到现在，还引起我的留恋！"

　　1912年，随着民国建立，其父在北京复职，于是白羽依依不舍地告别天津，随父迁居北京。不久，他进入学堂，接受新式教育。1918年，其父突发脑溢血辞世后，不但家中积蓄很快便被下人骗光；而且段芝贵、倪嗣冲、张作霖等人所赠抚恤亦被其父上司克扣。失怙弃养的现实，让他这个长子只得辍学承担起养家的重任。这期间他先后做过商贩、家庭教师、军中文书、税吏及邮局职员。但经过"五四"新文化洗礼的他，心中最大的愿望，便是做一个新文学家或文史研究学者。为此，他阅读了大量欧陆名著、新文学家作品及中国文史典籍，并由此喜欢上了鲁迅、周作人、冰心、许地山等人的作品。

成了鲁迅与周作人的学生

　　1921年8月25日，在午后日头的炙烤下，白羽怀着忐忑与兴奋的心情走进了北京西直门内公用库八道湾11号寓所。这是一套典型四合院住房。前院朝北三间房子的主人是一位留着短黑胡子的中年人，名叫周树人；在后院九间一排的东屋里住着他的胞弟周作人与其日本夫人羽太信子。当白羽得到周氏兄弟均不在家的回答后，削瘦的脸上现出了几分失望。他沉默片刻，不无遗憾地留下一信匆匆离去。翌日，白羽便收到了周树人的回信：

竹心先生：

　　昨天蒙访，适值我出去看朋友去了，以致不能面谈，非常抱歉。此后如见访，先行以信告为要……

　　先生进学校去，自然甚好，但先行辞去职业，我以为是失策的。看中国现在情形，几乎要陷于无教育状态，此后如何，实在是不可知之数。但事情已经过去，也不必再说，只能看情形进行了。

　　小说已经拜读了，恕我直说，这只是一种 Sketch，还未达到结构较大的小说。但登在日报上的资格，是十足可以有的；而且立意与表现法也并不坏，做下去一定还可以发展。其实各人只一篇，也很难于批评，可否多借我几篇，草稿也可以，不必誊正的。我也极愿意介绍到《小说月报》去，如只是简短的短篇，便绍介到日报上去。

读至此处，白羽深受感动。虽然此时他尚不知道周树人即是他心目中最最敬仰的"鲁迅先生"，但从字里行间他已悟到此人是足以信赖的文坛长辈。此时他心绪难宁，连日来与周树人文字神交的经过又重现眼前——

那是二十多天以前，在北京邮局任小职员的白羽，从快信处意外获得了当时在文学青年心目中威望颇高的周作人家地址，这使得受过"五四"运动洗礼并喜好新文学创作和文史研究的他欣喜若狂，立刻去函求教。为了免遭拒绝，他在信中只提出借书和建议设立借书处的要求。几天后便接到了回信，但回信者却署名周树人。他在告知周作人因病目前正在西山碧云寺修养外，还寄赠白羽《欧洲文学史》和《域外小说集》各一册。

周树人何许人也？看过大量新文学作品的白羽对此名却颇感陌生，但他与周作人是兄弟肯定无疑。从信中语气看，似乎也是一位修养很深的文化人。既然周作人患病不能赐教，何不请他作伐，帮助改稿投稿。主意已定，白羽便于8月6日给周树人去函一封，请求相见。十天后，得复信。周树人允曰："先生兄妹俱作小说，很敬仰，倘能见示，是极愿意看的。"

第二天，白羽便将自己所写《厘捐局》与其妹宫时荷所写《两个铜元》小说手稿寄至周府。但连等数日，未见回音。已经厌倦了邮局机械工作的白羽，此时因能得到周树人的赐教，已被绚丽的文学之梦所陶醉，于是他准备辞职去考高等师范，期盼将来终身从事文学创作与文史研究。思虑至此，他遂将此计划修函一封，再寄周府。发信之后，渴望拜见周君之情愈来愈烈，终于决定冒昧求见。于是便出现了此节开头的一幕。

——窗外的喧闹将白羽从回忆中惊醒，他将目光落到了信的最后："不知先生能否译英文或德文，请见告。"先生不但肯于改稿、荐稿，而且还愿意介绍翻译，这使白羽颇感意外。于是他匆忙回信，答曰"英文还可以勉强译述"，并说自己读了许多新文学作品，"最喜爱的作家是鲁迅和冰心"。几天后，周树人回信承认自己就是鲁迅。

周树人就是鲁迅?!

白羽顿时惊呆了——自己冒昧向周作人讨教，却阴差阳错结识了心仪已久的鲁迅先生，并且数度书信往还，这真乃一大幸事。但更让他欣喜的是，几天后，他的第一篇新文学小说《厘捐局》经鲁迅介绍，便见诸报端了。

至此，白羽再也按捺不住面见先生亲聆教诲之情。1921年9

月28日下午，他如约来到八道湾11号，见到了心仪已久的鲁迅与周作人先生。初次见面的印象足以刻骨铭心，以致18年后他在自传《话柄》中回忆起这次相见的情景，仍历历在目："在苦雨斋见了鲁迅和作人先生，我昂然地坐在两个文学家之前，大谈一阵。鲁迅先生透视的刺人的眼和辛辣的对话，作人先生的敦厚温柔的面容与谈吐，给了我很深的印象……鲁迅先生所给予我的影响很大，尤其是他的文艺论。曾谈到当时小说的题材，不外学生生活；鲁迅指出这一点，我就附合着说：'是的，这样题材太多太泛了，不可以再写了。'鲁迅决然地回答：'但是还可以写。'又谈到当时的作者，为表现同情劳工，于是车夫乞丐纷纷做了小说的主角，我说：'这真是太多了，应该变换题材了。'鲁迅又决然地回答：'但是还可以写。'是的，这只在乎作者个人的体验与手法。他一连几个'但是'，当时很使我诧然。"

近一小时的谈话很快便结束。分手时，周作人将自己收藏的契诃夫小说的英译本借给了白羽。随后白羽译出五六篇，均由鲁迅校定后荐往北京《晨报》发表。

继首次见面之后，白羽又往八道湾拜见鲁迅多次，并相互通信达数月之久。然而他到底没有听从鲁迅的劝告，仍是辞去了职业。需要指出的是，这期间鲁迅不但继续为他修改、推荐作品，而且为他的考学与工作问题，也在多方奔走，但收效甚微。

事已至此，白羽不得不放弃卖文求学之念，而到通州去教私馆，时间不长便失业。又经友人之荐，以千字一元之酬，于一月之内为一家日报的"妇女界"专版写了一万一千余字，但当付酬时却被编辑核减为大洋四元，遂一怒之下，辍笔停稿。旋又至《民立日报》当校对并兼写钢板，谈妥月薪二十元，然而到领薪时，又被社长太太扣去四元，随后该报停刊，就连这十六元的生活费也因此而告吹。无奈之下，他又想到了鲁迅，于是在转年的秋天，他再次来到八道湾，但这里已是人去屋空。原来在白羽接到鲁迅最后一封信函不久，鲁迅与周作人之间长期积蓄的矛盾爆发，终于导致决裂。1923年8月2日，鲁迅愤而离开八道湾，迁居砖塔胡同61号。三年后，离京赴沪，从此中断了与白羽的往来。

被张恨水招聘后的创作转型

失去了鲁迅的关怀与引导，白羽在迭遭失业之苦与投稿被骗之后，他于报上看到了北平《世界日报·明珠版》招聘特约撰述的广告。

《世界日报》是由成舍我在1924年创办的《世界晚报》基础上，于翌年再办的一张大型日报。该报在北平影响甚大，一批文学青年及进步人士如张恨水、张友鸾、马彦祥、张友渔等当时都在该报任职。尤其是张恨水，自成舍我在北平版《益世报》当总编辑时，便作为助手协助其工作。1924年成舍我于北平西单手帕胡同35号创办《世界晚报》，遂邀张主编一版副刊"夜光"。张恨水成名作《春明外史》便是此时于该版杀青。转年2月10日，《世界日报》又在右附马大街甲90号创刊，成舍我又请张恨水为其兼编副刊"明珠"。于是张恨水又在该版连载了《新斩鬼传》与《金粉世家》。几部长篇小说的推出，使张恨水一跃而为当时南北最受欢迎的作家，各地报刊约其写连载者络绎不绝。为使自己稍有解脱，张恨水在征得成舍我同意后，遂在报上登出广告，欲在北平为"明珠"版招几位特约撰述。

此时"在很短的时期，自荐信稿便订了五本"的白羽见到广告，认为机不可失，于是便在一夜间写了文史类短稿七篇，投寄出去。张恨水对应聘者筛选极严，本着宁缺勿滥原则，所有来稿均亲自过目，最终于众多自荐稿中选定一人，这便是白羽。他被白羽深厚的文史基础与喜怒笑骂的文笔所折服，认定此人往后在文学创作与文史研究方面将成大器。

1926 年春天的一个下午，白羽在北京宣内未央胡同，第一次见到了当时已驰名南北的大作家张恨水。多年后，他在回忆这次相见时曾言："我诧异这个文人，如此巨眼响喉，但他的嗅觉却灵敏。面谈之下，他说 K 先生可以每天给明珠写一篇稿子，有功夫再给夜光写一点，三五百字就行。哈，每月十元，而且是每日两篇，我方才醒悟，那一万一千字的稿费四元，并非希奇事，一向如此的。但我不能不做，就作了起来。事后才听说，这次特约撰述，实在只选中我一个人。就是大名鼎鼎的恨水先生，那时的稿费也不过千字二元。文人是如此的不值钱，至少在北方是这样的。"

与张恨水相见之后，白羽便开始了他的"特约撰述"工作。他每日冥思苦想，奋笔赶稿，这一时期曾写下了许多随笔、杂文、训诂考证及文史掌故，并由此决定了他一生与文史结缘。在"特约撰述"的同时，他看到张恨水的长篇连载颇受各报欢迎，稿酬也丰，遂心羡手痒，写出了他平生第一部武侠小说《青林七侠》，并于 1926 年底连载于张恨水所责编的《世界日报》副刊。但由于小说写得甚不理想，读者反响平平，故在连载数月之后，便被腰斩，直到 1931 年，他来到天津后，方才在吴云心主编之《益世晚报》副刊续载完毕。

《青林七侠》在《世界日报》的连载虽然没有成功，但却为白羽日后的文字生涯打开了一扇新的窗口。因为正是张恨水的"榜样"作用，使青年白羽逐渐放弃了新文学梦想，也暂时搁下了甚为喜爱的训诂、考证等文史研究，而转型为通俗小说的创作了；而正是《世界日报》这个阵地，为白羽提供了武侠小说练笔的机会，对他日后成为著名社会武侠小说作家做了先期培训。虽然目前没有资料可以证明，在《世界日报》这段日子，张恨水与白羽是否有过关于通俗小说创作方面的讨论与磋商。但一个事实不可否认，张恨水通俗小说创作的成功与连载所获的丰酬，对当时穷困潦倒的文学青年白羽刺激极大。因为他当时最需要的便是养家糊口的钱，最犯愁的也是无法弄到维持一家生活的钱。正是张恨水的写作模式与获利结果，让白羽看到了文人原来也可以这样挣钱。于是他只能放弃当一个新文学家或文史学者的梦想，循着张恨水的路子写起了通俗小说。这也正是二十余年后，当写作武侠小说让他名利双收时，他却总是发出自责自艾自轻自贱的哀叹之原因。

看不起通俗小说，但不得不以通俗小说养家并藉此而成名，是白羽一生最大的悲剧。

因报道施剑翘出狱真相成为津沽"名记"

1928 年夏，白羽应天津名记者吴秋尘之约，只身重返津沽，任职天津《商报》。对于少年时期过惯了随父宦游生活的白羽而言，此次天津之行，并非长久之计，只不过是想换换环境，洗刷一下在京的"晦气"罢了。然而，他与天津这座城市前缘已定，天津很快便接纳了这位穷弱书生，从此他便在津定居，直到 38 年后他在天津走完他的人生之旅。

从 1928 年到 1937 年这九年间，白羽在天津可谓名副其实的"穷忙"，对此他曾在自传《话柄》中回忆："我在北京，如果说是'穷愁'，那么我自从到津，我就算'穷'之外，又加上了

'忙'；大多时候，至少有两件以上的兼差。曾有一个时期，我给一家大报当编辑，同时兼着两个通讯社的采访工作。又一个时期，白天做官，晚上写小说。一个人干三个人的活，卖命而已。尤其是民二十一至二十三年，我曾经一睁开眼，就起来写小说，给某晚报；午后到某机关办稿，编刊物，做宣传；七点以后，到画报社，开始剪刀浆糊工作；挤出一点空来，用十分钟再写一篇小说，再写两篇或一篇短评！假如需要，再挤出一段小品文；画报工作未完，而又一地方的工作已误时了。于是十点半匆匆的赶到一家新创办的小报，给他发要闻；偶尔还要作社论。像这么干，足有两三年。当外勤时，又是一种忙法。天天早十一点吃午餐，晚十一点吃晚餐，对头饿十二小时。而实在是跑得不饿了，挥汗写稿，忽然想起一件心事，恍然大悟的说：'哦，我还短一顿饭哩！'"

　　但就在这样的"穷忙"中，他却"忙"出了名堂，并因此而成为津沽"名记"。

　　那是在 1935 年的夏天，白羽加入了天津中华通讯社。中华通讯社由管孟仁成立于 1930 年，社址位于天津法租界 26 号路（今滨江道）恒安里。1932 年又迁址英法租界相交（今营口道）的仁和里。后因管孟仁离津他去，通讯社停办。直至 1935 年，该社原编辑华连瀛、张家彦、王受生等利用原登记证，重新恢复中华通讯社，并再度迁址当时的河东金汤大马路（今建国道）致安里。白羽便是在此时加入该社并充任外勤记者。但只干了三两月，便嫌累退出。1936 年秋，该通讯社越办越糟，王受生遂再度邀其加入，在谈妥先付酬薪并出高价条件下，白羽遂"二进宫"。"然而情势已非，采访非常困难。×社（中华通讯社）初发稿时，经努力活动，只两三天，社稿便被大公、益世、庸报、新天津等采用。这一回远非昔比了，社稿的信用已被弄砸。经我连跑了十二三天，访的消息不是不确，不是没有刊登价值，可是各报全不敢采用，怕靠不住，造谣。我急了，只好努力。"（详见《话柄》）努力的结果便是：他独家报道了因替父报仇而枪杀军阀孙传芳的女侠施剑翘出狱的真相。自此之后，不但中华通讯社的日子好过，白羽本人也一跃而为津沽"名记"。以至在许多年后，他仍在自传中称施剑翘为自己的"恩公"。

然而，"名记"的花环仅戴了月余。1936 年冬，白羽在累得"咯血一口"之后，便告别了新闻圈，应友人郭云岫（国民党天津地下抗日人员，后被日伪绑去日本做劳工，死于北海道）之邀，携带家眷到霸县，边养病边执教乡村师范去了。

从二贤里甩出《十二金钱镖》

乡村的生活是宁静的。

在霸县，白羽边教书，边调养病体。渐渐地，随着身体的康复，白羽也适应了这世外桃园般的生活，并由此产生了留恋，有了在此置房安家的念头。

然而，卢沟桥的炮声打碎了白羽的田园梦。

1937 年 7 月 7 日，抗日战争全面爆发。7 月 30 日，天津沦陷。随后，战火燃遍了华北。

是年底，白羽携家眷仓皇返津。望着满目疮痍的街巷，困顿无助的白羽一家只有挤住在离津前已为其弟宫维城安顿好的河北区昆纬路两间平房内。"人总得吃饭，就得找事做做。但是劫后归来，举目则人物皆非。做什么是好？想来想去，只好卖文教学了。"（详见《话柄》）于是他先借友人徐某在中山路南段开设的"东方补习学校"牌子，自己充当国文、英文及数学补习教员；

随后便开始酝酿卖文为生。

因津城沦陷之初学校大都停办，白羽的补习学校一开课便学生众多，白羽见此遂有了开办学校的想法。在经过慎重选择和多方比较后，他最终租下了中山路以西二马路与黄纬路相交处的二贤里8号院为校址，在友人郭云岫的帮助下，开办了正华学校，内设补习班与小学。虽然与马路对过高大气派的扶轮小学相比，正华学校既矮小又简陋，但由于开设在贫民区内，还是吸引了大批穷苦孩子来此上学。为了维持生活和补贴建校费用，在学校稍一安顿后，白羽便将卖文的想法付诸实施。于是，一部日后为其带来不菲收益，并使之誉满全国且改变了其人生走向的长篇小说，在二贤里开始了构思与创作。

1938年初，沦陷的津沽，报业萧索，文坛凋零。随着赵焕亭、还珠楼主等名家的出走，战前曾红火一时的通俗小说创作此时亦渐趋底谷。是年二月，《庸报》上一部武侠小说的横空出世，为沉闷的华北文坛带来些许生气，这便是白羽在二贤里甩出的《十二金钱镖》。

关于《十二金钱镖》的写作，台湾学者叶洪生先生曾作过如下描述："当时正值抗战军兴，华北沦陷区人心苦闷，渴望天降侠客予以'神奇之救济'……其中有一介书生，困顿风尘，百无聊赖，乃以'倒洒金钱'手法，胡乱打出《十二金钱镖》，发表于天津《庸报》，孰料歪打正着，声誉鹊起，竟赢得各方一致叫好。"其实该书并非是白羽"胡乱打出"，而是思考再三的结果。那是1938年的年初，随着正华学校渐入正轨，萦绕在白羽心头多时的"卖文"念头逾发强烈，但是文卖何处呢？恰在此时，已沦为日军"北支派遣军"机关报的《庸报》文艺部部长何海鸣找上门来，约白羽撰写小说于报上连载。不明底细而又为生活犯愁的白羽遂接受友人郭云岫的劝告，提出只写与现实无关的武侠小说，其他题材均不涉笔。在得到何海鸣的同意后，1938年初，白羽把题为《豹爪青锋》的长篇武侠第一章送到报馆，但何海鸣认为这个书名纯文学味太浓，大笔轻轻一挥，便改作了《十二金钱镖》。白羽回到家中，大骂何海鸣无知、庸俗，并对家人说："我不能丢姓宫的脸，写《十二金钱镖》的姓白名羽，与我宫竹心无关。白羽就是一根轻轻羽毛，随风飘动。"

就这样，为当时饱经战乱的沦陷区读者带来些许欢娱的武侠小说《十二金钱镖》便横空出世了。书中，白羽尤将南下劫镖的飞豹子写成盘跨辽东的强徒，在当时东北已沦为伪满之际，此举可谓意义深长。

此书写作伊始，白羽约来深谙武功而此时正在家赋闲的好友郑证因，一边帮忙料理校务，一边帮其设计武打招式。郑证因在其影响下，不久便亦走上了"纸上江湖"，写出武侠代表作《鹰爪王》，成为继白羽之后又一民国北派武侠小说代表作家。

《十二金钱镖》的杀青，为白羽赢得极大声誉。随着连载日深，此书在民间不胫而走，深入人心，当时随处可见的租书铺子门口所贴"家家读钱镖，户户谈剑平"的对子可谓是该书轰动的真实写照。该书随写随刊，后由天津书局出版单行本第一集后，其余各集均由白羽在二贤里8号院自办的正华出版部出版，至1943年便已出到16卷总80章，但故事仍未结束，搁笔几年后，白羽又于1947年在天津《建国日报》续写第17卷5章，终结全书。

其实正华出版部的成立，实乃白羽的无奈之举。

《十二金钱镖》单行本第一集于1938年11月由天津书局出版后，迅即风靡全国。书局主人见有利可图，遂见利忘义，他为减低作者版税，在印出与白羽所签合同规定的图书外，又多次私自盗印。此事很快便被记者出身的白羽发现，他一怒之下，便将工厂里尚未装订的该书散页拉回家中。待怒气消散，望着满院子的书页白羽犯了难，几经权衡，他最终下了决心，自筹资金200元，借纸20令，决定就在二贤里8号自家院内挂牌成立正华出版部（当年的地址为天津河北二经路二贤里），由其弟宫维城作发行人，并与久大印刷公司签立长期承印合同。自此之后，不但《十二金钱镖》后续十余集均自产自销，而且白羽随后所写《血涤寒光剑》《毒砂掌》《武林争雄记》等二十余部武侠小说亦全部在此出版。岂料这无奈之举却为白羽带来了意想不到的收益。民国时期天津的通俗小说作家如刘云若、还珠楼主、戴遇庵等都是将自己的作品于报上连载拿到一笔稿费后，便不再过问，任凭报社、书局一版、二版地大量印行谋利，从此再无权干涉。因此他们虽著作等身，但仍受穷。白羽则不然，在被动地成立了自己的出版机构后，其自产自制自销式的"一条龙"生产线为他带来了极大收益，足足过上了几年好日子。为了更好地维护自己的权益，白羽随后又特聘天津河北宇纬路十三号律师事务所之律师刘恩禄为其常年法律顾问，通告"嗣后凡关白羽所著《十二金钱镖》《联镖记》《偷拳》及其它著作，暨一切法益，本律师依法尽保护之责"。此外，他还在正华出版部所出自己每本作品的版权页上，均盖有"白羽"二字的凸版钢印，以示版权。

由此可见，白羽除在社会武侠小说创作方面执牛耳外，对于图书出版及版权保护亦是行家里手。

白羽一生武侠作品知多少

白羽早年一直在做"新文学家"与"文史学者"的梦，故而其在1938年以前的作品，杂文、随笔、时评、翻译、小说、训诂、考证、札记甚至新闻报道等，均样样伸手，且各有千秋。但当天津沦陷，生活陷于困顿后，他便开始了"专职"武侠小说的写作，且一发而不可收，而其成名亦端赖于此。因此，为其作品编目，首先应将其武侠小说创作放在首位。

自 1927 年在北平《世界日报》连载第一部武侠小说《青衫豪侠》起，至 1955 年 8 月 1 日在香港《大公报》副刊"小说天地"连载最后一部武侠小说《绿林豪杰传》止，白羽在这 28 年间，究竟创作了多少部武侠小说，历来众说纷纭，难有定数。这一方面是因为其武侠小说初始均在报刊连载，而伴着报刊的不断终刊与创刊，其连载中的作品亦随之在不停地更换载体，因此造成其一部完整的武侠小说在不同报刊接力连载时，不但要重起开头，而且还要易换书名；另一方面则是书商在出版其小说合订本时，为了畅销与获利，往往将其上下集或数集均分别起名，故而造成其小说一书多名；此外，还有一个重要原因，那就是在白羽声名鹊起之后，坊间出现了大量假冒白羽之名的冒牌书，白羽早期尚能登报辨伪，但到了名利双收的后期，本就羞于武侠写作的他，已不太看重此技，也就观之认之了，甚至还偶有收钱卖名之举。也正因此，在 1949 年之前，白羽的武侠小说始终没有一个完整准确的书目。

新中国成立后的第二年，由于官至国家文化部副部长的新文学家郑振铎的倡导及时任国家文化部部长的新文学家沈雁冰（茅盾）的批准，武侠小说在大陆遭到全面禁毁。在此情势下，整个武侠小说已成灰飞烟灭之态，更遑论为白羽的武侠小说立目了。但滑稽吊诡之事还是偶有出现，那便是 1962 年上海文艺出版社为"批判"所用，出版了由魏绍昌主编的《鸳鸯蝴蝶派研究资料》。而就在这本"内部发行"的资料集中，却出现了白羽武侠小说书目（下称"魏目"）。虽然该目限于编者目力所及，所收不全，且多有谬误，但也算是在非正常年代为后人提供了一个大概的"版本"。该书目影响甚大，近年出版的一些武侠小说史及几部武侠小说辞典中，均将"魏目"原文照搬，既未有增删，亦未匡其谬。

那么白羽一生究竟写有多少部武侠小说呢？依"魏目"所列，共有24种；叶洪生亦认为"白羽一生共撰武侠小说廿四种"。但白羽哲嗣宫以仁先生认为此说有误。笔者近二十年来亦多方钩稽寻觅白羽旧著，虽寓目者无几，但也偶有斩获，并曾多次与以仁先生交流互证。现将与宫以仁先生核对过的书目略加疏理，公诸同好。

为叙述周全，在此不妨先将"魏目"所列书名抄录于下，以便辨误：

十二金钱镖　龙舌剑　武林争雄记　联镖记　狮林三岛

毒砂掌　血涤寒光剑　太湖一雁　大泽龙蛇传　剑底惊魂

秘谷侠隐　雁翅镖　大侠粉骷髅　侠隐传技　青衫豪侠

雄娘子　牧野雄风　青萍剑　惊蝉盗技　偷拳　河朔七雄

子午鸳鸯　摩云手　弹剑记

先说书名之误，这其中《狮林三岛》《剑底惊魂》《子午鸳鸯》应为《狮林三鸟》《剑底惊螟》《子午鸳鸯钺》。如果说以上之误乃手民排版误植误漏，那么在"魏目"24种书名中，除《龙舌剑》（1949年4月上海正气书店出版）、《太湖一雁》（写于1946年，1947年8月由上海元昌印书馆出版单行本）、《秘谷侠隐》（1948年出版单行本）、《侠隐传技》（1947年9月由上海励力出版社出版）、《河朔七雄》（与黄英合著，1947年12月分正续集由上海元昌印书馆印行）、《摩云手》（首刊于伪满《麒麟》

杂志，1942 年由北京文兴书局分三卷出版）6 部书均署白羽之作，无异名而且故事独立外，其余 18 部或是同书异名，或是故事关联的前后集。现以"魏目"为基础，参揉其未收录白羽武侠小说之名目，对"魏目"所列白羽武侠小说考辨如下：

《十二金钱镖》1938 年 2 月于天津《庸报》连载时，又名《豹爪青锋》，同年 11 月卷一由天津书局出版单行本时仍有此副题。1946 年作者又以《丰林豹变记》之名于天津《建国日报》续完该书最后 5 章，未出单行本。故应视以上三名为一书，今统称《十二金钱镖》。

《武林争雄记》乃《十二金钱镖》前传，1939 年 12 月连载于北平《晨报》，第 17 章以下系白羽友人郑证因提刀，1940 年 8 月至 1941 年 11 月白羽重新修订后，由天津正华出版部陆续分四册付梓。而《牧野雄风》则为《武林争雄记》续集，1942 年在报上连载时亦由郑证因代笔，1943 年由天津正华出版部出版单行本时，虽由白羽大加增删，但故事仍难以与《武林争雄记》衔接，加之两书亦非同时期写作，虽两书人物基本相同，然故事却相互独立，故而应视《武林争雄记》与《牧野雄风》为两书。

《联镖记》与《大泽龙蛇传》应为正续集，均为《十二金钱镖》后传。前者于 1939 年初连载于《北京实报》，同年 6 月卷一单行本由天津正华出版部印行，至 1942 年 2 月已出版 6 卷 36 章，但故事未完；而后者则于 1941 年 11 月 15 日开始连载于北平《立言画刊》，至 1944 年 12 月刊竣。为保持故事完整性，《立言画刊》连载之初，重复刊登了前者第 34—36 章内容。这也正是此三章曾在《北京实报》与《立言画刊》重复出现之原因。《大泽龙蛇传》1943 年由正华出版部出版三卷本。以上两书故事完全相连，显系同书异名。因前者影响较大，故应以《联镖记》合称之。

《狮林三鸟》与《血涤寒光剑》系同书异名。《血涤寒光剑》写于1940年，被白羽自称《十二金钱镖》二部作，1941年由天津正华出版部以三卷本付梓，与此同时，白羽又将此书易名《狮林三鸟》出版。故此《狮林三鸟》与《血涤寒光剑》乃为一书，因后者名气较大，故应以此名之。

《毒砂掌》写于1949年，同年由上海广艺书局分5卷出版，其卷一书名下，有《续狮林三鸟》副题。因《狮林三鸟》与《血涤寒光剑》系同书异名，故《毒砂掌》实乃《血涤寒光剑》的续书，但因其已另起炉灶，故应视其为独立故事。

《雁翅镖》与《青萍剑》实为一部书的上下卷。此书于1947年在天津《真善美》画刊连载，出版单行本时，为了便于销售，故而上下卷分别易名，但实为一体。因《雁翅镖》为上卷，且名气较重，故应以此名之。

《青衫豪侠》系白羽第一部武侠小说，1927年始在北京《世界日报》连载前两章，但未完篇。1931年又于天津《益世晚报》连载后11章。其中前6章曾以《青林七侠》书名，后7章则以《粉骷髅》书名于1942年先后由天津正大书局出版单行本。1947年6月，上海协和书店合《青林七侠》与《粉骷髅》二书为一集，易名《青衫豪侠》出版。此外，该书于报上连载时，曾用过《白刃青衫》题名。由此可见，以上四名实为一书。

《雄娘子》为《剑底惊螟》续书。《剑底惊螟》前4章曾于1947年6月由上海正新出版社出版，后4章于同年12月由上海元昌印书馆出版。而《雄娘子》故事正是由《剑底惊螟》旁分出来，但因故事相对独立，故应视为两书。

《弹剑记》又名《子午鸳鸯铖》，此乃白羽抗战胜利后第一部作品，为传记武侠小说。此书于报上连载时以《子午鸳鸯铖》为书名，出版单行本时，易名《弹剑记》，故应以《弹剑记》名之。

《偷拳》又名《惊蝉盗技》。《偷拳》于 1940 年 10 月由天津正华出版部出版；1947 年该书又易名为《惊蝉盗技》由上海励力书局再版。因《偷拳》在白羽武侠小说中占有特殊地位，后又被改编为电影、连环画，故而应以此为正名。

除以上所列书目外，"魏目"尚缺《横江一窝蜂》《黄花劫》《绿林豪侠传》。

《横江一窝蜂》与《黄花劫》实为一书，乃白羽平生第二部武侠小说，写于 1933 年至 1935 年间。该书于报上连载时以《黄花劫》为书名，1949 年 4 月上海百新书店以《横江一窝蜂》为名出版单行本。

《绿林豪杰传》为白羽生前最后一部武侠小说，1955 年 8 月 1 日开始在香港《大公报》副刊"小说天地"栏目连载，至 1956 年 1 月 26 日全部载完。据连载时编辑梁羽生回忆"大约在 1956 年由香港文宗出版社"出版单行本。

通过以上梳理，可以发现，白羽一生共撰武侠小说 20 部，具体书目如下：

1.《十二金钱镖》（又名《豹爪青锋》，其续集为《丰林豹变记》）

2.《武林争雄记》（为《十二金钱镖》前传，其续集为《牧野雄风》）

3.《牧野雄风》（为《武林争雄记》续集，因故事独立，故单独成书）

4.《联镖记》（为《十二金钱镖》后传，其续集为《大泽龙蛇传》）

5.《血涤寒光剑》（又名《狮林三鸟》，为《十二金钱镖》二部作）

6.《毒砂掌》（为《血涤寒光剑》续集，因故事独立，故单

独成书）

7.《雁翅镖》（其续集为《青萍剑》）

8.《青衫豪侠》（又名《白刃青衫》。另有上下集单行本，上集名为《青林七侠》，下集名为《粉骷髅》）

9.《剑底惊螟》（其续集为《雄娘子》）

10.《雄娘子》（为《剑底惊螟》续集，因故事独立，故单独成书）

11.《弹剑记》（又名《子午鸳鸯钺》）

12.《偷拳》（又名《惊蝉盗技》）

13.《横江一窝蜂》（又名《黄花劫》）

14.《龙舌剑》

15.《太湖一雁》

16.《秘谷侠隐》

17.《侠隐传记》

18.《河朔七雄》

19.《摩云手》

20.《绿林豪杰传》

1992年秋天，笔者专程赴山西长治宫以仁先生寓所，将整理过的此书目与以仁先生核实，宫以仁先生没有提出异义，只是讲当时正在由北岳文艺出版社出版的《宫白羽武侠小说全集》虽也是以此目为依据，但为了全面反映白羽武侠小说成就，将其中部分白羽分别命名的同书上下集，均以两书视之，如《联镖记》与《大泽龙蛇传》、《雁翅镖》与《青萍剑》等，故而此全集将白羽书目列为22种。

然而笔者认为，就是目前考辨的这个武侠书目仍有不完善之处。白羽在20世纪40年代后期已厌倦武侠小说写作，除将此前出版未完之作续写外，基本未开新书。但盛名之下，屡有人求，一些书商为了牟利，竞相拿别人作品请白羽过目后，署名白羽出版。白羽当时出于生计考虑，加上此时他对武侠写作已不十分认真，便阅过默认，以名换饭了。这也正是有些研究者认为白羽晚期作品远逊于其早期"钱镖系列"之原因。

作为文史学者与新闻观察家的白羽先生

据著名作家李辉披露，某年某月某天他在某图书馆见到过一本馆藏的白羽自传《话柄》，上有白羽于 1949 年 6 月 22 日题写的两段话，现分别摘录如下：

少年时治文法修辞之学，不惬于马氏文通强以西语驾御华文语范，思探本别立一说。由此治甲金文，说文尔雅，涉猎群经诸子史，趣向转变。折而治历史语言学，门径遂确，一方考社会起源，通治古史，由太古迄秦汉，一方考语言之本，以究文源。徒恨为贫所累，无钱备参考书物，草创学说虽多，犹欠广阅新书，以为印证。

所怅恨年益老大，学无所成。私治历史语言之学，探讨社会起源，草创语学探源，古史探源，诸子探源，六书新话，甲金文释，尚书故训传，综合国文法，名字号谥氏族国邑爵称通考，……诸书，及《古史及古史观》，积稿数千纸，札记册子数十本。辄为饥躯，参考书物不备，怅怅相对，苦无日力亟加董理以问世也。感生命力之虚耗，烛光殆息，握笔喟然！"（详见《人·地·书》，人民日报出版社）

由此可见，从事学术研究治古文古史是白羽少年初衷，无奈贫穷加上环境，迫使他改弦易辙。为了生存，他不得已走上了鬻文谋生的"纸上江湖"。武侠写作虽让他大红大紫暂获温饱，但他一生恋恋不舍念念不忘的，仍是探源究始的文史考证。从少年立志"门径遂确"，到中晚年"积稿数千纸，札记册子数十本"且成绩斐然，文史研究与训诂考证，可谓贯穿了他的一生，只不过中间穿插了让他声名大振的"稗官旧体"之武侠小说的写作。换言之，如果生存环境允许，不写那些使其大红大紫的社会武侠小说，而是让他躲进书斋专心学术，白羽是否能成为一代文史大家呢？我想答案应该是肯定的。这有"凭"为"证"。而这"凭证"，便是劫后余存我们今天尚能见到的其颇见功力的文史札记与自剖心经的文字生涯回忆录。对此，我们不能因其武侠小说的辉煌而漠视无睹，而要站在学术的角度，去加以客观评判。而要达到此目的，当务之急，便是要认真的对其加以立目整理付梓于世，以期让世人在惊叹白羽社会武侠小说创作的同时，更是能够看到一个作为文史学者的"白羽先生"的学术成就。

其实，为白羽各类作品立目梳理并非近年之事。早在1939年便有署名"叶冷"者（即白羽好友郭云岫）撰"白羽及其书"，将白羽著作"别为四类，一、文艺创作，二、小品文，三、武侠小说，四、其它作品。"除武侠小说上文已有详述外，叶冷之文的"文艺创作"类，列有《片羽》（短篇创作集）、《心迹》（自传体长篇）、《话柄》（回忆录）；"小品文"类，列有《雕虫小草》（小品文结集，实为《话柄》和《片羽》合订本）、《灯下闲话》（小品文结集）、《三国话本》（考证随笔集）；"其它作品"类，列有《恋家鬼》（短篇集）、《报坛隅闻》（长篇社会小说，共二卷）。从目前所获资料看，叶冷之文已将白羽早期（1939年底以前）单行本作品收罗齐全，这其中既有如今传世者如《话柄》《雕虫小草》《片羽》等，更有至今仍难觅其踪的《心迹》《灯下闲话》

《三国话本》《恋家鬼》《报坛隅闻》等五种。

　　经叶冷梳理统计的白羽1939年之前的八种单行本，今天虽然大部分仍难觅其踪，但从叶冷披露的简短说明可知，除《三国话本》一书属学术性考证外，其余单行本均为长短篇小说、随笔式的小品文及回忆录。由此可见，白羽在40岁之前虽然"门径遂确"立志文史研究，但由于生活所迫及战乱环境，只能大搞"适销对路"的文学创作，以赚取稿费暂获温饱。文史研究本就曲高和寡费时费力，而且出处难觅回报甚低，何况白羽情有独钟的训诂考证之业，就更不是像他那样每天为一家温饱而奔波的穷文人所为。也正因此，这一时期的白羽，为了一家生存，只能拿出更多的时间去写那些回报较快但被他视为"章回旧体实羞创作"的通俗小说。写作"高大上"的文史研究专著，虽然是他的最爱，但因困于寒屋单衣辘辘饥肠，只能屈居于后，暂时让位了。

　　然而即使如此，对文史研究和自剖心经的情有独钟，也还是让白羽在写作"连篇累牍"连载小说的同时，忍不住隔三差五地抛出些许不是单行本著作的"另类"篇什。例如他在1928年的《东方时报》副刊《东方朔》上，便分四期连载了考证文章《小说闲话》及《好小说》、《劝善小说》等；1930年6月1日他又于天津出版的《一炉》第一卷第五号上，发表了自述家世的《家风》；1934年，他更是在《天下篇》、《北洋画报》上不定期地连载了文史考证随笔《三国闲话》（是否就是后来结集的《三国话本》内容，待考）。

　　此等时断时续的文史写作在持续了多年之后，时间便到了1939年，此刻他因武侠小说畅销已暂获温饱。就在这生活甫一好转之际，白羽便迫不及待地推出了他的单行本自传《话柄》（40岁的白羽，在刚刚出名之际，便急着写自传，这里面是有一段"故事"的，此处不赘）。自此之后，白羽在频繁写作社会武侠小说的同时，因日子不再窘迫，他便拿出一定的时间去思考他心中的最爱——文史研究。而到了上世纪四十年代初期，他的训诂考证文章便已成系统的于媒体上推出了。这其中典型的代表，便是1942至1943年间在《立言画刊》上连载的《白鱼琐记》及1943年于《新天津画报》上连载的《甲金证史诠言》。如果说以上两文尚是白羽在文史研究方面的初期成果，虽成系统但欠丰满的话，那么在此后他已厌倦武侠小说写作尤其是新中国成立后武侠小说遭到全面禁毁的日子里，他陆续完成的文史考证札记专著《日新录》，则可谓是他毕生文史研究的集大成者。在这部全文三万四千余字共分169篇的纯学术专著中，白羽以言简意赅而又考证翔实的笔墨，从史学和语言学的角度去研究了先秦历史和古文文法，其中的一些真知灼见，确是发前人未有之先声，具有极高的学术研究价值。但令人遗憾的是，此书在作者生前一直束之高阁难以正式出版（2014年5月该书经学者张元卿先生整理，以内部资料形式印入《问津》）。

除了著名武侠小说作家与文史学者称呼外，白羽还有一个公开的社会身份，那便是著名报人。在此任上，白羽不但新闻报道建树颇大，如上文所言曾真实报道了女侠施剑翘出狱的真相，而且作为新闻观察家与社评人，他在上世纪三十年代上半叶，还曾针砭时弊地写下了大量新闻述评及时事分析稿件。尤其是在1932至1933年间，他在任职的《中华画报》上，除在一版开设了"良心话"每日连载专栏外，还在其它版开设了"良心话外"专栏。没期均以当天的热门时事新闻为话题，评骘讥讽，嬉笑怒骂，在读者中产生一定影响者如《和平天使之"批注"》、《开发西北》、《马后炮》、《做亡国奴的代价》等。为让今天的读者认识一下其新闻观察家的犀利文笔，我们不妨读读这段名为《扫清卧榻捐弃门庭》的短文：

> 武力统一政策主持者，每每对外低头，对内挥腕。他们的存心，却是"君子报仇十年不晚,"要先立定脚跟，"安内而后攘外"。所谓"安内"，实际上如宋太祖弟兄，灭南唐，并吴越，扫清卧榻，却照顾不到门庭，见辱契丹，金币输放。假使安内工作，真是安民众，息内争，自然可以攘外。若不然，入拒中央者讨逆，割据地方者靖难，互争安内之权，循环不已，必然越安越乱。

> 我们晓得：在外国每借"攘外"以安内。当人民不满政府，革命怒潮潜伏，有远识的领袖（不是军事专家，是外交能手）必眼光外向立功国外，藉以转移国民视线，消散内叛阴谋，挽回既失之人心，（人民都是好大喜功）。我们的敌国，正走着这条路。

> 若我们仍采传统政策，静候国泰民安，再来对外，敢信永远没有这一天！外患愈深，内忧倍烈！

在短短三百余字的篇幅内，围绕一个话题，古今中外，纵横捭阖，主题突出，观点鲜明。这就是武侠小说作家白羽的新闻观察眼与时事评论术，即使放在今天，也是难得的妙文！

综观白羽一生的写作，除了近600万字的社会武侠小说外，目前已收集到的其他文史类及新闻评述类文字，尚有近22万字，现统计如下——

回忆录类：《话柄》，约46000字；《家风》，约4100字；《生之磨练——宫白羽传》，约5400字。

文史研究类：《白鱼琐记.》，共7篇，约5000字；《甲金证史诠言》，共23篇，约11000字；《日新录》，共169篇，约

34000 字；散见其它报刊上的文史札记，共 32 篇，约 26000 字。

新闻观察与报道类：《良心话》，共 84 篇，约 31000 字；《良心话外》，共 52 篇，约 23000 字；《侧面新闻》，共 53 篇，约 5000 字；《人物百态》，共 44 篇，约 25000 字。

就在笔者码字撰写此文之际，从天津市文史研究馆传来佳讯——在近年陆续编撰出版的"天津市文史研究馆馆员著述系列"中，白羽的这些文字有幸入选，它们被文史学者王振良、张元卿两位先生整理后，将以《竹心集》为名予以公开出版。虽然这些尚非白羽武侠小说之外作品的全部，但仍是近年白羽遗文挖掘整理的重要阶段性成果，对此我们翘首以待。

因武侠小说成名是白羽一生最大悲剧

武侠小说的成功写作，为白羽带来了极大声誉和不菲的养家之资，然而在他应该得意之时，却屡屡发出哀叹。

1938 年，他在《十二金钱镖》初版自序中云："积月成编，重祸铅椠；自忘其丑，益征无赖……稗官无异于伶官；鬻文何殊于鬻笑！"四年后他又发出"嗟夫，章回旧体实羞创作，传奇故事终坠下乘"的感叹。而在其自传《话柄》中更是直抒胸意："一个人已经做的或正在做的事，未必就是他愿意做的事，这就是环境。环境与饭碗联合起来，逼迫我写了这些无聊文字。而这些无聊文字竟能出版，竟有了畅销，这是今日华北文坛的耻辱。"

多次发出这种自怨自艾的反省，并非是他壮年得意"强说愁"，他 1947 年在《十二金钱镖》沪版自序中的一段话，或许可以证明他当时感慨的真情："少耽文史，心响创作，尝献书宗匠，空怀立雪，未登龙门。"意思再也明白不过：少年时期便沉迷于文史研究，同时也想往着新文学创作，为此曾写信向"宗匠"讨教。这里的"宗匠"，便是他心目中最最敬仰而现今已背离其教诲的鲁迅与周作人先生。然而"青年未改造社会；社会反倒改造青年"（白羽自叹），当年视为"龙门"的文史研究与新文学创作未能如愿，反而因为环境与饭碗写起了被时人视为谐俗体卑的传奇稗言，岂不愧对周氏昆仲与自己的初衷。武侠小说创作的轰动使白羽出足风头，看似喜事，而对于白羽本人来说，实在是其一生中最大的悲剧。

1949 年 7 月，白羽作为唯一武侠小说作家，以平津代表身份，于北平参加了新中国第一届文代会。此前，他知道了在新文学队伍中有个大名鼎鼎的作家叫刘白羽，为了显示区别，他在会前印制名片时，为自己加上了"宫"姓，成为"天津新津画报社长宫白羽"。随后，他又当选为天津市文学工作者协会（"作协"前身）第一届常务理事、天津市文联委员，并被安排到天津通俗出版社任特约编辑。

1955 年，白羽应中国新闻社之约，为香港《大公报》撰写武侠小说《绿林豪杰传》，报社副刊编辑陈文统阅后赞叹不已，遂亦开始武侠小说写作，并取笔名"梁羽生"，意为白羽私淑弟子。

1956 年，鲁迅逝世 20 周年之际，白羽曾在天津《新港》杂志撰文，以自己的亲身经历赞美鲁迅"像慈母似的爱护青年儿女，帮助青年儿女"的美德。

1961 年，经天津市委宣传部部长方纪介绍，白羽被聘为天津文史研究馆馆员。

晚年的白羽体弱多病，基本不与外界往来。1966 年 3 月 1 日，他在穷困潦倒中病逝于天津中山路二贤里陋居，享年 67 岁。

2015 年 6 月 5 日凌晨完稿于津沽双牛堂

目录

第二辑　说良心话

第三辑　说三道四

第四辑　甲金留痕

附录　追忆宫以仁

第一辑　白羽自述

《话柄》自序

凡是人总要吃饭，而我也是个人。

我，生于庚子之前一年，即民国纪元前十三年九月九日（己亥八月初五日）。活到今天，中华民国二十七年十二月五日，假定一有呼吸，就开始吃饭，我大概吃了三十八年另四个月的饭了。生地是在马厂，原籍是鲁东，我的脚却从未踏过鲁境一步。久寓平津，也到过黑龙江、热河、通州、霸县等处。我的先父是陆军中校，复辟之役的转年，殁于北平；我却做了受之有愧、避之无从的无聊文人。

一个人所已经做或正在做的事，未必就是他愿意做的事。这就是环境。环境与饭碗联合起来，逼迫我写了些无聊文字。而这些无聊文字竟能出版，竟有了销场，这是今日华北文坛的耻辱。我……可不负责。

现在环境又教我写自传了。今日之我哀乐中年，饱经世故。回想从前的种种，令人汗下。我可有什么说头呢？然而总得说说。

那么，我可要胡说了。说的话是真的？是假的？还是那句话我可不负责。

话柄之写作，起初是书局出的主意，限定话不要多，只要一两万字，印三十二页，后来增为六十四页。后来我硬写了百余页，越弄越长。临付印时把已备好的"我的游踪""青灯琐忆"，也挤下去了。这篇序还是去年今日写的，本要废了不用，但一看月日，恰是一周年。想不到过得这样快，又复虚度一岁了。今年比去年，依然故吾，只是又掉了一只牙，心还是这么跳。

二十八年十二月五日白羽记

——原载天津正华学校出版部印《话柄》（民国二十八年十二月十日）

我的生平

生而为纨绔子

民国纪元前十三年九月九日，即己亥年八月初五日，我生于"马厂誓师"的马厂。

祖父讳得平，大约是老秀才，在故乡东阿作县吏。祖母周氏，系出名门。祖母生前常夸说：她的祖先曾在朝中做过大官，不信，"俺坟上还有石人石马哩！"这是真的。什么大官呢？据说："不是吏部天官，就是当朝首相。"在什么时候呢？说是"明朝"！

大概我家是中落过的了，我的祖父好像只有不多的几十亩地。而祖母的娘家却很阔，据说嫁过来时，有一顷啊也不是五十亩的奁田。为什么嫁祖父呢？好像祖母是个独生女，很娇生，已逾及笄，择婿过苛，怕的是公公婆婆，大姑小姑，妯娌娌娌……人多受气，吃苦。后来东床选婿，相中了我的祖父，家虽中资，但是光棍儿，无公无婆，无兄无弟，进门就当家。而且还有一样好处。俗谚说"大女婿吃馒头，小女婿吃拳头"，我的祖父确大过她几岁。于是这"明朝的大官"家的姑娘，就成为我的祖母了。

然而不然，我的祖父脾气很大，比有婆婆还难伺候。听二伯父说，祖父患背疽时，曾经挞打祖母，又不许动，把夏布衫都打得渗血了。

我们也算是"先前阔"的，不幸，先祖父遗失了库银，又遇上黄灾，老祖母与久在病中的祖父，拖着三个小孩（我的两位伯父与我的父亲，彼时父亲年只三岁），为了不愿看亲族们的炎凉之眼，赔偿库银后，逃难到了济宁或者是德州，受尽了人世间的艰辛。不久老祖父穷愁而死了。我的祖母以三十九岁的孀妇，苦斗，挣扎，把三子抚养成人。这已是六十年前的事了。

我七岁时，祖母还健在；腰板挺得直直的，面上表情很严肃，但很爱孙儿，我就跟着祖母睡，曾经一泡尿，把祖母浇了起来；却有点偏心眼，爱儿子不疼媳妇，爱孙儿不疼孙女。当我大妹诞生时，祖母曾经咳了一声说："又添了一个丫头子！"这"又"字只是表示不满，那时候大妹还是唯一的女孩哩！

我的父亲讳文彩，字协臣，是陆军中校，袁项城的卫队。母亲李氏，比父亲小着十六岁。父亲行三，生平志望，在前清时希望戴红顶子，人民国后希望当团长，而结果都没有如愿；只做了二十年的营官，便殁于复辟之役的转年，地在北京西安门达子营。

大伯父讳文修，二伯父讳文兴。大伯父管我最严，常常罚我跪，可是他自己的儿子和孙子都管不了。二伯父又过于溺爱我。有一次，我拿斧头砍那掉下来的春联，被大伯父看见，先用掸子敲我的头一下，然后划一个圈，教我跪着。母亲很心疼的在内院叫，我哭声答应，不敢起来。大伯父大声说："斧子劈福字，你这罪孽！"忽然绝处逢生了，二伯父施施然自外来，一把先将我抱起，我哇的大哭了，然后二伯父把大伯父"卷"了一顿。大伯父干瞪眼，惹不起我的"二大爷"！

大伯父故事太多，好苛礼，好咬文，有一种嗜好：喜欢磕头，顶香，给人画符。

二伯父不同，好玩鸟，好养马，好购买成药，收集"偏方"；"偏方治大病！"我确切记得：有两回很出了笑话！人家找他要痢疾药，他把十几副都给了人家；人问他：做几次服？二伯父掂了掂轻重，说："分三回。"幸而大伯父赶来，看了看方单，才阻住了。不特此也，人家还拿吃不得的东西冤他，说主治某症，他真个就信。我父亲犯痔疮了，二伯父淘换一个妙方来，是"车辙土，加生石灰，浇高米醋，熏患处立愈。"我父亲皱眉说："我明天试吧！"对众人说："二爷不知又上谁的当了，怎么好！"又有一次，他买来一种红色药粉，给他的吃乳的侄儿，治好了某病。后来他自己新生的头一个小男孩病了，把这药吃下去了，死了！过了些日子，我母亲生了一个小弟弟，病了，他又逼着吃，又死了。最后大嫂嫂另一个孩子病了，他又催吃这个药。结果没吃，气的二伯父骂了好几次闲话。

母亲告诉我：父亲做了二十年营长，前十年没剩下钱，就是这老哥俩大伯和二伯和我的那位海轩大哥（大伯父之子）给消耗净了的。我们是始终同居，直到我父之死。

——原载天津正华学校出版部印《话柄》（民国二十八年十二月十日）

踏上穷途

父亲一死，全家走入否运。父亲当营长时，月入六百八十元，亲族戚故寄居者，共三十七口。父亲以脑溢血逝世，树倒猢狲散，终于只剩了七口人：我母，我夫妻，我弟，我妹，和我的长女。直到现在，长女夭折，妹妹出嫁，弟妇来归，先母弃养，我已有了两儿一女，还是七口人；另外一只小猫，一个女佣人。

父亲是有名忠厚人，能忍辱负重。这许多人靠他一手支持二三十年。父亲也有嗜好，喜欢买彩票，喜欢相面。曾记得在北京时有一位名相士，相我父亲就该分发挂牌了。他老人家本来不带武人气，赤红脸、微须、矮胖，像一个县官。但也有一位相士，算我父亲该有二妻三子，两万金的家私。倒被他料着了。只是只有二子二女，人说女婿有半子之份，也就很说得过去。至于两万金的家财，便是我和我弟的学名排行都有一个"万"字。

然而虽未必有两万金，父亲殁后，也还说得上遗产万贯。后来曾经劫难，只我个人的藏书，便卖了五六百元。不幸我那时正是一个书痴，一点世故不通，总觉金山已倒，来日可怕，胡乱想出路，要再找回这每月数百元来。结果是认清了社会的诈欺！亲故不必提了，甚至于三河县的老妈郭妈居然怂恿太太到她家购田务农，家里的裁缝老陈便给她破坏："不是庄稼人，千万别种地！可以做小买卖，譬如开成衣铺。"

我到底到三河县去了一趟，在路上骑驴，八十里路连摔了四次滚，然后回来。那个拉包车的老刘，便劝我们开洋车厂，打造洋车出赁，每辆每月七块钱；二十辆呢，岂不是月入一百多块？

种种的当全上了，万金家私，不过年余，倏然的耗费去一多半。

"太太，坐吃山空不是事呀！"

"少爷，这死钱一花就完！"

我也曾买房，也曾经商。我是个不到二十岁的少年……

这其间，还有我父亲的上司，某统领，据闻曾干没了先父的恤金，诸如段芝贵、倪嗣冲、张作霖……的赙赠，全被统领"人家说了没给，我还给你当账讨去么？"一句话了账。尤其是张作霖，这位统领曾命我随着他的马弁，亲到顺城街去谢过，看过了张氏那个清秀的面孔，而结果一文也没见。据说是一共四千多元。

我觉得情形不对，我们孤儿寡母商量，决计南迁。安徽有我的海轩大哥当督练官，可将余资交他，代买田产房舍。这一次离别，我母率我妻及弟妹南下，我与大妹独留北方；我们无依无靠，母子姑嫂抱头痛哭！于是我从邮局退职，投考师大，我妹由女中转学津女师，我们算计着："五年之后，再图完聚！"

否运是一齐来！甫到安徽十几天，而××的变兵由豫境窜到皖省，扬言要找倪家寻隙。整整一旅，枪火很足，加上胁从与当地土匪，足够两三万；阜阳弹丸小城一攻而入，连装都装不开了！大抢大掠，前后四五天，于是我们倾家荡产，又逃回北方来。在济南断了路费，卖了些东西，才转到天津，由我妹卖了金戒指，把她们送到北京。我的唯一的弟弟，还被变兵架去了七天；后来亏了别人说了好话："这是街上卖进豆的穷孩子。"才得放宽一步，逃脱回来。当匪人绑架我弟时，我母拼命来夺，被土匪打了一枪，幸而是空弹，我母亲被踢到沟里去了。我弟弟说："你们别打她，我跟你们走。"那时他是十一二岁的小孩。

于是穷途开始，我再不能入大学了！

我已没有亲戚，我已没有朋友！我已没有资财，我已没有了一切凭借，我只有一枝笔！我要借这枝笔，来养活我的家和我自己。

——原载天津正华学校出版部印《话柄》（民国二十八年十二月十日）

笔尖下讨生活

在北京十年苦挣。我遇见了冷笑、白眼，我也遇见热情的援手。而热情的援手，卒无救于我的穷途之摆脱。民十七以前，我历次的当过了团部司书、家庭教师、小学教员、税吏，并曾再度从军作幕，当了旅书记官，仍不能解决人生的第一难题，军队里欠薪，我于是"谋事无成，成亦不久"。在很短的时期，自荐信稿订成了五本。

展转流离，终于投入了报界；卖文、做校对、写钢板、当编辑、编文艺、发新闻。我的环境越来越困顿，人也越加糊涂了，多疑善忌，动辄得咎，对人抱着敌意，我颓唐，我忿激，我还得挣扎着混……我太不通世故了，而穷途的刺激，格外增加了我的乖僻。

终于，在民十七的初夏，再耐不住火坑里的冷酷了，我甘心抛弃了税局文书帮办的职位，因为在十一天中，喧传了八回换局长，受不了乍得乍失的恐惧频频袭击，我就不顾一切，支了六块大洋，辞别了寄寓十六年的燕市，只身来到天津，要想另打开一道生活之门。

我在天津。

我用自荐的方法，考入了一家大报。十五元的校对，半月后加了八元，一个月后，兼文艺版，兼市闻版，兼小报要闻主任，兼总校阅；未及两个月，月入增到七十三元而意外的由此招来了妒嫉！

两个月以后，为阴谋所中，被挤出来，我又唱起来"失业的悲哀"来了！但，我很快的得着职业，给另一大报编琐闻。

大约敷衍了半年吧，又得罪了"表弟"。当我既隶属于编辑部，又兼属于事务部做所谓文书主任时，十几小时的工作，我只拿到一份月薪，而比其它人的标准薪额，还少十元。当我要求准许我两小时的自由，出社兼一个月脩二十元的私馆时，而事务部长所谓表弟者，突然给我延长了四小时的到班钟点。于是我除了七八小时的睡眠外，都在上班。"一番抗议"，身被停职，而"再度失业"。

　　我开始恐怖了！在北平时屡听见人的讥评："一个人总得有人缘！"而现在，这个可怕的字眼又在我耳畔响了！我没有"人缘"！没有人缘，岂不就是没有"饭缘"！

　　我自己宣布了自己的死刑；"糟了！"没有人缘！

　　我怎么会没有人缘呢？原因复杂，忿激，乖僻，笔尖酸刻，世故粗疏，这还不是致命伤；致命伤是"穷书痴"，而从前是阔少爷！

　　环境变幻真出人意外！我居然卖了一个半月的文，忽然做起外勤记者了。

　　我，没口才，没眼色，没有交际手腕，朋友们晓得我，我也晓得"语言无味，面目可憎"八个字的意味，我仅仅能够伏案握管。

　　"他怎么干起外勤来了？"

　　"我怎么干起外勤来了！"

　　——原载天津正华学校出版部印《话柄》（民国二十八年十二月十日）

转变人生

　　然而环境迫着你干，不干，吃什么？我就干起来。豁出讨人嫌，惹人厌，要小钱似的，哭丧着脸，访新闻。遇见机关上的人员，摆着焦灼的神气，劈头一句就问："有没有消息？"人家很诧异的看着我，只回答两个字："没有。"

　　那是当然！

　　我只好抄"公布消息"了。抄来，编好，发出去，没人用，那也是当然。几十天的碰钉，渐渐碰出一点技巧来了；也慢慢的会用勾拒之法，诱发之法，而探索出一点点的"特讯"来了。

　　渐渐的，学会了"对话"，学会了"对人"，渐渐的由乖僻孤介，而圆滑，而狡狯，而阴沉，而喜怒不形于色，而老练……而"今日之我"转变成另一个人。

　　我于是乎非复昔日之热情少年，而想到"世故老人"这四个字。

　　由于当外勤，结识了不少朋友，我跳入政界。

　　由政界转回了报界。

　　在报界也要兼着机关的差。

　　当官吏也还写一些稿。

　　当我在北京时，虽然不乏热情的援手，而我依然处处失脚。自从到津，当了外勤记者以后，虽然也有应付失当之时，而步步多踏稳。这是什么缘故呢？

　　噫！青年未改造社会，社会改造了青年。

　　我再说一说我的最近的过去。

　　我在北京，如果说是"穷愁"，那么我自从到津，我就算

"穷"之外，又加上了"忙"；大多时候，至少有两件以上的兼差。曾有一个时期，我给一家大报当编辑，同时兼着两个通讯社的采访工作。又一个时期，白天做官，晚上写小说。一个人干三个人的活，卖命而已。尤其是民二十一至二十三年，我曾经一睁开眼，就起来写小说，给某晚报；午后到某机关办稿，编刊物，做宣传；七点以后，到画报社，开始剪刀浆糊工作；挤出一点空来，用十分钟再写一篇小说，再写两篇或一篇短评！假如需要，再挤出一段小品文；画报工作未完，而又一地方的工作已误时了。于是十点半匆匆的赶到一家新创办的小报，给他发要闻；偶而还要作社论。像这么干，足有两三年。当外勤时，又是一种忙法。天天早十一点吃午餐，晚十一点吃晚餐，对头饿十二小时，而实在是跑得不饿了。挥汗写稿，忽然想起一件心事，恍然大悟的说："哦！我还短一顿饭哩！"

这样七八年。我得了怔忡盗汗的病。

二十四年冬，先母以肺炎弃养，喘哮不堪，夜不成眠。我弟兄夫妻四人接连七八日的昼夜扶侍。先母死了，个个人都失了形，我可就丧事未了，便病倒了；九个多月，心跳、肋痛，极度的神经衰弱。又以某种刺激，二十五年冬，我突然咯了一口血，健康从此没有了！

易地疗养，非钱不办。恰有一个老朋友接办乡村师范，二十六年春，我遂移居乡下，教中学国文决计改变生活方式。我友劝告我："你得要命啊！"

事变起了，这养病的人拖着妻子，钻防空洞，跳墙，避难。二十六年十一月，于酷寒大水中，坐小火轮，闯过绑匪出没的猴儿山，逃回天津；手头还剩大洋七元。

我不得已，重整笔墨，再为冯妇，于是乎卖文。

对于笔墨生活，我从小就爱。十五六岁时，定报，买稿纸，赔邮票，投稿起来。不懂戏而要作戏评，注销来，虽是白登无酬，然而高兴。这高兴一直维持到经鲁迅先生的介绍，在北京晨报译著短篇小说时为止；一得稿费，渐渐的也就开始了厌倦。

我半生的生活经验，大致如此。句句都是真的么？也未必。你问我的生活态度么？创作态度么？

我对人生的态度是"厌恶"。

我对创作的态度是"厌倦"。

"四十而无闻焉，'死'亦不足畏也已！"我静等着我的最后的到来。

      ——原载天津正华学校出版部印《话柄》（民国二十八年十二月十日）

我的故事

我的故事之缘起

我小时的故事很多，其实又何止小时？成年以后的故事，也未必因"世故"多而见减少。

这里所谓"故事"，不是说陈迹，也不是说古典，这乃是我家乡的一句俗语。譬如一个人苛细琐碎而罔识大体，痴心呆气而不通世故，迂滞乖僻而不协物情，以及过信书本，过听人言，以致常被人揶揄、愚弄……依我乡人言，此种人等统统谓之为"故事多"。"故事多"三个字，常挂在乡人口中，好像"故事"之下，必须紧跟着"多"。

至于我家，我的大伯父故事就很多，二伯父也不"行乎"。其故就因大伯父好讲他那一知半解的大道理、大礼节，害得听的人头疼；而二伯父又素好搜集许多稀奇古怪的丹方，自信"偏方治大病"，而胡乱强人服用。以此老哥俩就被人私谥为"故事多"。

现在，大伯父、二伯父早已作古了；跟着"故事多"的便该数我。

我之故事多，大概是过信书本、过听人言、痴心呆气的毛病都有些。由于"过信"而有"过举"；闹出笑话来，当时既惹人嘲笑，事后又加增了自己的惭惶，终于常留下了一个个的"话靶"。这样的"故事多"，在我小时候，不知有过多少次了。就到今日，娶妻生子了，而"故事多"的讥评，在我仍无所逃于天地之间。可怜我不大通"世故"，"故事"自然就多，我一点也没有办法。我生就的脾气，改之不掉啊。

我之改不掉，或者是没有改性，或者是秉承了二老伯父的家传和遗训？谁能晓得！

现在，我将不惜自献其丑，逐次供出我小时候的最贻笑的几节"故事"来。我将卧薪尝胆似的，藉此自警惕着。那么，"我的故事"者，也可以说是忏悔者的自白了！

往下看吧。

——原载天津正华学校出版部印《话柄》（民国二十八年十二月十日）

割骨疗亲的孝子

我的脾性是很执拗的，家人就说是"拧"。最爱我的二伯父，每当我拧的时候，便笑说："T儿，你又犯牛性子！"（T是我的小名，字很不雅，我是不能告诉你们任何人的）。至于我的父亲呢，见了我便瞪眼，否则便骂，不然便打。我们哥四个，挨打最多的便是居长的我。

七岁至九岁时，我的拧性已然发展得十足了。然而另外我还有得是痴气。人家教给我一条道，明明是好道，我也许偏不走，有时候不知怎么一来，一句话投了我的脾胃了，我又照话行事，非碰壁誓不回头。当在黑龙江省安达厅时，我或者刚刚八九岁吧，家中请着老师；二伯父又身担傅保之重，并且我也有了看小说的能力了。二十四孝的故事，不但看了图，读了书；而且早从二伯父，从外祖以及从别人口中，听得烂熟了。丁兰刻木呀，子路负米呀，黄香温席呀，以及什么人埋儿乳母，什么人割骨疗亲，我都当做真事，而不以为是愚孝，是野蛮时代食人恶俗的留遗。

我既然拧，当然在我是常常挨打，在我父是常常被我惹得生气。但是，忽然，我父病了，是小小症候，无非是头疼脑热而已。忽然，以前所听过看过的二十四孝的故事打入我的心坎，并且迸跳起来。其时，我有一把心爱的小刀，我不时把玩着，曾经拿它试砍过悬挂着的布帘，一下子砍破一尺来长的大口子，并且因此挨过一顿好打。现在我就拿来紧握在手中，同时割骨疗亲的一孝，只在我小小的心中打转，而且终于按捺不住了。

于是，我忽地把棉裤拉起，大腿肚很饱满的露出来。趁没人时，我悄悄地拿小刀往腿上一按，心中一阵狂跳，只一试，腿上刚刚划出一道白印；怔了怔，又狠狠一按，轻轻一刺，皮肉一凉，打了一个冷战。看时，小小一道口子，微微沁出血来了，好疼痛！禁不住唉哟了一声。二伯父叫道："丁儿，干吗啦？"

孝子的孝行被发见了。见了大人，一阵心酸，仿佛含冤似的，我不由唏嘘起来；到底有勇气，或者也许孝心感动天和地了吧，所以我终于忍着，没有哭出声来。

二伯父把我抱在怀里，母亲微笑着。

从床上欠起身来的父亲，就哼了一声：

"你少惹我生气吧，大孝子！"

——原载天津正华学校出版部印《话柄》（民国二十八年十二月十日）

狼吞虎咽的壮士

我会看小说了，可喜可贺！

小说不叫小说，那时叫闲书。我会看闲书了，大约是在七岁至九岁时。方其时，我家正住在奉天省昌图县，而家中请着一位姓李的李老夫子，教给我念书、写字、画小人、下棋、看闲书。

向日哄着我玩的小福子，原是我父亲部下的一个老兵的儿子，和他母亲跟我们同院住。他本来略识书字，年约十四五，也是他的父母的宠儿，这时就做了我的伴读。另外还有一个，是童仆小憨头，一个无父之儿，长我七八岁，不甚识字，常被我骂为"贼种"的（这里面自然有点缘故）。

父亲不在家，老师太和气，书房中由着我们几个反；画小人、看闲书的功课，往往夺了念书、写字的钟点。

旧时的塾师对待学生，都不准看所谓闲书，说怕散了心。而这位李老师独不，他素来有些"痰气"，他性格儿又软，而他又是混饭吃的。据做饭的大师傅张发财说，因此学生们看闲书，他是不肯管的，而且有时候他反倒奖励。他何以要奖励呢？因为这样子，书房中反倒消停些。

然而，奖励看闲书，又不止和气的李老师，还有我的母亲。

每天下学了，吃饭了，掌灯了，喝茶了，"小福子过来，说段书听。"于是母亲坐在床上听；小福子的娘弄茶弄水，坐在他的儿子对面，满脸含笑地听；而我呢，更是得意，喜孜孜地走着跳着听，无休无止地听。小福子说得舌焦唇敝，打呵欠，揉眼睛，装蒜，他娘心疼。他娘便说："小福子困了，太太，叫小福子睡去吧。"于是小福子放了赦，娘俩预备着走，而我还是不依不饶；而小福子不理我，他去睡他的。

我怒了，勃然怒了。我之怒很有理由，小福子最怕的是说闲书；然而他可是装困回家之后，并不就睡。他往往跟同院一个学生，或小憨头，或别的几个年龄相仿的，凑在一起，津津有味地你一句，我一句，大谈黄天霸、姜太公，一谈半天，毫无倦意。但叫他照本说时，他又道累了，困了，舌头干了；跟人家谈，一样地费唇舌，怎么不困不累？这岂非欺人太甚吗？我扳着脖颈，严词诘责他。他却道："随口谈不吃力，照本说累人。"这话于今想来，委实有理，在当时我可哪理会呢？当时是我断定他，分明晓得我不会自己看，所以故意的拿捏我，憋闷我，于是我勃然怒了。

我怒了，大哭大闹；之后，也就奋然地立定志气，我将不受你这坏蛋的拿捏了，我将自己看。然而，其始，我之看闲书，不过看"绣像"，看小人；现在，为和小福子赌气计，我将决计要自己去看正文了。

自己看不懂，我太小了；我刚念了不到一年书，而且又不曾正经念，我当然看不懂了。但是，我有法子了，我看熟书，我看小憨头常唱过的"狗儿邦邦咬喂，奴的心好焦唉"的唱本，和小福子说过的"瓦岗寨"的鼓儿词。

这样子，自己"顺文"往下蒙着看，于是"忽听大门外呀，有人叫一声唉"之类，不久琅琅上口了。并且秦叔宝、程咬金们，也再度和我相见了。好在书房中有现成的问字师；照此也就是过了十天半月光景，居然我自己连别的书也会蒙了，连评词也敢看。终于大八义、小八义、说唐、说岳、施公案、彭公案，以至于比较看着吃力的水浒、西游、封神、三国等书，待到随父宦游，移居安达时，早就——得饱眼福了。

当那时，我真真快意极了，于是我说：

"妈巴子的，不用憋人，我也会看了。"

"少爷骂人？"

"骂的就是你！"

当我初看水浒时，我是何等快乐呢！梁山泊上，替天行道，一百单八将，个个呵活，个个在我眼前晃；甚至睡梦中，也和他们相见。但是小孩子的读法，是和金圣叹不同的，宋江之阴柔奸诈，林冲之悲愤，石秀之刻毒，以及什么"乱自上生"的话头，我看了都不屑理会；我最倾倒的，乃是武松、鲁达、李逵这几个人。他们的武艺都不用说了，他们的鲁莽，实在爱煞人。他们能吃能喝，大酒大肉，狼吞虎咽，更叫人看着眼热，说来口馋。

在那么一天，吃完了午饭，正抱着书本，躺在床上，眈眈地欣赏时，可就恰恰遇到黑旋风大吃牛肉、大喝烧酒那一节上了。他一顿就是牛肉几盘、烧酒几斤，而且又吃的这么香甜，不由招得我心中艳羡，口中流涎。于是我，武松打虎似的，从床头蓦地一跃而起，立刻打定主意，要做英雄。

但是仓猝之间，也没有牛肉，也没有烧酒。于是我一阵风跑到厨房，打开柜橱，橱柜里也是没有牛肉烧酒。奈何？两个大馒头，一盘子炒肉，"姑以代之"，端了过来。酒呢？又跑到书房，把先生的一瓶五加皮偷来。

馒头、酒、肉，一一摆在面前；而水浒传始终没有抛开，手中还捏着一卷。都收拾好了，于是吃起来。

我也想大口喝酒，我也想大口吃肉，我也想狼吞虎咽……然而我太不济了，太不英雄了。酒，我口对瓶口，只灌了一下子，便辣得吐舌流泪。馒头也只吃了多半个，肉也只就吃了几口，便都格格不入了，我太饭桶了！……不，连饭桶的资格也够不上。总之，我实在充不起英雄！

几分钟过去，"酒泛上来"；一方面，身子悠悠忽忽。没看封神，竟驾起云来；另一方面，没摆群英会，竟装了周郎，大吐特吐起来，把刚才吃的午饭都给倒出来了。

最爱我的二伯父吓了一跳：

"丁儿，怎么了？"

我不敢说偷了先生的酒，我只说：

"有点不舒泰。"

是的，有点不舒泰，尤其是肚里。

"黑旋风，你害苦了我了！"我心里说。

——原载天津正华学校出版部印《话柄》（民国二十八年十二月十日）

惠及禽兽的仁人

惠及禽兽和泽及枯骨，都是古圣先王、尧舜禹汤之流干的大德行事，史官振笔揄扬，难得的很。但是说出来像很自负，此等区区，究竟算不得大不了的事。故事多的我，从小早就干过几桩了；或者"从小看大"，我真是天纵圣哲的人，亦未可知。然而现在，倒霉不惜再三的我，竟落到了这步田地，王不成王，圣不成圣，提起来好不惭惶。有人说："是耽读《石头记》，误了圣王的前程。"此话不为无理。又道是这大约就是所谓："质美未学"，所以"小时了了，大未必佳"。那么后天的环境，居然断送了一个伏地圣人。与此可见"寒门式微"，着实可叹，而且中国时局这么乱，想来也就无怪其然的了。

因此无人时，自己往往怜惜自己；虽是一事无成，半生潦倒；转想到天之将降大任于斯人也，孟子云："如此如彼"；我这倒霉，也许事非偶然。有朝一日，若我为王，自有那直笔史官们，把我来颂扬。我若成圣，也当有护法门徒们，替我鼓吹；或者不惜重资，径编一本"白羽先生言行录"藏之名山，传诸其人，岂不甚好？无奈时到于今，我还是个文丐，这宗盛举，兀自无人代办。固是来日方长，事尚可缓；但恐一旦溘先朝露，少时之风流余韵，难免传闻失实。倒莫如趁早由我自己动手，掉一句文说："予又安忍以'今日之我'之不肖，致泯没'昨日之我'之至行大德哉！"那么此刻，就让我接着说一说：我是如何以七八岁小孩子，而惠及禽兽。

我七八岁时，随父宦游，住在八棵树；父亲就是那地方马步元字军的长官。虽然叫"军"，只得一营；干脆说，当过二十年营长的父亲，彼时还是营长。而八棵树自然是地名，属当时奉天省的开原县，又叫清河沟。

这山沟子地方，胡匪是多的，不时出没，所以要官军驻扎，安民缉盗。但是，当地的大富户大地主，为求保全生命财产，一方要结纳官府，同时还得应酬盗魁，双管齐下，才得安居乐业。一个打点不到，地僻人稀，红胡子抽冷子来了，当然要绑票。而红缨帽呢？给他个勾结土匪、窝藏大盗的罪名，谁能受得了！因此那地方的富家，一个个都是畏官如盗，畏盗如官，两方面都得应付到。甚至家大业大的人，往往叫他们的子侄辈一个从军当兵，一个入伙为盗，以期面面周到。有的来了，都是自家人，有个照应。然而这是几十年以前的事了，只在前清时代。

而我的父亲呢，是关里人，虽然"久历戎行，老经练达"，哪懂关外这些事故？只知有盗捕盗，无盗练兵，份外一点，不过是应酬上司同官，延纳当地绅董罢了。所以一年后交卸时，在省垣遇见久住关东的岳父，他叫着父亲的号，羡慕不止的说："你这回可发财了，我想你至少也有十万。"父亲却诧异了，因为实际上，他连几千也还没得挣上。

这不是父亲的廉隅。我只能吹我自己，我不便替父亲吹。他老人家不过是作事小心谨慎罢了，所以当地大财主无缘无故，送几千几百银子来，决不敢收。岂止不敢收，而且煞费疑猜。至于几百几十，只要是干礼，也是立即拒绝的。

这一来吓坏了大财主，误以为父亲食嗓大，不知要弄什么大事故呢。于是想尽方法，打通内线，花了百数两银子，从父亲手下旧人口中，打听明白了底细；才晓得这任新官是个胆小的门外汉，这才放了心。从此传播出去，大家改送湿礼，袍料皮货、首饰玩物不用说，什么人参鹿茸、什么獐狍麋鹿，逢年过节，便一车车送来。父亲呢，是东西少了便收，价钱贵了便吃惊。他只恐上官查出来，落个贪赃诈财的罪名，有性命之忧。他老人家哪料想，发财的地方不发财，反倒辜负了所谓恩上特委肥缺的好意呢！

于是一年过去，父亲终于晓得了，晓得这是当地风气。新官到任，富绅巨室照例奉送白银；并且又晓得前任官三年光景，落了二十万（这自然做得太歹毒了）。岳父在不如八棵树的地方，驻防十几个月，家产也增到五六万。然而父亲不收干礼的廉名，已然传出去了。而且转年移防，好机会从此错过。

但是父亲临行时，毕竟也略有所得，那就是装在两只大木箱尚且装不了的万民伞、德政匾。

当我还没有出关时，我就听说："关东城三宗宝，人参、貂皮、乌拉草。"等到我随父宦游，侨居八棵树那个山沟子的时候，这三宗宝我都看见了。

这里所谓宝，自然说的是当地的特产，但我那时还小，七八岁的小孩子，猛听说宝，立即联想到封神榜上李靖的塔、土行孙的绳，以为这总是关东镇省的法宝了。及至目睹，"原来是这样"，我便大失所望了。从此对这关东省的三宗宝，感觉不出兴趣。

然而关东的物事，引起我的兴趣的，也不是没有，像那活鹿、活獐，尤其是活狍子，我都爱看。狍子这东西，像驴而身小，像鹿而无角，那大小极似香獐子，但它脐上没麝香，所以它只是个杀材货，除了吃肉，没有人养鸾它作玩物的。然而我家是例外，为了我嫌鹿大，我就养活着这么两个，是一公一母。

起初，我父先到八棵树，随后才派人入关接家眷，已经快到旧年底了。当地富户照新官到任的老例，趁这机会纷纷送礼。送白银固然干脆，无奈"这位大人外行胆小"，于是改送湿礼。人参鹿茸、貂皮狐腿、钟表尺头，是不用说了；獐狍麋鹿也很不少，然而最多是野鸡和狍子。由腊八到吃糖瓜的时候，那狍子至少也收有百十只，可惜都是死的；至于活的，才仅仅一对。

野鸡是可以做汤的，这些死狍子可怎么吃呢？关外人初到关里，免不了露怯；关里人乍出关外，又何尝不如此？于是整块炖吃，不爱吃，切丝炒吃，也不爱吃，试尽法子，煎炒烹炸，吃着都不是味儿。没法子，腌了几只，其余便转送了别人。转过年来，忽然想起那腌着的，取出来这么一蒸，这么一尝，这回可是味儿了。比板鸭火腿还香，异味真是异味，早知如此，一只也舍不得送人，都腌上它；是的，都把它腌上。现在吃完了，也没人送了，因为那时候父亲已经卸任回省了，只家眷一时还未及搬取。

至于那一对活的，乃是当地一个绅士派人送礼，听说我闹着要活的，特地找寻来，给少爷玩的。果然这一对，我很爱惜它们，把它们装在一个大木笼里，我天天看它们吃豇豆、喝凉水。不久这狍养鸾熟了，便放出笼外，满院乱跑。它们拉得干而圆的粪球，也是我的玩艺儿，把来当作丸药，包成一小包一小包的，给这个一包，给那一包。

"少爷，脏！"

"不脏，好玩。"

关外草搭的后房檐，是矮到小孩子都可以爬上去的，而前檐却很高。我天天追赶着狍子玩耍，把它们追急了，就从后檐跳上房去乱跑，我也就追上去；把好好的草房，践踏得不成模样。大人们又怕我摔着，又怕踩漏了房，不断地吆喝着，我是满不理会。

忽然一天，发生不幸的事了，前院房东家的大狗扑进来，这一对狍子吓得乱窜。狗就很凶地嗥叫着，追，咬，把一只狍子又追到后房檐上去了。于是狗和狍子在房顶上乱窜起来，由后山追到前山。急得我大叫："看狗看狗！"然而晚了，追得太凶了，这只猎狗叼住了狍子的脖颈，狍子挣命摆脱，在房上翻滚起来。房上的茅草很滑，那狍子和狗一齐从前檐摔下去。前檐距地一丈四五尺高，狍子吱的一叫，后腿竟摔折了一条。那可恶的狗也摔得汪的一声叫，撒腿跑开了。

我的狍子摔折了腿，我的心充满了愤恨与悲哀。大人们说："坏了一条腿，宰了吃吧。"我哭着说："那不成！要宰就宰那狗。"于是不宰了，我也就从此多事了。第一，我先央告大人（这自然是最爱我的二伯父了，别人谁管呢?）叫把营中的刀伤药，给狍子敷上。又仿照从前听过的折腿燕子的故事，叫拿着棉花木板，替它缠上腿。然后，把它养在二伯父屋里，同我一块睡觉；它的窝也用稻草、烂棉花铺上，还有豇豆、凉水，一一都摆在它面前，叫它可以不必起来，就能够着吃。我仍不放心，怕它吃喝完了，没人给它添水；所以我每天早晨上学，必要嘱托二伯父一遍："千万不要忘了抓豆倒水。"下晚放学回来，进门头一句就问："喂了狍子吗?"偶然二伯父忘记了喂它，当我下学回来，一看狍子面前的豇豆凉水没有了，我就大哭大闹起来。这还不算，又把拿没伤的狍子，也放进屋里来，为的是给它做伴。

这样一来，我的一颗心，都系在瘸腿狍子身上了。小孩子吃喝玩闹，心里本来没有一点牵挂；而现在，竟害得我这样，甚至在学房还惦记豇豆、凉水；没人时还独自流泪，恼恨大人不好好替我照料它。这痛苦不一定是哀怜狍子，替它担忧分苦，那只是心中凭空横插着一件事，搁又搁不下，放又放不下，实在是我从未经过的滋味，太叫我不自在不自由了。因此我唯一的愿望，只盼它早占勿药，免得存在心里是块病。至于大人们的奚落，说："它是我那辈子的媳妇"，这一类话，我倒是不怕的。

终于狍子快好了，它居然一瘸一拐地往院里跑了，我的心也觉得轻松多了。

但意外的事忽又发生了。

有一天，我上学去了，那只大狗又钻进来了。于是瘸腿的狍子被它咬住咽喉，狍子的保护人不在，院中没有一人，狍子的性命终于葬送在狗口之中了。大人后来看见了，为了我的缘故，大大吃了一惊。他们说："怎么好？Ｔ儿回来，又要心疼的造反了。"于是他们想趁我不在，把它的尸体埋葬起来，然而我这时恰巧回来了。

他们藏之不迭，束手无计地看着我。他们猜想："咬伤"了还不依，而现在可是"咬死"了，一定有一番大闹……

"哈哈！"他们都没猜着。我立在狍子尸体旁边，验看了一遍，看它的确是死了，我从此再不必牵挂着豇豆和凉水了。我心中的一块石头从此落地了。

"我可熬出来了！"我说："腌起来吧。"

——原载天津正华学校出版部印《话柄》（民国二十八年十二月十日）

琴棋书画的雅人

我是最好下棋的，我虽愧无"胜固欣然，败亦可喜"的苏东坡的名士雅量，而我仍是棋迷。我之下棋，的确不高明。其故有三：其一，常输；其二，常急；其三，下的不是高等棋（围棋），也不是西洋棋，以及什么海军陆军战棋，我下的乃是"象棋"，下等人玩的那种牧猪奴戏。

我之会下棋，说来话长，是七八岁时，家塾老师李先生教的。李老师很和气，我是很爱他的；但家人对他不满意，听差的也瞧不起；他们往往说他是哄孩子、混饭吃的。这也许是，我的功课他是从来不上紧的；而我之爱他，也就在此。他不但教会我下棋，他还说"闲书"给我听，画画儿给我看。他因为什么这么办呢？我是很知道的。

逃学淘气，是我常干的把戏。我母亲到了忍无可忍时，便亲自把我送到书房，并且隔着窗把老师申斥一顿。老师受女学东的申斥，实在是少有的事。然而少有的事就出在我家里；而且，李老师也就照例俯首恭听，不敢赞一辞。

于是，在我的家塾里，颇有几种文人雅玩。所谓琴棋书画，样样都有。我若是逃学被捕，教母亲脚不沾地地撮到书房去的时候，照例由老师尽情数落一顿，我便哭了。我哭了，先生也慌了，"别念书啦"。于是师生对坐，玩那琴棋书画。

琴是仆人们的，就是胡琴，他们夜晚，没事了，便拉胡琴消遣。好在书房也在外院，和门房望衡对宇，无论外面如何吵闹，内宅是轻易听不见的。如今便把当差的叫来，叫他拉胡琴给我听，以引起我的喜悦，止住我的悲哀，逃学不遂的悲哀。

所谓书，不是二十四史，不是十三经，乃是几案，什么施公案、彭公案、包公案之类，晚间没事，先生拿来解闷，我便央告他说两段给我听。因为我是如此的爱听故事闲书，有时候白天，该上课了，我还是麻烦老师："再说一段，一段！"于是我躺在老师怀里，老师躺在床上，就这样说起书来。瞒得很严，母亲哪里知道呢？只当是在书房念书了。

棋是象棋，我已说过。画是老师的画，马呀、小人呀、女人呀、戏齣呀，随我的便，爱看什么画什么。然而也有刘品谦画的。刘品谦在我家里住闲，我记得他初次来时是在冬天，而还穿着几件单衣夹衣，冻得鼻头流涕，身体打战。他画的好戏齣，什么父子会、三娘教子，用彩色画得很活现，我爱得什么似的，以为比老师的墨山水强多了。而别人却说我的老师画得不离，我当时觉得这件事情多么奇怪！

——原载天津正华学校出版部印《话柄》（民国二十八年十二月十日）

出口成章的诗人

"哄孩子"的李先生，终为我家舆论所不满，而解馆了。

我的专馆先生换了闵胡子闵先生。闵先生很老，是福建人，如今想起来，很难为我当时怎么听懂。闵先生所给我的印象：第一是他管的严。好像就馆伊始，曾颁十诫：第一要孝敬双亲，第二要尊敬长上，第几不准看小说，第几不准骂街……但是，在我的学历中，哄孩子的李先生教会我看小说，陶铸学塾吕先生教会我作文、算法。闵先生所给予的恩德，我竟不记得了。我所记得的，乃是他自做了些好小菜，如豆豉、辣酱；他还有一具枕箱，箱中有好看的信笺和小白纸本。此外，他有一次发怒，要给人写信，不肯用信封，却拿白纸糊了一个封筒，用朱笔描了红签，以示不敬之意，给某人寄去了，原因是某人欠了他四两银子，而关了饷，仍不还。

闵先生的十诫，如今想来，似乎不通吧。比如第一孝亲，岂不是十勉？或者并不叫十诫，是我忘了吧？不过，看小说的这一诫，并不生效，我父亲、二伯父，都鼓励我看小说。而并且，父亲闷了，就叫着我的小名，"说一段"。对翟厅长文武同僚，也夸奖我："九岁了，会看书，画画。"

闵先生的十诫是用硬纸写的，背面又是功过格，把我淘气犯戒的事记录上。警告我：要是三犯，便要告诉大人。有一次，我偷看了功过格，竟满三条，某日在门口骂王八，某日唱戏大嚷，某日犯了看闲书之戒。

李先生给我开蒙的书是《龙文鞭影》。到闵师爷，他实是营中的一位老书记，据说月薪十二两，父亲给他加了四两，请到家里教书，所以仍沿旧称。教我《上论语》，并且是且读且讲，这在当时也算破格例外。

有一天，父亲来到书房，恰有一章书还没有开讲，我正枯坐着，对书本端详，觉着可以蒙懂，忽然闵师爷陪学东说话，考起学生来，恰巧叫我试讲那一章。我就讲下来了，这才巧了；然而，父亲、师爷全喜欢，我也喜欢。

我还是偷看小说、鼓儿词，《千家诗》也看，却只看上面的画，石印本。"昨日入城郭，归来泪满襟……锄禾日当午，汗滴禾下土……"还有"一二三四五，金木水火土，天地分上下，日月照今古"，也琅琅上口，还有"八卦定君臣"，可是忘了搁在哪一首诗上了。直到后来，研究史书，才晓得这是白莲教的一种口号。

童年模仿性最盛。一日，我自己诌了四句，正也是"五个字的"，不知怎么样，也许我自己故意逞才，诗叫闵师爷看见了，闵师爷很欣然，拿了我的诗，给学东看。这时早忘了什么词了，却还记得两句：

"贫贱富贵分，人比朝夕霜。"

闵先生把"分"讲成去声，很夸了一顿。我由是诗兴大发，越发地要诌，五个字的、七个字的、四句的、八句的。自然我的范本决不是《千家诗》，乃是《瓦岗寨鼓儿词》。于是我三寸毛锥一挥，成诗一首，题曰："岁寒诗"。故意丢在先生看得见的地方，而自己悄悄的溜开，试听先生的评论，并盼望夸奖。而出于意外，先生哂然了。

"千金嫌冷不挑绣，学生嫌冷不念书。"

原词早记不得了，大概共享了八个"嫌冷"，以为把岁寒景象写尽矣。先生反说："厨子嫌冷不做饭，学生嫌冷还不吃饭哩！"把我臊得了不得，我就溜了。我那时九岁，或者十岁了。

由此以上，是我在关外的故事，年龄在九岁至十二岁。

——原载天津正华学校出版部印《话柄》（民国二十八年十二月十日）

博学多闻的才子

宣统元年腊月天气，父亲在黑龙江安达厅"管带"差事，忽与统领发生意见，遂以"巡防不力"的四字考语，被撤了差。

父亲很灰心，和二伯父商计，不再当军人了，打算进关改业经商。初议开粮店，到次年春暖，父亲携眷来津。但其后二伯父忽然变计，不久，他自己开了一座小烟酒店，在老店左近。

父亲住闲多时，部下星散，以为长官这一倒，山穷水尽了，就是父亲自己也暗暗的着急。后由倪嗣冲推荐，找向张怀芝投效，便降级做起哨官来，驻防在津西疙疸村。然而夹带中有师爷二位、差官四人，又养豢四匹马，部下多沿旧称，呼为"大人"，势派好像大些，惹得帮带寒心，处处暗防着。

终于奉令出防缉匪，土匪出没林边道上，双方开枪轰击，误伤了赶庙集的农民，而更被撤差，还自以为侥幸。

由此住闲，直到辛亥革命，才得南下投效，开复原职。

我家卜居西芥园，就在父亲驻防疙疸村时候，我游玩许多日子，母亲作主，与大侄儿偕入陶铸学塾，每年束脩十五元，后加到二十元，塾师异常刮目相待；并强迫我读国文，学算术，虽然我家那时还不以为然。

在西芥园过了两个年，到民二才移居故都，改入学校。但是芥园有荒坟似山，有水坑如河，我与学友游玩不倦。这真是我儿时游钓之乡，直到现在，还引起我的留恋！

二十年前的西芥园，虽位在软红十丈的津门，却地段旷野，有如村庄。与我旧游各地比较，其气象苍郁，不如长林丰草的黑龙江；其景物幽闲，不如襟山带河的海甸。

芥园靠近老店码头，我猜想，早先定是乱葬岗，那里荒坟败棺，触目皆是。许多坟园和花厂，错列在湫隘的人家住宅中间。并且，你可以在住房中，掘出死人骸髅，在庭院中，翻起石阶，可以辨明那实是断碑残碣，依稀有"××堂茔地西南界"或"××之墓"字样。朽烂棺木和锈钉，常从街头巷尾发见，令我忆起棺木板成精而魅人的故事来。

商店是只有面铺、水铺、杂货铺和柴厂。若是理发、洗澡，或买书，还须走出几里路。娱乐场断乎没有，然而随处见到成人抽签，小孩磕钱，赌风是很炽的。但有三五处私塾，蛙似的天天叫念。

没有清波荡漾的小河，却有黑绿的死水坑。没有空旷的草原，却有棺柩一层层罗起着的粪场，出恭的人可以脚登两块棺盖，当做垫脚石。虽然这样，排泄的人尽在这角落蹲，而那角落不妨有鲜衣的娘子们进粪场来上坟，于臭气里曼声哭天，围起一群小孩。

花厂有好几家吧，彭家花园、李家花园，陈家花园，这是我记忆中保留下来的三处，除了培养花木之外，也能在花房中停柩、花畦间起坟，为得是这有很大一笔收入。

这里坟多，人家也不少，鸽笼似的横排着一层层的大杂院；与那高摞着的一层层死人棺材，正不相上下。天津繁荣的结果，地盘逐渐开扩，遂使富人侵去穷人之家，而穷人便来与死人争栖地！

我出去游玩，常会一脚踏入地下，"哦，又是坟窟！"悚然拖出鞋来，生怕鬼伸手强来捉脚胫。起初寄寓，觉得鬼气森森，而日久也就习惯不惊了，反而觉得有趣。并且渐渐胆大起来，到半夜还和街上的孩子们捉迷藏、唱戏、耍棒，故意的去黑影里试胆，或月影下谈鬼说怪。

我刚进陶铸学塾时，地位很低，同学们以一种歧视的眼光看承我。然而不久，我便被大学长赏识了。

"原来这小侉子，肚里装着许多书哩！"

谈起黄天霸之狠毒，姜伯约之大胆，李存孝之神力，我并不逊于他们。这些人物，在我们幼稚的心里，并不以为妄，实在认为信史。同学们大大小小三四十个，能自看所谓"三国"的，不过五六个人，而我连"聊斋"也可以模模糊糊的看了。大学长颇以为异，便找到我家门口，和我畅谈，他才知我有不少的小说。

在那时，学生是不能看闲书的。我的专馆先生却开通，以为这也可以益智，诱导我自看瓦岗寨、施公案之类，他还给我画小人。便是《龙文鞭影》一书，也不采旧法念背打，他叫我一面读，一面给我讲，一面又写生字，逐个作成方字。所以我只读了一本《龙文鞭影》和半部《上论语》，已有看小说的能力了。在这芥园私塾的一伙村童中，我遂以"博闻"露头角。于是大学长找我借小说，二学长找我借小说，甚至于私塾先生也找我借书。

这自然是大学长一度揄扬的结果。放学的规矩，是念"三、百、千"的小学生先走，其次是念"大、中、论"的学生走，最后是大学长跟先生锁门同走。从前我放学，总在前六七名，我每每引以为耻；而现在，竟掉了个头，我居然在倒数第五六名走了。

起初上学下学，我踽踽凉凉的走，并时虑同学和我捣乱，从后面扯我的辫子，现在没人敢藐视我了。他们又晓得我会画高登、金钱豹、张飞……我由此很快的加入学伴之中，得享同等待遇了。

犹记得一天雪后，大学长和一个别的同学，踏雪来访我。在彭家花园的门道中，我们畅谈隋唐第一条好汉是李元霸，他的两只锤重八百斤。第二条好汉宇文成都，他的流金镋只有二百斤。可惜第三条好汉裴元庆，才是个小孩啊，他竟和宇文成都打个平手，而"雷炮焚兵"，可惜八臂哪吒早早归位了。小罗成全仗着手疾枪快，才夺得状元，列为第七条好汉。不过大家心中怅怅的是秦琼，这样一个要紧人物，才列为第十六条好汉，再往前挪几名，就更好了。说得痛快淋漓，大学长临走时，挟着我的一套《封神榜》，他也把他的《金鞭记》借给我。

——原载天津正华学校出版部印《话柄》（民国二十八年十二月十日）

怒打不平的侠客

大学长心灵手巧，惯会仿效戏剧人物的举动，把脚一侧，手一指道："来将通名！"

忽一日，他招呼我们三五个人，叫我们攒钱，一人弄一把竹刀玩玩。攒了几枚铜元，买了一块竹片，他自己动手，刮成了很好的一把"金背刀"。我没有能力，只好央求二伯父，也给我制了一把。于是几个大些的同学，每人手中有一件兵器，或短棒，或单刀，或枪，或用藤条竹枝弯成了弓箭。我们每一放学，便弄枪舞棒，满腔都装着是英雄好汉。

什么是英雄好汉？

"行侠作义，抱打不平，杀赃官，除恶霸，救得是孝子贤孙，保得是忠臣义士……"这便是英雄好汉。我们同学个个是英雄好汉，而好汉"到家"的，却只有大学长和我。因为别人不过说说跳跳而已，我俩却一心想实行。

一日晚饭后，天已掌灯，我雄心陡起，把三侠五义一丢，把竹刀一插，独自一人冒险冲出家门，竟上大街小巷，黑影中乱钻了一阵。天色很黑，而我并不害怕，尤其是芥园的荒坟败棺很多。老店码头一道长巷，两面竹篱，长杨高植，风一吹，沙沙地响，胆小的大人尚不敢深夜独行，而我竟敢贾勇走了好几十步，后来真有点"发毛"，只好回来了。我折而再没入街头巷尾的黑影中，往来乱闯。

忽然看见一件"不平事"：一个十三四岁的姑娘，再一再二的打一个七八岁的小男孩子，那男孩哇哇的直哭。这未免"一个人怕一个人，也就是了，何必苦苦的追赶？"我"一个箭步，扑将过去"，刀交左手，右手只一掌，把那姑娘推开，那姑娘险些被我推倒。

"你干么？"

"你干吗打他？"我用手一指那个小男孩，小男孩却藏在姑娘的身后了。我朗然的说："你多大，他多大，你打他？"

"我爱打他，他是我兄弟，你管得着么？"

我这个怒打不平的侠客不禁愕然。

那个姑娘不依不饶的骂，而且要抓我，"找你们家大人去。"

我只好把竹刀一挟，溜入黑影中，跑回去了。

这是我小时候的一件侠义举动，只可惜太唐吉诃德气些。我其时大概是十二岁吧。

——原载天津正华学校出版部印《话柄》（民国二十八年十二月十日）

扮演武剧的优伶

我们学伴之间，又都起了外号，大学长叫做"镇八方金刀罗××"；我叫"东霸天"，因为我家住在东面街上。另有一个"野孩子"，他姓程，我们也给他起了名字，因为晓得一个唱花脸的程永龙，遂给他定名为"程永虎"。我们在放午学时，或下晚放学后，便成群忙着玩耍。

我们很高兴地扮戏。

我记得有一次，是在"老店"码头的河边上扮演，岸上有一带竹篱，我们假定这是山寨。有一个英雄单身上山，被大寨主擒住，困在水牢里，这是由一个姓都的同学扮演的，可惜他不会装英雄的口吻，也就不会装戏场上的道白，只像平常说话，于是水牢中的自思自叹，便演不好。大学长说："你不行，还是叫 K 来吧。"便换上我扮，我倒剪二臂，靠着竹篱，正在说："唉呀！想俺东霸天，一世英雄，不料被困在此，天哪，天哪。"于是镇八方在房上听见了，嗖的一个箭步，窜下来，刀削铁锁，把我救出。大寨主"哇呀呀"一声怪叫，抢木棍追出，一场混战，镇八方一镖打死大寨主……不意我正在自叹之时，忽有一个行人走过，我刚说"天哪……"大学长便说："我来也！"那行人竟站住了，回头看看我，又看看大学长，竟叫起好来。大学长傲然不顾，而我却惶恐了，跳下土坡跑了。

又有一次，我们编了一个剧本，假定一个烈女，教山贼抢去了。于是我们这些侠客，要杀恶贼，救烈女。

我们人人愿当"正派"，人人不愿当"邪派"。大学长和我首先抢定了要做"双侠探山"的双侠。后来，就叫一个姓韩的同学，人力车夫的儿子，当那个采花的寨主。小喽罗很多，大学长瞪着眼，招来好几个同学；这派脚色的事，就全靠大学长。现在都派定了，还短一个要角，"谁装那个烈女呢？"

这烈女是个宦家小姐，带着小丫环上庙烧香，叫山贼抢去了。小丫环没人肯当，这小姐更没人肯当，她还要哭哩！

怎么办呢？大学长瞪眼也不行。最后，他拿出强迫的手段来了。那个外号叫白吃糖的同学（他姓白，名字上有个唐字），被逼当丫环。有一个小同学，才七岁吧，姓陶，疤眼，我们就管他叫"小淘气"，我们扮戏的时候，这些小同学小淘气之流就围着看热闹。大学长眼珠一转，就哄着小淘气当小姐。小淘气不当，不行。大家哗笑着，就说："快演吧，山贼快抢她来呀！"

于是山贼大喊一声，哇呀呀，从山寨上（就是从一个坟头上），锵锵，锵锵，锵锵，锵锵锵，一直跑下来，把小淘气抢上山寨。小淘气挣夺着，喊叫着不干，小喽罗们一齐动手。结果"怎么样了？""抢了去了！"

以后该威逼成亲了，这可不好演。大学长说："小姐没劲，山贼应该强奸他。"然后镇八方和东霸天呔的一声，打了山贼一镖，山贼伸手接镖，"哇呀！"

怎么表演强奸呢？这山贼由导演（大学长）出主意，叫他把小淘气按倒，骑在脖子上……小淘气这可害怕了，挣红了脸，哇的真哭起来！

"奶奶！奶奶！"

小姐尽管哭，山贼在哗笑声中，还是威逼成亲。于是我东霸天和镇八方大学长，各将竹片刀一抢，"骂声山贼太无情，强奸小姐为哪般，钢刀一举往下砍……"

这时候，小姐被骑着脖子，已哭得喘不出气来。大家越发的狂呼乱跳，然而小淘气的奶奶拄着拐杖来了。

当场捉住了山贼，要揪他见老师。大学长装好人，丢下竹片刀，过来劝架："老奶奶，别生气，我给他禀先生去。"

这老奶奶真信了："哥哥费心吧，别叫他们欺负我们，我们孩子小。"大学长装模装样的说："你们不许欺负小个的。"小淘气却哭着诉说：

"就是大学长叫他骑我！"

——原载天津正华学校出版部印《话柄》（民国二十八年十二月十日）

饱吞绿水的泅者

记得有一天,我独自在一个坟场徘徊,那天大概是假期吧。我还记得妻家也新从别处,迁移到芥园附近,住处距这坟场不远,是路南黑大门。我之到坟场来独自徘徊,也许怀着偷窥未婚妻之心吧。

从小路忽走来三个同学,的确记得是三个。我问他们:结伴做什么去?他们说:"洗澡去。"并且邀我同去。但我没有带钱,他们又说,他们每人有一个铜元,小孩洗澡,四个人给三个铜元,一定可以。那时候在池塘洗澡,正是一枚铜元一人。我呢,一向是洗盆塘,像池塘如此之滚烫,如此之闷气,我实在止能在池边撩着水洗,至多不过一只腿伸入池中,且只能支持几分钟,便蒸得喘不出气来。他们邀我洗池塘,我委实视为畏途,可是为了凑热闹,我终于跟他们去了。

果然,到了澡塘柜前,由一个同学把三枚铜元交出,四个小孩蜂拥进去了。澡塘的人嚷:"四个人怎么给三个呀?"嚷尽管嚷,我们早已进到散座,纷纷的脱鞋、解钮、脱衣裤、拿手巾,抢入池中了。

我还是怕烫,而且更怕蒸闷,但见同学们个个咬牙咧嘴的跳入池中"烫澡"时,我也就不甘示弱,鼓起勇气来,先伸一条腿,再伸一条腿,再蹲下池去,再坐下池去,终于也躺在池中了。

嗬,真是热得难堪,我们在池中打着闹着。恰巧那时只有一两个男子洗澡,在旁喊好,不久也洗完走了。汤池中只剩下我们四个小孩造起反来。

一个同学在池塘中学凫水；而我呢，烫过几分钟，也耐得住了，也仰面躺着，学他们的动作，觉得飘飘地，浮浮地，水力上托，似乎要把我漂起来。我试学"狗刨"，居然似乎能浮在水面了。

我喜得大叫："我会凫水了。"

漂啊，漂啊，我真个会凫水了。

"翻江鼠蒋平，鱼眼高恒，水中的英雄!"一想到这些英雄，我就急急忙忙出了塘池，急急忙忙催同学们也出了塘池，然后急急忙忙拭去身上的水，穿裤、穿褂、穿袜、穿鞋，穿齐了，急急忙忙走出澡塘。

我说："咱们上河边洗澡去，这澡塘水太浅，太热。"这真是侥幸啊，我们竟没到河里去洗。我们想起距学塾不远，有一深水池，那水都绿了，是洼死水，人家常在那里洗衣、刷桶，甚至于洗猪，而玩童们常在里面洗澡游泳。我们这四个小学生，居然在澡塘里学会了游泳。这是何等新奇而有趣的事啊！我们笑着，叫着，跃跃欲试地跑到这污池边，急急忙忙脱去了衣服。别位同学胆小，都是在池边低处，走入水中；而我却很有把握的站在池边一个高土岗上，喊叫着："我会凫水了！你们瞧！"说着，就居高临下，一头跳入池中去……这土岗距水面足有一丈六七尺以上。

我头下脚上的扑入水中，跟那善泅的小孩一样。

我立刻扑地沉入水底，这冷水一激，觉得咕噜一响，两眼冒金花，两耳打鼓，我的嘴自己张开了，喝了一口水，这一口水足有半桶，我噎得昏了。又咕噜一响，又喝了半口水，昏愦中，我拼命闭住了嘴，忙站起来。（水才过脐，这是幸运。）两眼睁不开了，满脸烂泥，我忙用手来拭，两手上也是池底的烂泥。

同学们傻了，呆呆地看着我挣命。我弯下腰，捧水洗脸，我这才睁开了眼，眼中也是污水，头发中也是烂泥了。

我昏头昏脑的立在池水中，定醒好久，才走出来。满腹膨胀，而且胸口作呕，一俯腰，哇地吐出许多绿水来，我几乎淹死。

同学们也醒悟过来，给我洗头发，拭去周身上的泥水，并且穿上衣服。我也目瞪口呆地立在池岸边，好久好久，不敢回家去。

——原载天津正华学校出版部印《话柄》（民国二十八年十二月十日）

攀花折桂的小贼

住在北国的都市中，是看不见"春"，看不见"绿"的，即如津市，我觉得四季中只有秋日的黄尘扑入鼻观，冬日的灰雪践在脚底，如是而已。夏令似乎可以看得见草木繁荣，红紫纷披了，但只能在租界的人工花园中，或公共花园中，在仕女穿梭似的台隅池畔，偶而看见一枝青，一枝绿。大自然的野景，在春天也难见，在夏天也难见。

现在春天来了，我们想看桃花，也须跑出十几里去，到西沽北洋大学，看路边桃林。可是游人如此密集，又和逛"三不管"何异呢？况且人到中年，意兴阑珊，要走出十几里去寻芳踏青，我早已从心里先懒下了。

当辛亥前夕，我在西芥园寄居时，正值童年嬉戏之时，节令于我毫无感应。春来了，不知感，秋来了，不知愁。我们幼稚的心里所知者，什么时候可以偷折桃枝，什么时候可以偷折桂花，以及什么时候可以粘蜻蜓、叉青蛙、掏蟋蟀罢了，而西芥园正有那么多的花厂子和水池鱼塘，作我们冒险逞能之地。

我记得彭家花园、李家花园最大，管园人也最讨厌。我们几个同学和"野孩子"们，便故意和他捣乱，千方百计，定要偷他的花。陈家花园很小，并且陈奶奶人又很和气，她只央告我们，称我们为"好兄弟"，我们就不好意思扰害她了。我们最痛恨的是倚老卖老的"宝贝儿，别处玩去吧"。叫我们"宝贝"，岂不是拿我们当小孩看待吗？

蔷薇花开了。什么是蔷薇，什么是月季，我们分不清。我们是把红而香的叫蔷薇，黄而香的叫月季。我们先打发一个探子，看清楚花园中无人，"单找他们吃饭的时候去偷"，我们就分途而来窃花。李家花园最大，有两个街门，有几层院，花房很多，记不清了，也进去不得。院中却有花畦，有花盆，桂树、石榴比我们高一半还多。我们只算计院中的盆花，以及玫瑰畦。并且二门以外，在一个跨院中，还有一道短墙，已然半圮，我们可以越墙而过，偷其不备。

万绿丛中，时见白衫一闪，蓝衫一闪，那便是偷花小贼来了。管园人若来，我们便一钻，蹲藏在叶丛中。

小学生过去了，便见断枝残蕊，花厂中人早起了戒心，每到放学时，便有人监视。但如李家花园那么大的三层五层院落，真是防不胜防。况且他们的穿堂门，又是行人必由之路，要闭关自守也是办不到的。

"偷之乎也！"大学长掉文出坏，他自己却不敢偷，他已然大了，他大概十四五岁。

人到花园，香气袭人，月季花尤其芬芳，当你用鼻一嗅时，酸、甜、香，颇有鲜果味道，使你口角垂涎，恨不得吃它一口。然而不好吃啊！只能鼻嗅，不能口尝，正如香皂一样。

于是我们出奇制胜，偷摘得一朵两朵花时，真是格外欢跃。

后来偷得经验增加时，觉得茉莉、玉兰之类，最没有趣，到手便散落了；月季、玫瑰也还可以，最好的是桂花那是不止嗅着浓香，并且还可以作桂花糖。

小孩子是只注意吃的！

"桂花酥糖啊！"

由这呼卖声，引起了小孩子的灵感，从此我们只专心偷桂花。桂花瓣儿很小，不比那大个儿的石榴，少一个立刻发觉。我们是自然光顾李家花园的时候多，他们有十几棵桂花树呢。

偷了桂花来，买白糖盛在坛中，只几天，白糖便饶有桂花香味了，然后，蒸糖三角吃……

有一次，我冒险到小跨院偷摘桂花，忽听花篱后有人呼叱，我急急跑开。手攀那半颓的短墙，正要往外跳时，偏偏有一个同学也箭也似的从外面跑到，攀短墙要跳入园来。我俩在惊慌里，险些头碰着头！出其不意，我俩全吓得叫起来。后来才知我是为窃花而逃，要逃出园外。他却是为投砖到人家院中，砸坏了人家的东西，而欲逃入花园避祸。

我们为什么要偷呢？这就是当我们饱读了几部武侠小说时，这些英雄好汉便在我们肚里作怪。凡是江湖大侠，总是作贼，总是仗义，总得杀赃官，除恶霸。我们没看出谁是赃官，而恶霸却寻着一个，是姓程的一个"野孩子"，就是那个叫"程永虎"的，十六岁，比我们都大，很泼皮无赖，当然是恶霸了。可惜我又打不过他，也就不能除恶霸了。于无法中，我们镖无处打，便打小猪；无物可偷，只好偷花。借以发泄我们的豪气侠风。

但是白昼偷花，险些被捉，而一度逃走之后，我忽想起：何不夜间偷去？便邀同学，同学不敢，因为花园中停着许多死人棺材，风吹叶动，实在阴森森的怕人，我也不敢去了。但沉吟了几天，我终于振起勇气，在天色刚黑的时候，冒险探道，直入李家花园。时当夏夜，暗淡无星，花影珊珊，仿佛藏着人，我不禁发毛。我支持着，居然走到桂树下，摘那碎而小的黄花。正摘着，恍惚心里一惊，我忙回头四面寻看，仿佛黑暗处有响声。我又定睛细看，花房悄然无物；却另有几间小屋，我晓得屋中多停厝着灵柩，用灰泥墁着。忽然在一间小屋的中间，黑忽忽有亮光一闪，一闪；揣摹那地方，正在棺材上面。我吓得两手出汗，看又不敢看，又不敢不看。过了一会儿，那火光又一闪一亮的发光，微闻吁气声，却并没有听见棺盖的炸裂，是僵尸不是呢？追人不追人呢？我呆站在桂树下，毛发悚然。不知怎样，忽然拾起一块砖头，乍着胆子投过去，啪地一响，只见那火光一闪不见了，突有一个深沉的声音叫道：

"谁呀？"

吓得我不禁惊叫起来；那小屋中走出一个口衔旱烟袋的人来。

"小孩干吗？吓我一跳。"

我这才辨清，还是那个管园人，他躺在灰墁的棺柩上，吸烟乘凉呢！

——原载天津正华学校出版部印《话柄》（民国二十八年十二月十日）

坟园结义的好汉

津西的西芥园，是我童年生活最留恋的地方。我在那里，才得展开新的环境，由家庭初步和社会接触；我出了家馆进了私塾，我于是上学有了学友，游戏有了戏伴。时候是在宣统二年。

上学，我们想着法子淘气，放了学，我们夜踏坟园试胆，私入花厂偷花。我们说鬼，我们下棋，我们削竹刀扮戏，投石子隔河打架，并且做应时应景的游戏。好像"玩"也有节季似的。到了某一时，人们拿出球来了；到了某一时，人们拿出毽来了，一唱百合，不约而同。唯有磕钱，打水牌子，是不分节季的；而最野的，最有趣的，所谓野孩子玩艺，不值大学长一盼的游戏，是打鞋桩。

找出许多破鞋，"野孩子"们就脱下自己穿的来，堆成一堆，一个人抽签做庄，画个大圈，许多人冒险入圈，从四面设法偷抢庄家的鞋。如在圈内，被庄家踢着，便要替他做庄。先由一个人骤然一蹴，于是别的人这个跑过来一踢，那个跑过来一踢；直到把圈内的鞋全踢净，庄家算输了，要挨打了。

起初我是偷偷的，于冷不防中，进圈猛踢一下罢了；但是越看越眼热，也学他们冒险攻入圈心来打抢；结果被庄家回身一脚踢着。我做庄了，我这才尝着坐庄的苦恼；他们尤其是大个的，从你背后推一把，揉一把，踢一下，打一下，这个诱你来追，那个就打后面来偷鞋。我在圈中如猴似的，东张西望，应付不暇，窘到了极点；终于被人抢得一只鞋不剩，挨打了。

我们还有固定的戏伴，我的戏伴分两派，一派是大学长、二学长，专做说故事、扮戏出的游戏，和放风筝、下象棋等高等游戏；另外还有两个拉东洋车家的孩子，一姓李，一姓韩，都是我的把兄弟，小孩子没有阶级心理的。

桃园结义的故事深入人心。记得我已能读史记和林译的小说、梁任公的论文了，而一个亲戚尚且问我："会看三国了么?"他当然不是说陈寿的三国志，而是所谓的三国演义。结义拜盟，不是同胞而呼兄唤弟，恐怕是中国人独有的习俗。这习俗不见于先秦记载；左氏春秋、史记、汉书，仿佛只说过"刎颈交"。桃园结义虽非史实，但我想结拜之风大概真是始于季汉、三国；马良与诸葛亮书，曾称为"尊兄"。这分明是乱世结纳的一种方式，正如认干爹爹起于董卓、吕布，而盛于残唐五代一样。几个人地位相等，共图富贵，就结盟为兄弟；如果是一个阔人，邀买属下，他就"誓为父子"，把部将收为干儿子。史书上所见，唐宦官仇士良辈都是这样对待死党；蜀王建也是以太监为干爹，而当了节度使，后来割据称王。小说上李克用的十三太保，也是这么样，反映出"势利交"的姿态，从而看出中国人的家族制在社会上很有力量。

于是小孩子富于模仿性，我们这几个小学生也结义了。照小说行事，弟兄们不结拜在桃园，而在坟园，也插草为香，堆土为炉。但谁当大哥呢？可就有了问题。

初和我结拜的是那个姓李的，他先问我几岁，问明我十二岁，他就说他十三岁了。比我大，他当然是老大哥了，而我是二弟。后来又加入姓韩的同学，他比我们俩都大，十四岁了，当然李改排行二，我改行三了。然而李不愿意。他忽然又缩小了一岁，他一定要当老三，逼我做二哥。我不明白这是为何。

随后才听说当老二不好，要倒霉的。怎么呢？第一，小说上的老二都是坏人，《包公案》上老包的二哥是个奸恶无比的东西，天河配牛郎的二哥也不是好小子。又一个缘故，顶好顶好的二哥是关云长，可是没有脑袋，刘、关、张是他头一个没了命。并且，歌谣还说："打头一支箭，打二王八蛋……"

后来怎样，我记不得了。大概不久我们就拔了香头，先是姓韩的跟我打起架来。我一怒当面骂他："韩四姐，在四面钟！"四面钟究竟是怎么回事，我并不明瞭，但我们亲眼看见韩的父亲那个拉东洋车的莽汉，亲自拉着他的女儿回芥园，就是所谓韩四姐者，小脚，搽粉，白绸衫，仿佛很美。姓韩的同学果然最恼"四面钟""四姐";甚至于"四"字都是忌讳着,不许人说,一说就打架;正与我那时避讳头上那块秃疤一样(现在可是用分头遮蔽住了),所以,同学们揭根子,就揪起小辫来了。并且因为"四姐"云云,被几个小同学堵着韩的门口乱喊叫,韩的父亲终于找到学塾来了。

嗣后我父亲知道了,不许我和洋车夫的儿子拜把子了,比如开粮店的周文元,开面铺的单××,那是可以结交的。但小学生的心理,是不论学生的家况的,论得是学生个人在塾中活跃的地位,我还是跟大学长罗××、二学长都××很要好;我以为我们是学问上的朋友,我们一块儿看三国演义。

——原载天津正华学校出版部印《话柄》(民国二十八年十二月十日)

会试第一的神童

在陶铸学塾,我和一个姓杨的同学,最承塾师吕允文先生看重。许多同学不是拉东洋车的儿子,就是卖烟卷的弟弟,我和杨却是仕宦子弟。而且,这些拖小辫的小动物能够模模糊糊的看聊斋的,也只有我和杨。

吕先生所给予我的恩惠很大。第一他给了我一些私塾所没有的知识,第二赖这知识缩短了我的学龄,不致十六岁才入高小。初入塾时,我的海轩大哥只许我念龙文鞭影,我的侄儿念三字经;吕先生却劝诱我读国文、算笔算。我那时好像也不以为然;我以为像我那大的岁数,还念四个字一句的小书,乃是羞耻。可是念那种画着小人的国文,也不能算是正经书。我的心理正如一般同学，必像大学长那样写白折，念告子，才算是最高的程度。"多大了？"十二了；"念什么了？"念国文了。这是多么难堪的回答！人一问，我立刻赧然了。

吕先生却逼我读国文，说这个好。快放学时，又从《笔算数学》中选三五道算题，叫我们六七个特达的学生抄题演算，这倒深感兴味。随后，又教我们作文。有着冷笑的口角的大学长却鄙薄我们这几个，他是不屑于作文、演算的，他开讲《尺牍句解》，学写信，和打珠算归除。

吕先生额宽颜突，有着很大的前脑，三十多近四十的人了。每天到塾极早，学生还没来多少时，他就念《东莱博议》，闭目摇头，高声朗诵，很有神气；但是他常伏案昼寝。他又好怄气，来不来的就写状子，要告谁。他的策论是很好的，北马路劝学所的塾师月课，他每回考第一，可得两元钱的奖励。是一篇论文，四道算题；因此我们的学塾，被称为改良私塾，并且有一块黑板在塾中墙上。吕先生很有天分，据说他初来时，连阿拉伯字母还是学生教给他的，但到我入学时，他已经算鸡兔分桃等算法了。

一次，劝学所考试私塾的学童，同学三四十人中，我们有七个人被报名应考。赴考时，大学长以一种冷诮的姿态讥笑我们。他是不去的，他的面孔口角总像蕴着冷笑，以此我们怕他，然而又羡慕他的高傲。他叫罗××，厨师的儿子，后来做了皮鞋庄的学徒。

我们应考的七君子，结果大败而回，只有姓杨的考了中等，六十分。我们全吃了"丁"，然而还很得意，"我们考去了。"姓周的同学（他的父亲挑鲜果挑，我们叫他独流缸子，不过因他是独流人）拿那本发回来的试卷，上标三十几分，美嘻嘻的故意的装做无意去串学房的小书贩看，以取得书贩的称扬。

转年我们又去考。考罢，先生问我们题目、答案，一一加以推测。杨的功课最好，他本是初小校生转入私塾的，可又犯了他的老毛病，除法遇到除尽，末位总多加一个零。吕先生逐一品测之后，许我以优等（乙等）。

榜出了，意外得很，杨反是优等，而我考中最优等，不但最优等，而又是第一名一百分（时在宣统三年十一月）。先生喜极了。其实我那时"虚度一十二岁"，实岁也已十一岁了，而考的却是初小二年级；我作的那文，还脱不了"有兄弟二人，一日出游，见某物某事，弟曰如何，兄曰不可……"但是我竟会一等第一名，而且一百分，甚至到南方投效的我父也从报上看见了。父亲是有谀儿癖的，把报保存许久，时时对师爷们说。

到授奖之日，初小四年级第一名有奖品，初小三年级第一名也有奖品，是些较精致的东西，墨盒、字帖、纸笔之类。到了我这初等二年级的第一名了，却是两支笔、一块墨、一叠仿影、一大叠仿纸，抱起来比谁的奖品都显着多。发奖的戴眼镜先生还问了我几句话，姓什么？某人就是你吗？你几岁了？当我说出我十二岁了，我也不由赧的脸一红。十二岁才在初等小学二年级，未免丢人，然而考第一，又未免美啧啧的。

先生欢喜，自幸教学有方，七个弟子都及格！于是领奖回来，我们到戏园看戏去，陆福来的铁公鸡，后来到小饭馆吃烫面饺子。

回来，到刘先生那里去（是一位老八股塾师），见了我，刘先生笑嘻嘻高举双手道："恭喜恭喜！"我惶然失措，也没有还揖，呐呐的也没有说出一句整话来。这学塾的大学长赵世杰也向我道贺。（他曾和我在我们私塾英文夜班同过学，但只一个月。）这一回他也考去了，他十七岁，考初小四年级，列入优等七十几分。

次年（民元六月）吕先生又教我们去考。这一次发榜，我考了个最优等九十七分，名次忘了，大概是第十七。

我于民元离开西芥园，到北京考入学校，高小一年级插班。我所以能够插班，不致功课跟不上，这就是吕先生的好处。我还常常给吕先生写信。到高二时，我们同学做谜语游戏，吕先生还给我作了许多谜语寄来。

以上的事，地在津西芥园，年在十一至十三岁。

——原载天津正华学校出版部印《话柄》（民国二十八年十二月十日）

我的新闻

四元稿费

大概在十五六岁小学毕业前后，开始了投稿生活。

我是很鲁钝的，当我考入小学高等一年级时，首次年考只得七十二分，名列乙等第末。我们的级任教师王先生（朴）最喜欢"小迸逗"，同学如丁朝树、吴国桢，都在十岁以下，人小而聪明，在班中很活跃。我与陈宝仓、李××之流，那时被叫做"傻大个儿"的，功课既不好，年长而又笨，王先生当然不喜欢我们，虽然我最敬爱他。

到了高小二年，我们这些傻大个儿忽然开了心窍，功课猛进，年考的分数，我已获得八十四分七。等到高三，我便与陈、李二君包办了月考前三名，大约我和陈君考第一的时候最多。记得一次月考，我十二门功课，有五门得一百分；年考的分数是九十二分几。

这些年幼的同学全被压下去了，我们傻大个是北方人，开悟得迟，这几个小孩是南方人，又且吴国桢们家中都请了教师补课，而我们是自己摸索。我的功课所以不好，最吃亏的是英语，因为我是由私塾编级入校，连二十六个字母还认不全。我自己实有没法，找到一家英文夜馆，只补习两个月，便已超列甲等了。

我在班中的地位，高一时代也是很不好的，既吃亏是外乡人，而又是个傻大个，笨货，到高二，同学等便刮目相看了。同学中受了小说迷和谜语热，做过汉口市长的吴国桢君受镜花缘的影响，拿铅笔纸册，写他的"君子国"。陈宝仓君就撰造八个英雄，以李干、张坤、八卦为名，要破阵盗宝；他分明受了三十六友的影响。其时我呢，读小说最多，却没有下笔。我那时已经开始读翻译小说了。第一部入目的是石印书，文言的言情小说，我不很懂；第二部是商务出版的说部丛书《情侠》，和些侦探、探险小说。

当吴、陈二君撰述"君子国""八卦阵"的时候，我开始构思大侦探家了，但实际开始投稿，却是作戏评。

民国三年，高小毕业。我们是春季始业的，由是年起，改制秋季始业；我们要耽误半年，才得升考中学。我于是闲居无事，买书看杂志，炽起投稿热。我向母亲、嫂嫂搜求民间口碑，要写稿寄给上海的小说周刊《礼拜六》。但是不知为什么，那时并没投成。

第一篇的投稿是"戏评"。月出四十个铜元，订阅一份戏评新闻（日刊），天天看，自己试着撰《菊国春秋》，署名"菊厂"。而且很认真，自定课程，每星期至少做两篇。这当然无酬，连一份赠报也得不到；但是一见登出来，虽然赔邮票稿纸，仍是很高兴。还闹了一个笑话，我用了"於戲"二字，其时还不懂这两字就念"呜呼"；自己望文生义当做"噫嘻"用，报上也照刊出来。有时候那编辑先生孙谷纫、章弃材也给我删改。有一篇"灵芝说"和"吉祥观剧记"，自以为文笔古奥雅洁。那时候，袁项城正要称帝，戏剧新闻和别的剧刊，正为捧刘喜奎，大打笔仗。

入冬考入朝阳大学的附中，其时我甫结婚，我却搬到学校附近的公寓里去住。中二同学陈君曾问我，"报上的菊厂是不是阁下？"我得意极了。

在中华的童子界、商务的少年、学生杂志，也都投过稿，有时是小文，有时是一幅画，有时翻译英文课本中的小故事。少年杂志登了我一篇"财神与乞丐"，我第一次获得酬金，是六角书券。随后，《礼拜六》周刊复活，改由周瘦鹃主编。我投去三篇小稿，得到瘦鹃的一封回信，我什袭珍藏的保存下来，然而丢了。稿也登出两篇，"茗盌余话"和"京津道上"，说是有酬金，到底没给钱。

在朝大附中修完二学年，附中因人少而解散，我改入京兆一中，结果倒退了差不多一年。从前我的文，因胡乱模仿，非常怪诞，到此才稍稍入了正轨。

大时代跟着到来，五四运动震撼了青年人的心。我们学校首先受了新文学运动的刺激的，是同班刘丹岩君和我。我两人同砚联席，同看新刊物，同读白话诗，还辩论过多少次。校中第一篇用新标点写的白话文，便是刘君和我的文章，题为"美国改持霸国主义论"。刘君作的是赞，加了许多叹号；我却是很长的一篇语体论文，结果发文的时候，我向来在前六七名的，此次直耗到末后，国文教师才将我两人的大作发还，原文一字未改，并且说："作演说是可以的。"作文当然不合了。等到毕业考试，监考员到场时，和学监闲谈，问到学生们有作白话文的没有？我和刘君遂给学校露了脸，学监谦以为傲的说：第五班的某某作过，又笑说：新标点用的不对。但校中图书馆管理王醒吾先生头脑很新，他的令郎又与我同班，我们就组起读书会来，新潮、新青年，新刊物都买。因为月捐图书费，我和同班评剧家的刘君，几乎冲突起来。

当五四大时代到来时，也正是我惨遭父丧之时，世界主义、互助论做了我精神的慰藉。毕业之后，急于找出路，曾到先父供职的那军队里挂名候差，这与我的希望趣味相差太远。

王醒吾先生和《持平报》有关系，我就大量的投稿，希望在报馆做点事。初写的小说不免有北京小报的气息；文言的短篇小说力仿林译，曾有"镜圆"一篇。又辑了些古笑林，名为《绝樱录》，并写了些短评。周作人先生译的《点滴》和《晨报小说集》，当时对我们影响极大；我这才开始写新小说，有《厘捐局》《两个铜元》《哑妇》等篇；《两个铜元》是我妹莳荷写的，我修改了一遍，字数皆不及千，但自己很满意。时在民九。

正经投稿，是民十在北京晨报附刊，鲁迅先生介绍的。那时，我已经考入邮局，从快信处得知周作人先生的详址。我试投了一封信，志在请他介绍投稿，头一封信却是找他借书，可是又以设立借书处做引子。自以为措词很巧妙，不数日回信来了，署名周树人，说"周作人患肋膜炎，现在西山碧云寺养病，由我代答。"另外送我愿借的域外小说集、欧洲文学史，并借给我杜威讲演。原信是这样的：

××先生：

周作人因为生了多日的病，现在住在西山碧云寺，来信昨天才带给他看，现在便由我替他奉答几句。

欧洲文学史和域外小说集都有多余之本，现在各各奉赠一册，请不必寄还。此外我们全没有。只是杜威博士的讲演，却有从教育公报拆出的散页，内容大约较"五大讲演"更多，现特寄上，请看后寄还，但不拘多少时日。

借书处本是好事，但一时恐怕不易成立。宣武门通俗图书馆，新出版书大抵尚备，星期日不停阅，（星期一停）然不能外借，倘先生星期日也休息，便很便利了。

周树人，七月二十九日

往来通讯，讨论文艺，以后又求见面。其时我厌倦了邮局的机械生活，头一天日夜工作二十二小时，第二天就休息二十四小时，如此轮流，实在歇不过来。我决计退职，拟考高师，信中顺便告诉了周树人先生。又把那篇"厘捐局"、"两个铜元"抄寄，请他介绍，说要从此以文为业，先生对我这两篇不满千言的作品，认为是随笔，不是小说，但仍给介刊北京晨报附刊和妇女杂志。对于我这辞了职业考学校，卖文章供学费的计划，周树人先生认为失计。函云：

××先生

　　来信早收到了。因为琐事多，到今天才写回信，非常之抱歉。杜威的讲演现在并不需用，尽可以放着，不必急急的。

　　我也很愿意领教，但要说定一个时间，颇不容易。如在本月中，我想最好是上午十时至十二之间，到教育部见访，但除却星期日。下午四至六时，亦或在家，然而也不一定，倘此时惠临，最好先以电话一问，便免得徒劳了。我的电话号数是"西局二八二六"，电话簿子上还未载。先生兄妹俱作小说，很敬仰，倘能见示，是极愿意看的。

　　　　　　　　　　　　　　　　周树人，八月十六日

××先生

　　昨天蒙访，适值我出去看朋友去了，以致不能面谈，非常抱歉；此后如见访，先行以信告知为要。

　　先生进学校去，自然甚好；但先行辞去职业，我以为是失策的。看中国现在情形，几乎要陷于无教育状态，此后如何，实在是在不可知之数。但事情已经过去，也不必再说，只能看情形进行了。

　　小说已经拜读了，恕我直说，这只是一种 Sketch，还未达到结构较大的小说。但登在日报上的资格，是十足可以有的，而且立意与表现法也并不坏，做下去一定还可以发展。其实每人只一篇，也很难于批评，可否多借我几篇，草稿也可以，不必誊正的。我也极愿意介绍到小说月报去，如只是简短的短篇，便介绍到日报上去。

　　先生想以文学立足，不知何故；其实以文笔作生活，是世上最苦的职业。前信所举的各处上当，这种苦难我们也都受过，上海或北京的收稿，不甚讲内容，他们没有批评眼，只讲名声，其甚者且骗取别人的文章作自己的生活费，如《礼拜六》便是，这些主持者都是一班上海之所谓"滑头"。不必寄稿给他们的。两位所做的小说，如用在报上，不知用什么名字？再先生报考高师，未知用何名字，请示知。

　　肋膜炎是肺与肋肉之间的一层膜发了热，中国没有名字，他们大约与肺病之类并在一起，总称痨病。这病很费事，但致命的不多。《小说月报》被朋友拿散了，《妇女杂志》还有（但未必全）可以奉借。不知先生能否译英文或德文，请见告。

　　　　　　　　　　　　　　　　周树人，八月二十六日

　　由这信看，树人先生要介绍我译述小说了。我的回答是英文还可以勉强译述。又批评新小说，我说我最爱的作家是鲁迅和冰心，冰心的小说很雅逸。先生复函承认鲁迅就是他自己，又谓冰心的文章虽雅逸，恐流于惨绿愁红；先生称许叶绍钧和落花生的作品不错。这一封信，可惜我找不到了。但鲁迅就是和我通讯的周树人，却令我失惊而且狂喜。唠叨的写了一堆惊奇的话，所以九月五日先生的回信有"鲁迅就是姓鲁名迅，不算甚奇"，正如今日的白羽姓白名羽一样。然而"不算甚奇"一句话，我和我妹披函都有点根然了。

×× 先生

前日匆匆寄上一函，想已到。晨报杂感本可随便寄去，但即登载，恐也未必送报，他对于我们是如此办的。寄妇女杂志的文章由我转去也可以，但我恐不能改窜，因为若一改窜，便失了原作者的自性，很不相宜；但倘觉得有不妥字句，删改几字，自然是可以的。

鲁迅就是姓鲁名迅，不算甚奇，唐俟大约也是假名，和鲁迅相仿。然而新青年中别的单名还有，却大抵实有其人。狂人日记也是鲁迅作，此外还有药、孔乙己等都在新青年中；这种杂志大抵看后随手散失，所以无从奉借，很抱歉。别的单行本也没有出版过。妇女杂志和小说月报也寻不到以前的。因为我家中人数甚多，所以容易拖散。昨天问商务印书馆，除上月份之外，也没有一册；我日内去问上海本店去，倘有便教他寄来。妇女杂志知已买到，现在寄上说报（小说月报）八月份一本，但可惜里面恰恰没有叶、落两人的作品。

周树人，九月五日

我去拜访鲁迅先生，在苦雨斋见了鲁迅和作人先生；我昂然的坐在两个文学家之前，大谈一阵。鲁迅先生透视的刺人的眼和辛辣的对话，作人先生的温柔敦厚的面容和谈吐，给了我很深的印象。此后又拜访三两次，承作人先生把契诃甫小说的英译借给我；我译出五六篇，都由鲁迅介登晨报，得了千字一元的稿费。

我自己又买了几本外国小说。但是我的英文很坏，抱着字典译书，错误仍然很多；鲁迅先生、作人先生都给我改译过。

青年人在一个名人面前吐露自己的心情，恨不得把自己的乳名都要告诉他；我于是天天去麻烦，不久闹得鲁迅先生不敢见我了。正与我的同学刘丹岩一样，他也是因为倾慕胡适先生，天天去起腻，终于被胡适之热赶出来了；"请你到那边谈谈去吧。"

这也是循环往复，我至今也是天天要收到几封信，不时接见不相识的朋友。

鲁迅先生所给予我的影响很大，尤其是他的文艺论。曾谈到当时小说的题材，不外学生生活；鲁迅指出这一点，我就附和说："是的，这样的题材太多太泛了，不可以再写了。"鲁迅决然的回答："但是还可以写。"又谈到当时的作者，为表现着同情于劳工，于是车夫乞丐纷纷做了小说的主角，我说："这真是太多了，应该变换题材了。"鲁迅又决然的回答："但是还可以写。"是的，这只在乎作者个人的体验与手法。他一连几个"但是"，当时很使我诧然。我的那篇"厘捐局"，写一个卖鸡蛋的老人，被厘捐局压榨，曾用"可怜这个老人，两手空空的回去了"。这样的句子，鲁迅先生特意给我一封信，指出"可怜"二字近乎感叹，可否换用"只是"二字。我以为这一封信，可以看出鲁迅先生为人来：第一，他告诉我作小说不可夹叙夹议；第二，他告诉我他的不苟精神。"世故老人"是长虹攻击他的恶谥，我却以为这四字正说尽了鲁迅的特长。先生对自己的作品认为满意的是《孔乙己》，他说："这一篇还平心静气些。"但我喜爱的却是他那篇《药》和彷徨中的《伤逝》。

我不听鲁迅先生的劝告，果然卖文求学的计划归于失败。等到举室南迁遇匪，一败涂地，又逃回来；我就不得已在通州就了私馆，从此断了求学之念。我的束脩不足赡家，受了朋友劝告，正式开始了投时的卖文。译作小说，搜辑趣话，给北京益世报，每月得六七元，稍补家用，每千字赚得一元。

我旋失业，经过了极大困苦，极大挣扎，认识了世界日报的何仁甫君。承他陌路援手，推食解衣，介绍投稿；以千字一元的代价，于一个月内，给世界日报的"妇女界"写了一万一千余字；给酬时却被主者核减为大洋四元。我因一怒，从此搁笔。何君自觉对不住我，给我去了一封信，解释权不属彼。偏偏这封信又被编者看见了，但这事与编者无关引起了误会。

但是一万一千字稿费四元，到底给了我很重的打击，深信鲁迅之言非欺我也。这样子累死也吃不饱饭。

何君又告诉我：共和新报、民立晚报新出版，我就每处去了一封自荐信。数日后，共和新报来信很客气，民立晚报来信很简捷，但说一时没机会，容后设法。但只隔了半个月，民立晚报招了我去，当校对兼写钢板，月薪二十元。却是发薪时，又被社长太太扣了四元。说是给他十二元，他也干。结果是十六元，果然我干了。不干怎么办呢？我失业已一年了。

不数月，民立晚报因登"萍水相逢百日中"，而被停刊。我又失业。可是暂时不敢卖文了。

直到民十五，世界日报明珠版招聘特约撰述，我又承何君指示，以通夕之力，写了短稿七篇，投寄了去。由明珠编辑张恨水评定，结果就选中了我。到宣内未英胡同和恨水接洽，我诧异这个文人，如此巨眼响喉，但他的嗅觉却灵敏。面谈之下，他说："K先生可以每天给明珠写一篇稿子，有功夫再给夜光写一点，三五百字就行。"哈，每月十元，而且是每日两篇。我方才省悟，那一万一千字的稿费四元，并非希奇事，一向如此的。但我不能不做，就作了起来。事后才听说，这次特约撰述，实在只选中我一个人。就是大名鼎鼎的恨水先生。那时的稿费也不过千字二元。文人是如此的不值钱，至少在北方是这样的。现在我的稿费版租固然较多了，这无非是投时，徼幸；而况且俾夜作昼，弄出心跳、肋痛、吐血的病来。扶病卖文，只怕不是愉快的事吧，然而没法避逃。

——原载天津正华学校出版部印《话柄》（民国二十八年十二月十日）

一件签呈

我由民元到北京，于民十七夏跳出如火坑似的古都，逃到天津。初在报馆作事，后来由编辑当了外勤记者。我访的是政治新闻，就时常到市政府去。市政府秘书长是老书生，我和他很谈得上来；他拿我当小孩子看待，有一次我分明听见对别人说："×社的那个小孩来了没有？"

到民二十，政局改变，秘书长接任××局长，我服务的那报社有停刊讯。盘算到将来的退步，心中正烦闷，直到下午三点，我才由家出来采访。我刚走，家中就来了信差找我，教我到市府去。我施施然到了市府，劈头看见四辆汽车。"这是有事！"立刻触动了我的新闻鼻，跑过去正要采访，而秘书长和几位随员出来了。

我迎上去问："秘书长哪里去？"

"到××局接收去。来，你帮我忙忙去。"

我懂了，我说："秘书长大喜！"

然而我没有全懂。我的一个朋友，在市府当科长的C君在旁笑说："秘书长大喜，你也小喜！"大家笑了，我这才明白，所谓

"帮我忙忙去"，并非要我登"就职消息"。我遂匆遽间作了六个接收员之一，但是我很为难："我不会公牍呢？""那没有什么，你一学就会。"

我这么糊里糊涂的入了政界，做了小职员，一开始，在科主稿，出外陪局长视察，会议作记录，又办宣传，很忙很红。但我是书呆，所以老书生的秘书长才看取我。但终于不久，我在局中作了一件呆事。查办某附属机关，我竟认真的查起来了，结果弄了一身刺。

又不仅此，长官拔取四个被救济的女子做本局练习生；因为视察，选取，都是我陪同局长办的，这四个女子入局之后，自然任谁也不认识，而只认识我；因为认识我，自然有了难事，就烦我替她们转达，而又由此弄了一身刺。

这机关女同事很多，足够一打，我服务的那一部分也有两三个。内中一个，就称为密斯 L 吧，她才十九岁，她是浙江人，有未婚夫的。她却孑然一身，跑到北方来作事，因而局中对她有种种揣测。这个女子却乖觉，和男同事接近，单找已经结婚的，貌丑年老的。于是同事斜眼 C 与我合了她的避嫌条件，有时她向长官请示公事，反而转求我们作她的翻译，她的南方话和长官的山西话果然是格格不投的。

当新旧交代时，因为也算是"换派"，全局旧员扫数解职，宿舍空了，密斯 L 的宿舍连电灯也没有了。她大概骇怕，请求装电灯，又托我在外找房。相处熟习了，也常在一处弹棋，打球。我们的直属上司，现在姑且称之为长脖科长，年纪青，自以为很漂亮，大概很愿和密斯 L 亲近，因此尤嫉妒斜眼的翻译差事。一次 L 和斜眼打球，长脖科长来了。"科长打么？""打一打。"接球拍时，不知是故意，还是不小心，他的手抓着密斯 L 的手了，密斯 L 把球拍一摔，甩手走出去。长脖科长很僵，既愧且怒。

斜眼常请密斯 L 看电影，吃饭。科长也要请，她拒而不去。科长恼了，用他的土腔，一顿一顿的质问："怎么，一样的同事，他请你就去?"斜眼请了半天假，说是到车站接亲戚；同日密斯 L 头痛，告假两小时，而科长不准："怎么，他请假你也请假?"

斜眼有点担承不住，不知用什么方法怂恿她，到底科长也花了一元大洋，把这个女同事请了一回。

这些事与我不相干。不过后来，斜眼不知因着何事，被 L 看不中，忽然疏远了。而斜眼是本科主稿，颇有一两月，拿公事挤兑密斯 L。科中传为笑谈。

这些女办事员又向来无事可办的，从前她们以剪报为重大工作。但现在有了剪报室，（月薪二百元的一位秘书，率领月薪十五元的四个女练习生，一天到晚忙，口口声声太累；阅读，剪报，分类黏贴之后，便是呈阅，盖章，归档；归档之后，支架尘封。）科中剪报工作没有了，当她们或他们（男办事员）填工作报告时，只有"在科办公"四字好填；有的呆鸟居然填"在科阅报"。她们为了找事做，便找主稿人员要点抄件。主稿的只有我和斜眼的抄件多。密斯 L 既与斜眼闹别扭，当然愿欲找我，把我编的本局公布消息、记录、报告，用小楷誊清，算是能登功劳簿了。我后来教他们一法，在工作报告上填写："上午在科办公，下午调卷，整理本科文卷，缮写签呈及报告。"再发表点工作意见，足可交卷了；这总比"在科看报"强得多。

密斯 L 忽然病了，她命局役请我到宿舍，一看，脸黄黄的，坐在床上，衣襟未掩，露出肥白的大腿，蓬了头发，我踟蹰站着。四个女练习生与她同舍，寒暄让坐。我就问了问 L，依她的意思，给她的朋友 T 打了一个电话，但这时打不得，须到下了班没人时候。为什么呢?"怕他们造谣!"当然我照办了。

然而 L 很苦闷，常对我诉苦。局中同人惯造谣诬蔑她们，她一想起就忿忿。当新旧交替时，她说，她命局役去请她的旧上司W科长，问问他：她当怎么样？辞职呢，还是等着下条子停职？请W替她盘算一下，女宿舍一片空房，只剩她一人，又要退房，又撤了电灯，请W科长给她想法。因为女子住旅馆开房间不好听，有没有地方可以借住。如此而已，但经局役一番传话，就改了词了，"W科长，L小姐请你，她在宿舍，一个人骇怕。"这已经够受，而隔日有枝添叶，经过多人的传述，居然在"她一个人骇怕……"之下，加了"……请W科长过去做伴。"并且说得亲眼活现，"当局役请W科长时，正在旧局长座次，旧局长也变了色说：这L办事员是怎么说话！W科长也羞得满面通红的，赶紧退了出来。"云云，又隔了些日子，居然人们说：W科长是日果然来做伴了。

像这些谣传，又险些弄到我身上来。一个门房嘀嘀咕咕的对我讲："K先生，我报告您一件新闻。你们科里的L小姐，昨夜九点钟打电话，邀她的情人T出去了，到十二点还没回来。"我故意问：什么时候打的电话？说是"九点钟"。我又问：谁打的电话？"L小姐自己呀，您瞧，这是什么事，她能托别人打？"我听了一笑。门房所以报告给我听，因我是报界出身，要向我打听T和L的秘密到底怎样。他却不知昨晚六点半，替L打电话邀T的就是我。可是，到底我也惹了一身毛，那已在半月之后。

我上午在科办公，下午到宣传室招待记者，公布新闻。招待室恰在女职员新宿舍隔壁。有一次L和我和惠君弹棋，我输了六瓶汽水。他们故意敲我，知道我从来不请客。汽水买来，不是时候，没加冰镇，打开来尝，温暖的，一点也不好吃，我一笑下班了。我对这六瓶汽水，正要叫听差拿去；恰巧下班，四个女练习生从窗前经过，内中一个说："K先生今天请客？"我笑了："你们喝热汽水不？一人一瓶。"她们说："嗬，K先生今天真请客？"

我从笑声中回家了。

第二天，我就觉着古怪。又隔了几天，长脖科长吞吞吐吐对我说了许多话，一点不得要领，我不懂他什么意思。又过几天，新闻界朋友也向我说了一些话，我还是糊涂。直过了半个多月，我和友人秋白夫归，密斯 L 及 T 偕赴南开看戏，这是他们几人故意逼我破钞请客。我没法子规避，我说没钱，而 L 小姐拿出五元来说：我借给你。我只可认头，一哄上了南开。听了张伯苓的演说，又看了王君直的侄女的新剧"太太"，旧剧"探母"，还有粤剧"貂蝉"，草裙舞。在会场遇见市府科长友人 C，他把我调开，告诉我几句话，请我检点，不要和练习生接近。局长那个老书生，还怕点我不透，一日他自己又附耳劝告我："少跟她们女练习生说话，她们没有自主的知识能力……"

这未免冤枉。若说我和蜜斯 L 接近，还有点道理。我们本来不错，L 每晚到秋白夫妇家玩耍，就是我的介绍。

我疑闷了许多日子，直到××局改组，才发觉真相。给我造谣的竟是姓 H 的门房，他对内中一个女练习生 G 怀着企图，因而对我生了疑忌。G 曾对我诉苦："门房不拿我们当职员看待，H 尤无礼，曾直叫我们的名字。"可是天下事出人意外，等到闹出了笑话，四个女练习生被送回家时，而这个 G 竟下嫁了门房 H，做了他的侧室。

我初入局一时很红，半年后为了几件小事，惹得长官不高兴。头一件自然是"少跟女同事说话。"又一件是为索公务员出勤车费，当时各局照例都有，本局前任也有。第三件是办函稿答复一个要敲竹杠的家伙，措词太直了，长官认为缺欠公牍上照例的圆滑；本来在公牍上打笔仗，也太那个了。第四件，是看出我有失官体，"不像机关人样"。

末一件事很可笑。我在宿舍放了一份铺盖，我却天天回家睡觉，除了值班时侯。我的家就在局后一条小巷内，巷狭室隘，没有男厕。有一早晨，我急匆匆往官厕跑，想必科头倒屣，衣貌不整，教长官瞥见了。他猜想我是这样从局中宿舍跑出来的，一个公务员，可是穿短衫，大清早往街上跑，这真真的有失官体了。长官很不悦，当欢送他高升时，他对新闻记者我的旧同事批评我："××工作很忙，也是个好手，就是不像机关人。他的手笔是好的，但是文字有毛病，话太硬。"

有一夜，我访友人秋白夫妇，偏偏他没在家，我隔着铁门往里探头，想看看他那房间的窗上有灯光没有。没有光，我回去了，隔了半小时，又去巴门缝，我可就被密探警察缀上了。我竟不晓得那里刚出过盗案。直缀到我家，把我盘问一遍，直到我拿出名片来才罢。可是当这探警押着我往家走时，又被局中人瞥见了。我说：糟！恰巧这一天，我刚听见长官对我的讥评。我想赶明天可不知出什么谣言呢。我一想，写了一件签呈。这件签呈措词很可笑，自己看着也忍俊不禁，曾录入日记中。现在，我就把女同事一案，和失官体一案的日记载，都摘抄下来。

二十年七月一日，俗谓：六月六狗溕浴，秋白适诞生此日，零园昨以见告。秋白孩子脾气，好恼人，不去恐他不乐；偏余仅存二元半，不得为礼。是晚空手往祝寿，饱唉而归。临行，秋白大声曰：谢谢。

七月二日，下班时，L语予：欲投稿一炉半月刊。长脖科长讥之曰：以若所作，可登大公报儿童版。城来自平，买草帽一顶。

七月三日，L愤然告我：伊未婚夫来信，有"我十二分放心你，但又十二分不放心你，因为时间过久了"及"愿勿浪漫"等语。并诘L现寓何处，"能告诉我么？"L因此大恚。

一周前干儿子×××突厉声问L："闻若欲归，何犹未走？"

以是知殆有进谗者，意有未足，更离间人家未婚夫妻，心劳计拙，何苦来哉。一旬前，局长忽耳语我："少与女同事说话。"殆庄孙等合谋见诬。L为人黑白太明，于所不屑，色拒千里，此所以招怨也。

七月四日，傍午女练习生M到科，当众谓予："K先生，L先生找您。"何不避嫌乃尔？视之宿舍，则病矣，欲就医，惮于独往。予慰以勿过生气，闲话谣喙宜淡视之，苟求无愧我心耳。小恙容觅医诊视。下午三时，以友人傅医师住址付L。L色暗淡，汪然欲泣，促就医，则谢不往；以为孑然女子身，至不便，即欲为延医来诊，则仅存五元，发薪不知何日。拟同往就诊，愿当谣喙孔张，心实不敢。言次喟然曰："真难！"L本羁旅一女，年甫二十，幼丧生母，谋归不得，寓局不便，时见中伤，而二三妄人挟卑鄙心来相冒渎，L忍之不堪，拒之贾怨，伤哉。

T来，L之友也，谓庄孙适警彼："宜检点，矜名誉，少找L女士"云云。吾早知庄孙戏L已非一次；既碰钉，乃以何阍为耳目，欲寻L隙，而L一天真漫烂少女耳。秘书室雪亦尝峻拒庄孙，徒以雪有手腕，庄遂计无所施。予因告T；不妨一言自辩。

七月五日，午间，L就与予语，谓新旧交替，苦无退步，问应如何则可。继谓时蒙诬谤，心殊拂郁，日来悲泣五次矣。更无一人相慰，即可与计决疑之人亦无之，诚孤儿之不若也。予慰曰：某虽不足分忧，尚可决疑。T乃君之良友，亦足与商。L粲然笑曰：于今共话，即等犯法作贼，又焉得畅诉无忌？予默然，忽长脖闯然入，贼眉鼠眼，穷诘何语。

七月六日，星期日，嫁婢来告贷，口出怨言。予于五月两次移居，六月值端午节关，又逢减成发薪，又值陕灾捐赈，官场更不时有小应酬，竟益不支。亲友不察，疑我富有。于是无地告贷，有人来帮，处境反愈窘矣。

七月八日，请领出勤车资，被痛驳。

七月九日，放假一日，天雨。昨夜愤惋通宵，今日怅惘无聊。读清代通史。

七月十日，××来函，述失业赴平，多寒暄语，知其意别有在；此其第一函，故末及谈耳。伊前闲居旧京，屡诉窘苦求荐，其辞恳恳引予为同调。比稍得意，面目骤更，口吻尖刻如故，且噬陷荐者，大为同辈不齿。今甫抵平，故态又萌，予已待之矣。

七月十一日，早得××快函，不禁令人有"又来了"之感。剖视之，果阅报知C长××处，欲为孟和谋事。而不知彼之穷则摇尾，稍纾则"一百个奏不着"，同辈于其退出×报时，早已目笑存之矣。午后孟和果来见访，告以已得××函，自当说项，但恐事迟无效耳。

七月十二日，士林洋洋然来，彼从出×报，即任××通讯社外勤，而以社长自命，颇在外做不要脸的活动，自谓领各机关津贴，××四十元，×局×局各二十元。此次欲见局长，请所谓稿费十五元。局长令予代表与谈，彼乃云：局长业许之矣。此子庸妄，庄孙之流亚也。耘薪来访，飘飘然以玩世自命，予独洞肺肝，盖嬉皮笑脸之小滑头也。白林美之曰：滑得可爱，此子乃愈得意。

七月十四日，午，偕L访秋白夫妇，盖为L找房也。四人遂聚谈时许，秋白留餐。予先偕秋白出，L留与秋夫人谈时许归局。秋乘间诮予：此即她耶？予曰："吾子七岁矣。君所谓她之他，名×××。"

七月十五日，L就予大谈秋白夫妇，言次意似甚悦。独昨日予请伊刊小照于北画，伊逊谢谓："不好看。"秋释之曰："倒不在乎好看。"L乃引为不足，今日犹介介也；可知女子爱美，自矜其貌。每予戏谀伊漂亮好看，或谀其天真，则往往报然有得色。其实伊不为美，特意度天真，体态苗条，时露小儿女态，为可爱耳。然其人实有判别力，于诸男同事龌龊相，辨之甚明，盖颇有鉴人之力，为可异也。

今日 L 飘予偕往秋白家，言欲拜秋夫人为师。秋夫人温柔仁蔼，贤明识大体，同辈皆敬之，有母仪天下之慨，无怪 L 一见倾心，欲常过从，此拜师之用意也。予与 L 过从渐密时，即怂恿 L 往访秋夫人，其意有二，一、L 只身在津，常苦孤寂，得此良伴，可慰其情，且同为女性，又均南人。二、L 在津无保护人，苟遇缓急，男友不如女友。即如上街，若独行无伴，辄被匪类钉梢。今予使与秋白夫人为交，当免许多是非，亦可息却谣喙。

七月十六日，L 又怂恿我往秋家要书，并问拜师看房，早班后到秋家。秋突谓我："你与 T 为 L 吃醋打架，满城风雨矣。"真怪事！老 T 欺我瘦弱，常思摔我，不意日前戏角力，连被我颠扑数次，最后将他扳倒在地。彼吃亏大嚷，逢人告诉，谓我用沸水泼他了。问其故，彼仅云：闹玩闹急了，闻者却替他补出闹急的理由，说是因为 L。T 真浑虫！

我与秋白谈起 L 来。论到她的未婚夫×××和她在局情形。谓伊对同事太严冷，又好淘气，且只身作客，故对她谣言最多，因嘱秋夫人照应她。夫人说：房钱可设法核减，包饭却麻烦。

七月十九日，与 L 访秋白夫妇，吃饭打牌，游××花园，闹了小半夜，耘薪及 T 均偕。L 拜老师师母，对秋白叫老师师母，叫得悫响，这小女子真有趣。

七月二十日，秋白邀 L 及予游湖，我托病未去，携子上街买书。

七月二十日，L 说游湖之乐。晚，秋白抱两个西瓜来看病。于是又到秋家玩牌，L 已先来。十一时，一同出来。

七月二十二日，昨夜大雨，闹臭虫，困极，又迟到。

八月七日，本局发现奇弊，司阍私拆并擅扣职员函札，且窃取函中五十元汇票。女办事员李××数月前由籍汇来五十元，竟未收到，往返函查，乃收据上赫然见传达室之戳记。

局中又出新笑话，宿舍男女职工早晚出入，饬均登记，司其事者则委诸 HW 二门房，可谓有权。不知谁出此妙计也！行之数日，闹出不少笑话。一、H 出去，三点半不关门；两司阍在局，十二时即上锁。职员观电影，游花园纳凉者，皆锁在外。二、司阍对女职员皆无礼，（对女宾亦然，秋夫人访 L，碰一钉子）藉此登记，大张威权。女职员吓得一步不敢出，以免被他们登记时，故意颠倒时间。三、男职员刘马二君闻登记事大骂，故意迟归；徘徊马路，至三时半，容 H 嫖完归局，关门上锁，然后叫门。四、工役王某因事迟归，司阍欲登记；王正色曰：要登记须公道，你们别忘了三点半。司阍竟软化。

八月八日，私拆函件、窃取汇票案，闻将由调查入手，妙不可言。事发几日矣？闻干儿子令司阍负调查责，尤妙。

八月十三日，李××上签呈，请严究不法工役。事关局誉，及局员书信自由，料长官当拘讯涉嫌者，或径送公安局，然而不然！铁忱自南来，秋白设宴，邀予及 L 作陪，白林、叶唐、永清均在座。铁忱大赞予所作"家风"，谓为有力讽刺。白林怕我借钱，口称只剩一角；及到冷香室吃冰，初云写账，终拿出十元钞票。于冷香室才见所谓"南北瘟"迷死妙，略有姿色，脂粉甚浓，作笑靥傍秋白而坐，俨然××也。铁忱与予向秋大开玩笑，秋白怕登报，力说嗫声。隔壁有人识秋也。

八月十五日，晚访秋白，与 L 同游河畔，彼此郁郁不乐，于目前生活颇感厌倦。散步共谈，忽一男子周旋左右，吾辈行则行，止则共止，殊可厌。L 因告我："我一人不敢出门，即惧此辈。"予因语以荷妹在校时，亦被不相识男子追逐。

八月十八日，今日本局二周年纪念，演说摄影后，开始游艺。局长荣任×省教厅，言中已露别意。

八月二十日，局长大放起身炮，新委者数人，加薪者多人。闻新任夹带中人颇多，人皆自危。

八月二十二日，次儿病。晚与秋白夫妇及L作竹战。伊好翻张揭底；一语讥诮，惹恼小姐。僵持良久，我戏惊呼，唬伊一跳；伊勃然而起，誓曰："明日不理你了。"群哗笑："若不理，何必明日？"

八月二十三日，向L赔情，他负气不理。聆风及T告我，局长批评庄孙及予，仍不脱记者习气，谓予工作尚忙，庄孙直是来拿干薪。又谓我言行不检，曾目睹我科头短衫，徜徉街头，太不像机关人样。真冤枉人，局长不知我之科头短衫，乃自家中出如官厕也。

晚六时，礼堂公宴新旧局长。久候新官始到，貌癯身长，似一师爷，犹未及旧任尚有学者气。照例演说后遂开宴。予因谣啄纷集，心怏怏不乐，引杯大醉而归。九时访秋白，因睹临街楼窗电灯未明，小停旋回，即赴官厕，乃为警探踪跷！比经解释，疑窦始消，乃因此触动前此无故被嫌事，大恚怒，又不知明日作何谣传也。忿握笔作签呈，一吐积闷。

八月二十八日，辟谣签呈缮就，先携访秋，秋白读之失笑，然以为末台戏不必得罪人。但我忍耐不得，终送到局长公馆。

呈首云：

本局近来蜚语纷腾，殆缘一部职工罔顾大体，或无知而造奇谣，或有心而肆恶谑。甚则将谣进谗，借无根之谈，为修怨之具。一吠百和，资为话柄，言者无罪，闻者滋疑。事不干己，谁肯揭穿？身既被诬，辩亦无当……

末谓：

> 前者×由河北移居××里，恰当局址后身，相距数武。×家无厮养，日用所需旦夕购备，固统须自出。偶有一二次，与局内职工相值道周灯下，不谓身系趷趷自家门前巷口，竟疑赍夜临局，意果何为？又有一二次，×科头短衫，出寓如厕，实为内急，初非出游；或复意为衣冠不整，倘佯街头，无乃有失官体？讵知×家湫隘如笼，更无男厕；短衫频赴街头，祇为趋登厕所。夫如厕谓之更衣，断无正其衣冠，如见大宾之理！不意因此传为笑柄，阖局全知。抑系旁敲侧击，微讽轻谑之辞，既不容认真，尤难于置辩。窃以此等琐节，固无伤于大体，然使颠顶额废之状，有丑毕呈，殊非青年官吏所宜有，亦至贻笑于大方，除克日移居，俾离局稍远，并嗣后律身益加检点，如厕必着长衫外，合亟陈明，仰祈鉴察……

这便是我的日记"局中人语"的一部，中间有删节。这个签呈到底投上去了，其结果乃是长官老书生从此不理我，我也不在乎。

我的生平，颇经波折，独少桃色的一页，这一页聊备一格吧。至于L小姐，我和她不久也通话了，那是在"换派"时，我们的地位都飘摇不定，各忙着想办法。在马路上相遇，密斯L先下了车，我只好也下车，匆匆立谈数语。她又说：这一派没有认识人，要辞职回南。我安慰道：不要紧，我或者也能想想法。后来我和她的地位都得保留，就此恢复了友谊。但是她已经隐有去志：一者谣多，二者她的薪额减少十元，几乎没法维持了。她曾请我看过电影，吃过茶，（当然我没请过她，我就从来没请过客。）但我应她邀请时，我不独去，把我的七岁儿子带着。我家千里驹给我丢了一个丑。出门时候，她说："坐洋车还是坐电车?"吾家千里驹说："坐电车省钱。"L小姐笑了。

我终和L小姐疏远了。当我们无端被新任减薪时，全局怨言载道，可是不敢有所表示。书记室人心最齐，曾先发难，我们也相继有所联合。科长秘书们看闹得不像，以调人的口吻来排解，来钩稽主谋：密斯L临阵退缩，几乎有卖友之嫌，且以与穷书记联名为羞。我怫然不悦，愿意受，就不该出怨言，想复薪，不要怕开革！"小姐到底是小姐，女人到底是女人！"把她排揎了一顿，虽她认错，已给了我一个不好的印象。而在这之先，从别方面又听见关于她的出身的奇谣。她观人处事，于女气稚气中，保持着充分的老练，这不是二十岁女子所能有，到底她是怎么个来历，成了奇谜。一日下班，我把L叫住，法官似的审了她两个小时。这更可讶，一个人无端被盘诘，被诬猜，乃至被揭破隐情，必然着恼，愧耻，至少也要激昂，而她不。她口头力辩，表情上很恬然；她的心灵并没被我这意外突击扰动，她能这样锁定么？这越发是个谜了。

我们渐渐疏远。忽一日，又是换派。早晨，我于于然进科，来到自己办公桌上，写字板角，留有她的小小一张名片；女练习生也带来她的告别的话。从这小名片上，我才晓得她的号，姓L名××字×琴，名很雅，号极俗。

她走了，但在我脑中留下残影。

——原载天津正华学校出版部印《话柄》（民国二十八年十二月十日）

三篇文章

二十五年冬，咯血一口。友人劝我舍离都市的奔忙生活，乡居教书，可以养疴。为穷人打算，此计甚得，但我拖了一身债，不能站起来就走。我友汇来一笔款，把我赎出。我遂于次年春，携妻子，坐长途汽车，南下霸台。我与仲弟夫妇多年同居，此次为了各人的职业，暂作离别，析居另度，长途汽车只顾载得客多，所谓排座的人把搭客挤了又挤，一个旅客仅能占尺许宽的座。生平多历人间苦，这样夹板罪还是初尝。久客都市，深慕田野，想着一到乡校，精神可振；但是去的不是时候，在途上过眼景物，尽是黄尘衰草；到了地头，茅舍土坦也都呈灰黄之色；往来农家脸上也似笼罩了一层黄尘，干枯而不润泽；冬来的北方乡景所给我的印象，并不愉快。土民口吻倔强，谈话好用反诘语，乍听似吵架。你问他："茶杯在哪里？"他的回答决不肯说："我不晓得！"必然是"谁知道啊，我知道啊？"一面讲，一面替你找；找得了，他就说："喔，这不是么，这不是在这里么？"

刚到霸州，吃亏不小。乡下人也如平津市侩欺侮老憨那样，我们买东西，处处比别人花钱多。乍到安家，购柴买米，一个校役，一个女做活的（他们是叔嫂关系），一赚一偷，头两月的薪金，我几乎都奉赠他们了。就米面一项，在津时我七口之家加一个女仆，月费不过十五元；到了乡下，少仲弟夫妇，月费反倒二十三元，这是校役及其令嫂的手法。

乡下人机诈之心比起都市，究竟好得多。起初他们未免欺生，处熟了，邻舍们互相关照，倍有亲情，买东西也不多讹钱了。我初到校，看惯都市，觉得校舍欠整洁，学生欠活泼。然而

竹
心
集

072

同事们相处很好，学生对先生也似家人父子一样，在路上望见就招呼一声："老师!"跟着深深一躬；不象津校学生下了班，路遇教员，把头一扭。

校中过于看重我，多以笔墨相烦。县府也知道了，有时找我作文章，撰碑记。我的这点把戏全由自治得来，既无师承，无本之学，这哪里弄得上来？又推托不开，难免受窘。我担任三班国文，每星期有三堂作文课，要改一百二十多本卷子。同人之间以为这是繁重的工作，别班国文教师田君每周看几十本卷子，天天要改几本的，因此显得忙，时常要误。我却笔不精而手快，作文时我当堂就改，容得学生交齐了卷子，我已改出三分之一；剩下的留待星期六晚、星期日晨，同人同学诧为敏捷。其实在我们干过新闻记者的，克钟点交稿子做惯了，并不以为烦难。

新任县长是个诗人，工诗善画，书法也精，尤长于画佛。我在津编《××画报》，和他有一面之识，此地重逢，恍如旧雨。他既是文人，一到任就观风课士，赴校参观，听学生演说会，加以评骘。他高兴做这些事，指导学生讲演的姿式、腔调、诀窍；给学生留下十二个讲题，下星期六他要来面试。这些讲题都是一个字的："勤""俭""恒""群"之类，十二题共十二个字。依我看来，这种题似狭而实宽，但中小学生的孩子们作这么抽象的题，未免不伦，也太难了；于是也就给校中的国文教师找来了活计。一个个的学生皱着眉求指导，"这怎么作呢？"

我看他们为难的情形，只好替他们想交差的办法。指着讲题，先给他们讲解题旨，指陈作法。我告诉他们：如"勤"字题，可以随意变化为"勤的效用及方法""勤学与苦练""勤工与惜时"……这样说了，有的欣然走了，自己去预备，有的还是眼巴巴的望着我。我笑了，把这讲稿揽在自己身上。共三篇："恒"字一篇，由我口述，教学生笔记，用排偶文作成五分钟的一篇短稿，交给高小二年级男生周××。我对他朗诵一遍，教给他何处应当声调高，何处应当顿挫，何处应当加手势，命他复诵表演一回，一一加以指正。"群"字题该着中二女生陈××讲的，程度较高，我就替她写成类乎科学论文的一篇东西，由乌合、蚁聚、蜂衙、雁行，说到野马、人猿的群生活。撷拾了许多动物珍闻，排成三五千言的一篇讲稿。说到人猿聚族而居，会六七十句猿语，狮子都怕它。又说到蚁斗，乃由于两群蚁穴在地下穿通，发生了乱群现象，它们才为"争地盘"而斗，借此比附到人类的生存竞争：不能群争者必亡。还有一个中一的男生姜××，他找我已晚，来不及了，好像是个仁字题，我把论语翻给他看，教他把一部论语的仁字编集在一处，教给他怎么贯串，怎么讲演。我所教的三班学生，我都明明予以帮助，别班的应讲学生，自然也各找他们的老师，求教捉刀。

到演说竞赛这一日，县长莅会，科长记录，校长奉陪，我独留在一间讲堂潜听。第一个讲演的学生是中一任××，用自己预备的演稿，讲得很好，但是口齿太快了。又有一个很矮的小孩，讲一个题目，列举了十六点，口齿清白，有条不紊，中间忘了两项，他一点也不慌，在讲台上，众目睽睽下，很镇定的想。我以为这两个学生的成绩都不坏，可列前三名。但结果竟是论"群"的女生陈获得第一名。第二名是中二女生孙××，讲稿由校长修改的，第三名是讲"恒"的周生。这前三名都有奖，县长亲写诗扇，每人一柄；第一名加增一幅"琴条"。算是我考上第一名和第三名，校长考中第二名，田先生落第了。

县长批评说，周生声调抑扬有致，陈生搜集题材甚勤。我和校长相视失笑了。我说："你猜这些狮子、老虎、蚂蚁打架，都是哪里搜来的？"校长笑了："我怎么不知道？你是从《野人记》上看来的。"人猿泰山，县长不晓得，却瞒不住校长，我们忍俊不禁，又笑起来了。

　　乡村生活，春夏秋皆佳，在这里暮春时候，出门小立，弥望皆绿，精神一爽。抱小女，携两儿，徜徉校后小河岸边，或散步田间，一草一本都很新鲜。入夏听蝉鸣，悠然思虑皆空，反觉心旷天长。一到九点，我就熄灯，早六七点起床。康健渐渐回复，生活力也慢慢加强，觉得活着也还不错。友人又劝我乡间积资置产，我也有了久居之意。我妻商量着要租地种棉，又要给我做豆豉吃。然而，事变起，飞机来了。难中，我吃了两三个月的棒子面，越吃饭量越大；冬风乍冷，我携眷重返天津。于是卖文教书，又赢得第二次的咯血！

　　——原载天津正华学校出版部印《话柄》（民国二十八年十二月十日）

两位恩公

　　两位恩公，一位是当外勤记者时，刺仇获赦的施剑翘女士。由于访得施女士出狱的消息，我才打开了新闻报道的成功之路。另一位恩公，却是做小说作家时，《十二金钱镖》小说的女主角柳叶青姑娘。由于柳姑娘的仗剑登场，替我获得嗜痴的读者，又给我开拓了刊稿地盘。我不能不感激她俩。

　　民十七我在S报，与云心兄服务经理部，给W经理当书记。我两人对坐一桌，面面相觑的，挨W经理的排揎，有几次太难堪了，我两人反倒相视而笑。苦挨数月：他调为采访，我兼充编辑，才算熬出来，不常在经理眼皮底下挨啰了。

　　但不久我得罪了表弟，首被开革出来。只隔不多几月，云心和秋尘们也大批被解决而出了 S 报。彼时的 S 报几乎成了新闻记者养成所。我们一些青年文笔人，有的一点编辑采访的经验没有，被 W 经理罗致了来，加以委用，头两个月夸好。中两月无荣无辱。末两月腻烦了，越看越不顺眼；于是挑剔，申斥，弄不好便开革或被激辞职，如果苦挨过末两月，则周而复始，又可以夸好两月，无荣无辱两月，再混半年。这样一拨新人换旧人，S 报训练出来的报人，果然很不少，散在平津各报，说到能力，都能对付两下，我们感谢 W 经理的栽成。

我也算是养成所出身的，从那里出来。先入某某电讯社，次兼某某通讯社，复入某某日报……以至跳入官场，在××局两年，有时还应友邀写稿；在××院四年，则先后兼编一个画报，一个晚报，一个小报，又给两三家通讯社帮过忙。二十四年夏，我给人创办××通讯社。只干了三两月，我嫌累，不干了。过了许久时候，这通讯社越办越糟，社长遂出重价，以先给钱为条件，邀我二番帮忙。我答应了。

然而情势已非，采访非常困难。×社初发稿时，经努力活动，只两三天，社稿便被大公、益世、庸报、新天津等采用。这一回远非昔比了，社稿的信用已被弄砸。经我连跑了十二三天，访的消息不是不确，不是没有刊登的价值，可是各报全不敢采用，怕靠不住，造谣。

我急了，只好努力。一日，捉着一条好消息，为报父仇，佛堂行刺的施剑翘女士，下狱后吟诗述志，传诵一时。这天报载特赦令，施女士出狱了。但我详揣此讯来源，是来自法院，从公文录下来的。虽有出狱的描写，却有浮光掠影之感，显见访者没到监狱。那时我正患慢性肋膜炎，肋部隐隐作痛。我忍痛雇了一辆车，经过了崎岖颠顿的路，到了第三监狱；用钩拒之法，一敲，一攻，把整个消息，合盘托出。施剑翘昨天并没走，是今天才出来的，化装为男性，穿灰袍青马褂，带墨镜，由潘××衔命持电报来提；冯××给冀察当局的电稿的大意也访出来了。

把这条消息写成二千余字的长稿，加上描写，顿时发出去，别的消息全不要了。并打电话给各报：此讯千真万确，并非造谣。结果津市大小报纸一律登出。只有大公报觉得这样登载，和昨日的消息太抵触了，他们根据这条线索，另派专人访了一趟，果然证实报道不假。从此一炮打响，×社的信用又树立了。

第二天以后，各社外勤也争探听："×社谁在那里了，这条消息怎么访着的？"某社社长且以此激励社员："你看人家，不怪挣大薪，真卖力气么。施剑翘出狱了，你们谁也想不到这里还有假；可是人家竟犯了疑，亲到监狱跑了一趟！你们谁肯破费一块多的车钱，三四个钟头的功夫，追这么一条不把牢的消息？"但是我若不着急，我也是不肯去的。

二十六年春，易地养病，执教乡校；丁时变，我又仓皇回津。人总得吃饭，就得找事做做。但是劫后归来，举目则人物皆非。做什么是好？想来想去，只好卖文教学了。

《十二金钱镖》初写时，我不懂武术，邀友人证因帮忙。可是两人合作，只写到第一卷第二回的上半，证因另有办法，丢下笔杆不干了。这时候二十万盐镖甫遇盗劫，铁牌手正血战护镖，我独力接过来。又正忙着办学校，对于寻镖的事还没有算计好。怎么办呢？避重就轻，舍短用长，我就把铁牌手押回海州，送入监牢，立刻创造了黑砂掌父子，一对滑稽脚色。柳叶青父女本该在寻镖有下落，夺镖正开始时，才让她仗剑突然上场。我却等不及了，我自问于铺设情节上，描摹人物上还行，起打比武却怕出错；因此按下夺镖的开打，敦请柳叶青姑娘先行出场。女角挑帘，自易吸住读者的眼光。又想柳叶青应该有丈夫，丈夫的武功尽可以不如娘子，于是又写出杨华。但把柳叶青写成穆桂英，把杨华写成豆腐渣，也太没意思了；我遂又教杨华以一手连珠弹，保住了藥砧体统，不致为妻子所笑。一般小说把他心爱的人物都写成圣人，把对手方却陷入罪恶渊薮。于是设下批判，此为"正派"，彼为"反派"；我以为这不近人情。于是我把柳姑娘写成一个娇豪的女子，目中有己无人。但尽管她性行有若干缺点，她的为人仍还可爱的。这才叫做"人"，而不是"超人"。所谓"纣之恶，不若是其甚也，是以君子恶居下流。"那种"归恶"与"归善"的写法，我以为不当。我愿意把小说（虽然是传奇的小说）中的人物，还他一个真面目，也跟我们平常人一样，好人也许做坏事，坏人也许做好事。等之，好人也许遭恶运，坏人也许获善终；你虽然不平，却也无法，现实人生偏是这样！

然而，这一来却岔开了，直岔到第六卷，大部故事几乎全是杨柳情缘。杨柳情缘本是我预先想好，要做别用的，如今却胡乱搬出来了；所以金钱镖在结构上，竟被折成两截。

但这样糟的结构，竟意外邀得读者的同情。读者来信商讨杨、柳、映霞的结局的，先后数十封，个个似比那二十万盐镖还关心。此外，关于乔九烟的访镖探庙，一尘道人的中毒惨死，也有人说写得不错，前者被评为"逼真"，后者被评为"脱俗"。至其所以"逼真"，这却有来历。我的一个旧同事，新由外县逃回来，他不走运，半路上遇上伙匪，与别的旅客一串一串的被绑上，脸面朝地，剥去了衣裳。内中旅客有挨打的，打得直嚷："朋友留面子，朋友留面子！"我当时听了一动，我就把同事遇匪之情写入小说，结果，成为乔九烟被擒的那一幕剧情。我所写的盗魁，没有山寨，没有升帐，也没有喽罗排班，分立两厢，就是这个缘故。至于一尘道长之死，乃是我不愿写武侠小说，而被逼不得不写着武侠小说时的一点反抗；我取迳于《魔侠传》，对所谓侠客轻轻加上一点反嘲。大侠死于宵小之手，这一点愿望聪明的读者明白明白飞剑挥拳到底有多大用处。正如"比武招亲""赌期盗宝"的这些窠臼都被我打破一样。读者要晓得，小说是小说，作者的责任就减轻了。

柳叶青一出场，得了挑帘采，使《十二金钱镖》邀得多数读者，又替我拉来十几家邀稿者；我限于精力，先后只答应了七处。现在我给三个日报、两个期刊写稿。这是谁的力量？为了吃饭，我谢谢柳姑娘介绍之功。

——原载天津正华学校出版部印《话柄》（民国二十八年十二月十日）

自传两篇

家　风（竹心）

（一）

　　书痴的习气，"尽信书"便有意无意为古人奴隶，"过信人"又不免拿玩话当做真事。如此做下去，上古今来之大当，吃眼面前之现亏，闹些笑柄，供人揶揄，其实不够本，又能埋怨谁呢？我是，从前曾经如此，现在还不免如此。尤其是小时候，刚读得几句死书，便"悠然神往"，刻意要"尚有古人"。不是名士也要风流，不是侠客也要怒打不平。结果无非碰几个响钉子，惹得人笑断肚肠，自己面红耳赤而已！

　　母亲笑说："这也是家风。"怎么是家风呢？说是"这孩子故故事事的，活像他伯伯"。可不是，父亲是"做事人"，倒好，有两位老阿哥尽犯迂气。我是像大伯伯呢？像二伯伯呢？依稀记得大伯伯好讲符咒，以神通广大的巫师自命。二伯伯又不然，偏信单方，人家要说他是无师自通的医士，可是他连笔还拿不起来的。

　　这也就够瞧的了，还有，我的堂兄堂侄。大哥哥苦于识字无多，尽略视了几本金圣叹批的（？）《三国演义》，非常著述。他是军官，三四十岁的人，说话行事，偏奉三国人物为楷模。引经据典，不是六出祁山之忠，便是三气周瑜之智。诸葛亮俨然是他的老师。"曹操杀人不用刀",更是他用以奚落师爷们的口头禅。他的令郎,我的贤侄呢,乳名"大傻子",至其余言行,"概可知已"。一家有这么几个人,惹得父亲摇头,母亲窃笑,也就无怪其然。祖母在日,更指着一个个的鼻头,痛骂不已。

噫,廿年回首,前尘如梦,两位伯父墓木拱矣。堂兄远在南中,想必白发错生了,戴上花镜,还看三国么?堂侄也早娶妻生子了,大傻子还傻不傻呢?……青灯荧荧,握笔忆旧,笑柄种种,忍俊不禁,终如细嚼橄榄,酸苦之味居多,"感慨系之矣!"何时骨肉,聚首一堂,各犯一回旧迁气,在演一番旧家风呢?

（二）

那时我不过七岁吧,大伯伯已经老了,功夫也很搁下了。据说大伯伯在壮年,给人家请仙捉妖,画符治病,确是灵验的。不信问小站地方的人,谁都知道有个顶香的 K 大爷。隔壁何仙姑家,他的大丫头,就是大伯伯给扎治好的。除了符水香灰和甚么丹药,他老人家还会针法哩。

而且我也亲眼见过,那是王二嫂昏死过去了,只一针,大伯伯就给他针好,所以当时不由我不信服。原来王二嫂是我们的疏远亲戚,她常和王二哥闹脾气,因此得的个气厥病。有一天不知为什么,二哥打了二嫂两下,她唱了一会曲子,扑地倒下,于是一翻眼又死了。咻咻的喘着,虽和好人一样,但眼珠却会往下上掉;并且知觉也没有了,腿也直了,手也凉了,又咬得牙吱吱响,模样很可怕。王二哥慌了,很懊悔,正在措着手没法办时,大伯伯推开了众人,就是围在门口窗前的那些人,以长亲的资格,气吁吁的来了。撇着嘴,看了一眼,诡秘的对人说,不要紧,我会治,这是邪祟,拿!拿大锥子来。他便袖子一挽,口中念念有词,"天保佑王二嫂,她还在那里吐沫哩!"照准二嫂的鼻角狠狠一下，鲜血流出来了。二嫂哎哟一声，跳了起来——"唵，好了。"大伯伯一伸腰。从此，只要大伯伯在家，即使不用锥子，她也不再犯了。

然而，二伯伯（这两位弟兄是一见面就要抬杠的，他们谁也不服气谁），却冷笑一声说："甚么人生病，甚么人治！"

（三）

其实大伯伯不但外功好，内功更是了不得。大伯伯立志苦修，夜到明，明到夜，曾有一次，内丹好容易到了火候，可惜得很，竟教祖母给破坏了。祖母只有一个大儿子，大约舍不得他走，然而却忘了一子丹成，拔宅飞升了。大伯伯一提起便痛心，咳一声道："你老奶奶呀，可耽误我不轻，若不然，我早……"跟着重重叹一口气。

大伯伯是老了，但相貌很好，赤红脸，苍白长髯，背微驼，高身量，一走一咳嗽，好喝两盅酒，飘飘然真像位老仙。尤其是他前额上有一红包，横在眉心之上，正当中央，最难得，使人联想到寿星老；他老人家自己，也常指以自傲。说起来"那就是功夫"。可是，"功夫"又是甚么呢？在当年，我曾怀疑了许久，大伯伯好瞪眼，我实在没有勇气，就连冒问一声的念头也从没敢打过。但过了不久我也恍然了。

有一个时候，我偷偷的跑到伯父屋里看。在神象罗列，香烟缭绕中，屋内阴森森另有一种气味，颇令人心下凛然，但有一把宝剑，一只又红又亮的大葫芦，非常好玩。还有一只铜钵，一管硃笔，一束黄表，大伯伯常来摩挲着。这些想必是法器了；却不许我动，一动"白仙姑"就见怪了。另外一方新砖，上蒙黄表，两个小筐，一只空，一只盛三百几十粒黄豆。每天夜里，大伯伯打完坐，便跪神座前，在砖上磕响头。每磕一个头，就捻一粒豆投在空筐里。这我也曾爬窗眼偷看过。伯父还有壁上悬的砵判，能飞斩妖魅。架上摆的《玉匣记》《金刚经》《玉皇宝历》等书，常常诵念上面的咒语，并练写上面的符录。并且还有《封神榜》，谓之外丹图，《西游记》，谓之内丹图。但这些都不关紧要，要紧的还是那青砖和那黄豆，大伯的功夫都表现在上面了。

大伯伯要收我做徒弟，并把那轻易不许人触的大红葫芦和宝剑，一一给我挂在身上。拍我的头顶说："孩子，你跟我学学罢。"不自教其嫡子而教侄儿，大伯真爱我；但其时大哥哥娶妻生子，吃喝玩乐看三国，也真怕不肯受教。我呢，非常之起敬，没口的"愿意"。天天跟他老人家磕头打坐，有时出门去，就到各庙里拜佛。后来竟教母亲知道了，悄悄报告了祖母，祖母就把伯父骂了一顿。大伯气得胡须炸："我的侄子我还害他么，我教他学好！"祖母似乎不愿我学好，再不许我上前院大伯屋里去了，并且说："你疯疯你的罢，别作践我的孩子！"

（四）

可怪的是我母亲，自从学好不学好问题发生，先是恐吓我。后是哄我，临了又悄声告诉我一段故事，说了又笑，笑了又说，教我莫明其妙。或者其用意是在提醒我，而不料结果我反愕然了。

母亲说是这样：大伯伯四十岁时，在腊月一天黑夜，叠起三张方桌，一把椅，直顶到房梁。他自己把烧酒就着大葱大蒜，大五荤，和夜猫肉（即枭肉），吃了一个醉饱，披散开发辫，赤着脚，焚香，仗剑，掐诀，念咒。三更半夜，要拘鬼魂。

"吊死鬼还不来么？淹死鬼还不来么？……"这时候月落星黑，万籁无声，他老人家以一种幽咽的声调，一个人这么反复怪叫。这却吓坏了里间屋的大伯母了，提上鞋子，掩上襟，一直跑到祖母那里，已经吓得脸没人色。祖母倒好，叫二媳妇、三媳妇，端灯，拿拐杖，一迳找去。大伯伯还在那里化符哩！祖母不分皂白，大嚷一声，一杖打去，大伯伯连人带椅，齐翻下方桌。大伯伯手提宝剑，瞪着眼大嚷："做甚么！做甚么！"祖母并不理论，只顾一杖一杖雨点似的打。大伯伯藏没处藏，躲没处躲，真有些招架不住了，他散着头发跑到院中，祖母便提着拐杖追到院中。伯伯一翻身又跑到大门口，祖母便又"苦苦的追赶"到大门口。紧跑紧追，大伯伯终于长驱到街上去了。祖母呢，回手闩上门，叫三个儿媳妇归进来，并且吩咐"不准给大闹种开门。"

祖母喘吁吁回到上房坐下，没可泻忿，就又把大伯母从头到脚骂了一通。那外边大伯伯"开开，开开！"的叫着；可怜是一位修道的人，而又披着发，赤着脚。

（五）

"咳，"祖母这么"老嬷嬷见识"尽打搅，大伯伯功夫只好搁下了。

但其实又不然，伯父的道行非一朝一夕之功了，那能一遇磨难便罢手？到我七八岁时，伯父已是五十多岁人了。地方是在望都县，父亲是已经当了营官。那么"大大人"呢，是神照样供，香照样烧，甚而至于病还照样给人看，符也照样给人画；就只一层，老太太的话，再"不准拘鬼"了。

这样说，可知家里尽管有人阻止，外面却是不乏信徒的了。鸡蛋、香烛、白米、红布、黄布，仍不断有人送来，不待讲是谢巫的了，老太太虽然反对，但也还吃那还愿的鸡蛋糕。"大大人"，我的伯父，手团着一对核桃，慢慢在街上踱，闲人们一见，乡下老不会官称呼，就赶上来叫"大老爷，大老爷，你老还不行点好给他瞧瞧么？他屁股痛！"

"笑话，笑话！"

但笑话真出来了！不在当时，我以为那是"罪孽未满"。

"公馆"和"营盘"一在街北，一在街南，相隔不过半里。于是，靠公馆不远，有一乡下老太婆，颤巍巍手搀着一个少年乡妇走路。看那少妇，哦，怪不得须人搀扶，她正害着眼。很重，两眸子通红，似吃了人肉的狗。她是进城来求医的。大老爷或大大人，刚在营盘喝了几杯酒，往公馆走，受熟人们怂恿，便要"大发慈悲"。这婆媳二人知道，"大老爷是向来不要谢礼的"，自然更愿意。

大伯伯接连说："过来，睁开眼，疼不疼？"那老太婆便依次代答："劳您驾罢，睁不开呢，——很痛哩。"

"唵——这是灾！"

大伯伯揣起核桃，戟着手指虚向眼前画符。半晌，那少妇强睁的眼，热泪如雨点溅下来。但不能阖上，"阖上可怎么瞧呢？"

如此这般，做了一番，吹一口仙气，又画一道符。

"好了么？"

"没有好。"

大伯伯粗粗的喘气，然而很诧异。当下又念咒又画符；一手翻起少妇的眼皮，并且对着患处吹气，那气充满了酒味。

"怎么样？轻点，不？"

"不，不，是疼。"

"唔？"大伯勃然了，"哼，你看，你这灾……够多重！"

跟着，三道灵符都画了，无数仙气都吹了，少妇偏还只嚷疼……这太难了。

大伯伯气忿说："怪呀"……终于现出断然恍然的神色来，"噢，是了！"掏腰包拿出几文钱，"喂，买股香来！"

嚒，香买来了，大伯伯满脸是汗，少妇满脸是泪，两人僵持了好半天，不，神力和病魔僵持了好半天。这才把香点着，代替了手诀，闲人们说，这就好了，大伯伯挥挥手——那手正持着香火，对病眼又圈又画，又念又吹，好久。

"扑，扑，扑!"口中仙气经过香火吹到眼里。

"哟!"

"好了么……"

"更疼了……"

"甚么?"

"更疼了!"

"扑!"大伯伯满脸通红，后来连眼珠也通红了，并且说："你这罪孽! 哼，多重!"

又圈又画，又念又吹。

"扑—扑—扑—"

"哎哟! ……"

"怎么了!"

"香灰眯了眼，"少妇没说完，两手不觉上去了，两眼不觉闭上了。

"放屁! 怕疼还治病!"

大伯伯气极了，（你想，好好给你治病，又不要你钱）拍地把半股香直掼在地上。

僵了一刹时。

然而——这终教那乡下老太婆看出诀窍来，倒底是上了年纪的人，悚然的舍起香来，说：

"大老爷，你老行好，再给吹吹罢，估摸快好了。你说，可不快好了么?"

"啊! 轻点了"少妇双手揉着眼说。

"这不结了么，"大伯伯笑了"我说怎么会不灵了呢?"重新接过香来，只又吹了一会。

"好了罢?"

"好了。"少妇连忙说。

"好了。"老妇也连忙说。

"好了。"大伯伯擦去头上汗，掷去手中香，也这样说。

——原载天津《一炉》第一卷第五号（民国十九年六月一日）

生之磨炼——宫白羽自传（宫白羽）

"七七"抗战军兴，这是中华民族有史以来最巨大的灾难和考验。外而是最凶残的日本帝国主义侵略，内而是旧封建、新军阀与官僚买办资本势力结合的反动，造成内忧外患的夹攻，其拼斗之惨烈超过了辽、金、元，超过了满洲王朝。当这时，凡为中华儿女、工、农、知识分子、民族资本家，都应该守住自己的岗位，联翩起来奋战，或帮助奋战。不幸，有一个知识分子，笔名署作白羽的，从他自己的岗位上，可耻的脱落了下来。

白羽是怎样的一个人呢？"文丐"二字大概是恰当的形容，纵然也不甘心的否认。他原是黄灾难民之孙，祖母丐食佣洗，抚养三子。不识字大兵之子，父亲和两个伯父从小学徒，当"小孩"，从来当兵，参加中日之战受伤，积劳升官，入民国，做了营长，没有念过书，由自修学会看报阅公事，天天练"照准"两个字的批。白羽侥幸获得旧制中学毕业，可是在未毕业的前一年，父亲猝然去世了，遗留下一大家人，给这十五岁的书痴负担。于是乎遭逢家难，受欺骗，被抢劫，一贫如洗地"踏上穷途"。由于卖稿，当校对，写钢板（每月八块钱），阑入报界，又当过小公务员，也教过书。在穷途十年苦挣，"伤亡枕藉"，屡陷绝地，也当过报贩，卖过梅汤，冒充军人挤兑军用票，挨耳光，并且两次企图自杀，冻恶而死了两个孪生孩子。

白羽的生活和习性，应该算是报人或教师。佣食之暇，曾经自己研讨古史、诸子学和甲骨文、语言文字学。当民族大灾难的序幕（"九一八"）时，白羽还是个报人；到大灾难的正场，他已经是遭母丧，患肺病咳血，为了无力疗养，而专业下乡教书去了。

就在敌机轰炸下，他以一个冀中区乡村师范客籍新来教员，困在举目无亲的异地乡间，拿了河北省全省地图和本县蓝图、笔记册、铅笔、纸烟盒、火柴，拖妻携子，钻防空洞，看天，听爆音，四望是满目皆绿的庄稼地，和素不相识的当地人，夜幕罩下来，遍野虫鸣，身如一虱，饥渴交迫，不知道该怎么办。既不认得，那边是哪边？也没有了可投奔的地方和可投奔的人。尤其可恨的是还有三个儿女为累，小的刚刚两岁，她们只有不知死活的哭喊！

唯一的倚靠是学校，等到学校遭到扫射（后来终被炸平），校长是老朋友，早避到三岔河去了，校里只剩下一个校役，一个挑水夫，紧闭着校大门，当白羽试叩校门，借书（仍忘不了看书），借咸菜，打听校长下落的时候，不可避免的遭到了校役十分讨嫌他的眼，而很懒怠给开门，他惟一的收入是学校的薪金，教职员和学生已然星散，于是他马上"断炊"。

到了这时候，各人的行止，只有各人自作打算。白羽试着打听学校的同人，据说有几位同人，激于民族的气节，民族的义愤，业经脱然结伴，弃家南渡了。而白羽，两眼茫茫，人地生疏，显然是外乡人，患难之中挨了甩……紧跟着他又听到了消息，南渡的同人徒步走到甚么河的北岸，冷雨凄风，大军云集，他们被阻，过不去了。自然，"要抗战必得南下"，可是国民党军不让通过。"要退回必然当亡国奴"，这该怎么办？他们光脚渡水，雨淋透骨寒，有的大哭，有的要跳河，有的骂，有的……最后，一个个都碰了回来。经过了辗转折磨，有的绕道南下，参加了大后方，有的羁留北方，打游击当了八路，有的在慷慨激昂之后，继之以"无可奈何"。无可奈何之后，忸怩的当了小汉奸，有的做亡国奴、伪吏、顺民，有的被大日本皇军捉弄了去，吊房梁，灌凉水，喂狗，惨死，有的自居为"市隐"，逃到都市跑单帮，投机倒把做买卖，有的干地工，变节，出卖同志，有的咬牙不仕伪国，终不免教伪书，进伪校，当伪教员。形形色色，可泣可歌，可悲可叹地遭到了"考验"！

而白羽也就是那些无可奈何的一分子，从"考验"颓败下来，情形比当地人还坏。那就因为他是客籍人，下乡教书只得一学期，环境生疏，孤立无援。于是在这民族大灾难中，北方人既被政府所抛弃，而异乡人又被当地所摒绝。在毁校，失业，避难，断炊的一连串过程中，他走投无路，终于逃回天津卫。

人是"地之子"，丧失了凭藉地，如鱼失水。他是山东人，故乡东阿县以出"阿胶"闻名，却由祖父孙三代做了流民，生平不曾回过老家，也没有渡过黄河南岸。他曾经是"行千里路，读万卷书"，但只在平津两地兜圈子，少年时仅仅到过东北和热河；他翘望江南，"暮春草长，杂花生树，群莺乱飞"，可惜他是一只北燕。他困在霸县乡校的对门寓所，和校后河边的防空洞里，几几乎小半年。他的老朋友乡校校长，起初不教他走，恳切的挽留他，矢共患难，阅读"间谍"，"欧战期的国际侦探"，弄浆糊碘酒，刺探日军动态，写秘密抗日情报，做中国人应该做的工作，然而突然变了卦，"各自逃生去罢"，校长怕担负上他的生活费，焚毁了大批秘密文件和书报，"洒泪分别了"。他于是怀着悲愤与彷徨的心情，凄凄凉凉，拖妻携子，趁河水还未封冻，离别了霸县乡校。

他回身投入虎口，来到旧游地天津，是在民廿七的隆冬。他找到了他的胞弟夫妇，那时他还剩七块钱，他的胞弟还有十九块大洋。合起来二十六块钱，他弟兄七口之家，即将恃此营生。

他开始偷生鼠子的生活。他开始奔走寻求活路。哦，丁令威化鹤归来，紧紧阔别一年的天津卫，举目则人物皆非，一切景物几乎彻底改了样。到处满眼遇着的是大日本皇军的威风凛凛，以及汉奸们当翻译官的得意扬扬。他原想天津卫是旧游之地，有熟人，有门径，社会关系相当复杂，怎么着也可以找一个苟活之路，比如教私馆，当司书，而其实大谬。五十七天东奔西跑，止于寻到两个熟人，而熟人突然摆出了冷面孔，幸灾乐祸似的模样，老同事变成陌生人了。别的人一个也没找着。

他于是丧失了生活环境，他不会说"阿里牙多"，也没有"阿里牙多"的朋友，而迫切的问题仍得要先活着。在大日本皇军刺刀枪尖下，"活"就很不是容易事，他和别的同胞一般的身在故国，却陷入异邦，做亡国奴了。他和胞弟罄其所有，还有二十六块钱，不得不善用此款，设法暂渡目前，女的打算进工厂做女工，孩子打算送到铺家学徒，然而不成，还是没门路。

挤来挤去，"再为冯妇"，抄起来卖文之笔；数月后他就"鬻小说以虎口，办小学以宅心"了。他便用了"白羽"这个笔名。

为甚么用"白羽"这个笔名？"白羽"二字怎讲？

还在小学时代，他读过一部译本小说，后来拍成电影，叫做《四羽毛》。主角在幼年时，精神上受了过度恐怖的创伤，变成小胆。到兵役年龄，三个好朋友邀他一块去投军，他害怕自己受不了战场上血的刺激，悄悄躲了。当他正和爱人谈情说爱时，三个朋友寄来一封信，剖函一看，只装了三根白羽毛，大概欧俗是以白羽毛象征懦夫。他的爱人诧异的诘问他，他擦着愧汗辩解，但当他一掉脸之际，三根羽毛变成了四根羽毛。他的爱人从手持的羽扇上，折下与羽，加在当中，爱人也把他看做懦夫了。后来，由于友谊和情爱的激励，卒使"懦夫有立志"，他去为祖国当间谍，作了有甚于死的恐怖颠险事业，湔洗了懦夫之诮，朋友未婚妻收回了四羽毛。故事落入狭义爱国主义，这且不去管它，而白羽由此获得了一个笔名。

白羽到了也是懦夫，他伤感的在虎口卖文，而写逃避现实的传奇小说。他在小说叙文上自比优娼："无能充隐，臣朔苦肌，稗官无异于伶官，鬻文何殊于鬻笑！"又说："侍窗聊著换羊书，投笔长吟不丈夫。"用这笔名，写这小说，在他是一种痛苦。纵然在作品中，尽力消毒，尽可能加些东西到里面，而在他依然很痛苦。

白羽用这笔名，倒也由来很久。远在民十五，在北京《国民晚报》的《华灯》上，初次试写长篇创作《穷途》，就早用过这笔名了。《穷途》可说是处女作，也是打算自己解剖自己，准备写成自传体的小说，结果失败了，只留下没成熟的未完稿一叠罢了，至今回想起来，都有一点感触。

《穷途》时代的白羽，大概只有二十四五岁，家累奇重，一贫彻骨，天天挣扎在饥饿线上，更有小资产阶级的傲性，隐瞒起自己的穷。影响他一生，帮助他多年的老朋友张忧虞，认为他还可造就，向他宣传共产主义 ABC，他那时毛病太多，觉悟不够，信奉着托尔斯泰的无抵抗、克鲁宝特金的无政府主义，受不了阶级斗争的强烈气氛。经过彻日夜的激辩，他被驳倒。（他说阶级斗争，以暴易暴非善法，驳论说与虎谋皮不可能。）然而他心服口不服，不断从角角落落，搜寻出反驳的理由来在抬杠，有时理由很可笑。

毕竟他是染了浓厚的个人主义色彩，苦于洗涤不掉；共产主义把小己看得甚轻，寻常一个文人未免彷徨。而他那时的生活正挣扎在饥饿线上，自己隐瞒着，不能抛开家累，奔向光明。于是忧虞认为他个性强，主观深，换言之，执迷不悟罢；而他也就拿无党无派，自由职业者的派头来自解嘲。环境变化，他从报馆失业下来，很困顿的卖文草。《穷途》的试作，"白羽"笔名的试用，就开始在那时候；也就是思想上接受了相当影响，而意识上依然模糊。结果，自比懦夫，写出那本处女作，原要刻画穷途的苦斗，却是技巧修养全不够，只登了月余，便以失败而停笔了；那实是未成熟的未完稿，只态度还比较的严肃。

白羽逃避现实，又第二次开始了卖文生涯，比从前更不如。他身在沦陷区，写起了技击小说了。纵然在作品中，努力消毒，尽可能的加些东西到里面，把书中英雄一概写成凡夫，而作者精神上十分的痛苦。他脑中不合装了些文天祥、史可法、契诃甫、鲁迅、托尔斯泰、克鲁包特金、马克思、普希金、屠介涅夫，这就教他书中的英雄再不能飞剑御风而行了。正是铅一般的滑稽，大日本皇军的刺刀闪着光，白羽伏案拈笔而写游侠，"户外风沙亦浑忘之矣"，显见是装点门面的假话。民二十八年冬，感到空气紧迫，敏感的写了一本《话柄》自叙传，摆出颓废的面孔，以示无他；"四十而无闻焉，'死'亦不足畏也已！"把七口之家的小照全登出来，以欺骗"大东亚圣战"的英雄们。果然"友邦"的狗不再来嗅了。

这样"鬻文办学"，印卖小说糊口，谬托"劫余病骸，与世无竞"，一直混了八年，其代价是含辛，菇痛，担惊，咳血，不断的害病。

熬到胜利，"八年蛰伏，一旦蠖伸，志效铅刀，一展袜线，小说这行子矢不更作。"阑人了国民党的党报，三个月挤出来；转入军报，三个月再挤出来。两次出头，两个碰钉。啊，他遇上了地下钻出来的，和天上飞来的"党国"要人。白羽觉得冷冷的眼睛，刺激他背如负芒，他们把人看作了"伪"民，而白羽也有自知之明。于是他犯了小资产阶级的脾气，一怒而"掉首还家"，再写钱镖。他的朋友始而劝阻："钱镖再掷，不胜遗憾！"仅仅过了半年，而又羡慕他说："今日讲武，亦是正办！"他就照旧开倒车，讲武飞镖了。

　　然而他意兴很消沉，对时代的认识更是模糊。那时他在沪版小说序文上还讲："望箕豆之日煎，连天烽火，悲硕鼠之跳踉，肉腐朱门。话说梁山，我知我罪，梦寻蜗角，何日出头？"把全人们解放战争，看成了箕豆之煮，既恶反动，又未能正视现实去争取光明，就只有连"蜗角"都要"梦寻"了，那里能有希望！他恨而不怨，自居亡国奴，也就心安理得。等到国民党当政，无理的压迫，可就叫人无法忍受了，劫搜、贪污、一片腥风，国民党反动派许多多可耻的措施，给他的刺戟更强烈。他沮丧极了。在日本统制时代，他还有勇气求活，办小学，写小说，自印自卖，把一家人都关在家，"关上门做皇上"，退逃了六年之久。

　　然而在极度黑暗中，每每会透出光明。白羽不断遇到了一线一线的微光。他的一个朋友，头次跟他谈论："政治的自由，经济的平等"，他会心的微笑了。第二次跟他谈文学与政治，带来一本小说给他看，是《李家庄的变迁》，因而建议白羽改写新武侠，发掘地主恶霸的罪恶真相，白羽会心的微笑了。

　　意见，他同意；小说，不改写。甚么缘故呢？

　　便是不愿意"暴露"。便是在这以前，白羽已经有机会重新温读二十年前的旧书《共产主义 ABC》了。他有一个学生，被父亲庶母赶逐出来，无家可归，白羽把他收留下来，做为个人的临时书记。这个小孩子（是水专的学生）处在孤臣孽子的逆境中。造成了他的"反动"性格，幸而没列到"黑名单"上罢了。师生不断谈心，谈到了眼前的黑暗，将来的光明，次一步便是介绍读物了。给找来斯大林著的《辩证唯物主义和历史唯物主义》，白羽很吃力的啃了好几遍，后来才晓得那就是联共（布）党史的第四章第二节，专有一厚册《哲学辞典》作注疏。二十五年上海出版的《新智识辞典》，原来是赤色的书，大略的翻阅了一遍，颇开心窍。

《生之磨练》写到这里，第一章应该结束了。这第一章本来是"叙"或"开场白"，打算首先说明三点：第一点，为甚么用白羽这个笔名？回答是："白羽者，懦夫之谓。"第二点，为甚么从前写——钱镖四稿——那样的小说？回答是："沦陷，逃避；胜利，劫搜，再逃避。"第三点，为甚么现在写——自传式新话柄——这样的文字？回答是："行年五十而知四十九年非，不打算再骗人，那就该写你最熟悉，最了解的东西，使得多少对人有益。"

以自传形式写都市的长衫阿Q，于是在病中，忽忽写了"生之磨练"的首章；临发排时，把小题漏掉了，以后也没有追补。因此，获到读者的指正，认为没有写环境，告诉作者，应该在文中通过了本人，多反映一些旧社会的形形色色。是的，旧社会的形形色色，作者所身受的，颇有令人切齿作呕的事，我正准备作无情的揭穿与批判。对自己阿Q样的劣根性，也要不恤予以剥露；即使有意无意加曲笔回护，而由于这回护，也就捉衣见肘了，明眼人仍可以看出他怎样给自己烂疮上贴金。这样，将仍有暴露的作用的。究其实，我此时应该多吸收，多涤除，这篇东西只能算"习作"。也如我的小说旧作，打上"未完"记号。我必须挺起胸来，赶快的赶！

——原载天津《星报》（1950年2月16日至4月3日）

[附一] 吴云心《〈话柄〉序》

事变之后不久，一天傍晚，K 兄来了。我正在吃饭，他一来正赶上，也就把寒暄话收起来，坐下一同吃饭。吃着饭说到生活，他说：没有办法了，不做事不行，做事也不行，打算卖文教学，问我肯不肯做。我因为还有事作，精神顾不过来，只说日后再讲好了。饭后他匆遽的走了，样子像很窘，气色也难看。

过了许多天，我在报上看见《十二金钱镖》小说，却不知是他作的。后来有朋友告诉我，我才晓得他用白羽这个笔名。《十二金钱镖》首卷出版了，他送给我一册，我看了觉得惊讶；没想到像他那样身子骨，居然懂得舞枪弄剑起来，而且说得尽情入理，与一般神出鬼没的武侠小说不同。可见文人只要笔下得来，也可以摇身一变成为侠客，正不必认真会一趟太极拳的。

我和他认识已然有十多年了。记得初次遇见他，是在 S 报；但在见面以前，我对于他的文章便很喜欢看，一见之下，便有如故之感。后来我和他同在一位经理手下做书记，仅仅拿到二十多元的薪水，两个人的生活都够窘的。我那时还在晚间教一家馆，有时须要早走一会，而我们的经理便不高兴，只好请白羽兄独在那里替我受训。我们两个在整理一点甚么，他比我仔细的多，我不特健忘，而且不甚识数；因为此被那经理指着鼻子申斥，而白羽也遭波及。日久天长，我们俩一见那经理，便有耗子见猫之势，越是兢兢，越容易把事弄糟；同时那经理也说得频了，成了每日的常课，我们做对了也会被认为错误。这样勉强对付了半年多，才改做别的事，他兼了编辑，我调为采访。

不久我们离开了，但还时时见面。有一时期他做了机关小职员；偶尔为友所约，写几篇杂文，笔下不免生硬。大概他生活稍裕，也就无心写作了。几年后他又到乡下教书；因不在天津，我们的音信疏隔了。直到事变后，在那天晚饭桌上，才又见面。没想到才两年光景，他的金钱镖小说不胫而走，而白羽的大名在轰动起来。

假若他那时生活安定，也许不想卖文教学，也许搁下笔，再不会有这些作品出现的。生活逼得他拿起笔来，生活逼得他写开了武侠小说；结果诗穷而后工，一直逼得他有了现在的成就。

我站在老友的地位上，对于他现在的成就并不满意。他为了生活而写武侠，而我认为这于他并不合。他的文章常常有一些幽默的气氛，并且蓄势著热，这在武侠小说里不好施展的。他对于现实生活看得很真切，写浪漫气息的故事未免舍其所长。如今《话柄》出版了，这册书表现着他的作风本来面目。我们从这册书，应该认识他不是一个武侠小说的作家！

近几年来我和他做官时的生活情形相仿佛，拿起笔来，不愿欲写；即使勉强写一点东西，也是一句东，一句西的不知所云。也许常害病，脑子坏了。这次白羽来函，嘱我给《话柄》写几句话。我想不出说甚么来，只是想起我们困在经理室对坐的情景，觉得哭笑不得。一部《话柄》恐怕尽是些哭笑不得的故事吧！

听说白羽近来生活很好，是值得快慰的。但又听说他现在永是害病，永是吃药；吃药补血，把血再顺着笔尖流到纸上。这又是可哭的事了。他若不害病，生活便不会好；总之，他必须有病才能有饭吃，这又是哭笑不得的事了！

二十八年十一月，吴云心。

——原载天津正华学校出版部印《话柄》（民国二十八年十二月十日）

[附二] 叶冷《白羽及其书》

白羽的书用不着介绍，白羽的人我倒可以描写一下，因为我是他多年的老朋友，知道他的生活最清。

白羽是军人之子，他之卖文为活，可以说少年时错打了主意。他在中学时作《述志》一文，即有志于"讲学著书"。他曾本此志，投考师范大学。后来果然"有志竟成"；他惨遭家难之后。在通州一家公馆教书，每月十五元束脩，又投稿给北京益世报，月获六七元的稿酬！他每每对老朋友说起此事，这"有志竟成"四字的酸味，叫人哭笑不得。

他是纨绔子，却度了极穷苦的生活；在他涉世二十年中，当过书记、邮员、税吏、教师、局员，又从军当过旅书记官；甚至穷途末路，也做过小贩，卖过书报。他的性情有点孤僻，脾气很大，对朋友却热，可是好拌嘴抬杠。

他因为穷，影响他的一生很大。有一次他被人疑为有盗窃行为。文人的神经是纤弱而灵敏的，他不久体察出人们的猜疑眼光来。那时他苦恼极了，辞职呢背着疑诬，混下去遭人猜视；从他瘦削面庞上，笼罩一层惨雾。幸而真犯破获了，从那个北京人的袜统中搜出十元钞票来。白羽叹道："饶了我了！"

到底因为这件事，激动了白羽的感情。"合则留，不合则去"；只适用于有钱的人，而白羽穷。白羽的嫌疑虽然洗刷了，心理上却给他以一个重重的创伤。从前他做事认真，对人郑重，自经此嫌，他突然变了一种态度，嘻笑怒骂，调皮喧闹；人们倒以为他诙谐可笑，倜傥可亲了！

白羽讨厌卖文。卖钱的文章毁灭了他的创作的爱好。白羽不穷到极点，不肯写稿。白羽的短篇创作是很有力的，饶幽默意味，而刺激力很大；有时似一枚蘸了麻药的针，刺得你麻痒痒的痛；而他的文中又隐然含着鲜血，表面上却蒙着着一层冰。可是造化弄人，不教他作他愿作的文艺创作，反而逼迫他自挝其面，以传奇的武侠故事出名。这一点，使他引以为辱，又引以为痛。但他的文字究竟够上水平线的。他的名作《十二金钱镖》，虽是投时谐俗之作，自认为开倒车，但这部书到底与其它武侠故事不同：第一，他借径于大仲马，描写人物很活，所设故事亦极近人情，书中的英雄也都是人，而非"超人"；好比在读者面前展开了一幅"壮美的图画"，但非神话。第二，他借径于席文蒂思，作武侠传奇而奚落侠客行径；有如陆嗣清的"行侠受窘"，柳叶青的"比武招亲"，一尘道人的"捉采花贼"，都是一种深刻的讽嘲。以及他另一部名著《偷拳》，设出访师学艺的一个少年杨陆禅，投师访艺，一遇秘惜绝技的太极陈，再遇收徒骗财的大竿子徐，三遇纠徒做奸的地堂曾，四遇"得遇异人传授"的大骗子手宗胜苏，几乎受了连累，这全是有意义的描写。看了他的书的少年，不致被武侠故事迷惑"入山学道"了吧。所以他的故事外形尽旧，而作者的态度、思想、文学技术，都是清新的、健全的。至少可说他的武侠三部作是无毒的传奇，无害的人间英雄画；而不是诲淫，诲盗，诲人练剑练拳挡枪炮。我以为他的书恰可与英国的传奇作家斯蒂芬孙相比，他的书能够沸起读者的少年血，无形中给你一些生活力，和一些勇气，一些热。

但是，他还有几本薄薄小册，一本《话柄》他的自叙传，一本《片羽》是他的短篇创作小说，一本《雕虫小草》是他的小品集，一本《三国话本》是他的考证文；我以为这几本书，方才流露出作者的本来面目，真态度。

"有志竟成"终于有志竟成，白羽少年时的目的现在是达到了，他"讲学著书"都已成功。他自办了一个学校，他的书已出了八册，稿费已达千字十元以上。以视当年的作家庭教师，万言稿费四元，果然是人间天上了。白羽的主意究竟还没打错。

白羽著作就目下分：可别为四类，一、文艺创作，二、小品文，三、武侠说部，四、其它作品。现在给他做个书目。

武侠说部

《十二金钱镖》此为武侠三部作第一部，叙大豪飞豹子，为图娶师妹不得，与师弟十二金钱俞剑平结怨。二十年后，乃纠众劫镖，以快宿怨。镖客俞剑平拔剑出山，纠众寻镖，第一部八卷，叙铁牌手失镖，乔九烟探盗，及杨柳情缘，一尘道人之死。末叙俞剑平既悉贼踪，定六路排搜之计；而飞豹子亦布网罗，诱捕诸镖客；卒激起群雄交斗之壮剧。前六卷已印成，卷七即印。

《武林争雄记》此为《金钱镖三部作》之第二部。叙鲁东武师丁朝威封剑闭门，越次拔三弟子俞剑平为掌门高足。二弟子飞豹子大怒，飘然出走，变姓名别求绝技；远赴辽东，争雄牧野。未几，一豹三熊之威名，震于塞外。全书八卷，二十八年十二月，始刊北京晨报。

《联镖记》叙少年壮士林剑华，图娶仇人之女，为报父仇，竟坠情网；演出儿女恩仇，缠绵激烈之奇剧。共十二卷，首卷已出，叙小白龙拦江劫镖，林镖师遇狙惨死，遗榇北归。第六章写林妻程玉英训子治家，年少而有干材，骤闻噩耗，设誓复仇，而仇人已袭至。描写玉英及孤儿铃哥，孀孤对话，伤逝怜生，情节极凄惋有致。二卷叙镖客魏豪力救程玉英母子，昏夜逃亡，刺客麇集，尤惊险骇目。三卷以下，连载北京实报。

《偷拳》叙冀南杨露禅，伪扮哑丐，降志偷艺，积五年功，卒于河南太极陈门下，获得绝技。此书一洗武侠说部之窠臼，专以刻绘人物见长。共两卷，十六万言；报上所刊仅为五分之四，单行本补出数万言，附一舸插画多幅。

《扬镖记》叙一少年奉父命，往投师叔习艺创业，路逢黑侠，拔剑加盟，连翩游侠，迭起大案，竟与师叔成为劲敌。夹叙女盗艳迹，风情旖旎。

《摩云手》叙女侠劫狱救友故事。

《武林名家传》叙近代技击名家事迹，为武侠短篇故事之结集。

文艺创作

《片羽》短篇创作集。白羽短篇，深刻而幽默。《一掌的反挝》表现失业者的心理。失业归来，儿子照例向他撒娇，被他打了一掌，彻夜自思，忏悔起来。《饱》写偷东西的女仆，被主人发见，只得以"吃得多"掩饰，把他要偷的饼（预备给他儿女的）都吃了，几乎撑杀。《打架》叙一兵与铺伙打架后的舆论，暗示批评的不可靠。《一生》写一老女巫的幻灭。此外尚有《打胎》《巡警的滋味》等篇，感情强烈，描写深透，可窥见白羽少年时的作风。

《心迹》此为白羽所作自传体长篇创作。上卷《春梦》叙儿时乐趣，笑柄百出。中卷《穷途》叙遭家难，踏上穷途。下卷《心血》叙作者历为新闻记者、官吏、教师，三寸毛锥一生相伴，欲投弃而卒不能。可窥见知识阶级之生活相，而作者之生活态度，创作经验，亦悉见于书中。

《话柄》此为白羽之回忆录，我的生平四篇。一气呵成，文最有力。我的故事十二篇，是旧稿。我的新闻是书付排时赶写的新作，我的故事中也有三篇新作。我以为白羽赶写的这几篇，似乎呈显匆遽之态，不如他的旧作精采。

小品文

《雕虫小草》白羽所撰小品文字，幽默冷隽，较其传奇作品尤胜，此为小品结集。

《灯下闲书》此为白羽小品二集。或评世相，或摹景物，或作趣味的考证。

《三国话本》三国故事脍炙人口，然七实三虚，最惑乱观者，白羽据正史，加以考证，指出俗谬，文笔仍饶幽默趣味。计（一）斩马谡。据蜀志向朗传考出街亭战败，马谡弃军逃亡成都，匿不归罪，故孔明震怒加刑。（二）水淹七军。关羽威震华夏，梁郏陆浑盗皆遥受印号，为羽支党，曹公议徙许都，乃云长善用游击队之效。（三）取成都。刘璋未死，迁于公安，由关羽监视。关羽麦城兵败，刘璋归吴，吴人用为益州牧，欲以倾动西川。（四）长坂坡救主。赵云仅以副官，救夫人、公子逃出战地；非有大功，亦未独当一面，故五虎将有庞统而无赵云，云之功名尚不及魏延。（五）过江东。剧本谓先主惮往，孔明劝行。实则刘备过江，纯出自动；孔明苦谏勿往，先主卒行。后周瑜果有密笺羁刘之计。凡此考证数十条，皆从史籍钩稽得之，一扫俗说，论断惊人。

其它作品

《恋家鬼》这也是一本短篇集，但所收全是滑稽文字，令人笑断肚肠。内有《恋家鬼》滑稽小说一篇，滑稽诗《杀妻诗》一篇，趣剧《西瓜》一篇，讨厌文集数篇，及笑典数十则。附录有《蜂子的诗》，尤为罕见的妙文。

《报坛隅闻》此为白羽作社会长篇小说，共二卷。描写平津记者生涯，兼及社会各层；官僚政客，名流学者，娼优艺人，苦工流民，一一形诸笔墨，为繁华都市作一写照。

——原载天津正华学校出版部《话柄》（民国二十八年十二月十日印行）

[附三] 宫以仁《〈话柄〉再版后记》

白羽的老友吴云心、郭云岫（叶冷）等前辈都很赞赏《话柄》，认为这是白羽的本来面目。我近日多次重读该书，也觉得此书的思想性艺术性确实高于他的武侠小说。"我的生平""我的新闻"两章揭示生活在社会中的艰难和人情之冷暖。"我的故事"以讥讽的笔调批判了封建的愚忠愚孝和迷信。这些作品也反映白羽一生经历所得的经验教训。该书也记录了白羽和鲁迅的交往，有些内容是现有资料所没有的。人民日报出版社前任社长姜德明、北京大学副教授孔庆东、台湾《联合报》前任副总编辑叶洪生在著文、讲座中都引用过《话柄》中的话。

1996 年初，北京大学钱理群教授曾委托他的博士生孔庆东（此时他尚未毕业）给我写信，邀我写《白羽传》，后因出版社变卦而未出版。我是白羽的次子，先父病逝时，已从事文字工作近二十年。现在虚龄八旬，恐来日不多，拟先将《话柄》自费印刷。承蒙北岳文艺出版社席香妮代我向山西省新闻出版局申请一个内部书号，据香妮来电话：出版局原则同意，并免收一切审阅费用。本书又承蒙天津文史馆馆员许杏林、长治学院邹京教授帮助校对，并对注释提出许多宝贵意见，一并致谢！

此次再版印刷《话柄》，我尽力保持原作面目，只改动极少数错字。原文中有许多20世纪30年代的用语、标点，我也没有

竹心集

102

改动，只是编写了一些注释。注释又分两种：一种是简单注释，在文中用括号写几个字（凡是我们用括号注释的均加"注"字，以与白羽本人用括号写的文字相区别）；另一种是文字较长的注释，在每章后详加介绍。有些注释，我写的大胆了些，但都是根据白羽生前的认识。

后面再加一个附录，供读者参考。

宫以仁　2008年6月

——原载宫以仁、宫捷注释本《话柄》（2008年以内部资料形式印行）

第二辑　说良心话

良心话

和平天使（竹心）

见到山野间的和平天使一文，内容是赞颂兔。到冬令一切猛兽，都饿的发狂，一伙土狼舍命围攻一只巨大的野牛，战死好多，才将牛挤得坠崖而死，于是群狼将野牛和死狼一齐分嚼了。风雪之夜，山居的人可以听见乳虎狼犊的哀号。惟有野兔蕃殖得多，时舍肉身，补充兽粮，无形中减少猛兽相残的惨剧。所以，它是山野间的和平天使。

这说法是很对的，猛兽的生产率确乎很小。倘冬日无食，怕不灭种？惟兔鼠如下蛆般蕃殖，藉此在猛兽世界内，偷生保种，做强者的生命线，然后生命才有意义。陡然想起内部新发表的人口统计，在水旱灾匪共祸内讧外侮，不断大摧毁大屠杀之下，还有四万七千万，亡国或有可能，灭种决不会有，想到此，心上很有点快活。并且，"中国乃五千年优秀和平之民族，地大物博，人口众多……"中国人自然也是国际间的和平天使。

——原载天津《中华画报》（民国二十一年十月五日）

批注：本文系白羽所著政治寓言，用反讽手法，将日本和欧美列强比喻为狼和野兽。当时中国号称四万万七千五百万人口。

四六比利（竹心）

莱顿报告书公布后，在中国当局"问题重大"，详细审读的时候，日本当局立刻发表出意见，谓报告内容，"大体日本有六分利，而中国四分利"。

这好像很满意，然后批评书中所叙满洲之历史的情实，以为"英美法等国对其殖民地认为当然之事，而实行其政治行动，乃系指日本对满态度为不当，观点显见偏颇"，是公然认定"法律上的中国东三省"是日本殖民地，最后对全书结论，予以全盘的否认，日本陆军当局反驳……

在日本，对这自认有利六分的报告，尚悍然反驳，想见如此迁就现状，他心中还抱着未"尽如人意"之憾，昔拿破仑谓"吾视欧洲，如衰颜老妓，当时宛转由人"，气焰咄咄，恍惚想见。反观我国，对这四分有利的报告，真不胜叩头感激之至。日昨新闻记者抄对报告节要时，曾有人再三嘱托，千万别批评，别惹人反感，弄的将来更不好办。呜呼，弱者之弱一至于此，默想中日当局对于调查报告的不同态度，来日结局，便可意会。

——原载天津《中华画报》（民国二十一年十月七日）

批注：莱顿报告书，是代表"国联"对"九一八"事件的调查报告。1932 年 1 月 21 日，国联调查团正式成立，由英、美、法、德、意等 5 个国家代表组成。团长是英国人李顿（莱顿）爵士，故亦称李顿调查团。1933 年 2 月 24 日，国联大会以 42 票赞成，日本 1 票反对，通过了 19 国委员会关于接受《李顿调查团报告书》决议，重申不承认伪满洲国。日本于 3 月 28 日以抗议该报告书为由，宣布退出国际联盟，致使国联的调查报告书成了一纸空文。报告书未能制止日本对中国东北的侵略，生动说明了弱国无外交的事实。"国联"，国际联盟的简称。第一次世界大战后，由英美法日等战胜国主宰的国际政治组织，在 1920 年 1 月根据巴黎和会通过的《国际联盟盟约》成立。"二战"爆发后无形瓦解，1946 年正式宣告解散。

双管齐下（竹心）

一年一度双十节，一节有一节的时变，一节有一节的感慨。内讧，外患，天灾。二十年来旧戏连台，读到此度，乃同时扮演出来！

九一八落下一块重铅，至今压在人人心头，掷不掉，拨不开。而外面，国联报告书甫发表，列邦观望，对方倔强，承认伪国倏忽兼旬；而里面，韩刘之战又传恶劣，四川群魔方复相砍，灾区匪窟，防地，四分五裂。当国要人，蒋在汉默然，汪在沪默然，孙在沪默然，胡在港默然，林蔡于■默然而又默然，环顾全国，惟见刘鲁砰砰开火，各方代表仆仆上道，国内也是一块重铅！呜呼双十节，纪念的意味，只是内忧外患"双"管齐下，国计民生"十"分危殆，而外交内政"节"节□□而已！

——原载天津《中华画报》（民国二十一年十月十二日）

批注：国联调查团发表的报告书，很大程度上偏袒了日本侵略者，我国舆论大哗，国民党当局蒋介石、汪精卫、孙科等大员默然，百姓愤怒声讨。双十节，指国民党国庆日十月十日。韩刘，指地方军阀山东韩复榘和四川刘文辉。

敌人又在造谣：谓蓝衫社主弃东省（杏呆）

日本厚诬我们，无所不用其极。但造谣要略近情理，才会使得人相信。比如说，中国武装同志依然是变相军阀，长衫朋友依然是变相政客，这虽然我们明知是假，或者会有人疑惑到精诚团结。

不过，像日人以"怪杰""服毒"等话侮蔑军委张学良氏，这就徒惹我们一笑，尤其是服毒二字，非常滑稽。他们最近又造谣到军委长蒋介石身上，宣传蒋组织甚么蓝衫社，主张放弃东三省，这岂能使中外人士信得？蒋弃东省或有造谣的，因为日人希望著这样办。若蓝衫社何谓乎？倘说冯玉祥筹组蓝衫党，或有可能，因为他正是穿著毛蓝布短袄，效法甘地提倡土布。蒋则不穿西服，便著军装，就使他式如尊意，也当组织一个军衣社，或洋服党。东邻，歇了罢，如再造谣请挑那可以淆乱视听的。

——原载天津《中华画报》（民国二十一年十月十四日）

批注：当年蒋介石确实组织"蓝衣社"，这是特务和情报组织，即后来的"军统"，全称是"军事委员会调查统计局"。

肝痛难言（杏呆）

中国人向抱"家丑不外扬"的主见，讳疾忌医，殊为可怜。

独有大勇的汪精卫先生，在"因病辞职前"，忽然痛陈家丑。观其文电，将群雄割据，军权、政权、财权，四分五裂的中国现状，和盘托出。一种激越热烈的情感，跳跃现于字里行间，对于斗争，"肝肠痛断"！

不幸汪先生痛谈家丑之后，就病倒了，日复加重一日。昨据报载，先生已不能有言，言则肝痛，其病深矣！于是乎再无敢言家丑之人。

又据报载，中央已准汪病假三月。希望汪先生先打了牙肚内咽，从此少说话，多修养，善保政躬，休要肝肠痛断！

——原载天津《中华画报》（民国二十一年十月十七日）

批注：作者以反讽笔法写亲日派头目汪精卫和国民党各派系内部矛盾的丑恶面目。

梁作友跑了（杏呆）

梁作友提着一个闷葫芦跑到南京，南京当局瞥宝也似款待这个活财神。如今报传梁已逃跑，闷葫芦已然打破，内中空空如也，只有一个谎，更无半文钱，徒惹世人嘲笑！

当局如何财迷心窍，且不管他。只是梁某的动机，不可不追究一下。他是狂想的志士呢,是拙笨的骗子呢,还是精神病者大犯疯气,还是日本间谍小开玩笑呢?

当局正可以小申国法,惩一儆百的来一下。我以为梁作友这小子,违背总理遗训,玩弄党国要人,故意形容当局的贪利无识,愚昧易欺,并暴露其种种弱点,况又当国难时期,这玩笑开得过甚了,梁作友实实罪可通天,该通缉,该查办,该照反革命,通敌有据的罪名处置!

如此,方能保持住党国的尊严,虽然这尊严的破坏,梁某只负一半。

——原载天津《中华画报》(民国二十一年十月十九日)

批注: 作者不仅谴责了梁作友,"一半"也指向国民党当局。

谁要倒霉! (竹心)

你听报贩,大声吆喝:"小日本要倒霉!"便惊醒了我的晨梦。记得昨夜发的新闻,并不只见日本倒霉的消息,如报贩所言,不禁发生一点感慨:

其一,日本军阀迷信武力,自掘坟墓,倒霉却是难免。但中国必然更甚,事实是摆在这里的。国难如此严重,中国军阀依然内讧。知识阶层依然袖著手饶舌,如坐山观虎斗,中国不是观客,不是虎,乃是那一只鹿。

其二,国人识见竟卑怯愚昧到这样地步,不止白昼说梦话,而且白昼做梦:"西洋景"绘有黑旗刘用生番擒倭将大岛二岛的故事,可见国人不敢正视恶劣的"现实"悲剧,却自造虚妄的喜剧以自娱，小说戏剧电影总要以团圆做结局，这是消极思想作祟。请看法人，普法战败，编剧本写小说，不惜极写覆国惨祸，正如故意用手指自触创口一样的勇敢，故此法人才有欧战的胜利！

我想，中国如要自强，必先打破这"日本要倒霉"的一厢情愿好梦，极力在自家倒霉上著想，而后倒霉才免劫！

批注：作者批评某些人的阿 Q 精神。

筑路无望高筑债台（竹心）

中山先生甫解临时大总统任，袁项城畀以铁路总办职，若示羁縻，中山先生却当真绞脑汁，用心计，遂于民元发表其交通救国的计画，要于短期内造铁道十万里，在北方乃博得"孙大炮"的绰号。

然而中山的主张，并非乘兴空谈，建国方略，实业计划，于民八脱稿，仍要赶造十万里铁道，只是设计更精密了。

可怜先生有计划的主张，在中国终成空谈。据南京电报，铁道部调查，全国铁道所负债务，至本年上半年，总额已达十三万万五千三百余万元！筑路不成，却高筑了如此庞大的债台！

说是该部现已决心整理了，但是，地方政府和"驻军防区"问题不打破，怕不也是空谈？

拆铁道，扣车辆的私争，人民并没忘记。

请要人们回南京（竹心）

汪精卫先生是已经出国了。在他未去国之前，因为要"精诚团结，共抒国难，"孙科陈友仁扫兴下台后，这才决定"蒋以军委长，主军权，汪以行政院长主政权，宋以副院长兼财长主财权，一国三公，分工合作。"汪走了，宋代职。政权财权，在短期内，握于宋代院长一人之手，如此权才集中，事才好办。蒋先生主军权，驻武汉，努力剿匪剿共，这是好的。旁的事，"攘外"如长期抗日，"安内"如惩军阀弭内战，好像都不重要，像鲁战，韩先生一味救胶东民众，气忿忿要辞职了，怎么好？像川战，居然南京有人发表谈话：调停无效果，派员没人去，只好听他们打！九一八以来，我们的体面是扫地了，家丑家丑，现在自家人也如此说，更用不著外人替我们造谣。我们还希望甚么？"精诚团结，充实中央"，我们不用赘说，我们只仰著头希望：要人们饯汪谒蒋之余，都回南京，别叫那些衙门空着；此外，先将川鲁内讧拨弄一下，因为这太不成事体了，而蒋先生正是军委长！

——原载天津《中华画报》（民国二十一年十月二十六日）

批注：作者揭示国民党政府内部的混乱。

对得住良心 (竹心)

"济南韩主席向方兄",通电辞职,宋代院长子文,"惊悉倦勤",亟电挽留,他说道:坐镇东鲁,责任重大,中枢倚畀,不任高蹈,于是"千盼勿萌退志,共济时艰"了。

共济时艰很好,但是,人家因胶东民苦未除(就是没把军阀刘珍年赶跑),实在对不住自己个儿的"良心",又不是"负气",何必教人勉为其难,以致于陷人于丧良心呢:

我们姑且想,韩电辞职,中央居然给他一下子"据呈已悉,应即照准,以符良心,而停内战"。那么,结果如何?

结果是——鲁省府全体委员将电中央,大意如韩去,全体即同去。同去的结果如何?大家对得住良心。

——原载天津《中华画报》(民国二十一年十月二十八日)

批注:韩主席,即时任山东省政府主席的韩复榘。韩先被蒋介石收买叛冯玉祥,拟拥兵占据山东地盘。日军侵鲁,韩率先领兵逃跑,蒋以此为由,将之枪决。作者此评已视透韩之野心。

立煌设县 (杏呆)

军长卫立煌,率部攻下匪剿金家寨,当局设治置县,即用卫名而定为"立煌县",以彰殊勋。卫军长一再■辞,以为长官威令,部卒拼命所致,非己功也。

考近年来效法西俗，以人名作地名者，中山中正为多。学校字号也有用人名者，那都是纪念一个学者或一个捐资兴学的志士，却大多是死过了的。其用活人姓字为校名者，颇不多见。至于自己拿钱，自当校长开办一个学堂，又用己姓己名作为校名者，尤属寥寥。在中国，那只有□□大学一家，更无分号。有同中山大学，其意若曰纪念中山人格，讲授中山学说。若□□大学，则将是□□先生掏腰包办了这样的学堂。于孙家老店马家水铺也差不多。然则如此露脸的事，该军长何必■辞？要知设县以后，千秋万岁，县人一提起立煌二字，就会联想到当年此处，成为剿匪血战■场，杀人几何，士兵阵亡负伤者多少，良民中流弹者多少……庶几乎不朽。

——原载天津《中华画报》（民国二十一年十一月二日）

批注：卫立煌不是蒋介石嫡系将领，也不是反共积极分子，蒋氏为了鼓励杂牌军将领积极剿共而设立煌县。卫立煌在抗日期间，同八路军合作进行忻口战役立有战功。新中国成立后任全国政协常委、全国人大代表。本文也反映了作者对红军和苏区的同情。

蒋邀资本家赴匪区参观（竹心）

如何挽救农村危机，成了美国竞选的口号，同时英国也为失业工农的暴动，统筹善策。日本农村不景气，农民日啖草根树皮，苟延残喘；满洲侵略，止便宜了军阀浪人。可以说世界危机已迫眉睫。然而外国对这危机，都在努力，想办法觅出路。反观我华，城市绅富豪商，度着极度的淫靡生活，贪利而且残忍无耻。智识阶级，充满颓废空气，袖著手不是冷嘲便唱■词，若工人，有职业便算万幸，过劳与低薪皆不遑计，若佃农，从前可出关开垦，现在又完了。这种种内情，实已岌岌不可终日，但是当局如何呢？只看见地方"办公"，不看见"行政"，中央则开会之外，还是预备开会，南中共祸，惟听官军报捷，更不知战地如何荒凉，民众如何涂炭，听说蒋介石■全国资本家，前往参观已取复之地，是请他救济灾民？是希望他投资？我们局外人自难知，不过，行政院长既已出国，蒋以军委长而办这些事，又不曾听见定出计画来，我们对此，只有一叹而已。

——原载天津《中华画报》（民国二十一年十一月七日）

批注：作者揭示工农的困境，以前贫苦农民可以闯关东开垦谋生存，"九一八"后此路也绝。本文写作时，正值1929至1932年的世界经济危机。

开发西北（竹心）

"开发西北"这口号，在东三省失陷后，陡然喧传起来，当局的意思，或者是有"失之东隅，收之桑榆"的作用吧。

开发西北，确是好事，但是，从这国难一点上著想，似乎不是时候，换句话说，从一方面看，觉得口号喊的太晚了，从另一方面看，又喊的嫌早了。但是，反过来想，中国事其实是没有时间性，也就是没早没晚，请看调处川战，民十七的中央法令，依然有时效，便是民验。那么，开发西北的口号不妨再喊喊。

——原载天津《中华画报》（民国二十一年十一月九日）

批注：批评蒋政府只喊空口号，不做实事。

刘文辉军政大权交回中央（竹心）

刘文辉节节败退，特电汉提出治川方案：（一）军政大权交还中央，（二）实施编遣方案，地方军队概由中央管辖，（三）由中央明令改组省府云云。藉此证明地方军政权，原来始终操诸地方武人之手，也不限于四川一隅。刘君提案，可为切中时弊。可惜的是他治川有年，从未提案，直到今天，言之已晚。假使他一鼓战胜，他必然低著头去干，此案必不会提出来。

我们希望地方武人，把军政财权，应交还中央的，趁早交出，这实是固位的妙法。若一味把持，大利所在，人人觊觎，等到一败涂地，再想交出政权，做个守法奉公的地方最高行政官吏，都恐已不可得了。

请看刘文辉的结局，势必一走下台，武装同志要以他为鉴。

——原载天津《中华画报》（民国二十一年十一月十一日）

批注：抗日前，蒋政权名义上是统一，实为新军阀割据，岂止四川一地，多数省份都有本省的实际统治者。其中，四川、山东派系较多，为争夺权力，战事最为激烈，故作者多评之。

打得好（竹心）

　　以大观园刘姥姥自命，而汪却以水浒王婆相推许的吴老丈，近又一鸣惊人，为革命重下一定义。老丈曰："你不好，打倒你，我来做好。"这就是革命，革命也者，全在打得好。但又说："中国的出路是和平。"和平便不该打，好像矛盾了，老丈赶忙扯■来说："不幸任谁上台，忘记此一好字。"如此只剩下一打了。川也在打，鲁也来打，义军抗日也正打，蒋氏剿匪也正打，打过之后，自然叫出好儿来。

　　但郁郁不得志，畏讯避谣而下泰山之冯玉祥，却另有一番说话："我不相信所谓革命，只是革掉人民的命，而所谓建设，只是建筑大官的洋楼。"这令人耸然了。所谓革命，是先破坏，后建设，证以老丈言，破坏也就是打。建设即便是好，■是坏透了，怎么好法？上海洋楼巍巍乎好高好大好阔呀！且睁大眼看川鲁吧。

——原载天津《中华画报》（民国二十一年十一月十四日）

　　批注：作者一方面揭露汪蒋关于"革命"的谬论，也借冯玉祥之口说出汪蒋"革命目的"在于建筑新军阀的洋楼。

台柱子挑帘唱罢（竹心）

做责任内阁，由国府主席移权于行政院长，据说是防独裁。又添上个副院长管财权，军委长管军权，三常委虽不齐到，而政财军三权分立，一国三公，当然不是独裁。却是以现任行政院长，请病假出洋，副院长兼摄，中国做到一国两公的天下，中央还是空虚，对内对外，不见任何设施，但见要人飞来飞去，汉口成了重要飞机场。我人气忿忿东瞥一眼而骂曰：伪国，傀儡！所谓傀儡，便是主动人藏在幕后，台上唱做的，非由自主，而阴有所秉承也。自己既贪恋，又顾忌，又不敢出头，又不肯放手，只在背间鼓捣，令人发生不痛快之感，听傀儡戏，终不如听大戏。

幕后台柱子们，不肯下台时，要唱挑开帘唱吧，死活要个痛快的。

——原载天津《中华画报》（民国二十一年十一月十六日）

批注： 作者所指幕后人即蒋介石。当时名为三权分立，实为蒋氏一人独裁。彼时蒋氏羽翼未丰，尚不敢自命"一人领袖"搞独裁。当时南京国民政府主席是林森，是国民党元老，但无实力，蒋介石奉之为傀儡主席，此次组建责任内阁，使之主席更当了名副其实的傀儡。

天津没有忘记中山（竹心）

十一月十二日，中山诞辰，向例放假，以示纪念、庆祝。

现在，本市是早经庆祝、纪念过了。各机关学校，奉市府令，放假一天，街上历历落落悬着青白旗。天津市没有忘了中山。

但是，先一日报载：中央另有明令，通饬全国于是日概不得放假、庆祝，仍仰照常工作。其所以然，想为九一八国难当前，中山先生在天之灵，将不忍接受此度庆祝，虽然国难之来，他不负责。于是公务员教职员，如遵奉中央，十一月十二日便该少玩一天；而天津市却是足有一整天没有忘记纪念中山生诞！

这小小放一天假的事，中央和地方便如此矛盾。

——原载天津《中华画报》（民国二十一年十一月十八日）

批注：国民党政府口口声声执行孙总理遗嘱，但中央政府对中山诞辰如此冷漠，作者借此嘲讽。

东省运命决于今日？（竹心）

国联行政院定期开会讨论莱顿报告。国人的心情，又顿然紧张。这已不复有奢望，只是睁大眼睛要看国际力量最后的运用，到何等限度。同时泛起一个疑问，在莱顿调查期内，我政府努力如何，日政府疏通如何，列强密议真相如何，局外苦不得知，现在可要看见。

有人说，东三省的运命，将于此决定。我人却以为东省运命，早经决定了三次之多，第一步长春不抵抗，第二步锦州不抵抗，第三步国际舆论力达到最高潮，而我们宣言长期抵抗；不善运用列强气压，始终拒绝直接交涉，使敌人视透了国际与中国，东省运命即由那时由自己决定停当。

我们想像国联的出路，这断乎不能救中国，救东省。乃必于日方强调的亚洲门罗主义，勉求台阶，自完门面。一场舌战之后，劝告双方直接交涉，殆为必经的阶段吧？

——原载天津《中华画报》（民国二十一年十一月二十五日）

批注：作者批判"国联"的不公正态度和当时我政府的无能。

殊属不成事体（竹心）

外人讥笑中国人，好讲虚面子，但是近两年来，要人们的言行，表现于世者，往往连虚面也顾不住。

九一八事件前，王伯群保志宁结婚，婚仪极度铺张，复有十万元的爱情保证金。紧接著宋子文在沪遇刺客，于是行政院悬赏几万元缉凶，沪市府悬赏几万元缉凶，路局又悬赏几万元缉凶，屁滚尿流的景象恍惚如见。

九一八事件后，孙科忽然上台，忽然一句话气走。汪精卫痛言家丑，忽然称病，忽然出洋。最近招商局贿案，陈孚木公然通电痛诋现交通当局，所列事状，出人意外。凡此种种，我们已无暇细较谁是谁非，唯陡然发生一种绝望的悲哀，勉强说，只觉

"殊属不成事体"而已。

——原载天津《中华画报》（民国二十一年十一月二十八日）

批注：讥讽政府要员在国难当头时的丑态。

弱者惟有战慄（竹心）

日军惨屠我东北平顶山三千农民，实九月十六日中秋前后事。内外隔绝，直至本周，始由哈埠电达南京，公布于世界。距惨剧发生时，已逾两月又一星期了。

此次惨剧，本报得讯最早，发表也最先。本报有一记者神侦，东北人，关心桑梓，时得密讯，十月初曾写寄"血染中秋月"一文，为中原士女，方乐度中秋，而平顶山同胞，竟于团圆月影下，骈首见屠，文情凄惨而悲愤，因拼版关系，直至十一月九日，始刊本报二一九期，读者谅犹记之。痛哉，强者姿式身手，人有利口哓哓乱是非，弱者受种种苦，惟有战慄，结舌不得言，言亦不得闻于世，东北外交会盼友邦要员彻查，宁不知事隔两月，还有何残迹？

——原载天津《中华画报》（民国二十一年十一月三十日）

批注：日军又一暴行。

替灾民添"不是"（竹心）

最近有豫省灾民二千余众，逃难北上，由津资遣赴浦，浦拒不纳，又送回津，津慈联会为救济安插问题，曾开会讨论传有两种不同之意见。微闻难民队中，有退伍营长，且携两妾，浦方之拒绝入境，疑即揭举"老少会"为理由。噫！谁为为之？谁令致之？孟子对于梁惠王"河东凶则移民于河内，移粟于河东"的临时救济政策，且肆讥评，他岂料及现代办法，竟止许灾民栖留灾区，不准救食他境！欲加之罪，何患无词？今既推出不管，何必替灾民加上种种"不应该"！记得有一富人，看见穷亲戚吸纸烟，便加诽难，他替穷亲戚预算度日开销，几乎是喝凉水吃窝头就咸菜也嫌靡废，张口便说："过这样日子，你还喝开水废煤！"此与"何不食肉糜"另是一种说法，而总归是不谅。灾民队中有营长，携妾，正见其灾情之惨，阔老爷们难道想不到此点么？论事看人之苛，恨不令灾民打他一个耳掴。

——原载天津《中华画报》（民国二十一年十二月五日）

祖坟所在（杏呆）

地方官对于地方上的关系，随时代而不同。在清代前，叫做治民，谓之父母；在民国后，叫做服务，谓之公仆。并且清以前地方官，需回避本籍，以防瞻徇乡亲情面。民国后则创出地方自治的口号，驴头马嘴的要求老乡做老爷。以为地方人做地方事，必然卫顾桑梓，少搜刮些。这个理想，大概见到台上要人，总有下台的一天，私产祖坟所在，多少总要顾忌一点。异乡人在台饱攫，下台捞本而去之，拿辖区当殖民地看，地方人民乾瞪眼莫奈他何！当地人做当地长官，虽然任亲故，快恩仇，比较起来还算利多害少。最近有一个贴切的证据，川战即起，渝民痛恨军阀烂投炸弹，祸害桑梓，结果群起而大刨其祖坟，后戕我生命，我辱其死骨，这也算是川人治川的好处。

——原载天津《中华画报》（民国二十一年十二月七日）

旧戏的立场（杏呆）

反对旧戏者，动谓脸谱"不是人相"，唱念"不像人话"。这是一个深刻的讥讽。但我们若放开眼看看西洋歌剧，大放悲声，东洋舞剧，大抹鬼脸，也就恍然于"戏"终归是戏。

"写实"固是艺术追求真美之一途，但艺术总自有艺术的畴型与窠臼，必须把人生真相提炼一度，放在一定的畴型内，在于一定条件下表现出来。所以艺术仅仅有古典的传奇写实诸派，我个人却认为凡艺术都是一种广义的象征。

在现代，只有有声电影力求逼真，舞台剧则象征的意味必然浓厚，乃不可避免的。我国之皮黄昆弋、秦腔，穿衣不论四季，抹脸大做图案，说话伴着乐器，执鞭当马，架桌为山，这通通是象征，我以为旧戏的立场，就是这象征二字。

——原载天津《中华画报》（民国二十一年十二月十二日）

如何倚靠自己（竹心）

国联空气，愈推演愈惨淡，政府当轴充满了悲观，但国联本为二三强国所主持，作为一种和平工具，只用以协议切身利害的。中日事变陡起，为保全工具的完整，国联不能不过问，我们便一侧身倚过去。对方却竟不放松，利用延会的时间，密议，策动，宣传，互惠；国联再开，强国态度显然袒日，小国呶呶，无济于事，我们的当轴于是乎悲观，于是乎说"倚靠自己"。而倚靠自己的法门，有兵二百万不算，有机关若干也不设，只提到东北渐失立足地的义军，和越弄越稀松的抵货！除此外，便别无办法吗？我们切看三全！

——原载天津《中华画报》（民国二十一年十二月十四日）

中俄复交（杏呆）

中俄复交，举世哄动。此举到今日才实现，我人知道内中蕴蓄著两个重大问题：就是国内的赤色恐怖和远东的白色恐怖。

自东省事件勃发，国人热烈的提倡对俄复交。其用意殆假想中东路问题不发生，或者远东牵制局面不致破裂，即退一步想，倘保国交，北满或不致陷于悲境。这大概是希望复交的"民义"。政府方面，则当对日问题紧张时，反加紧剿共工作，其政策显见是先清赤氛，次抗白祸，安内而后攘外。就是当局的"政策"。

现在复交突然实现，不迟不早，却在国联的的确确绝望之后，国联蛛丝马迹，蒋演说国民党当恢复民十三年的革命精神。精神难捉摸，民十三的时代背景，分明是容共联俄。我人的歧路，不向右便向左，难乎其为中行也！我想，我们总须自觉，倚东靠西，毕竟得失互见。

——原载天津《中华画报》（民国二十一年十二月十九日）

豫难民被押回籍途中遭匪抢！（杏呆）

河南淮阳扶沟难民，逃生出境，曾两度来京，初次转送浦口，浦口当局拒绝入境，又装回天津，经津慈联会招待接洽，车送回南，此上月间事。兹据报载，有一批豫难民约二百余人，流转到南京，京中无法安插，被卫戍司令部装车押送回籍，讵车行中途，在固镇突来十数逃匪，将难民钱物抢空，且击毙一人，戳伤八人，难民事后，哭嚎极惨！

这消息只包括一死八伤九条人命，其事态却甚重大！第一，灾民逃难离乡，当局不屑效梁惠王移民移粟的办法，反遣难民回籍挨饿！第二，难民队中人，尽多壮丁，惟因守法，不"铤而走险"，乃"穷而起怜"，既不获救于政府，乃被害于"铤而走险"的同胞！我人既怜难民之愚，又痛抢匪之恶，觉得这消息比国联绝望还刺心，至政府忽视民瘼，在今日我人无庸置喙。

——原载天津《中华画报》（民国二十一年十二月二十一日）

"以令行之"（竹）

蒋介石以三省剿匪总司令之权，通令中原江南十省禁烟。禁烟是好事，载在法律，今蒋竟以令行之！谓成文法无效么？谓军权大于一切么？何以通令不加以十省以外的省区，闻非剿匪总司令之权所及么？何以剿匪三省以内的司令，竟通令到匪区以外的七省？

日人动诬我无组织不具现代国家形式，何谓有组织？政府各机关，管甚么的准管的了甚么，不管甚么的准不得越俎管甚么，这便是有组织，何谓现代国家？便是法治，便是法律条条有效，便是要人的命令必不抗法，不代法，也不丢开法，无如今日的中国，还是丢开主管机关和成文法规，由要人"以令行之"！以令行之的弊害，便渎犯法律的尊严，将条文自己先看等废纸！

法制的精神，要上下一致遵守啊！

——原载天津《中华画报》（民国二十一年十二月二十三日）

顺利的时局（杏呆）

三中全会顺利闭幕，顺利通过议案。有些人又乐观起来，以为幸未打嘴架，起纠纷，国难当前，精诚团结，乃中国之大幸。

但我们试追溯前情，分析现状，觉得时局重心推来演去，总是一个武装同志领袖袍泽，邀一个长衫朋友，合作入主中央，其余同志便严守防区，其余朋友便称病出洋。自九一八后，汪胡两大长衫和蒋同志本来鼎足而三，却忽添一孙。胡既决计患病，孙又与吴老丈怄气而走，然后汪蒋合作，支持许久。然后汪又患病出洋，胡照样，一片声叫起"充实中央"，孙这才卷土重来，离合之计，颇可寻绎。那么，在汪胡"如此"的局面下，蒋孙当然"如彼"，于是顺便来京，吴老丈更不饶舌，居然赞同孙主张了，开会，开议，决议，闭会，当然顺顺溜溜。

——原载天津《中华画报》（民国二十一年十二月二十六日）

批注： 蒋指蒋介石，汪指汪精卫，胡指胡汉民，孙指孙科。几股势力，在分分和和的斗争中，蒋最终胜出。

六十万元的苏军归国旅费（竹心）

据苏炳文公子谈，为国抗敌，败退俄境之苏军残部三千人，在日方再再要求引渡声中，航海遣回祖国之举，因假道旅顺，俄当局虑有危险，拟改循外蒙直赴张垣。路行旅费，每人至少二百元，三千子弟即需六十万元。另有不甘降日，随军逃俄之义民千人，亦须资遣回国，计费二十万，共八十万元。现希望国民政府汇款接济。我人为政府设想，义军义民弃置邻国必不妥，也不忍，更不好看。为国为民，为正义人道，万不能不筹款接回。然而八十万是何等巨额？当此举国闹穷时，与其现在筹出来做救人路费，何如早拨出来充抗日军饷？

再想想东北事变后，种种损失，数实惊人，不止几万万元吧。有士气可用做前锋，有民意可恃为后盾，但得政府有一片决心，只提出一部款来用以作战，则东北不致全丧！得失之间，令人望锦州热河榆关而感叹。

——原载天津《中华画报》（民国二十一年十二月三十日）

批注：苏炳文，东北军抗日将领。"九一八"后，苏炳文违抗"中央"不抵抗指令，扩大组织抗日军队，自任总司令抗日，坚持一些时日，弹尽粮绝，退入苏联境内。苏联政府不容，遣返归国。新中国建立后，任全国政协委员、黑龙江省体委主任。1975年病逝。

闻鸡起舞（竹心）

二十二年岁次癸酉，正是鸡年。谚云：牛马年，好种田，最怕鸡狗那二年。九一八后，我们悠悠度过羊猴两年；羊年本好，却需站在日本的立场上说，他们集团移民，替我们好好开发东省农田。猴是不肯安静的畜生，果然象征多事之秋。照此推想：（国民）二十二年的日月还要比九一八可怕么？事实摆在那里的是：中日交涉陷到僵局，无论敌己，必要努力在今年推展开新局面，而榆关炮声已骤然震动了！

昔祖逖值国家多难，夜闻鸡声，跃起曰：此非恶声也，乃披衣起舞。鸡年即到，我们犹有血性，应该竖起脊骨来，预备应付这可怕的一年。

——原载天津《中华画报》（民国二十二年一月九日）

政府应与民众合作（竹心）

榆关失守，似不如东省丧地、沪湘失守时来得激昂。但我们却从直觉里，感到人人内心颤动，已超过激愤而转入默哀了！倘以前如被击之豕，则现时俨然是待戮之羊。敌人野心，随环境而愈扩大，国际形式受敌间而逆转，我们已恍然看清前途，只剩自救的一著。自救只有抵抗，必需政府与民众合作。而抵抗的条件，人民是政府的后盾，这是不错，但民众救国的途径，无非是守法，纳税，赞助政府的政策。在此危急存亡之秋，政府除确定不妥协政策，力保国权国土，坚决抵抗暴日外，必应当说实话，将政策公开。外交上如何策动，军事上如何布置，事关机要，固然不便召告全国。但如海防如何，前线部队若何，军需补充如何，凡为敌人所已悉，而国民所未知者，全该抽象的宣布出来，以勉国人由悬虑而默哀，而致不信任政府，发生绝望。

——原载天津《中华画报》（民国二十二年一月十一日）

愈扩大愈有办法（竹心）

我们的外交当局说，东省事件外交途径已穷。这是一点也不错的。又说，"愈扩大愈有办法"，这骤听是一句愤语，但转念却是实话。

我们这怯懦的民族，满腔存在著倖心，短视到极可怜地步。

现在，日人用一种忽松忽紧、愈逼愈近的侵略政策，如层层剥蕉，来蚕食我国土，佯和骤袭，以愚弄我当局，各个击破我散军，榆关即陷，九门又破，分明看见，他将先取热河，扰平津，夺华北，灼灼的眼光，早注射过黄河岸。于是，我们才死心塌地晓得屈辱求和已不能，依赖国联也无效，觉得置身绝地了。

于是，愈扩大，愈明白，愈明白则我们愈认清对策。于是我们的迷梦已醒，倖心已断绝，我们只剩了死中求活，要誓死，要抵抗。然而要积极的抵抗，像以前只守不攻，是有败无胜的。

——原载天津《中华画报》（民国二十二年一月十六日）

国联撤回"满洲国"的否认？（竹心）

国联的态度又得到进一步的揭明。

榆关失守，国联焦虑中国出兵收复，为得是反攻将引起"正式战争"。那么安慰国联免致焦虑，只有一法，就是当日军层层剥蕉的逐步侵略时，我们最好采且战且走的逐步抵抗方策。换句话，不要反攻，虽日军得寸进尺，北据平津，渡黄河，看花洛阳，南侵海岸，占闽浙，窥江宁，立马石头城，这也不要反攻，反攻将引起正式战争。

十九国委员会开幕，日代表团与德留蒙折冲，得到九成把握，其要点是理由书改为主席宣言，否认"满洲国"之字句予以撤回。于是国联再让步，未开会前，日本表示乐观。已开会后，中国大概要表示失望。总还算好，纸老虎已千孔百疮戳破，中国将来的前途或■难关，中国人应当确知怎么设法渡过。并且，最少限度，当局敷衍民众，谅不能再说：等候国联的公道。

——原载天津《中华画报》（民国二十二年一月十八日）

国联形势逆转国人应注意观变（竹心）

国联形势显见不利于我。当锦州初陷时，国人极盼日内瓦的纸片生效，勒令暴日武力退出东北，因为上下视线齐集到国联议席。现在榆关不守，妄念已灰，国人掉头不顾，再不望闻问纸老虎的把戏了。这态度，我们觉得■错。

我们非常的担忧，十九国委员会乃至七国小组委员会的下场，恐将于推延迁就之外，别开出路。那出路又恐将不止于不利于我，而且有害于我。

我们知道，迁就强者，势必牺牲弱者，无力制裁强者，也许有力强迫弱者，现在到了山穷水尽时候，最末一幕陡然揭开，假使承认——既成的事实，撤销了伪国的否认，甚且将非法占领予以事实上的默认，乃至将一种"与日折冲妥协得共乐受"的决议，来强迫我们接受，我们是垂毙■救，而换得一张死刑判决书。到那时候，我们应该怎样？因此，当国联形势逆转，与日折冲的时候，我们必须延颈注意，注意国联的态度和我们政府的对策。

——原载天津《中华画报》（民国二十二年一月二十日）

一被弹劾骤现泼妇本色（竹心）

监察院在训政时期提前设立，当然不是粉饰局面，更非位置闲官；是要监察委员，实施弹劾权，于寻常法律外，制裁大吏的滥权渎职非法行为。

但是年来监察院虽也弹劾几桩大案，却只见弹章公表，旋闻宦场哗然。原案付审议，不保留便撤销，交付惩戒者，县官外多如石沉大海。庞大的机关，有同虚设，堂堂的监委，小民延颈，不能不言，大吏努目，不敢卒言，■像姑姑婆婆膝下的童养媳，左右做人难。更令人惊异的，是被弹劾人员态度之悍然。前有陈绍宽，荣任海长，当识政体，近有郑■秀，高据法庭，必知宪章。乃乍见弹劾，立即勃然，既不静候有司审理，更不任听社会公判，愤然自由行动，具呈抗办，登报饰驳，反唇相讥（原文作"稽"），猰猰不已，直等泼妇见识，拼命打滚，似深怪言者之多事，故意单和他捣乱。他们忘了监委的职权，忘了法纪的尊严，忘了个人的地位，更忘了"公事公办"。

——原载天津《中华画报》（民国二十二年一月二十三日）

民众应有作后盾的机会（竹心）

"共赴国难"，政府这么号召，民众这么切盼。但共赴国难的条件，必须：（一）朝野领袖合作，（二）政府民众合作，（三）泯除意见，党内合作，（四）打破防区，军权合作。

关于朝野合作问题，政府确经努力。党外人材，被委用的很多。尤其是旧直系领袖吴子玉氏，由张军分委长作东道主，邀住北平；旧皖系领袖段芝泉，由蒋军委长，邀游南京。这两大在野领袖，本是政敌，慨然捐除政见异同，于当局诉合，其积极的合作，姑不论，其消极的辟谣作用，已大有造于华北政局，并且在国际间，表现出在野政治家的风度。至少把汉奸污点，洗却许多。我们民众非常之感动。

但是，我们尤望政府，眼光下烛，在援引在野领袖之外，更切实于与民众合作，就是给予群众，一个作后盾的机会，和一个参加救国运动的保障。

——原载天津《中华画报》（民国二十二年一月二十五日）

批注：吴子玉，即吴佩孚；段芝泉，即段祺瑞。二人均北洋军阀巨头，掌握过北京国民政府军政大权，抗日战争爆发后均未降日，保持了晚节。

长衫朋友也可以邀来合作（竹心）

政府以"共赴国难"的目标，大为起用党内外的人材，党外的在野领袖，若吴若段，都以专员迎迓，党内的武装同志若冯，最近王法勤也已赴张往邀，兵权既释，杯酒言欢，这在消弭谣诼，安定华北，分散阴谋，捍卫国难上，都有意义。民众所得的印象敢谓很好。

从前武则天读骆宾王檄，以为人材失位，驱而助逆，乃"宰相之过”，宋艺祖扫清卧榻，便馆毂降臣，这显见是笼络失意豪杰，以图减削叛敌。我们看到伪国当轴，都是北洋政府的下台将相，不觉喟然有所领悟。

但我们究竟是处在二十世纪，党外在野领袖，既能降心延揽，党内武装同志也能释隙合作，那么党内的长衫朋友，何尝不可以精诚团结？埋首香江的胡汉民，徜徉海外的汪精卫，是深拒不纳呢，是坚卧不起呢？“明天子在上，可以出而仕矣”！这是韩昌黎（原文作“韩黎昌”）的一句腐话。

——原载天津《中华画报》（民国二十二年二月一日）

扫清卧榻捐弃门庭（竹心）

武力统一政策主持者，每每对外低头，对内挥腕。他们的存心，却是“君子报仇十年不晚”，要先立定脚跟，“安内而后攘外”。所谓“安内”，实际上如宋太祖弟兄，灭南唐，并吴越，扫清卧榻，却照顾不到门庭，见辱契丹，金币输放。假使安内工作，真是安民众，息内争，自然可以攘外。若不然，入拒中央者讨逆，割据地方者靖难，互争安内之权，循环不已，必然越安越乱。

我们晓得：在外国每借“攘外”以安内。当人民不满政府，革命怒潮潜伏，有远识的领袖（不是军事专家，是外交能手）必眼光外向立功国外，藉以转移国民视线，消散内叛阴谋，挽回既失之人心（人民都是好大喜功）。我们的敌国，正走着这条路。

若我们仍采传统政策，静候国泰民安，再来对外，敢信永远没有这一天！外患愈深，内忧倍烈！

——原载天津《中华画报》（民国二十二年二月三日）

批注：本文反映了白羽反对蒋介石先"安内"后"攘外"政策。

两样长衫朋友（竹心）

所谓知识阶级，如旧时的士大夫，英国的"巾头们"，往往是社会中间分子，他们能代表"时代"，能号召风气，而为国家安危治乱的关键。说到现代中国，是如此的散乱而危殆，但"一看长衫朋友"，便恍然悟会了。他们正是中国现局的缩影。

这班长衫朋友，当其得意而有饭碗，则说大话，放高炮，贪利无耻，作威作福谄佞应付上峰，倾轧对付比肩，骄纵不法对付脚下，私利，生活极度深靡，处事极度推诿。当其失意而没有饭碗，则"我失业了，我失恋了"，消极悲观，不满环境，却又不挣扎不奋斗，企图依赖乞怜，妒富嗟贫，多疑善怨，满腹不平，狷而不介，酸而不高，自负，抱屈，从不顾及整个社会。

于是，对国事袖手的袖手，对小己扼腕的扼腕，中国不亡，是无天理，中国若亡，长衫朋友个个该死。

——原载天津《中华画报》（民国二十二年二月八日）

批注："巾头们"，音译词，意思为绅士。

除奸黜不肖也是救国要著（竹心）

在迎段南游，邀冯晋京后，报传汪精卫将于两周内返国；同时陈友仁亦已抵沪访孙，是否入都尚需商酌。由此推测，我们感觉对日外交前途，真是无路可走了，然后"事急矣"，国联无效，只好自求多福。然后党内外在野的武装同志以及长衫朋友，但属"要人"，都在极力拉拢。其目的自是精诚团结，共赴国难，其方法却是邀请，欢迎，晤谈之后，或畀以名义或否，或使任政务或否。这消息表现的真好，本来早该这样。此虽还不是举国上下合作，至少起引在野人材，集中力量。但我们还有些别的希望：譬如刷新在朝的非人材，和予社会以制裁汉奸的机会，这就很切要。并且也不必唱高调，只将那分明擅权压迫民口，非法杀人，苛税摧残民生，贪污渎职者（有如枪毙刘煜生的凶手），稍稍加以罢黜（尽可无需依法弹劾惩戒，但请他一走便百了），并对汉奸不予以法律上的保障，庶几令人权得到些保障，令后盾得到一做的机会，我们敢信，吏治澄清，法纪有效，汉奸没有生存地，大有裨于救亡前途。

——原载天津《中华画报》（民国二十二年二月十日）

批注：本文中凶手指顾祝同，顾祝同是蒋介石的嫡系将领。

惩顾与法纪人权（竹心）

顾祝同枪杀刘煜生一案，分明是法纪问题，但是中政会开会讨论，卒无结果。无结果的原因，是顾及军委会，而顾又迄未向中央辞职，于是牵涉过大，议而不决了。这分明是当局废法。同时南北新闻界和民众团体，纷纷讦顾，却只是向政府通电要求惩顾，不采法律手续去"起诉"，不采政治运动的方式去"请愿"，这分明是人民不信任法。

党徽下有如此的政治和民众，法律效力成了问题，人权更莫由保障了！

——原载天津《中华画报》（民国二十二年二月十三日）

人缘和国交（竹心）

大凡一个人谋生活，最重要的问题，便是如何"对人"。我们保持饭碗以及抢取饭碗，固然对于品行技能上要有自修，然而生存竞争，最有关得失的，还是所谓人缘。谄佞和奉事上司，倾轧和应付同人，尖刻和对待下人，这三点好像"不道德"，然而不道德不就是"无方法"。

从这里推到国家大事，可见一国图生存，最重要的问题便是如何"对外"了。国无强弱，都需讲求国交。弱国不用说，全在军事下投生，当然要小心。就便是强国，也怕树敌太多，陷于孤立，如旧德便是好例。

因此，我们想：就便是阴谋，捭阖，恃强权，蔑公理等字样，虽然不好，也比外交无策的国家强些个！这按中外亡国覆辙，实在由于战败者少，由于外交失策者多。我们的当局，站在国际舞台上，很可以收拾起军事专家的面目，摆出外交能手的办法来救亡罢。

——原载天津《中华画报》（民国二十二年二月十五日）

赶快救治子宫（竹心）

萧佛成顷论中国现局，谓如妇女子宫生毒疮，病菌深入，药石难料，不割治生命极危。萧表示对日抗战，便是施手术。

这是个妙喻，比附得很贴确，替他推论下去，我们觉得这个娘儿们处境很可怜。因为这个病是她那无耻的"当家的"害的，对家务不正干，纵欲败度，才招来邪魔外祟，与她本不相干。她惟一的罪状，便是太怯懦，放纵男子过甚。

如今要救治这要命的病，我人认为，第一要从"当家的"省改。或者要求他放弃夫权，倘不听劝，就离婚，取消他当家的资格。这是根本办法。治疗办法，小娘们不要羞羞怯怯，讳疾讳医，趁早脱下裤子，叫大家看，延医，疗毒，削治。若是提着裤子，顾恋当家的脸面，不肯狠狠的割治一下，止于弄贴膏药糊弄，则梅毒入骨，不止下身溃烂。

——原载天津《中华画报》（民国二十二年二月十七日）

批注：萧佛成（1862—1940），国民党政要。祖居福建南靖，

生于旅居暹罗（今泰国）的华侨家庭。字铁桥。早年任律师，
1888 年加入以"反清复明"为宗旨的三合会。1905 年与孙中山
在香港所办的《中国日报》建立联系，在曼谷和陈景华共同创办
《华暹日报》。1908 年建立中国同盟会暹罗分会，当选为会长。
1926 年初，在国民党第二次全国代表大会上当选为中央执行委
员。国民党宁、沪、汉三派合流后，任中央党部海外部委员，行
政院侨务委员会常务委员。1929 年当选为国民党第三届中央监
察委员。

马后炮（竹心）

　　中国在国联显见是得到"精神上的胜利"了。俨如一个挨了
打的人，哭喊了半天，几乎弄哑了喉咙，好容易听见人说："不
错呀，他果然是跑到你家打你嘴巴。"

　　日本人在国联窝了心，他却有七个师团兵力，预备开热，以
求其"实质上的不失败"。这好像成了惯例，每一"局部事件"
发作，我们尽力忍，忍到国联不慌不忙开议，起草，决议，公
布！而这个局部事件已成明日黄花，日本人又已推开另一个局
面，造成另一个既成事实，日本飞机坦克车永远前头跑，国联决
议案报告书永远在后追，不知这马后炮追到甚么地段，才算告一
段落。

　　——原载天津《中华画报》（民国二十二年二月二十日）

敌凭高下击　我伏地肉搏（竹心）

在中日斗争十七个月的过程中，国联又已努力的写出二万余言的纸片，想以笔墨展开僵局，无疑的也很费劲了。同时，日方却以飞机坦克车为"满洲"开辟疆土，也是个局面的打开。两者相形，觉得矛盾。而矛盾现象的造成，还需归咎我们自己的无力。

翘首热边，敌军已械战，我却以肉搏。敌军以重弹凭空袭击，我却以血肉之躯伏地抗拒。这战局的悲惨，不难想象。处在第二防线的平津民众和后方的江南士绅，应如何替前线兵民打算一下，稍慰一下自己的良心！

这里有两条道：一是参议时政，国难期间的政府，应该给人民一个说话的机会。一是捐输军饷。国难期间的民众应当这样办，才算做到为政府的后盾。

——原载天津《中华画报》（民国二十二年二月二十二日）

如何筹饷（竹心）

对日抗战，民心是可恃的，士气是可用的。我们所缺欠的，只是物力，只是有没有力气？能不能持久？

谈到防战利器，自造来不及，应该大批的买，而买是要款的。在讲持久，也赖物质的补充。悬想热战开始，胜了要下决心收复三省，败了要牺牲华北，破釜沉舟，死耗到一年以上。这便要有充分的准备，前方饷械的供给，腹地防空的设置，在在需款，说到归结，对日还是金钱的战争。我们以为，国人应记得我们腹地门户洞开，在在可击，热战开始，大都市将遭轰炸，随欲避地，苦无善所。这时就应积极捐款。但民众筹集慰劳金，力分较小。政府此时早应宣布具体方策，先取得人民信谅，即公开用政治力量，整齐步骤，助民筹饷。这个公开的秘密，不必再顾忌了，要径直去做。

——原载天津《中华画报》（民国二十二年二月二十四日）

批注："热战"，指热河省（新中国建立后撤销）。日军1932年完全占领东三省后，即准备入侵热河，此际正值中日争夺热河的酝酿阶段。日军积极备战，国民党政府消极抗日。

热战开始■■如何（竹心）

前几天，突由北平传来一个"惊人"的消息。日方通饬日侨，限于两星期内，退出天津。

津人听到此讯，立刻双耳耸起，极力探听这消息的来源和正确性。并以一种惊慌的口吻，互相询问：你想热战开始，他们会主张炸平津么？有的说，扰乱后方，像两次津变，前次沪战，实有可能。有■■，这里才是全国经济重心，溥仪早已走，又无兵工厂，他们何必？虽然这么推测，一般人却打听救国飞机高射炮，平津有没？

接着报纸辟谣，平津人民稍稍放心。接着报载英国■备令华北侨民，退出热境，集中平津，平津人民这才大放宽心。

这是何等悲切的心理！然而我们更不能蔑视这些徒手人民，人人是有趋吉避凶苟求全活的本能，当国防毫无把握，民权毫无保障的今日。

现在抗日既有决心，政府应如何宣布抗日决心的实据，以释民惑，而安人心！

——原载天津《中华画报》（民国二十二年二月二十七日）

请政府对日绝交（竹心）

据京电：日内瓦各小国代表赞成我撤回驻日公使，我代表团据此电请政府速决对日大计。而政府透出消息，仍主慎重考虑，在未决计前，拒绝发表意见。

这就可异了！我人坚决主张对日绝交宣战，实认定此举有利无害。揣政府十七个月来迟疑却顾的心理，不外"其祸愈烈"四字，恐一旦绝交，激怒敌人，引起正式战争，将来愈难收拾。这诚是当局的审重。

但我人以为日人图我，已不遗余力绝交固侵我，不绝交也侵我。他们只对国际间稍有顾忌，这才不十分扩大。而避名取实，以"剿匪权"三字代替"正式战争"，正怕提出盟约十六条。但他既能剿匪于我东北热河，何能不剿匪于华北江南？若觉得国联空气好，自己力量足，我们就叩头求饶，他也要扩张生命线，那么，我们以前一味软而求和，既不能止祸，今后强而绝交，也不会速祸，其理本甚明白。

——原载天津《中华画报》（民国二十二年二月二十九日）

请国际助械抗日（竹心）

我军抗日，只恃一腔热血。筹饷购械，须民众毁家纾难。运筹国际，尤须政府以坚定之意志，犀利之眼光，迅敏之手腕，积极去活动。我人知国联虚声，至此表现十足。对于大国，我外交当局应利用均势，使其助我，至少当使其不为敌人张目，致为我害。被侵略者，甚至于外交场中，得不到一句公道话，反得到蔑视，这固是敌人宣传利害，也是我外交失败。最近英国，以消极防止远东战争为理由，而自以为持平的主张：禁售军火于中国。这无疑的，又对敌人有利，而于我有害了。我人深信日方图热，早具野心，购械备战，早有预谋。惟我人十分被逼，仓卒出抗，困于物力，购械筹防，事事临时措办。为防远东大祸，为遏日人野心，为保疆雪耻，必须由民众在内捐款，由政府在外购械。假使英国登高一呼，各国一律禁运械售华，我不啻徒手抗日。为此，我政府应向国际运筹：以保均势，制野心为理由，要求其"经济制裁"外，多量助我以械。

——原载天津《中华画报》（民国二十二年三月三日）

一盘散沙（竹心）

●郑毓秀贪污案已证实，出纳贿逾千万，有证据者达十二万元。青天白日下，这是何等骇人听闻？我人认定此案意义重大，不下于被日侵略十七个月，呼吁无灵，声言抵抗，而仍不绝交宣战，是同为不可磨灭的新史料。如何维持国家体面、法律尊严，要看当局的决心。

●热战激烈的推进，报纸上方见政府公开筹饷募捐，方听得当局谈到华北军费。使人感觉到中国人这才"打破砂锅看到底"，恍然有些着急，非自己干不可了。我们只能以"亡羊补牢"自解嘲，而"破釜沉舟"对日开始"正式战争"，还是等机会，等着被迫与被动。

——原载天津《中华画报》（民国二十二年三月六日）

守土有责（竹心）

中日不敌，显然可见。抵日声中，我所恃者，士气可用，而战具不备，民心激愤，而将材骄怯。所以率众，怯以应敌，热河省会乃以不抵抗而土崩瓦解！守土有责之汤玉麟将军，扣饷不发，恋栈不去，一旦有警，竟以敏捷之手腕，抓夫扣车，征发汽车数百辆，悉用以捆载细软，及存留之烟土，随眷属指故都而出走。所谓抗敌守土者，乃弃六十万里之热土，而羡慕于几千百两之烟土！守土有责，曾是之谓耶？

曾文正谓欲振军心，当惩逃帅。报载华北当局已严令扣其车，然则汤将军所恋恋之土，其亦得不偿劳欤？今欲挽破竹之势，甚望下决心，行军法。振■起懦，非法不行。

——原载天津《中华画报》（民国二十二年三月八日）

批注：汤玉麟，土匪出身，后为奉系收编，任热河省主席。日军侵犯热河，汤玉麟一枪未发，率部逃至滦平。

承德失守的解释（竹心）

承德之役，不战而退。据说国际间闻讯诧骇，将影响我代表在国联席上的地位。我代表团于颜面扫地之余，又不得不向各方解释。而其解释之词，可惜报纸未见，外交家的口吻想见四平八稳，措词必甚得体。

只是我们浅识，却用了五分钟的思索，还想象不出"解释"词怎样推却整个中国的责任。说是战器不利？本未开火。说是势力不敌，原未交绥。说是布置未周？国难又已十七个月。说是军阀不用命？早做甚么来？说是汤玉麟不是玩意？就认堂堂主席是汉奸？是怯小子，这也不甚体面，况且干么教他当前面？

左思右想，找不出强颜雄辩的解释来，而唯一可用的解释，只有是事实：只有请蒋率中原江南劲旅（就是刘峙顾祝同的部下）把榆关热河收回。

——原载天津《中华画报》（民国二十二年三月十日）

"候命"别忘了"尽职"（竹心）

上海之战，江南军队不少，毅然抗敌，义无反顾者，只十九路军。十九路军临变挥戈，并未奉到最高军事当局的动员令。热河之战，华北军队不少，奋然驰援，不待请命者，只有孙殿英军。孙殿英迅赴戎机，也并未奉到军事最高当局的动员令。因此，收到国人热烈之同情，初无以"违命者斩"的话来相责难。

盖军机瞬变，为将者理当趋利避害，岂能放个屁也要请上命？至于当前敌而徐请内旨者，只有畏蜀如虎的司马宣王，恬受巾帼，见诮僚佐，不得已而上表请战，聊以示武塞讥罢了。可怜我们有几个"小心将事"的将领，对付敌人，不敢自作主张，火烧眉毛，说还要等着"服从中央"。又有几个"便宜行事"的将领，像汤玉麟，见机而作，不战而走，却用不着电请明令了。这有多么糟！其实军人天职，即是御侮。封疆吏重任，即在守土，现在对日抗战，已转积极，内地难保不被敌扰。所望守土有责者，除了"候命"之外，别忘了"尽职"。

——原载天津《中华画报》（民国二十二年三月十三日）

批注：十九路军在 1930 年冬和 1931 年对红军作战，"九一八"事变后调至上海，始终坚持联共抗日。其领导人蒋光鼐、蔡廷锴后在新中国任职。孙殿英后降日。

望蒋发表华北大计（竹心）

承德不守，张引咎去职，蒋翩然北上，华北政局抗日军事，必有转变。河北民众抱切肤之痛，无不延颈张吻，心血沸腾，渴欲闻知蒋氏北上的任务。而蒋氏持重，犹无表示。蒋自九一八以还，党国政策已变，以前注意宣传，吾人尚能与刻板宣言、冠冕谈话中，测见少许大局消息。今则"为政不在多言"，军机关防严密，虽存亡大计，民众亦瞢无所闻。然国难严重，人民亦有良心，渴望当局发表对日通盘计画，其心至切，其情甚苦。即如蒋氏北上，民众惶然争相探问，其最迫切之一语，即问"对日到底打不打？"如其打也，该如何打法？若扼守古北口，声言抵抗一如前状，那是"挨打"。若绝交宣战，若反攻榆热，决予一拼，收复失地，那才是"真打"。但是，人民探寻结果，在华人口中，卒不得确耗，反而求之于外讯与敌报，这是如何可怜？闻蒋将发表告东北将士书，甚希勿忘民众，再写一篇告华北民众才好。

——原载天津《中华画报》（民国二十二年三月十五日）

图穷匕见时　飞沙走石日（竹心）

我们恬受"顽钝无耻"之讥，甘上"各个击破"之当，口喊抵抗，实际上"打到那里算那里"，倒退著死挨，国土日蹙千里，热河完了，古北口也一度换了新阵地，可怜国殇，血染黄沙，而我们至今，绝交宣战，与敌一拼，固不提起，反攻榆热，收复失地，也不办去，这是为何？一言以蔽之，怕……打不过。

何以怕打不过？料敌量力，深知敌强我弱，敌敝我暇，加之以战器不利，物力不济，固持重谋国，忍辱不辞。但是，再看！沈吉之失，由于仓皇失措，而不抵抗，锦州之陷，由于碎瓦图全，且战且走。承德之不守，更是由于不战而走。即国人自以为光荣之失败的沪战，也坏在单打而未群殴。是十七个月之抵抗史，著著失败，不在乎打不过，而在乎未曾真打齐下手。结果便是一盘散沙，各个击破！

——原载天津《中华画报》（民国二十二年三月十七日）

做亡国奴的代价（竹心）

张汉卿下野通电，对"不抵抗"犹存芥蒂，故曾指出：事发以来，部下牺牲已达万人。这一万多国殇，都是迎头█击，挺胸饮弹而死，决不是且战且走，被无情丸铁洞穿后背。

但是在抵抗声里，我国土已日蹙千里。四省地盘，大过一国，平均核算，殆每丧地三四百方里，便有一守土有责之战士，与地俱殉。那么，这一片残破秋海棠叶，假使乘破竹之势，由河北而江南，一杆到底，全部丧尽，也不过。抵抗，抵抗，再死上五万来人。

按五万人算，在四万万人口中，不过八千分之一。那就是每八千健儿只死掉一个，便可稳稳当当拿到亡国奴的荣誉。可见这是很容易的事哩。

——原载天津《中华画报》（民国二十二年三月二十日）

辟谣莫如反攻（竹心）

近日谣诼孔多，敌人努力造谣，要人努力辟谣，国联却努力诘谣，民众便只得努力听谣。最苦的是新闻记者，真是谈谣变色。

南京某要人之辟谣，却把谣言列举三端，造成了一个谣言统计：（一）直接交涉，淆乱国际视听，（二）捏造兵变，暗示中国不稳，（三）捏称军事当局与日默契，蒋氏北上，只是逼走张学良；收拾华北政局，摇动我军心，末望人民洞烛其奸，勿为所惑。这是当然，我民并不受惑，但只想质疑。假使不绝交，不宣战，仅只立刻下总动员反攻令，谣言便会立息。

事实最是雄辩，止谤莫如自修。只看我们的胆气、诚意如何。

——原载天津《中华画报》（民国二十二年三月二十二日）

党员自私（竹心）

蒋委员长在保定讲演，谓"救国必须实行三民主义"。蒋氏在今日，俨然为中山先生之继承人，他的演说可认做局中人语，是能洞见时弊的。三民主义但得实行，定能救国，这是毫无可疑。并且我人相信，凡是主义都有好处，"顾实行如何耳"。国民党统一全国，取得政权，已经六年，大部民众并未阻挠政策之实施，而训政时期无显著成绩可言，宪政开始遥遥无期，这不实行的责任，该由谁负担？蒋又谓年来政治失败，东北沦亡，非党与主义之弊，这话我们尤表同情，蒋氏很不自讳的推断。内忧外患之招致，乃"病在党员自私"。

我人以为一般党员自私，诚属有罪，但如在野，其自私之机会，亦又多觐。惟重要党员把持军政权者，其自私之罪乃足祸国病民。蒋氏坦然自承过去之失误，党国前途，真堪乐观，尤望勿托空言，对"借党自私"，痛下克己功夫，以为一般党员之表率。

——原载天津《中华画报》（民国二十二年三月二十四日）

批注：国民党当年提出"民国"要经历军政、训政、宪政三个时期，蒋介石从统一中国后便指出进入"训政"时期，一直到抗日胜利后，仍执行"训政"。

战报上□□宜填实（竹心）

长城一带抗日国军，各路云集。惟廿九军宋哲元部，四十一军孙殿英部及一部东北义勇军，露布战报，明揭部队。若中央军开到实数，布置情形，将领姓名，某旅某团，间不标明，只以□□虚指，吾人乃常见□部到□地之记载，如捉迷藏焉。此公开之秘密，敌探遍布，岂有不知之，徒使民众闷结于胸，时用悬虚耳。

军机诚宜守秘，然如此等处，似可不必。且敌方以"中国军阀必不能团结一致"见诮，我则华北军事已经统一指挥，西南出兵亦复动员有期，我中央军、东北军，以及所谓杂牌军，不祥之名词，乃出敌人捏造，今我早已不分畛域，便当一视同仁。若发布战报，凡属国军，均可明揭番号，以示抗日战线，内外一致，上下一心。正不必独令中央军，虚填□□，露尾藏头也。

——原载天津《中华画报》（民国二十二年三月二十七日）

好戏吃快（竹心）

中山既逝，党失重心，一国三公，推汪蒋胡。汪为左辅，胡称右弼，执两用中，乃数蒋公，蒋诚后起中坚分子也。而一木撑天，犹■未能，左提右携，有动乎中，试观政局之变幻，■视左右之离合，往迹历历不爽，当局则迷，必故蹈之。今也海外邀角，舞台开幕，文武配搭，生净结合，似免战码之争矣。庸知唱法又有异同！

汪先生为急国难而扶病归国，乃既归国则称病推宋，民众眙腭，欲观内幕，则讶为"政治病"，殆必有难言之处欤？然而中央舞台，岂宜空虚，人民着急，惟有锤足，戏幕之开，乃系乎塞克机之■然南指。敢劝汪公，政策不行，请勿敷衍，扭捏固良苦，要约亦徒然。敢告蒋公，若为妥协，希勿强人所难。时乎已不可待，快刀斩丝，所宜当机速断。若犹三请四议，人民愁断肚肠矣。

——原载天津《中华画报》（民国二十二年三月二十九日

批注：本文讲蒋介石是后起中坚分子，因汪精卫、胡汉民资格都早于蒋。

但哭何妨（心）

九一八以来，在若干"整个计画"之中，四省地图便被我们这衰老民族的人民的血，染成了"太阳"的红色，不抵抗的人纵然已随不抵抗主义离开华北（原文作"华比"），但所谓真抵抗的英雄，也不过是掀起台帘打一个金斗，便缩了回去。

现在日本又已宣告退出国联，听说我们又早定下了应付方针，将有更进一步的表示，这自然是说要更紧的抓住国联，更大声的沈痛的在和平之神面前哭上一回。

实在这并不是刻薄，因为能如此不特有了名族英雄，而且爱护了世界和平，懿欤岂不圣人哉。

志士们，请你不要悲观，你且听着我们先来谈一谈开放改禁，大家团结——日本人啊，那的确太矮小了。

——原载天津《中华画报》（民国二十二年三月三十一日）

征　妾（竹心）

报上常见的广告，以卖医药，包讼案，服装图书的减价，电影戏剧的公映为多，还有一批小广告，大概是征求、介绍、声明遗失之类。

最近见到一段"征妾"启事，内叙三十多岁男子一个，有家有业，深感性的寂寞，要讨一个小老婆。讨小老婆方法很多，找人贩子，最通行，接从良妓，领济良所女，都可行得。像登报征妾，在许多青年寻求伴侣，索照片的事件里，还算少有。或者是谁恶作剧吧？

刊登广告，原是报纸主要营业，如此类过于刺目的广告，应该由同业自己检讨。

——原载天津《中华画报》（民国二十二年四月三日）

恋栈乃却顾（竹心）

"置之死地而后生，"是一条古旧兵法，从韩信背水成功，越发脍炙人口，我人引在这里，回转来再看抗日战役。

时事阽危，我人不能讳疾忌医了，抗日的大阻碍，"匪区"牵制了重兵，还有个"军区"问题。事实直摆在这里，西南、江南、华北三大军区，此外，南有十九路，中原有晋军、鲁军，各当方面，各守防地。北有孙殿英、商震、宋哲元等部，谓之杂牌。一盘散沙，联络不齐，准备不充，外患源于内忧。然而以攻为守，直挫敌锋，竟都是军区防地外杂牌军；退无所据，然后一战成名。

因此，我们相信：置之死地而后生，驽马恋栈豆，斯不免于却顾。

——原载天津《中华画报》（民国二十二年四月五日）

以攻为守方保残局（竹心）

长城七口，逐段告警，忽张忽弛，日人行疲楚之计，为蚕食之谋，使我军守土，疲于奔命，但失一著，便败全局。日人乃坐取各个击破、得寸进尺之功！其计可谓至毒。不幸我乃明知坐耗，甘入彀中！

今滦东危急，多伦紧张，如引绳两端，必有绝处，吾人扼腕焦灼，独不知当局果欲何待也。

窃谓阻敌保土，无论空战反攻，即仍采坠头不显之抵抗对策，亦宜"以攻为守"，方保残局！宋哲元喜峰口大捷，即其战略是迎■反击，而非伏地搪打。伏地搪打，安能以蠕动血肉，抵抗横空飞弹？此理甚明，何犹参悟不透？若虑后方匪扰，则楚弓楚得，亦复何悔？清廷有"宁赠朋友不惠家奴"之恚语，卒乃险肇瓜分；不克曲革！哀哉覆辙，天不亡中国，中国勿自掘坟墓！

——原载天津《中华画报》（民国二十二年四月七日）

毒　谣（杏呆）

日本颇有些极歹毒的谣言，在那里迷乱人心。宋子文辞中央银行总裁，竟发生蒋主妥协，宋方辞职的奇谈。这分明靠不住，而竟有人传说，致劳当局辞辟，可见谣言的力量！

然而这还不可怕，昨天听到一个商人说：简直买卖没法子做了，大商搬到租界，小商苟延残喘，天天招待查税的，有时一天好几拨，铺捐，营业税，印花税……简直无法应付。跟著又说：报上尽登"满洲国"如何恐怖，其实比这里安生得多。"比这里安生得多，何所见而云然？"他说是有归客这般说。这个归客便可疑了，而人偏信其所疑，我有至亲，新近逃出伪国，据说城内搜查，烟赌，城外匪盗，还是人人自危，日不聊生，然而这话太平淡，无人肯信，而"比这里安生得多"，却是难得的消息，怎么好！

——原载天津《中华画报》（民国二十二年四月十日）

独裁不适宜于中国（竹）

开放政权运动，甚嚣尘上，却仍有人列举理由，颂扬独裁。我们睁开眼看看现状，觉得狄克推多，在中国是不会再有。诚然，处非常时期，应有非常人材，运用非常手段，才好渡过难关。议会制，的确是议论多，成功少。仿欧战时■国防政府，设军事独裁，确有需要，而事实上，理论上，偏偏不容我们这样做。

从人材说，墨索里尼、斯丹林、希特拉这些领袖，对于管理、建设和利用群众心理，都具希有的天才，我们却始终不见一木撑天的领袖。从时势看，开放政权不是空穴来风，乃自有其背景，对于现■要求变通。从地域说，凡国土广漠，利于均权联治，不宜独裁一统。历史上蒙元罗马都给过我们实证。且因交通不便，我们更把空间展宽。二十年来内讧，求统一每成为主因。因此，我们看见开放政权，虽不是应付国难好方法，都是实逼处此，必走这一著。那颂扬独裁的我们只见到他的诌笑。·

——原载天津《中华画报》（民国二十二年四月十二日）

"无官一身轻"（白羽）

成功的英雄不很容易做，失败的英雄也很不容易当。见到"大事去矣"，当机立断，毫不留恋，项羽比拿破仑强得多。后人不如项羽明决，死挨活赖，每每害得焦头烂额。

近如吴子玉、段芝泉，为人敬仰，老实说，不在乎他们的成功（何功之有），而在乎他们的失败，晚节矫然不改其所守，私行非常峻洁。此次张汉卿先生毅然引退，我们深佩他识时务。乃当飘然远引，去日无多之时，勿生出许多纠葛。盗卖官产，私提古物，以致饱载宦囊十三节车，外汇私产三千万元，紧逐背影，传出奇谣！我们相信此公爱国的收场，必不至此，一定又是敌人诬蔑，况前者日人占东北，曾将张氏私产运到塘沽，张怒拒不收。可见这三千万是假，否则短短的一年半，何致搜刮到这些！

语曰："无官一身轻"，张氏飘然下野，身价益重，吾人当爱护此失败的英雄，替他通电辟谣，登报更正。

——原载天津《中华画报》（民国二十二年四月十四日）

批注：白羽生前对以仁讲：日本在"九一八"后极力拉拢北洋军阀巨头，充当华北傀儡政府首脑。日本通过各种关系同吴子玉（即吴佩孚）联系过。吴佩孚提出很高条件，他要求"自主权"，不许日本干涉其行使军政大权。日本遂以治"牙疾"为名，将吴佩孚害死。

剿共与抗日应变换攻守战略（竹心）

消息传来，剿共加紧，蒋斩钉截铁的主张：匪未剿清前，绝对不言抗日。一个"安内而后攘外"之精神，与海陆军总动员剿共的情报正可参照。国人诚知政府今日陷于内外夹攻的苦境，坚主"安内"，必有难言之痛。不过我吾犹有疑念者，所谓"安内"乃是追求内部之相安，不是加紧内部之相残，以政治方法，消弭反动，然后集中力量以对外，这才是巩固政权的好法。现在抗日战略，显见是消极的拒险自守，并非出兵反攻。而剿匪则很积极。换言之，抗日战线是据守的，剿匪战线是进攻的。匪氛之嚣张，将使南京失政权，日祸之推进，必使华北丧国土。权其轻重，我们希望当局改变攻守策略，即以抗日之法划界严防共匪，以剿共之法迎头痛击敌人。假使如此，人民立刻振作精神，把不信任心理消灭，改而力助当局捐■。同时共党也少了煽惑的藉口，西南也不敢坐观伺变事急矣。我们不要自斗力疲，蹈明末鲁监国和福王争正朔的覆辙。

——原载天津《中华画报》（民国二十二年四月十七日）

第二颗炸弹轰炸了（竹心）

曾有一次，币原把东北比做炸弹，但是日军阀的野心，虽然陷于狂热状态，却是非常的有计划，有步骤，尤其是惯会利用环境，试探风色。已往的举动，并不是孤注，而是乘机。当他稳稳当当吞下数颗炸弹以后，四周和对面细细看清，这才预备吞第二颗。热河攫得，华北风云紧急了，事实是这样，里外软硬明暗，他们都曾下苦心布置好，今我们挨磨的人舌拆。

我们不悲观，置之死地而后生。当第二颗炸弹也被吞入，则将见两颗危险物，在腹内一■，大火熊熊，立刻食报。

食报的不是于乘机取利的敌手，他们该回缩时自然回缩，有如华府会■与二十一条。在抗日战线上，那块绊脚石无疑的被踢开，滚入火坑。时间将拿热血洗去九一八的污痕，中华民族总得向世界要求活著。我们看看，我们跟著谁走。

——原载天津《中华画报》（民国二十二年四月十九日）

京电频传敌人侵华不到黄河不死心（竹心）

日人方面努力的扩大对华侵略，同时南京方面，便努力扩大宣传日本侵华的预谋。像最短期间，占据平津，席卷黄河北岸，日舰入汉，横扰长江，企图瓜分中国，这些消息老实说不是来自国外，而全是"京电据外讯"！

这样■■抓紧的传播，殆以亡奴险象，警告我华北人民？其意若曰：敌人侵华不到黄河不死心，你们快当亡国奴了，你们要明白。但是南京方面尽量宣传敌人野心。却不曾拿出具体方策，也没见紧急措施。实际上直等于宣告死刑！尤其是火线的同胞，生命田庐既遭敌机之轰炸，粮秣车骡又竭国军之支应，血汗已尽，身家全毁了。纾难也吧，遭难也吧。实盼当局揭发敌人野心之余，速回剿共之师，与敌一拼，以期敌我上下南北，贵贱，同归于尽。若前线仍无接济，后方仍无布置，徒侈谈敌人凶焰，是劝我们南渡呢？还是死等？

——原载天津《中华画报》（民国二十二年四月二十四日）

"被迎入平津?"（呆）

日使馆武官公布一文件，望公正之中国人士，勿为日军侵平之言所惑。盖日满军殊不欲进占北平，而仅图乱"满"之军匪痛改前非，又谓日军今后是否"被迎"入平津，则唯视北平军事首脑之行动云。

这是个惊人的消息！尤其是被迎二字，微闻某某无耻政客，已受伪委。为了保全国家体面计，痛盼当局予以通缉。若以一走为下台，人民不痛恨亡国奴，要痛恨纵容者了！

——原载天津《中华画报》（民国二十二年四月二十六日）

批注："良心话"专栏至此结束。后边几篇内容与前文风格性质和发表位置相同，所以也放在这个专栏里。

三个人三个样 (竹心)

有人提起蒋汪胡见客的态度。蒋是只听人讲,不住的哼,直等人说完,他才该答的答,该问的问。胡是颇像当年左宗棠,只有他讲的分儿,你讲的机会很少。汪则你讲一半他说一半。三人个性如此不同。

我们呢,却又觉得:三个人的地位,也会使得他们这样做。蒋胡汪,在现时,正好是一个在台上,一个在台下,一个立在台旁边。

为了谦以为傲,为政不在言多,和不得其时则著书立言三个理论,他三人当然三个样。

——原载天津《中华画报》(民国二十二年四月二十八日)

老实人的"老话" (竹心)

汪院长最近发表"老话"一篇,内说:不能战不能和,故且抵抗且交涉;而且抵抗且交涉并非不战不和。这用民众的语言翻出来,却便是:不能打不能降,故且挨打且喊救;而且挨打且喊救却并非不打不降。但是日人的侵略,始终保持著忽松忽紧得寸进尺的"老招",来逐步蚕食我国土,各个击破我国军。老话中所宣示的一面抵抗一面交涉的两面对策,不止于丧失东北四省,更增加了敌人的野心,探足华北,图渡黄河,由侵华而改为灭华。我们倘依然照抄老法去应付,自然是得不到新的结局,汪院长的老话，老实说，我们不老赞同。

不过汪院长的老实态度，我们很佩服，政府的诚意与决心，我们已经领略到。回想罗外长数日前的"强硬外交"和蒋委长北上时所说的"武力收复失地"等语，我们晓得了老实人的老话，与要人的要言，是如此的不同！我们就慨然了！慨然之外，没有甚么。

——原载天津《中华画报》（民国二十二年五月一日）

国难五年计画（竹心）

有前武昌军政府理财部长胡公者，通电主张授蒋以五年之权，责以安内攘外之功。这意思本来很好，可以说是国难五年计画，希望著以非常之才，独当非常之变，较比委员制会议制，群疑满腹，动多拘牵强得多。只可惜天下不只胡氏一人，主张也不只一样。于是，有的想授权予一人，有的想还政于大众，主张分歧，莫知所可。孟子说："天下乌乎定？定于一。"我们也可以说：天下乌乎不定！不定于乱七糟八，妄以武力求统一。

——原载天津《中华画报》（民国二十二年五月三日）

中画三百期纪念之前夕（竹心）

筹备纪念专刊　征求纪念作品

中画发刊至今，将满三百期，承诸同仁努力，源源惠寄鸿文佳片，使内容精彩，与时俱进，同人对之，深表感谢。而长期读者之爱护，使中画销场日增，得稳然立足华北报林，盛意亦足感念。同人为酬答爱护者雅意起见，一面刷新内容，改良印刷，并于新画联合举行特价赠书办法；一面定于五月二十九日，发刊"三百期纪念专刊"。除已邀平津京沪诸名作家，撰述纪念文字，绘制纪念画稿外；由五月五日起，至五月二十日止，开始悬赏征求纪念作品，不拘诗文书画，皆所欢迎，征题不限，凡读者个人对中画之感想、希望、改革意见，暨对一般画报之批评，平津沪各大埠画报之介绍，中外画刊之史的考证与叙录，均可论列，要以短隽有意趣为旨归，过捧者不录，善颂美祷，必不肉麻，不牙碜也。

诗三百思无邪，中画三百，唯求尽美。甚望友好读者，各尽其力。

——原载天津《中华画报》（民国二十二年五月五日）

整理乎？咨询乎？（竹心）

国难严重，内外夹攻，日祸赤氛外，尤堪腐心者，则有防区问题。西南掣肘，西北多谣，鲁韩在东，独当方面，凡此皆不容隐讳之事实也。华北自张汉卿下野，政委会取消，何应钦驻平调度军事，正可乘机统一军政权，归之中央。乃中政会卒议决：行政院设立驻平政务整理委员会，委员二十三人，黄郛为之长。皖系在野要人，多被延揽，名流学者，间亦充数。此之创制，固非"依法设置"，而亦"以令行之"者。敌人谣称缓冲，民众传谓调剂，此固不足信。然华北问题，军事既可派大员调度，政务有曷不可？而卒组会委员，非整理不可，殆时势要求，却有必需乎？抑仅延揽在野人材，以备咨询乎？

甚望汪院长，以坦白的态度，予以透彻的说明。

厌世家说我要自杀（无署名）

世故老人说活着干么

"世故"两字，触之挺硬，嘘之冰冷，然而非常的有用。不懂世故，实心对人者，到处自找苦恼。

今有一人，口口声声厌世自杀。假使你慰解他，他说我真活不了。假使你劝阻他，他说你又替不了。事实是越劝慰越来劲，他那自杀的理由滔滔不绝，他那自杀的决心，也仿佛不可一日苟活。他是拿你当作了自杀论的收音机，你越当真，他的话越多，他的话越多，自杀的念头越摆不脱。旁边来了一个世故老人，只冷冷几句话，便把自杀者热烈的谈话打断。

世故老人说："自杀，好极了。这年头，活者真没劲，咱们一块儿死去"。

再看那位厌世家，其如冷水浇头一般，嗒然若丧，一言不发了。从此为之气沮，从此再不提自杀。因为他每一提，世故老人便拿话堵他的嘴，托他的下巴。结果自杀论者继续的活著。

批注：这是作者又一篇政治寓言，讥讽当时某些政客。

长衫朋友的自白（竹心）

在现代制度下，农工的愚懦可怜，不如绅富的冷酷可恨；而绅富的冷酷可恨，还不如小资产阶级的尖酸可鄙。正如动物群中，羊嬺好过狼毒，狼毒好过狐狻一样。

小资产阶级者，不一定准存恒产，也许他生路坎坷，已经贫无立锥之地。但其头脑、其生活方式，总不脱头巾气。并且他既不能食力，又不能分利，他只于凭仗他那两片嘴，一只笔，谄笑，逢迎，上之做政客官僚，下之做文丐、司账、教书匠，或帮闲，或帮忙。

他们嫉富而嗤贫，他们穷到没有一条好单裤，却必须穿一件长衫。他们就是所谓长衫朋友。长衫朋友的脸上，写着天才两个字，而自命不俗。当其得势，便排擢，倾轧，当其失意，便怨天，尤人，恨恨不已。

他又多疑善妒，当你一笑，他疑为嘲诮，当你不语，他疑为菲薄。

长衫朋友你想一想，你自己是不是这样？

——原载天津《中华画报》（民国二十二年五月十二日）

天堂与火坑（竹心）

从前的时候，有个当朝首相汉萧何，大营宅弟，豪夺民产，据说是为避祸而不惜自污，后世称为明哲。

又有一个当朝首相晋王导，值中原陷敌，南渡江左，伤心国难，乃有新亭之对泣，后人笑他没有出息，少勇气。

现在有个戴院长，的确关心国难，然而不屑于对泣，的确不为避祸，然而为享福而也不惜自污，在汤山大营宫室，是自掏腰包，也没有豪夺谁家的房地。戴院长是赞扬精神文明的人，对于物质的享受，并不■枯。戴院长又是研究佛学者，佛说七宝池天堂福地只在方寸间，但也可以最短期间促其实观于汤山之上。

在戴院长从事建设的时候，陈郑赃案正在继续法办，同时，汪院长曾以南京比做火坑。火坑是不是也附设在汤山脚下，我们敢问？

——原载天津《中华画报》（民国二十二年五月十五日）

批注：戴院长指国民党考试院院长戴季陶，蒋介石的长期追随者。1949年国民党自杀。

华北非临危境（竹心）

监察院弹劾案，有时很能刺激人心。最近一案，弹劾冀省委陈宝泉、严智怡，津社会局长邓庆澜，谓以吁救华北民众为名，而危词耸听，使人心浮动。以政府人员发此荒谬言论，实属失职。结果提请惩戒。

我人以为此案更使人心浮动。陈严邓罪状，是吁救华北民众，而危词耸听！我人不晓得华北现状，是否岌岌可危，势如累卵？华北的国土，是否已受重大威胁？华北的民命，是否处在安全地带？尤其是迁安滦州等地的人民，假如也算是华北人民，那么，当其身处地窟，顶横飞机时，他们的心是否早曾浮动？

自此案弹出，华北人民爽然悟会到自己的处境。吁救之电，既为危词，华北之国土民命当然非临于危境。南望火坑，羡涎三尺！

——原载天津《中华画报》（民国二十二年五月十七日）

不堪苦闷但求速了乎？（竹心）

北平空气，是从日机环城一飞时紧张起来。天津却从十五日，日军打靶，谣传便衣匪捣乱，因而陡见形势严重。但竟平安渡过一夜，到十六日，空气又缓弛下去。人情变幻，据说是由于武藤声明，但有"击退华军于城内"之意，似更不深追。多疑善猜的国人，一任偷免苟安的心理作祟，而设想平津或不吃紧，竟忘了日人说话向不算数，更联想到黄郛的北来，或有新局势。其实敌人惯技，坚持忽松乍紧，亟肆多方之策略，十九月来如一日。而人心不堪苦闷重压，但求速了，遂多妄念！敬告同胞，我今实逼处此，内外夹攻，敌则认清国际多难，乘时开疆，实千载难逢之良会，敌人是何等卓识，辣腕，决策，岂肯稍纵此机？我同胞惟宜自视国土若美■一方，欲禁狗咬，但须挥棒耳。

——原载天津《中华画报》（民国二十二年五月十九日）

输了手莫输了嘴（竹心）

黄郛挟策北上，报载人心渐趋安定，但是地面却更形吃紧。这分明是敌人的诡计，催促我们"速决大计"。因为事实上，"手

大掩不过天来"，他们也知后寂然，有心洁樽候教，三声大炮等
于一套请帖。催请失主把"献地图""让城都"的戏码倒排一下。
我们睁大眼留神看吧，卖身契无论天塌地陷，是必写不得，背人
更做不得。

日军■的声明，透露出急不可待的神色，谅解呢，求之不
得。但■满于暧昧的谅解。

要求公开的折冲。不满于口头的半斤，而要求书面的八两。
我们盼望：安定人心固好，谨防一失足，恨千古。输了手莫输了
嘴，就输了嘴也切莫要输了黑字白纸。

——原载天津《中华画报》（民国二十二年五月二十二日）

当局则迷（竹心）

津市于十五日一度紧张，十七日黄郛北上，苦闷之人心，于
无可希望中，炽起希望，黄之谈话，"安定华北人心"遂应。乃
十九日起，飞机凭空，炸弹震地，津市骤施临时戒严，可怜的人
民，富者搬家贫民扪心认命，安定人心，结果乃如是耶？

其实大难症结，全在敌人野心，我若死拼，是全局糜烂，将
见事件扩大，至不可收拾，则在敌知难而退，在我或别开新生
路，惟愈畏缩，乃愈僵持，而祸愈深。当局则迷，不信全国之
人，皆左右于苟安侥免心理，自饮迷药，至死不悟也！

——原载天津《中华画报》（民国二十二年五月二十四日）

一相情愿（竹心）

顷汪院长发表痛语，谓兵有不能抽调者，有不受抽调者；此正谓国难根源在内不在外。又称对共党妥协，集中兵力的对外，乃是"一相情愿"的话。推此言想见有人提议改剿为抚，不过当局以为都是片面妄想，事实上办不到的。而这办不到，是否曾经过事实上的努力与尝试，却未曾指出。

我们再看与剿匪占同等重要的抗日问题，黄郛北上，以跳火坑的勇气，声言对外求"双方谅解下的和平"，局内如何策进，外间苦不得知，而事实上，敌军跟踪，已迫故都，这样对外谅解，何尝不也成了"一相情愿"的活靶了么？

我们的感觉是，对内对外，无所谓一厢情愿，只要努力的追求而已，我们只要的是实话。

——原载天津《中华画报》（民国二十二年五月二十六日）

批注：作者连续几篇文章讥讽蒋介石的"先剿共后抗日"的策略，由此得罪国民党政府，在津无法立足。

良心话外

梅博士之新贡献（呆呆）

梅博士兰芳，自前月来津，在明星戏院登台，奉其绝技，期满返平后，久矣寂无消息，薰风停午，溽暑蒸人，想博士起居深简，足逼炎威，顾妻抚子，家庭之乐融融也？昨有友自故都来，言及梅博士又有新贡献，感于时疫蔓延，暑威如虎，平民阶级，迫于经济，抚养不周，每染瘴痢，虎列拉传播甚速，即其一因，爰本素日所知，研究一种应时暑药，名曰"梅花神丹"，专治暑夏时疫百病，每盒售价五分，仅够药本，可谓低廉，所以普及下层，实行平民化也。

该药现在王府井大街东安市场内东庆楼上国货工业商场竹器部陈列售卖，购者踊跃，服此神丹，不啻望梅止渴，奚止消暑除疫哉。客谓：梅博士登台，票价特昂，前排非番佛戏尊莫办，何以创制神丹，每盒又如此价廉哉？余曰：不然，登台所以娱贵族阶级，谚云："朱门酒肉臭，路有饿死骨"，富商大老，囊橐丰饱，听博士一曲，掷多金无难色，譬如纳一笔摩登税耳；售药所以救平民阶级，唯穷人才得暑病，富贵人北戴河避暑，夜花园纳凉，炎威绝对光顾不到，无需用神丹必要，在下层民众拿五分代价购药，已觉颇费筹措，则每盒五分，定价岂廉哉！客唯唯而退。

总之梅博士创制神丹，确是应时济世的新贡献，其意可嘉，其行可羡，爰拉杂命笔聊介绍之。

——原载天津《中华画报》（民国二十一年七月十三日）

茗盏余话（一）（竹心）

吃喝衣著，睡觉走路，乃人生四要素。求名求利，正是求斯四者之工具耳。四者之中，路的问题属于公，所谓大家有路大家走是也。睡的问题属于私，一个枕头一床被也是睡，金屋绡帐爱人斜偎也是睡，睡之享乐有难尽言者。天下之事惟吃为大，喝也者，与呼吸空气相类，得之甚易，故人忽之！资考其实"七日不食则死"，夏日行沙碛中，半日无水即渴死，其价值殆百倍于吃。

——原载天津《中华画报》（民国二十一年九月十二日）

茗盏余话（二）（竹心）

解决喝的问题，茶水酒浆焉。西人好喝酒，敲瓶砸塞，鲸吞牛饮，猪八戒吃人参果，好像很痛快，惜乎一噉无余味。华人好吃茶，下毛尖，煎雪水，捧盖碗，一口一口徐啜之，有许多考究焉。其风趣在于细品，西人则不解也。

西人之学吃茶者，起初，下茶叶注清水而沸煮之，三煮三澄，夫然后弃其汤而捞其叶，大嚼乏茶叶焉。其后渐通诀窍，煮茶取汁，加砂糖而喝之，试尝之，又涩又苦又甜，别是一番滋味在舌头，吾未如之何也矣，此种洋茶味我尝在哈尔滨车站西菜馆，喝其三碗焉。"一辈子也忘不了他那好处"。（西人之喝茶者，除美国能领略绿茶外，其余多煎红茶，加糖酿饮之，俄人尤甚。）

平津人皆嗜茶，而喝法不同。津人出名是巨壶大碗，大方浓茶，泡的浓浓的、红红的，一喝七八下子，三四壶不止焉。于是汗出如沈，挥扇而再饮之，连呼爽快，此正如关西大汉，铁板铜琶的调调儿，又与津人洗澡必下池塘痛烫大洗，有同等之意趣也。

昔陶学士，冬夜煮雪为茗，以傲党太师故妓，妓冷然答曰：党是粗人，未解此味，惟坐销金帐，泛羊膏美酒，浅酌低唱耳。陶深耻此言，有闲阶级与有钱阶级，其享乐正自不同。北平人之饮茶，四百一包，六百一包，亦陶学士之流也。

红楼有言，一杯品茗，二杯止渴，三杯则为牛饮。石头城本在故都，曹雪芹又是旗人，故都士族之饮茶法，可从红楼体察得之。

北平士流之饮茶，涤壶洗碗，下茶叶，取沸水略使落滚，然后沏之，既沏又焖之，第一沏谓无甘味，第二沏最美，色香味皆下（上），则悠然细啜之，第三沏以下，泛矣。此一法也。或多置茶叶，浓沏之，斟半杯，对沸水饮之，另有清新之味；彼以谓茶若屡沏，沏熟烫了，香味■失云。

——原载天津《中华画报》（民国二十一年九月十四日）

双十节停止庆贺（竹）

九一八后将永远废止国庆？

话说国难期间双十节的"官面"文章，则有各机关转行的国府文官处的一纸宥电。电称："奉主席谕，现在国难时期，所有本年十月十日国庆纪念，应即停止庆贺。"再往下便是"等因安此相应■■"，"等因准此合亟准令"，"等因奉此布告周知"。再往下便是举国商民悬半旗，或者戏场影院停止演剧？

但是，九一八以来，国难有加无已。黎顿报告，稍具常识的人都相信：不是"调处中日纠纷"的初步"门径"，而是"敷衍国联门面"的最后"台阶"；国际情形如此，外则暴日军阀仍不悔祸，内则亡国条件依然备具，二十年以至二十一年，两度双十节了，均已停止庆贺了，二十二年，二十三年……可想而知。

呜呼"庆父不除，鲁难未已"，若不是还有个亡国的希望在挡著，九一八后的双十节，怕不从此无形废止？

——原载天津《中华画报》（民国二十一年十月十二日）

电车公司洋员论华工及工潮（竹）

年来工潮迭起，影响生产事业甚大，论其是非，亦颇难言，归其结果则劳资两败俱伤，乃不可避免之事实，本市比商电车电灯公司，以前屡因工资待遇发生纠纷，此中有无内幕，局外人固难探悉，闻最近该公司又有罢工酝酿，当局能否设法预为消弭，尚不可料，本报记者昨赴电车公司，访问华务处主任林子香氏，承其延见，林氏为比国人，年约四五十岁，骤观之貌似华人，操华语极流利，尤擅津市方言，谈吐极滑稽，一字一句，令人喷饭，听之与天津人说天津话丝毫不差，尤妙在市井语彼亦懂得，且能援用恰当，对于工潮问题，彼以诙谐之口吻，发表其个人之见解。

据谈，工人要求增加工资，改良待遇。其希望可谓节节高，譬如职工前无制服，嗣经要求，发给单制服，永著为例，现又要求发棉制服，又著为例，现又要求发皮袄矣，如发给羊皮制服，将来不难要求轻裘。在工人或想，既在电气公司服务，便有权享受电气，我若是工人，我将要求每人发给小电车一辆，每日上班下班，可以自乘，可以携妻子出游，坐家一切用具，应纯用电力支使，吃饭用电送入喉，穿衣用电讯上袖，岂不快哉。

林又称公司优待职工，厂中有办事员，职司材料库管库，年过六旬。不但健忘，且每对人言必哭，现尚照常服务，未予解雇，此公司之好处也，又有老司机，目力已坏，自然不能任其开车肇祸，乃改派在公事房，令管小事，甚样小事，洋文卷宗，集许多纸片，用机打眼，再贯穿之使成一卷，此真小事也，此老司机即天天做这个，但一天能打多少眼，自然清闲许多，然而薪金则如旧，我以为此又公司之好处也，林又云，工人对付公司，常常出以"离戏"的态度，离戏津语，开玩笑之谓也，林氏居然懂得，而且引用得不难，真难得也。林又笑谓，前闹工潮，工会方面谓华务处华籍同人为帝国主义走狗，我（林自称）为此召集华务处全体华员站班，经逐一诘问谁是走狗尽快出排，教大家认认，问之至再，竟无一应者，可见我处无走狗，言已拊掌。记者于是乎与辞。

——原载天津《中华画报》（民国二十二年十月二十一日）

夜凉如洗万籁无声但闻车夫咳嗽 （竹心）

每晚工余，驱车归家，必在夜阑人静时。在这万籁俱寂的时候，只听见人力车夫吁吁的喘气，偶经过游戏场，眼前一亮，嘈杂的声音登时刺耳，心上是充满了散漫，疲乏，厌倦的情绪，恨不得车夫比汽车还快，我好一步跨入家门，脱衣，洗脸，喝茶，拿洗盥杯，注硼酸水，鼓捣一回，熄灯，睡觉，灯下挥毫，我的眼是天天生痛。

在人力车上，闭着眼胡思乱想，思路庞杂，思潮起伏，莫知究结。

而人力车夫有的跑的很快，有的摇摇摆摆的走，恨不得我跳下来拖他。这样经验，不知尝到何时才了。

秋深了，每昼出仅披袷衣，一伏案，汗流浃背，到这夜归时，穿小棉袄，还有时觉得凉，子午气候的差别，大约相距一个月以上。

这旬日来，归家途上，耳根不止听见车夫的吁喘，有时加杂着剧烈的咳嗽，等到了地头，一放车把，车夫拭汗伸手，等给车钱。在此一刹那，咳咳咳，车夫不自禁的弯下腰，冲醒了我的瞌睡，一跃而下，觉得恍恍悠悠，立脚不牢，眼珠发胀，我疲劳了。而车夫站在车旁挥汗，喘气，不住的咳嗽，几乎回回停车个个车夫都这样，都这样咳嗽。他们忍饥伤饱，风餐露息，受了风寒，不免患着传染性的气管支炎，咳咳咳不住声。静悄悄的街，漫漫的夜。除了警察，四顾无人，只有乘客的我，恍恍悠悠，拖车的每个他，咳咳咳咳！精神劳动者和筋肉劳动者，一样感觉到挣命般的疲劳，人生不过这样。我自悼，而且悼咳嗽着的车夫。

——原载天津《中华画报》（民国二十一年十一月二日）

《百吟谈珠》识语（竹心）

民国罕见之物，其出处传说，多涉不经，真耶伪耶，犹不易
■，如所谓妙珠，每见于旧籍，终于物■为不可解，读者姑作志
异观耳。

——原载天津《中华画报》（民国二十一年十一月四日）

《电影周刊》开幕词（竹心）

我等度着辛苦展转的生活。于内则剪刀浆糊，捻笔埋首于纸
片堆里，于外则伏伺权门，看司阍眉眼，以采访所谓消息。偶得
片暇，始顾邀友好作野游，以洗尘扰，换新趣。像歌台舞榭，银
坛球社，户内游戏种种，往往屏我等于门外。

但我个人对于歌剧影剧，煞有所偏好，■听罢一曲，看完一
幕，立觉颅沉眼胀，而我仍不时偷闲买罪受去。这也是所谓痛苦
是快乐的代价吧？我以为人生不过类此，苦恼多由自寻。

其实，这等苦中寻乐，缘于爱好者半，缘于生活烦俗，而迫
切地需要视听上的强烈刺激，以收"净化作用"之效者为尤多。
并且津沽半洋场，颇少野趣好园，奔波十数里，一游新宁园旧俄
园，每每驱车半途，游兴已阑珊。若电影，若歌剧，以我等操
业，最有机会接近。清醒闲适之趣，在城市内寻不来，唯有饮麻
醉剂，强张倦眼顾曲观影，换换疲倦脑筋。

本报附刊"电影周刊"，于今创刊，例须开场致词，如书题

序。词曰:"电影周刊",没有多大使命,其使命如其字面抽象,谈电影,周刊一期而已,关于影片,影星,艺术,生活,一切的一切,将由此小小刊物予以研究,介绍,批评,纪录。意在使摩登社会,于观影之暇,得所欲闻的电影文字,见所欲见的电影图片。电影事业的内幕,我们也不惜为之揭开,但以"讦私"为戒。最大目的,只是希望读者晓得"原来如此"。好莱坞明星起作,及其日常生活,过去成功的经验,一天吃几碗饭,一月挣多少钱,有什么副业,有几位表兄或表妹,事虽纤屑,当为嗜影者所乐闻,本刊则尽量采访,提前报告,但以"造谣"为戒。本报游艺记者,更随时参观各影院影厂,每有新片摄制试映,愿先期介绍出来,好的不惜捧,坏的也只得说一半声"嗳"!这用意是为读者做个"响导",避免为虚夸的广告所诱,多花冤钱。上海,北平,预聘下通讯记者,摄影记者;国外影讯,亦约专家,分任搜图片,访消息,译论著等工作。小小一叶影刊,值费如许周章,而今第一期算是出版了,我们希望策励自己力求完美,尤希望读者帮忙;予以指导,批评,俾得随时改善。还有,关于电影的新闻,图片,论评和纪事文,我们热烈的欢迎读者源源的投寄;一经刊出,酌奉薄酬。其润例,图片每幅三角,至二元不等。文字千言以内,每篇七角至三元。

——原载天津《中华画报》(民国二十一年十二月三日)

宁海舰!(竹心)

九一八事件后,国人受此创痛,苦闷之余,群起作抵货运动,而我海军部竟以数十万元之代价,向日本■■造船厂订造宁海军舰一艘。虽当海军军费绝■困难，而部长陈绍宽氏，仍多方筹措，按期汇日。去岁双十节，该舰在日本兵库县举行下水典礼，至上月初已完

我海军在日本船厂定造之"宁海军舰"

全造成，由海军总务司长兼监造官李世甲氏赴日，亲率该舰返国。谅该舰经敌国船厂加工制造，自必坚固异常，一旦与日人作海战，必操胜券矣！

——原载天津《中华画报》（民国二十一年十二月五日）

征联趣话（竹心）

　　本报悬赏征联，承各地读者踊跃惠对，竟收到六百余函，琳琅满目，美不胜收，现经截止，正在审慎选择，以免遗珠。唯原联"当"字，实含二音四意，平仄难■，惠对诸君或不免顾此失彼，欲严格觅一确对，乃不易得。故拟将标准稍微放宽，酌增取录名额，此应预向读者声言者也。

　　此次应征各函，经同人略为统计，则深感兴趣。论人则士农工商，党政军警各界都有，而以学界为夥，女性亦多。论地则除海外边徼，地远难以时达外，南至长江，北至察热，西至陕甘，无地无之，唯东三省，仅限榆关以内，不能越关外一步，又令人感喟不置焉。

最有趣者，应征人之制联，乃与个人性行操业有关，学界之联，有若"画画学画""书书鬻书""仿仿写仿"等类，盖不脱书生本色。凡燕京大学、保定民众教育馆、河北省立工业学院，本外埠大中小学，皆有投函，又有宁晋小学、天津陈氏小学、及某某教授，由师生多人，分拟多联，一总邮付本社焉。有谈佛者，如"空空非空""如如真如"等联，下署渤海僧，某某居士。有论战者，自署塞北丘八，及某某数君，制有"日日抗日""战战当战"等答案，显见其为军人，考其发信址，则绥远宪兵七队也，陆军独立第二旅某团也。均于防次见报应征者。女界之答案约数十封，多自署某某女士，中有自署展六小姐者，答联为最。山海关某君，有"关关出关"之对，其词深憾国军之不出关杀敌也。■有多联，寄至工厂商店，则有"钉钉起钉""挑挑担挑"数十联，殆有劳工气派焉。估计六百余函之来源，以寄自寓宅者为最多，次为学校，次为商店工厂，纱厂火柴公司多有之。次为官衙、军营、团体。而北平广播无线电台，津浦线机车房，亦惠函应联。

最可笑者有"和和准和"之对，想见好赌。有"逛逛胡逛""色色贪色"之联，想见好嫖。某机关会计股之投函，则有"空空补空"，颇致撼于空亏之难以弥补，"三句话不离本行"，此之谓也。

——原载天津《中华画报》（民国二十一年十二月七日）

"战神敲开和平门"（竹心）

李顿报告书提出后，日本已悍然与国联做正面之冲突，各国观望莫为先发，日人始得乘虚肆其恫吓，国联庋藏之和平条约，以为日人撕作片片飞，和平之望，复乎远矣。欲戢野心，但有战神。惟战神乃能隔阻门之业障，而后和平之门，得大开也。

——原载天津《中华画报》（民国二十一年十二月七日）

刻值淡月三院闹穷（杏）

本市市立"慈善性质"的机关，现只有河东市立医院、河北市立妇女救济院及西关市立贫民救济院。三机关，一疗病，二疗贫，总为市民却除苦痛而设者，在省市机关林立下，仅此鼎足三院，直接有利于纳税人民，而此三院都以闹穷闻。据称市属各机关，有闲曹，有热衙。热衙保管别项公帑，可提前垫发员薪，闲曹惟仰望经费，大抵十五号前亦可领到。惟此三院，站在税收的立场上看，乃纯然为消费机关，故公费拖欠，遂不获免。市立医院十月份经费，闻直至十一月二十八日始关到，救济院则延至二十九日始发放。其原因则为入冬市况愈行萧条，市税收机关（原文作"机税收关"），有"刻值淡月"之叹云。

银坛与报坛（杏呆）

银坛与报坛，风马牛原不相及也，今如穷秀才作搭题，曲为捏合，以论其相类之点。

影片所以娱心目，新闻所以广见闻，影片唯美，新闻求真，必■美乃尽善，此其相类之一点也。中国之男女明星，声名赫赫者，料其待遇必优。虽不得比美美星，总略等于名伶之包银，不盈千亦当逾百。讵考其实，为银坛皇帝之金焰，月得八十元，仅一皮簧里子耳。新闻记者平视达官贵人，身价"清高"，而物质生活却"清苦"，在津如益世报罗隆基月五百番，已成破格，大公报张季鸾约三百，庸报张琴南月二百五十，此皆主笔总编也。寻常编辑与外勤记者，月收百元至百五，已属难得。然则银坛与报坛执笔者，浪得虚名，不享寔惠，又相类也。或曰：女星操副业，明星有外钱，而报界一二君子或不免有干薪津贴之收受，此又相类。影片演员笑啼杂作，表演尽情，报坛言论，指天画地，痛哭太息，皆为职业而悲，而喜，而做作，恐未必悉出本怀，无非应时应景，此又相类之一点也。相类之点或犹多，愚不耐苦想，姑写数则。

中华戏专学生来津公演
十六日起在明星连演十日（竹）

在国剧界最负盛名之"中华戏曲专科学校"，为使男女学生，得实地演习戏艺计，每星期在平照例登台试演一次。兹更由教师曹心泉等率领诸生，于本月十五日，由平启程来津，出演明星戏院，自十六日起，至二十五日止，计凡十日，演剧学生，均择成绩最优者，剧目亦选诸生最擅长者，津人届时当饱眼福不浅。闻该校此行目的，除多予学生以实习之机会外，更为策励学生，俾持其所学，以与津人相见，藉收扩大宣传之效云。闻该校为董事制，有基本金，学生登台演戏，止是实习，并非牟利，其在平，每星期必使诸生轮流公演一次以上，主任教师从旁指导。此次来津公演，乃系初次，所取票价六角，可谓低廉。闻公演剧目，业已酌定，均著成绩最优之男女生，主演最擅长之佳剧，犹难得者，均系整本戏，情节完整，可窥全豹，与名伶演剧，剪头去尾，只演一二折者不同，屈指计十六日公演之期，尚有五日，我津人士，宜拭目以观此富有现代科学精神之剧艺学生之表演也。

——原载天津《中华画报》（民国二十一年十二月十二日）

介绍国剧实验学校（杏呆）

中华戏曲专科学校，设在北平南城，成立不过两年，成绩斐然可观，盖富有现代科学精神之一国剧实验教育机关，负有改良整理旧剧艺术之重大使命者也，与话剧泛泛的持歌剧抹杀论者取径固自不同。该校为民党元老北方闻人李石曾所创办，校长焦菊隐为一学者，对于戏剧文学有甚深之兴味，职教员多为老伶工及票友，对昆乱皆有精湛之研究，故该校可谓现代化、科学化的科班，亦可称为昆腔皮簧旧歌剧的实验学校也。

校生现有一百七八十人，均住校，年龄最小者七八岁，最长亦不过十五六岁，内且有女生十二人。其课程不仅学戏，国文、外国语、数学、史地、普通常识均为必修课，且其教法，虽重实演，尤侧重讲解，使学生不但会唱会做会打已也，且必使学生理解剧学之理论，国剧之源流。盖与科班之徒注入不启发，知其然而不明所以然者，迥乎不同。

该校实授旧剧，注重昆曲，列为必修科，俾为皮簧剧之基本知识，其教授皮簧剧，对脚本择善而从，不拘宗派。字句有不通妥者，量予修改。尤有一原则即主张男生扮男角，女生扮女角是也。故该校女生十二人，均习青衫花旦刀马等行，求其逼肖，而免娇揉之弊。唯武旦一工，最重跌蹼，暂改由男生习扮，亦一时从权之办法也。

——原载天津《中华画报》（民国二十一年十二月十二日）

征联揭晓（竹）

本报此次悬赏征联，共收到投函六百余封，计答案七百余件。兹经详加审查，择出甲等两联，各赠新闻画报三个月；乙等十六联，各赠新闻画报一个月。即希当选各联作者，开寄住址，俾便即日赠报为荷。

查原■办法，赠报额仅三名，即第一名赠报全年，第二名半年，第三名三月是也。此番变通赠例，系因原联"当"字，实含二音四义；应征各联，佳作尽多，惟求具二音，含四义，平仄调，虚实应，而意贯字贴者，往往顾此失彼，不能求全。故将标准放宽，赠报总数不减，而取录名额则加多。此应声明者一也。

再此取录十八联，虽酌分甲乙，其实略无先后。魏公谨君"量量再量"一联，意义不甚融洽，实具二音四义；展六小姐"服服成服"一联，意最浑成，但含四义而缺一音，同人认为较合标准特列甲等。至马成善君"分分另分"一联，及其余诸联，凡经登录均属乙等，名次先后，无分优劣。此应声明者二也。

又同人选联，力求公允，然限于学识，去取之间，勉为甄定，遗珠之讥，虽所不免，此尤应特别声明，表示歉仄者也。

总之，此次征联，原为读者助兴，所谓以文会友，大家凑趣耳。承读者踊跃见答，同人不胜荣幸，即选拔不惬意，亦望诸君海涵。过日尚拟别制征题，悬征求对，游戏文章不拘一格，要在共博一笑，还希读者不吝赐教也。原联及取录答联列下：

（原联）当当赎当当顶当悔当初不当当当

（答联）一、量量再量量又量商量好酌量量量（魏公谨）

二、服服成服服降服论服制按服服服（展六小姐）

以上二名，各赠中华新闻画报三月

三、分分另分分又分应分者按分分分（■成善）

四、点点添点点联点■点慢快点点点（唐澍人）

五、钉钉拔钉钉加钉想钉的皆钉钉钉（许祖荫）

六、胡胡截胡胡碰胡真胡闹乱胡胡胡（任卓如）

七、将将激将将比将我将来也将将将（李大庸）

八、奶奶喂奶奶无奶雇奶娘替奶奶奶（赵纶）

九、圈圈画圈圈罗圈仿圈下又圈圈圈（邵梦明）

十、相相谈相相■相乍相逢盉相相相（王康丁）

十一、冠冠整冠冠我冠遵冠礼弱冠冠冠（王玉珂）

十二、结结扣结结套结到结果完结结结（李伯良）

十三、磨磨造磨磨新磨用磨时推磨磨磨（路秀娟）

十四、缝缝接缝缝衣缝巧缝匠■缝缝缝（李宗奎）

十五、将将讨将将倒将看将来谁将将将（张羽田）

十六、将将求将将倒将叹将来无将将将（刘仲■）

十七、称称管称称一称嫌称小换称称称（郑证因）

十八、亲亲结亲亲加亲成亲后更亲亲亲（张兆敏）

以上十六名各赠报一月。

——原载天津《中华画报》（民国二十一年十二月十四日）

元旦试笔（杏呆）

市民对于国历新年，以前本很淡漠，今年元旦，是淡漠如前，或者在所谓国难期间，多一份感慨，然而感慨是片时的，偶然遥想到榆关热■，只是有些悬悬不安，我个人如此，其他市民，想有同然。

凡痛苦乍临，觉到难以忍受，但久而久之，祖传"忘却"的好宝贝，可以使你销愁忘忧，五分钟热心乃是当然的，否则热度继续过久，便要发狂。

新年中最快乐的，还是机关中人，因为他们得到新年三日假，可以休歇，可以玩耍，听说为了这新年放假，中央很有要人努力主张放，放得当然很对，若是一味纪念国难便停止放假，我恐怕从今以后，一年三百六十五天，再无假期，所以虽在国难期间，还是照常办事的好。

这次年假，头一天偏值星期，三天年假实止二日，"补假"之说，只见于学校，这招人很不满。

大除夕到各处走走，觉得不很热闹，只在"中国地"看见横插斜挂的退色国旗，有的商户把旗倒悬，有的如下半旗一样。在"外国地"见到阴阳合历的"皇历"和月份牌很多，这比去年的销路有起色。

——原载天津《中华画报》（民国二十二年一月九日）

张恨水与张资平（白）

在拜金的低能的所谓电影艺术也占了象牙之塔一席重要地位的今日资本主义社会里，中国的低趣味的章回小说是不是也可算得一位艺术之宫里所谓"第□小姐"，真是我们值得怀疑的问题。然而，啼笑因缘在社会上拥有最多数的大众，却是无疑义的事实。

平心而论，啼笑因缘作者张恨水的描写技巧，确乎当在一般所谓新文学家的创作之上。虽然啼笑因缘终于被估定为"供给小资产阶级太太奶奶少爷小姐躺在沙发上消遣的玩艺"。

现代章回小说家到了，张恨水有了长足的进步。

他有一双很利害的眼睛，观察到社会上一切人物到巨细不遗，很忠实很生动的运用到笔头上，同时他是很懂得体会一切人的心理入微的一个，所以在他描写的人物都是活的人物。

可惜他没有抓住一种有意义的意识。

——原载天津《中华画报》（民国二十二年一月十一日）

选举趣事（杏）

天津小姐选举期内，趣事颇多，兹撮录数则。

投票人某君，作祝某某女士当选天津小姐一文，附函云，拙作系与友人赌东道之稿，彼此皆投票份子，甲方皆选陈湘君，乙方皆选吴敏华，如揭晓时，竟为陈，请将某某字样，指明陈湘君，若为吴得，请改陈为吴敏华可也，但作者须■洋十元，云云。

有某君为专选某某女士，日从报贩手，订购新闻画报百十份，不作别用，专剪选票，忽一日本报漏印选票，此君大为不悦，将报退回，报贩当加质问，某君云：我一人何须看数十份报，不退何待。

又有某君，为■选某某小姐，预从报贩购报多纸，直截至十二月三十日晚十二时半，始将大批选票送来，益欲以出其不意之手段，使所选人当选也，然因标准时间已过，限于定章，只能作废，故第一名■为陈女士所得。

——原载天津《中华画报》（民国二十二年一月十三日）

张恨水与张资平（白）

说张资平的小说和张恨水的小说同是以小资产阶级为其题材的对象而有相当收获的，该不算是厚诬吧。张资平所描写的只限于智识阶级的一角，而张恨水则较普通的到一般社会（佳人才子以至于"三清子"）了，虽然他俩都不能抓住整个的真正的"大众"。

除了他的修词，张资平的小说是和张恨水的章回小说同一茶余酒后很好的消闲的东西。而他俩的小说的销数却突破了出版界的记录，据北平三个书贩告诉我，张恨水的"啼笑因缘"和张资平的"苔莉""飞絮"的销路，远过于彷徨"呐喊"。所以这三书都有多量的偷印的■版。啼笑姻缘是几于凡识字的都市奶奶太太都看过的。"苔莉""飞絮"则中学的女学生没有看过将被同学认为落伍或是白痴的。

张资平也曾改变作风左倾过，但他所写的"跳跃的人们"之类的普罗的文学，却更不知所云，显然完全是失败的，而他那三角，三角，三角的露骨的色情描写的小说，却确确实实能使倚在枕上看的女中学生脸红心跳，不能自已。

然而，张恨水、张资平还是不失为小说界的权威者的地位的。（续二三四期完）

——原载天津《中华画报》（民国二十二年一月十六日）

榆关不守年关当前之津门（竹心）

榆关失陷，年关当前，平津民众，陡有一度惊扰。有资望者，■细软，挈亲眷，西游三晋，为避秦计。次焉者在津则移居租界，在平则寄寓东交民巷外国饭店。全身远祸，令人深叹明哲。盖方榆关初陷，国人未察敌心，虑万一贸贸然乘胜南下平津，破竹之势，将罹池鱼之殃，故为早计也，今幸平安祭灶，料前方战士血战石河畔，敌人心在热河，平津未必来，来亦不速也，祸未燃眉，且过废年，此平津人心也。苟安幸免，令人扼腕。

且说津门：据报载，津市居民，为讨年债而打破头，投警区者，已有多起。试游华租界，商店结彩，多年货摊，盖饶有年味矣。而人心恻恻，终略有弗安，腊月二十三，夜九时顷，偶行法国花园，乍闻远处，砰砰作响，愕然而惊，细辨之，则祭灶时也，爆竹正燃。私心窃计，两次津变，炮声隆隆，市民听犹未餍；宜储爆竹费，以赠敌人，不更发大响乎！市公安局刊载布告，以时局不安，废年禁燃鞭炮，恐惑听闻也。噫！榆关初陷时，津民大震，奸商"乘机抓一把"，粮价激增，计麦粉每袋由三元一角五，递涨三元半，大米每包约涨半元。银价亦落，由铜元四百二十枚缩至三百九十八，祭灶后稍稍还稳，每银一元可兑铜币四百有零。租界房价大贵，每间八元者，现须三十元，且索三月压租，赁者如恐不及焉。娱乐场所，清冷异常，唯光明演"摩登三女性"，幸卖满座，电影皇帝之魔力也。环城东马路，为华界繁华区，新筑市房，从前商家争赁，今则阒然无人，以近日租界也。

——原载天津《中华画报》（民国二十二年一月二十三日）

张宗昌次女公子出嫁记（杏呆）

前鲁督张宗昌氏第二女公子，在父丧期间，与名票陆敬伯君，举行婚礼，外间不察，深滋讶怪，而不知个中真情，实有患难全交，雪中送炭之意味也。

先是，张氏赴济临行前数日，前财次朱作舟（名票龙沙散人），前鲁省议员张鲁泉，为张次女执柯，男家即陆宗舆氏之次子陆敬伯也。双方已同意，然议而未定，犹待徐商下聘也，讵张遇难济垣，媒询男家，陆宗舆氏慨然表示：张既谢世，毁约奚忍，新郎亦谓，未宜以存亡变婚议。乃决计定婚，早请速娶。计张九月三日遇难，十九日即下定。陆并词恳冰人，转商张太夫人，亦主早办。本年一月十四日，乃假津市法租界国民饭店为礼堂，举成婚典礼。是日，张太夫人亲携孙女来津主婚，男家主婚为新郎之父陆宗舆氏，证婚为王揖唐，介绍人金寿良、朱作舟氏。旧皖系要人、直鲁军下野军官及银行界人物，莅场观礼者，亦复不少。闻女之妆奁，经张太夫人极力措办，共需七千金（原文作"七金千"），视张生时挥金如土，大有逊色，亦可慨矣！

——原载天津《中华画报》（民国二十二年一月二十三日）

春节风光（竹心）

这番春节，平津市民似乎过的不甚起劲，大概是忧国吧。由除夕到元旦，也许我睡熟了，却没听见怎样"爆竹声欢"。只有糖瓜祭灶，和■节大煮元宵时候，隐隐听见津门阔人住宅区的英租界，很乒乓了一阵。街市上，照样悬灯结彩，倒也看不出国难气象。

但是商店同人却个个咬牙咋舌。有个六七十岁的老掌柜，他承认具有四五十年的搪年债闯年关的阅历，然而这次他用尽全副本领，舌敝唇焦，还是捉衣见肘，险些失手。他以为世界不景气，东三省失陷，和国内匪税如毛，是年不好受的三大背景，最后他只摇头道："太难了，这年月！"

北平的厂甸，天津的娘娘宫，卖年货的，写春联的，卖年画的，倒也点缀不少。最可笑的是有这么一个小娘儿们，当正月十六援例走百病，声言邀邻妇闲逛，竟跑他娘的了。急得她丈夫，抓住邻妇要赔夫人。

我想了想要写这庆年景，竟抓不住一点鲜明的印象，于是姑且说：

风光依稀似当年！

——原载天津《中华画报》（民国二十二年二月十三日）

有能政府（杏呆）

林森在中央纪念周上，讲演如何实现有能的政府，他以为必须"尊贤使能，俊杰在位"。话是不错。我们要问问国府主席，你提到这个问题，是不是自认无能？是不是自认虽在位而非俊杰？

——原载天津《中华画报》（民国二十二年二月二十日）

假大肠案的症结（杏呆）

朱琴心"假大肠案"，顷已开审，朱琴心亲自出庭，谓名誉损毁，没脸见人，又谓他气病了。他向天风报要求十万元赔款，可谓唱戏装旦的声价，百倍于千金。

朱控词最大理由，谓天风报捏造新闻，其实吾人■天风报■■，只说有一杨姓少年，肛门溃烂，被施手术，有人谓其■■朱琴心云云。既云■■，当然非■是朱，而朱则慨然引为己任，谚云，豹死留皮，人死留名，令人深佩朱君之爱惜名誉，乃甚于爱惜皮毛也。

其实此事抛开杨姓少年之绕脖子的记叙，但坐实在朱氏身上，此事也有法验证其伪。

第一，法庭应请法医检验，朱琴心是否已装假大肠。如已装，捏造之罪不成立。

第二，即使朱之大肠不假，而具验却已溃烂，或曾经溃烂，已■行治愈，或有溃烂之可能性，是新闻传闻偶误，捏造之罪亦不成问题。

第三，朱之大肠既不假，又未烂，还当检验其是否曾受梅毒之传染，及有否传染之痕迹，暨是否与常人之肛门不同。若验明朱之肛门实在健康异常，则天风报对于访闻失实，当负责任，特不知该稿来源，是否该社自访，抑出于外投耳。

——原载天津《中华画报》（民国二十二年三月六日）

万世不朽之机会（白）

听说孙魁元将军常常自拍胸脯说："我孙麻子是条天不怕地不怕的汉子！"这次，孙魁元率军出关，大义凛然，却有人造起他的谣言来；终于，雄辩的事实告诉我们，孤军绝塞，不屈不挠于热河失守之后者，却只有他这一军！

人生天地间，荣华富贵，只是弹指间事，所贵乎"不白来一趟"者，就是轰轰烈烈痛快淋漓地干他一个可歌可泣惊天地而动鬼神，为天下万世唏嘘感叹！

孙将军见危授命，慷慨忘身，若能坚持不辱，伸天地之正气，争日月之光辉。天容沉郁，乃蕴霹雳，勉告孙将军！勿失此机，若■人者，宇宙千秋，都得等着他说一声：孙麻子真是一条好汉子！

——原载天津《中华画报》（民国二十二年三月十五日）

胡适之提倡废历年（白）

前日冀省府政务学术研究会请胡适博士来津讲演，颇有隽语可记。

于学忠介绍胡博士时十分客气，尊为"世界大文学家"，叫大家一个字一个字揣摩他的演讲。这个头衔未免拟于不伦。胡博士语人：称我哲学史家，思想革命家，都可勉强当之，惟独大文学家，我可是一点创作也没有的。

胡氏讲反对非法逮捕的时候，举例云：也许于先生（指于学忠）那天把我抓起来。闻者哄堂，于亦赧然。

胡博士又云：大家忙了三百五十九天，过一天年，吃点东西放点炮，所谓"金吾不禁"，是很人情的，诸位家里过年，兄弟家里也过年的，政府偏不许过！言时提高声音，若不甚愤。闻者都说胡先生忽然提倡废历，无怪有人说他近年开倒车走回头路向右转了。

胡氏又说：天津有一家我最佩服的权威报纸记载一件军人草菅人命（原文作"人名"）的记载，却用一个"大快人心"的标题，证明中国智识界无法治国的观念与常识。

——原载天津《中华画报》（民国二十二年三月十七日）

回头算（杏呆）

国人坚决的反对人藉口"安内而后攘外"，去外崇国信，内除政敌，以贯彻武力统一。但默观二十一年来的政局，十八个月的国难，吾人不能不说：今日的问题，是在内而不在外，诚然，对日抗战，著著失败。然如辽吉不抵抗，锦州且战且走，承德不战而走，以及北满的人自为战，上海的援军不赴，全是坏在不打，或你打我不打。于是对日失败，非战之罪，非天亡我，乃是自作孽。

天下事未能尽如人意。我们就想学勾践的"回头算"和列宁的"里面干"，殊不知敌人绝不容我生聚十年，教训十年，国内也不容你算，就迫你不干了。

所谓安内，是团结不是讨伐。所谓君子报仇十年不晚，须明白十年后敌人更加利害。左思右想：我们只有一条出路，就是以对外为目标，团结内部，一致出动。四分五裂的散沙，是要拿雪耻复地作士敏土的。

——原载天津《中华画报》（民国二十二年三月十七日）

强硬外交（杏呆）

这几天，人心又有点怙悈。从敌人造谣（原文作"遭谣"），要人辟谣的雾围中，推测到对日外交将展开新局面，这尚近情，更神经过敏，误会到妥协上头，那就错了。事实上，蒋委员长日来忙得紧，偕宋邀阎之后，罗外长、蒋日使，应招进谒。又传见学者名流胡适之丁文江辈，谋国以忠，不耻下问，这是好的。而外罗赴平，访问使团，只是想谈谈这与妥协更扯不到一处。并且，蒋之来为抗日，抗日即军事，我们的对策即是"一面交涉，一面抵抗"，那么外交当局谒见军事当局，也是份内事。否则军事上正比手画脚，外交上若真个拜托和事佬，则事恐两歧，也应预计。所以，这也不足异。我们只有一点疑惑：便是"强硬外交"四字。

原来当局十八个月来，自有"国难"便有"抵抗"口号，而且又加以有力的补充，是决心抵抗，长期抵抗，反攻，收复，不止一次了。现在已经老老实实说：国联已穷其力，全靠我们抵抗。又说对日外交，途术已穷，又说对日交涉已成过去，是外交既然议不到，强硬又何从硬起！老虎吞去四块肥肉，想叫他吐出，是不是要硬嚷还是要硬打？外交总不外协议，空口白话可会生效？

这是研究强硬外交的效力。再请问强硬外交的方法：或要对强敌再提强硬的抗议，勒令克日退还四省，或要对国联再提强硬的声诉，严饬通告日人交回侵地？谁也知道这办不到。并且既说新外交改采强硬，即是自认旧外交的抗议、声诉，全是怯弱，都是白■。那么这又喊个什么劲哩？或者另有别样的强硬的外交方式吗？希望当局解答。

——原载天津《中华画报》（民国二十二年三月二十日）

关于海军部（白）

京电："市党部去岁因三省匪灾区及东北抗日义军均待救济，曾以捐册遍送各机关团体，皆踊跃输将；独海军藉口经费困难，一毛不拔，将捐册送回。"所谓别居肝肺者非欤！

上海之战，吾国海军不遣一舰，不发一炮，坐视吴淞炮台备受威胁，终乃陷焉。监委高友唐劾之，陈乃詈其为冷血动物。妙谥固不啻夫子自道也。迨沪战既停，海军乃时演操于八卦洲，整军偃武，像煞有其事。外报讥之：称此种海军只可■影电影片；并赐以佳名曰"废舰大观"，可谓虐谑。嗟夫！■笑外邦。国家体面扫地以尽，陈绍宽之肉尚足足乎？

去春尝到送客至下关，夜阑不能返京，遂于旅舍中斗室而眠，闻歌声拳令，烟香牌响，彻夜不休，甚苦其扰。怪其何以敢犯禁令。盖京市禁烟娼赌甚严也，对曰：此是海军部员在此寻乐，无人敢惹。时去沪战，不两月耳。有此海军，云胡不亡其国也。

——原载天津《中华画报》（民国二十二年三月二十日）

竹心集

196

称病推宋（竹心）

时事贴危，党外宜如何■言起废，且勿置论。即党内之领
■，■应发大愿力，推诚心消猜嫌，毅然共任怨劳。如认人可合
作，事有可为，便当登台同患难。诚知掣肘，即应拂袖。洞见鸟
喙，宜作别■。若躲在幕后，顾恋夹袋，为觅饭碗，踟蹰不前，
仰伺眉眼，徒令齿冷耳。

汪精卫氏政治生命，以刺案一举，得人信仰，而脱节寂寞，
视前判若两人。扩大会议时，即以"客观的事实""尊阁"，复以
拖人齐跳河"抢张"，不择手段，国士灰心，最近出国，有口难
诉。热省既失，似愤然披发缨冠，乃在沪试观风色，延不复位，
且宣言"推宋"矣！言果由衷，共赴国难之说安在？

记前孙陈去后，一国三公分掌军政财之议既定，汪留沪谢客
称病倒，各方劝驾，隐然东山之望，则坚卧不起，忽得蒋电，爽
然上台。以今观之，扭捏之态殆有难言，而意在"要约"，实待
■言乎？

或谓汪先生果以国事为念，宜作速北上，保阳一晤，进退之
路顿决，然后竖起脊梁好干。果若人言，则出处离合，直等儿
戏，益增人伤心军权矣。

——原载天津《中华画报》（民国二十二年三月二十二日）

瓦碎计拙（杏呆）

沪商会有沉痛之语曰："凡能抗日者，吾民父事之。"此言实代表大部之民情。最近各方捐送慰劳品，如山之积。宋哲元孙殿英，于热战沃汤泼雪之局面下，不惜牺牲实力，崭然露头角，乃继十九路军而名利双收。于今观之，不战而走，且战且走者，思保实力，徒致"瓦碎"。欲求玉碎者，反得玉全。现在抗日血战之英雄，大受民众热烈爱戴，军实既因乐输而得补充，实力亦因战功而得保障。在现状下，遂无人敢言收编剪并，至拙乃巧，此之谓矣。

——原载天津《中华画报》（民国二十二年三月二十七日）

和与战（竹心）

敌强我弱，敌敝我暇，今日之局面，俨然南宋渡江时。而犹有不如者，宋将主战，宋相主和，时议两歧而已，今则偷生国际均势下，见误国联虚声中，玩冠失机，大计不决，宣战，反攻，抵抗，妥协，主张纷然，形成坐耗待毙之势。

从来两国相争，非战即和。今也，无岳飞之决心，则惜实力而不能战，无秦桧之胆气，则惧众怒而不敢和，别开生面。乃有"一面抵抗，一面交涉"之计。而交涉即是不战，抵抗即是不和，不和不战，从损国威，益助敌焰，实最笨著最险计也，而颓然蹈之，且已一年余。既不能令，又不受命，是绝物也，我则束手坐耗而无策，乃真自陷绝地，比宋之下策尤不如。

何则？宋之得国，盖由篡夺，杯酒释兵，务以外和强敌，内遏军权为国策。故当徽钦既掳，秦桧当政，洞见时弊，而知军费浩繁足以殃民，军权跋扈足以祸国，毅然建■主和，不惜遭万世之唾骂。一时强藩张韩刘岳，或罢黜，或诛夷，乃得裁兵节饷，对外虽屈，对内出民水火。此真非有胆者不办也。岳飞孤忠，所复失土■国耻为念，当■在前线，后方输役之艰，不在意■，盖欲忍痛一时，直捣黄龙，此其忠也。相将不和，损■殒志。两人结隙之由，皆在为国为民，吾人可由时事推想而知。故盼当局，或主和则毅然为秦桧，为列宁，或主战则慨然为岳飞，为基础尔。若犹长顾却虑，战有未能，和又不敢，仍蹈挨打待毙之抵抗旧策，则长城各口，引绳必有绝处，一旦失事，将为秦桧所笑也。

——原载天津《中华画报》（民国二十二年三月二十九日）

相形之下（竹）

在日元老重臣审慎的讨论退出国联问题时，我中央要人也正匆忙聚京，讨论促汪复职问题。一关外交，一关内政，二者相形，都令人发生奇异之感。

——原载天津《中华画报》（民国二十二年三月二十九日）

野性的雌狮（竹）

　　好莱坞延专人（整理者按：原脱"人"字，据文意补）驯扰，亦能表情如人意。

　　——原载天津《中华画报》（民国二十二年三月三十一日）

倭扮西游记（竹）

在昔日人，醉心唐风。文学艺术，尤多模拟。其"舞俑剧"，有西游记一出，亦绘脸谱，作猪猴相，但服饰不同，唱法大异耳。左图为彼国名优所扮"西游记"之一折。■本健一饰齐天大圣，二村定一饰三藏法师。荒唐故事，异国情调，观之颇兴别趣。

日本优人所扮西游记（羽）

——原载天津《中华画报》（民国二十二年四月五日）

偷报学人（竹心）

阅报牌前，常围聚多人，干搓手的民众关切时局，只可探看情报。但一到过午，牌上报纸便被众目瞪破。起初我疑信或是街头顽童作剧，扯来拭鼻涕解手。旋见这些撕报方法，或整扯半张，挖割一方，显见是经意的用指甲划落，必是爱读者所作为了。

昨晚看见了实证。红蓝牌电车交道，墙隅报牌贴著四五分大小报；三个穿戴整洁的青年，伫足而观，扭头一瞥，伸身便揭，一幅漫画，一段小品文，又一大片小广告，被三人分割而去。当三位努力工作时，不住四顾，内只有一个旁若无人，其余表现著犹豫神色。旁观者还有两人，哼了一声。

他们是拿到家里去看。

在故都阅报室常闹丢报，管理员红瞪眼说闲话，教傍人听著难过。宣内通俗图书馆，且有大学生铅刀一割，专剪裁所爱读的新文学政论。私有制度下，知识阶级青年，由于不可遏的知识欲，炽起占有本能，而做出这些不德，后来者受了损害。

此事虽小，常令人感到失望，诛心断罪，长衫朋友甚于野心军阀。

——原载天津《中华画报》（民国二十二年四月五日）

竹
心
集

202

卖报人（白羽）

学童卖报，欧美早有，在华北则首见于故都，当民九（？）时，有新出小报名《北京晚报》，最先雇用报童，使贫苦小学生，当街叫卖，各发给制照，若童子军然，颇整洁，附设半日学校，工余并教之读。此风一开，同业踵效，□□日报，因接济断绝，营业不振，乃定发展计画，设备种种，实则宣传作用，内一款即筹设报童工读学校若干处，拟招学生，推广卖报，宣言方案既发，卒未果行。另有同业，捷足效颦，则尽先招■小孩，而无制服，街头乃见一群小乞丐挟报叫卖焉。鲁迅曾以尖刻之笔论此事，谓小学生被小花子打倒云。

津门卖报者，多属报贩。近日始有小学生利用课余，贩卖晚报，而以去冬今春为多。盖国难危急，关切时局者尤夥。

其失业贫民，暂为贩报糊口，亦复平津多有。至乞丐卖报，近方创见，计得两人。

河东义租界至特二区金汤桥一带，有跛丐，年四十余岁，蹀躞而行，高叫"战事报"多鬻小报，大报仅十数份。然到闾巷人家，每且叫卖，且乞讨。有剩饭，称谢取之。其叫卖声，颇浊重，口操鲁音。

法租界劝业场光明影院左近，有老丐，年过五旬，捧小报数十份，日夕鹄立街头，逢人叫卖，则曰"看某报，看某报"。夜九时后，北风峻冽，每瑟缩哀呼"那位老爷买我一份报"。至夜阑戏院人散时，竟为颤栗之声曰："可怜可怜，老爷行好买这一份报"。盖手中犹有剩报三五纸也。

——原载天津《中华画报》（民国二十二年四月七日）

春雨霏霏植树七百本（竹）

中山逝世第八周年造林运动，冀省于五日晨十一时，在韩柳墅举行。省主席于学忠，率各机关团体代表三百余众参加典礼，时细雨霏霏，风光甚媚焉。

于氏躬自植树培土，省厅长、市党委以下，均各手植一本，各立木牌，书植树之时日及栽培者姓名。于主席演说，申明造林之意，更召乡民训话，勉以勤俭。并劝私家植树，以荫后人。复谓驻军有苛扰处，可随时报告长官，当加严惩云。是植树秧七百本，而年年造林，全活者未必得半，则是培植易，而灌溉以时难也。

——原载天津《中华画报》（民国二十二年四月十日）

《创宋江脸谱》案语（竹）

按原本水浒，豹子头林冲，有"人称小张飞"之赞，其面貌则豹头环眼，其性格则细中有粗，固应由武花饰演，而夜奔以武生扮，则戏律使然耳。至宋江杀媳，恰同曹瞒宛城，涂奸黑脸，亦甚对付也。

——原载天津《中华画报》（民国二十二年四月十日）

［附］神侦《创宋江脸谱》

旧剧之脸谱，所以状古人之忠奸威懦，■以曹操之脸谱最佳，极合阿瞒个性。惟亦有时穿凿附会，反失其真，且有宜勾脸而不勾脸者，渐失艺术化之风味矣。就武剧而言，水浒戏甚多，如"宋十回""武十回"之类，武松以正生饰，甚合身份，宋江不勾脸，则较比欠缺。盖宋江者，乃一卑鄙小人，平生专以假仁假义，笼络群豪，骗得梁山泊上百余人之拥护，其领袖欲极大，俨然一独裁政治家。

蓼儿洼忠义堂上一百八人，当推黑旋风为第一位胸无城府的天真烂漫人物，最奸佞最虚伪者，当推及时雨，在金圣叹原批中，已发挥得淋漓尽致，此种假仁假义之巨憝，身后定评，当以春秋诛心之论断，拟之为曹阿瞒一流。

宋江出身吏胥，以慷慨广交闻于时，其家乃成纳垢藏污之逋逃薮，谋为不轨之心久矣，特表面装作正人君子，观其浔阳楼上题壁之反诗，本来面目，于酒后毕现。更复假造石碣，欺骗同袍，俾使各无■贰，不敢抗衡，用心之微，于施耐庵原著中推敲可知，妙哉才子笔，有此含蓄作法。

吾今为宋江创一脸谱，面上宜涂黑色，盖原书明明写得是"及时雨黑宋江"也；惟鼻上眉际，仿曹操画法，描白色纹，以表示其满怀奸狡，其脸谱可完全效法曹操，特颠倒其黑白耳！尤其是宜由净角饰，不可用须生饰，否则陈陈相因，差之毫厘，谬之千里，旧剧将永为时代之落伍者矣。

——原载天津《中华画报》（民国二十二年四月十日）

露 怯 （竹心）

芳泽游华，扫兴而去。在王正廷引避，罗文干谢绝声中我们好像是悻悻然惴惴然，和他一点接洽也没有。这一来更显得敌人的厉害，他们军事占优胜了，还不放松外交手段，而我们是太露怯了。

寻常人有种劣根性，遇到难办的事便搁置起来，遇到厌见的人便躲避不见，这只是怯懦顽钝。阿Q固然可以"事缓则圆"自解，把"听其自然"归到"审慎"项下，可是我们总须明白雍容持重和推委延宕的弊害。

九一八的前夕，万宝山事件暴发，彼时日人野心犹多顾忌，尚有意求段落的政治解决。金谷参谋长来平谒张，张念见则恐其要挟，而惮于应付，拒又无辞，就在订期会见的那一天，乘机南下出席全会，把客人甩下不管。"取瑟而歌"，此在私交尚启误会，而况是国际间！

我们的当局无疑的这回又露怯了，其实我们很可以表白我们的决心，探问他们的来意，趁此宣布我们最后必守的壁垒，开示今后问题的出路，至少对内对外可收宣传之效。而我们却悻悻然把机会给放过了。

芳泽来了，必有所为，芳泽去了，必有所见。他将对世界造谣说：支那犹无悔悟，他们没有维持东亚和平的心。

——原载天津《中华画报》（民国二十二年四月十四日）

上天堂与跳火坑（竹心）

日人替自己宣扬德政，真是无微不至，只可惜他太觉自己聪明，因此便时常把世人当作傻子。即如本报所刊这两幅讽画，真教我们眼看做东北第二的华北人民觉到恼不得，笑不得。他说在军阀蹂躏下的人民，是很可怜，是下地狱，是跳火坑。唯有投入伪国，做傀儡，当双料奴才，那才是上天堂，置身福地。如此诱降，心劳计拙，我们恨不得唾一口，但是华北这不快上火线了么？在南京的汪院长却以跳火坑自喻。老实说，南京的火坑我们欲跳还高攀不上，而东北请柬，非邀请华北同胞有福同享不可！蒋委员长不说么，剿共军"抗日请缨"，殊属见异思迁。把守国土雪国耻的事，认做可异的举动，遂禁北迁，只好南渡了。却也好，我们跳火坑一望无边，上天堂来路已近那时候安土重迁，原不足异。

——原载天津《中华画报》（民国二十二年四月十九日）

尼泊尔（竹心）

尼泊尔为中印间之独立小强国，面积五万四千英方里，人口五百六十万，佛教颇盛，昔唐玄奘僧取经，曾抵此国，经典称为尼菠罗国者也。庙宇建筑古雅，全是华风；宫殿亦极壮丽，渐染欧式。民风强悍，全国皆兵。印度有尼国人充当英国招募兵士，约二十五万人，英政府年送尼政府一百万罗比，订约彼此不相侵犯，可见其国力之强也。尼国为帝制政权属诸世袭之首相兼大元帅，皇帝不加干预。清乾隆时归诚中国，历受册封，为西藏屏藩，垂二百年。民国后，中原多故，贡职乃废。不料前岁尼国忽进兵数万，与西藏发生冲突。嗣经国民政府折衡樽俎，邦交恢复。并援清例，派专使张铭（鼎丞）氏，赴尼国授于尼首相兼大元帅宾森塞尔以陆军上将职，并一等宝鼎章，且赠以古籍书画珍品礼物若干车，尼国来电欢迎专使，二十一年二月八日，在尼都举行接受中华民国授勋大典，仪注极隆。从此中尼邦交，益行亲睦焉。所可慨者，亚陆大国，向为邻邦宗主者，今乃以军阀内讧，农村破产，又加以外患之打击，渐走崩溃之途，昔日光荣，不可复再矣。

——原载天津《中华画报》（民国二十二年四月二十四日）

后台喝采（竹心）

我们的中画要这样做，五一起决将内容刷新。

中画发刊到今，瞬已二百八十六期。自然，我们随时要往更好处做，但聚精会神的振作一番，总要找个适当阶段。我们就以纪念三百期的机会，提前由五一节，将中画内容大大刷新一回。

刷新办法：换新报容，改良印刷，排版式样务期美观，照片文字更求丰，要在时事游艺美术并重。为了这缘故，我们将加邀几位游艺记者、摄影记者和京沪通讯员，以求材料的充分供给，这便是"邀角"。同时，还联合新画，举行特价赠书办法，以欢迎新读者，那又是"叫座"了。

详细计画下期公布，先报告一下，等于后台喝采。

——原载天津《中华画报》（民国二十二年四月二十六日）

心
集

208

《啼笑因缘又一劫》案语（竹）

啼笑因缘的遭劫，犹如北伐幸告成功终于再蹈入"只可共患难"的窠臼，而必然招来外辱是一样的当然结果，阿Q正传是超出布尔乔亚和普罗塔利亚的中国民族文学，这篇小说便断不会上镜头，也不会被续貂的。

——原载天津《中华画报》（民国二十二年四月二十六日）

［附］病后《啼笑因缘又一劫》

啼笑因缘之为啼笑因缘，只是反映了小布尔乔亚意识形态：代来了有关阶级的艺术品的典型，如果它也算得一个艺术品。其意识原浅薄，弯曲，无足道。但在运用技巧与题材方面，还不失为聪明的。在这一点上，我们不能不承认其已有相当的成功，自然是抛开时代性言之。

因为啼笑因缘吸取得广大的小市民普遍欢迎，投机者遂亦想利用其为号召。于是乃有大华剧社的编为"文明戏"跑各码头，明星公司摄制六集半有声片，惜红馆主狗尾续貂的传续啼笑因缘等等。

■无为等的文明戏，集一群跑江湖的上海"白相人""■白"大打其"蓝青官话"和苏白，已是不知所云，明星公司的影片也是任意拉长，不但原来的精彩尽失，原书各人的个性也绝对不能仿佛一二。至于续啼笑因缘更是"咽人矢橛，不是好狗"矣。

这些倒也罢了，最令人不堪的就是北平方面最近竟有人排成嘣嘣戏。嘣嘣戏之为嘣嘣戏，其唱做之俗恶下流，说白之土头土脸，只要是稍有雅骨略少伧气的人无不闻之浑身起鸡皮疙瘩者，以之演啼笑因缘，则何丽娜陶太太辈都成了唐山土语的浪大娘们，嗟夫！啼笑因缘何辜，乃遭此劫运耶？

——原载天津《中华画报》（民国二十二年四月二十六日）

［附］病后《呜呼阿Q正传上镜头矣》

竹心兄：读案语，以啼笑因缘喻不彻底的革命，大妙大妙。并论及阿Q正传为超于布尔乔亚阶级与不乐列塔利亚阶级的，甚是甚是。阿Q正传不能上■头一语，尤获我心，可谓寒酸"所见略同"。夫阿Q正传一书，执绍兴人问之，谓是地方性的文学，执洋毛子问之，亦必谓之世界型的文学，实言之，直是代表整个"人性"的描写，固不止是中华民族文学也。电影艺术者，只是现代的畸形文明的产儿，严格论之，实一种低能的艺术而已。兄以为断乎不能登之银幕者，不幸上海方面已有大胆妄为的人，冒天下之大不韪，拍摄阿Q正传矣。试曾以上海式之明星而演此，则阿Q正传之遭劫，吾人正不暇为啼笑因缘之唐山怯调的浪大娘们化惜矣，哀哉！

——原载天津《中华画报》（民国二十二年五月十五日）

故宫古物（竹）

（右）汉代瓦器"马"。（左）汉代瓦器"抱禽童子"。周铜汉瓦，为著名古代美术品，雕铸极精。清宫所藏汉瓦，珍品颇多。此二事型█之工致，质地之坚实，较后世良磁，初无逊色，无怪为博古者所宝爱也。

——原载天津《中华画报》（民国二十二年四月二十六日）

记首都票戏（竹）

首都票界，上旬为筹款购置飞机，特联合同志，在美化戏院，公演旧剧。一时票界名手，均献身舞台，闻所得成绩甚佳。兹承南京中华照相馆摄寄当时表演照片五帧，特为镂版登之本刊，亦望津门票友，闻风继起也。

——原载天津《中华画报》（民国二十二年五月一日）

必胜旗与抵抗（竹心）

宋人笔记上说：金有铜牙箭，宋有锁子甲。金有四太子，宋有岳少保。金有狼牙棒，宋有天灵盖。这就是中国人历来抵抗精神，原来中国人的抵抗精神是完全根源于挨打的事实！我们再看我们的敌人，当我们用大刀片防守长城时，是在飞机炸弹大炮机关枪，横扫直轰以后，才得用残存的肉弹，爬出沟外，去与敌拼，换言之，先挨够了打，然后才能迫近了与敌对抓，这已很打得可怜了，侥幸九死一生，砍的几颗敌人头，也不过以百换十，而我们竟傲然以为得计，方欲扩大大刀片运动，我们的敌人却十分看重士卒，仿佛一滴血也不使白白牺牲，为抵抗大刀计，而有钢圈加项，而有钢盔盖顶，物质文明战胜精神文明，炮火下大刀乱舞，只能砍臂，不能断腔。

而日人抵抗方法，犹以为未尽，更选死士，操练肉搏战法，在飞机大炮据远制胜外，再极力追求近攻的必胜，田中部队的死士队，预备猛进狙击，以抵制我之大刀，看他那血书的必胜旗，不禁惘然！兵虽强，械虽利，而犹虚心设计，舍短用长，像这样，才叫做抵抗。

——原载天津《中华画报》（民国二十二年五月三日）

菡蕖婚记（竹心）

月之十日，市立贫民救济院，陈诵洛院长令侄陈纻菓，地方法院章子丞庭长女公子章菡影，假法租界永安饭店，举行婚礼。

吉期择在下午五时到七时，礼成。证婚人，则法院周祖琛院长也。

是日，天气晴明，薰风暖日，大有夏意。男女两家来宾，集于一堂，多皆法院救济院暨政界中人，新郎之叔陈诵洛，浙籍诗人，城南社友也，故津市名流士绅，诗人骚客，到场亦多，数逾八百，皆挥汗观礼，电扇飞动焉。

礼堂四壁悬喜幛贺联百数十幅，礼堂垂镂金双喜字幛。堂其宽展，两侧顺排宾席数百位，设西餐。喜色充盈，主宾欢然。礼车于音乐悠扬声里抵礼堂。执事铺红氍毹于地。新郎扶新娘徐徐步毯来，时在下午六时半也。

新郎貌清癯，披黑色礼服，蹑革靴，玉树亭亭，气度肃然，新娘丰容盛鬋，端丽多姿，衣桃色袍，著绣履，飘飘欲仙。伴郎伴娘左右扶持，面礼堂立。礼生操南音赞唱，证婚主婚依次致词。时男女贺客纷起作平视，指顾欢喧，致词皆不可闻，但见吻张。唯赵友梅以来宾致词，述联语十六字，群赞要言不烦。

签婚书，换誓物，行家庭礼，答谢来宾，新人乃随礼生俯仰数次，而礼成。客援西俗，疾以彩纸花投新人首面，乃纷纷如天雨花。新郎沐膏鉴光之发，乃著小荷叶小梅瓣许多。继而新郎扶新人登楼，客犹有捻纸团狙击者，新郎乃以臂挟新娘，手大礼帽做后盾，以障新妇面，新妇娇羞，低眉旁睨，新郎则道貌俨然，如临阵前焉。于是贺客据案大嚼而散。

方进餐时，有青年客屏汽水不进，及上冰乳，其友乃嘲曰"他还是不敢吃！"又摄俪影为时已晚，镁光轰然燃发，客有失箸欲逃者，可笑也。

——原载天津《中华画报》（民国二十二年五月十二日）

中画三百期征求二事

闺秀近照——应时短文（竹心）

中画三百期纪念刊，征求题词祝画诸纪念作，并及中画改革意见，一般画刊之批评介绍，暨各种健美童真，时事艺术摄影，已别见启事，兹为期未及两周，仍有两事，亟待征求。

（一）三百期纪念刊封面■照，此次纪念刊整版封面，已请名画家李凤荷先生油绘图案，三色套印，精美绝伦，中嵌铜图，镌登名媛玉照，比已略备数帧，尚拟精求，以极一时之选，藉用传绣平原，表彰健美。兹悬五额，征求当代知名闺秀近影，凡名媛秀女，风度隽美，摄影光线明丽，皆得登录。甚希摄影家，交际界，以此见惠。或学校女英，闺门秀媛，亦望不吝以近照见投赠。第一名，登纪念刊，赠中画半年；第二名以下，分刊他期，酌赠五十期至一月。

（二）端午感时作：纪念刊出版期五月二十九日，恰值废历端午，前请惠稿诸君，写寄题词题字祝画祝诗。兹并希求应时即景之作，虽时艰不当为欢，而过节何妨寄慨。思屈原之赴清流，方精卫之跳火坑，芳草美人，在在可抒吾心。所望艺林同好，纵笔裁笺，惠我好音。酌备酬金，权当润笔。

——原载天津《中华画报》（民国二十二年五月十七日）

光陆小火光（幼）

本埠特一区光陆电形院于十一日下午三点一场，映演派拉蒙影片公司新片"幽谷兰馨"时，因机房失慎，致将影片燃着，烧去最末卷影片约八十余尺，幸扑救迅速，未酿巨灾，查外国影片租片合同，有烧片一尺，照赔英金两角，约合国币一元，影片八十尺须八十元之■云。

——原载天津《中华画报》（民国二十二年五月十九日）

英雄气正长（竹心）

日本有火山，我们却有火坑。我们的火坑，一在南京，为汪院长所发现，一在北平，是黄委员长就近才发现的。日本的火山，常有甘为情死的人偕手同跳。我们的火坑，只有勇于赴难的政治家才肯一南一北分工合作的去跳。"由此观之"，在日人■谓为儿女情长，在我们不算是英雄气短。

——原载天津《中华画报》（民国二十二年五月二十二日）

现在不办明天见（竹心）

"识时务者为俊杰。"何谓时务？高远连瞩，权利害，辨轻重，知当务之为急，而不拘牵畏缩，坐失时机；换言之，能于麻乱牵制的局面中，找出较善的出路来，一发千钧的夹当上，立刻想法去办，这便是识时务的豪杰。

像那没法解救"现在"，因弄不转便延宕开，或退缩下去，以至于低头输气，尚强自解嘲，委大运于难逆睹的"将来"，而曰且将"十年生聚，十年教训"。这便是阿Q的精神胜利法。几于输了手，输了嘴，而心中还以为"哼，等着吧小子，明天见。"

明天的结果，又遭受新的事实上的失败！

——原载天津《中华画报》（民国二十二年五月二十四日）

强作噱（竹心）

中画于二十年三月十三日创刊，中经二稔，时变万端，而内外交煎，于今为甚。民抱偕亡之痛，国有陆沉之忧，至于百孔千疮，相■愈亟；舐糠及米，外祸加剧；真古今所少有，亦中外所罕见。而吾人遭之。吾人何幸而遭此奇，何不幸而罹斯厄！观并世之人，或伤心扪舌，或■■哀吹，或狂发极醉，若汲汲不可待；胸■重铅，苦闷难呻，而吾报方以三百期纪念刊，出面问世，此非自庆，廼强颜作噱也。

谬为振厉之辞曰：方自奋于泥涂，丁■艰不废弦歌，窃吟苦草。中画三百，划此段落，且从今更■，追求新美。昨日种种死，今日种种生。愿诸作家，时惠好作，或传写时闻，曲摹世相，唯谑不伤雅，婉而多讽。仍本时事游艺美术并重之旨，更求尽美。来日之计，如此而已。过去之事，不足道也。

——原载天津《中华画报》（民国二十二年五月三十一日）

216

侧面新闻

侧面新闻（二条）

●本市河东市立医院，刻有一操华语，作华装之俄籍少女，按日前往诊疾，据询其身世，乃张雨亭第四如夫人之侍婢（原文作"侍俾"），名安妮，于七八岁时，值赤色革命，流离失所，自鬻于张宅，其人貌清婉，聪明■巧，仅年余便通华语，甚得四夫人怜爱，赏赉颇丰，年既摽梅，夫人欲为择配，有青年副官，与之年貌相当，使自相看，婢坚拒嫁，至去岁，■积私储五百金，以四百求如夫人，请赎自由身，夫人怜而许之，更与厚赠，婢拜别恩主，卒只身来津，且觅得正当职业焉，此婢操华语极流利，骤听之宛若关东女郎，俄语转多遗忘云，闻尚小姑无郎，现傤居一俄妇家，生活颇清苦，人皆许为有志贞女云。（杏）

●锄奸团沈涛投弹被捕后，因社会热烈之援助，传已经保释。闻沈涛被捕，与唐山市□□日报有关，缘锄奸团抵唐时，曾函该报请予声援，该报据以告发，致激起当地民众之反感，一致团结，宣言援助爱国志士，该报地位陷于窘境，曾迭次接到恫吓书，请求官府保护，亦苦防不胜防，近自沈涛保释之消息透出，该报社长王某突又接到锄奸团一短札，上书"□□先生大鉴，日内寄上■球二枚，望祈哂纳为荷"。寥寥数语，王某读之大惊，

急祈求官府保护，卒无切实之保障，全社职工惴惴不敢作一日居，报已暂时停刊云。（杏）

——原载天津《中华画报》（民国二十一年十二月十九日）

侧面新闻（二条）

●前土地局长、河东中学校长李绍轩氏，其令伯于十一月二十日在津宅病殁，定一月二日举殡，李本津绅，致赠献祭者人颇不少，闻路祭三棚，主祭为教育局长邓庆澜等云。（心）

●本市冬季临时分所为一种粥厂暖棚合组之贫民收容机关。八所贫民，兼发给棉衣，有病并施医药，收容定额五百，闻成立五十余日，已达六百数十名，超过百名，主办人员拟请社会局设计扩充云。（呆）

——原载天津《中华画报》（民国二十一年十二月二十一日）

一盘散沙（五条）

●陈济棠又遇着刺客了。怎么这些刺客，单单找他？其实从权威上看，有挨刺的身价者颇多。像长衫朋友，挥之可去，招之即来，假以颜色立登台，稍示沉默便称病，若此者不值一唾，何论一弹？（杏呆）

●蒋委员长北上不久，古北口旋告陷落，这真予人以难堪。很有人替蒋设想，抗日战功不著，将麾怎生南指？然而报载，共

竹
心
集

218

匪五路骚扰之阴谋发觉，这这该怎办！（杏呆）

●日内瓦代表团在海外干跺脚，又电请反攻，收复热河了。收复东三省，竟没有勇气谈到，然则绝交宣战，更成高调了。（杏呆）

●华北民众，瞪大眼望消息，听动静。于谣诼纷传中于要人言谈行动上，加以观察、揣测，于是自诩高见，安然高卧道："华北不要紧。"（杏呆）

●到底东北协会，一语道破症结。他说："承德失守，举国悲愤，幸喜峰围场坚决攻守，敌为大挫。乃连日敌一面为划界长城已■言，一面为进兵榆关之恫吓，欲以沪战协定之故智，引我入彀。诚恐国人卑怯苟安之习，深入人心，难免不有以抱残守缺之计，倡为与敌妥协之论"。抱残守缺便是有拒敌无反攻，便是"打到那里算那里"，便是搪打，而非还击。（杏呆）

————原载天津《中华画报》（民国二十二年三月二十日）

侧面新闻（一条）

●天津西关大街，新开小饮铺，字号"一膳龙"用名矣特异。（白羽）

————原载天津《中华画报》（民国二十二年三月二十二日）

断烂朝报（三条）

●张学良引咎辞职之后，汪精卫先生关切国难，翩然扶病归国。乃由沪晋京，依然称病。且谓行政院职务烦剧，非病体所胜，愿推宋真除，自服务中央党部。这就是说：行政院乃热闹衙门，非健强如宋公，不足胜任愉快。若中央党部，那就是闲曹冷衙，堪以养病了。病夫国以病夫办党，自然人地相宜。（杏呆）

●陈济棠遇刺客之后，张汉卿沪寓，忽然发现炸弹。这砰然一响，不知掬有多少酸泪。（杏呆）

●汪胡为中山先生之左辅右弼。中山逝世，汪"左"倾，胡右倾，乃分道扬镳，砥柱中流，赖中正先生耳。汪氏过港访胡，于安内攘外有所会谈，据报载"胡仍主观甚深"，右弼主观甚深，左辅自然是客观甚透了。可不是，扩大会议时汪曾以客观的条件尊■。（杏呆）

——原载天津《中华画报》（民国二十二年三月二十四日）

一盘散沙（四条）

●秦始皇修万里长城，乃为捍御匈奴，保地盘。又大遣方士徐福，携五百童男五百童女东瀛登■，乃为求神仙山，■长生。总之，全为身命财产计耳。不图几千年后，徐福余孽，为祸东北，如汤沃雪，进寇长城，若非关山小阻，那不直下平津？竟以始皇之矛攻始皇之盾，为功为罪，敢问秦嬴。（竹心）

●日药有"清快丸""中■汤"■咒中国,徒见沐猴窄心肠。乃于其后,又有平热散!清廷早完,中国将领■多汤儿事,平泉热河又散矣。记清末东北有童谣曰:"棒槌滴溜溜,青天打日头。"解者谓清廷伐倭也。而不知预言青天白日旗将有暴打暴日之一天。"时日曷丧?予及女偕亡",但看人心齐不齐,死路逼得急不急。(竹心)

●希特拉执政,欧陆形势紧张,国际环境无形中为敌造机会,即为我坚抵抗之心,一面交涉一面抵抗之两面对策,今只剩片面。外次刘崇杰,发表辟谣谈话,坚主"敌来则抗"之方针。然而敌来已久,敌入已深矣。"打到那里算那里",抱残守缺,陈兵长城,而华北岌岌可危。东北地盘,则豁出度外,东北民众,则"弃我如遗",岂不哀哉!(竹心)

●捐款购机之通令,已见实行,飞机救国之呼声,早弦振耳。而历观十八个月抗日战史,徒见肉搏,未闻机声。毕竟飞机安在?阅昨报,见剿赤大军,飞机投弹轰炸匪区,乃始恍然。(竹心)

——原载天津《中华画报》(民国二十二年三月二十七日)

侧面新闻(三条)

●本市北马路有小铺面,匾署杏林春药室,五字横行,每误读为"杏林"春药室,以为公然标卖春药,医士大胆云。(杏)

●严范孙先生,为津市闻人,殁已四年,嘉言懿行,津民口碑犹传。城南诗社浙籍诗人陈诵洛,近辑为"蟫香室别记"一书,所叙皆言公生前行实,颇不溢美云。(杏)

●津市近乎发现怪传单,款署"华北民众自卫团",内容荒谬，目张为旧军阀，蒋为新军阀，谓皆应打倒，并称东北已成福地（?）显见为倭人造谣惯技（原文作"枝"），惟字句尚顺，似出无耻汉奸手笔。（杏）

——原载天津《中华画报》（民国二十二年三月二十九日）

侧面新闻（四条）

●津宁园游艇，近已刷新，将于清明下水，藉供游人划游。（杏）

●文学家赵景深、张资平最近旅津，联合同志，发刊"北国"文艺月刊，闻已筹备就绪，定四月一日出版。（杏）

●河北公共汽车，原走路线，由官银号直开宁园，刻因经过地道，坡面坎坷，恐损车轮，乃暂改只开至新车站，此对游人，■感不便云。（杏）

●抵货以来，法租界各大商店，因铁血团投书劝告，均已停售。其它华界热闹商场，亦不见日货，唯僻区小商铺，如北大关各洋货店，竟大陈太阳牌树胶鞋，至数百双，他货■是，曲巷负担小布贩，大呼一元贱买一丈四之洋布，亦均日货，在日人扬言武力贸易政策声中，有此现象，日人当可大放怀抱！（杏）

——原载天津《中华画报》（民国二十二年三月三十一日）

银　屑（六条）

●黎明晖摄演"追求"后，闻第二片将摄"黎明"，惟剧名系暂拟未定，将来或有更改。（杏呆）

●广州南方公司声片"白金龙"，已摄竣运沪公映，来津尚无确期。（杏呆）

●张织云近筹备自创影片公司，闻已请顾肯夫担任编剧及导演。（杏呆）

●国内各导演家，作风不同，声价亦异，据考察，以孙瑜、卜万苍、史东山、蔡楚生诸导演，为最受观众欢迎。（杏呆）

●王人美加入联华后，导演蔡楚生，刻拟请王主演所编剧中之"渔光曲"，王现年已十九岁云。（杏呆）

●袁美云不久将主演天一新片"孝道"。（杏呆）

——原载天津《中华画报》（民国二十二年三月三十一日）

侧面新闻（五条）

●本市新闻界，曾一度组织记者联会，旋复停顿。最近各记者鉴于采访消息，感觉困难，认同业皆有联会组织团体之必要，决发起"天津市新闻记者公会"，刻正在筹备中，不日办妥备案手续，即正式开成立会，推选职员。（杏）

●前鲁督郑□□，在某旅馆，与一女友饮乐，忽为其第四妾侦知，乃以冷不防之手段，迳提醋瓶往掩，竟人赃捉获，发生争

执，归局小住一夜。（羽）

●扶轮学校，四月二日，为筹募抗日将士钢盔，邀请津市名票刘叔度及天津小姐陈湘君，在宁园大礼堂，演剧一日，预计开销外，可得数百金，用以购盔云。（竹）

●天津小姐陈湘君，近对旧剧，钻研颇力，延有专家说戏，嗣后将献身舞榭，募捐饷将士云。（心）

●津市仇货受倾销影响，日来又渐抬头。因之除奸团又恢复活动，连日已发现炸弹三起，日前法租界绿牌电车道，广财巷曾发现最响亮之一弹，据闻系为巷左某绸店而发云。（竹）

——原载天津《中华画报》（民国二十二年四月三日）

侧面新闻（二条）

●近以时局吃紧，党政当局奉中央令，著手筹备检查新闻委员会，十五日特在特三区该会办公处招待津市新闻记者，讨论检查办法，并征询报界意见，各记者对送看大样，因与出版时间有关，多表示异议，当场未能确定办法，但相信在开放政权声中，此举终不免施行。（心）

●津市法国花园，春光大好，春意勃勃，男女游春者，颇动时代思潮。（竹）

——原载天津《中华画报》（民国二十二年四月十九日）

侧面新闻（一条）

●四月三十日，本市女子师范学院，假河北辰纬路公共体育场，举行三部学生联合运动会，分田赛径赛两种，成绩甚佳。（竹）

——原载天津《中华画报》（民国二十二年五月五日）

火树银花（八条）

●本埠光陆电影院，自更换经理后，选映影片方面，亦有更动。闻与派拉蒙影片公司之新合同，在上海并未签字，改订联华影片公司出品。故今后平津该院，将不复再映派拉蒙新片矣。（幼）

●上海明星影片公司出品，平津公映权，将属于华北电影公司辖属各院云。（幼）

●天一影片公司之有声出品，平津向无专院放映。新新、光明、明星均曾分别映演，此后或将归属新新影院云。（幼）

●派拉蒙公司新出品"罗空艳史"，在上海兰心、光陆两影院同时开映，前后一星期，上座每场十成，超过于"璇宫艳史"之成绩。（幼）

●联华电影公司出产有声片之计划，即将实行，因第二次招收股本已将足数，即以此款购置声机，或以上海颜鹤眠、石世磐等发明之收音机供用云。（幼）

●联华导演费穆君抵沪，已着手导演其新片"乳娘"，但此试拟之片名，仍未确定，或另起新名云。（幼）

●贾波林为雷电华影片公司，拍摄音乐有声笑片三种，每种两本，均已出版，第一种已在上海南京大戏院公映。（幼）

●明星影片公司新片"血债"，为夏佩珍主演者，后因检查委员会禁止公映，后经公司疏通，始行允映，但须将不妥部分，重新拍制，并将片名改为"红粉英雄"。同时，该公司出品"人道之贼"，亦改为"道德宝鉴"云。（幼）

——原载天津《中华画报》（民国二十二年五月五日）

牙慧偶拾（二条）

●善门难开巷口来一募缘道士，对第一大门，敲磬念经，第二大门忽隆一声，掩上门扇。第三大门，第四大门，立即响应。道者喟然叹道："这才是善家哪！"第三门内立刻有人应声答道："这就叫善门难开"。（竹心）

●日本式的嘴名记者流黄氏卜居法租界，二房东刘奶奶，据称最惯指桑骂槐。一天，刘奶奶之子大狗，打了小流黄。流黄太太提出抗议，刘奶奶强词夺理，认为其责任应由小孩自己担负。昨日大狗又猛■小流黄，小流黄大哭。流黄夫人怒不可遏，据理予以强硬的抗议。刘奶奶曰："我们孩子打人打惯啦！你们自己也得小心点。"遂指大狗丑骂，而弦外之音，别有所在。流黄氏慨然长叹，以为二房东生著日本式的嘴，决计搬家，以为抵抗云。（竹心）

——原载天津《中华画报》（民国二十二年五月十五日）

侧面新闻（一条）

●津市铜圆价又跌，每银一元已达五百枚，面价亦廉，纸烟大涨。（竹）

——原载天津《中华画报》（民国二十二年五月十五日）

侧面新闻（三条）

●津市铜元价格至五月十日后，惨落至五百枚兑银一元。由十六日起，因旧历节关迫近，稍稍抬起，十六日一日间，由五百枚涨至四百九十枚，至午后有兑四百七十枚者，讵至十七日竟紧涨到四百二十枚，显系奸商操纵。（竹）

●因日机威胁故都之故，连日由平迁津，及由津华界迁租界之小资产阶级颇多，法租界旅客皆满坑满谷。北辰饭店向来住客寥寥，近亦已人满，并饭厅亦经赁出。法国教堂后平房租价每月不过四元至八元，刻已大涨至二十元。有楼房一所仅十间，原租八十元，尚空闲，昨讨价二百五十元，仍索压租云。（竹）

●津市处关大街贫民救济院，十七日召集第四次董事会议，闻议决修改内部组织，有改名市立救济院，添设事务主任说。（白）

——原载天津《中华画报》（民国二十二年五月十九日）

侧面新闻（一条）

●津市自十九晚八时施行临时戒严，影响娱乐场所，法租界影院戏场，入夜皆停。各百货商场，亦自十时起即闭门。（竹）

——原载天津《中华画报》（民国二十二年五月二十四日）

［附］王振良《〈《中华画报》白羽佚文〉前言》

2008年岁末，元卿兄转赠著名作家、学者白羽之哲嗣宫以仁先生编辑的《话柄》一套三册。因与元卿计议，在天津搞个白羽学术讨论会，同时编一本《天津记忆》的白羽专号。今年初向侯福志先生约稿时，他说据有关记载《中华画报》里有大量白羽佚文。归家后，即将所藏《中华画报》影印本（收入全国图书馆文献缩微复制中心《民国画报汇编·天津卷》）找出，积数日之功翻阅一过，得白羽文字长短百有余篇，复印后委元卿兄交宫萍女士，再转寄给宫以仁先生。

《中华画报》由天津中华画报社编辑出版，其社址在原法租界三十三号路（今河南路之锦州道至赤峰道段）仁和里十号。中华民国二十年（1931）三月十三日创刊，最初为周刊，旋改周二刊，复改周三刊，每周一、三、五出版，至民国二十二年（1933）五月三十一日终刊，凡出版三卷三百期。20世纪40年代，上海和香港分别出版过同名的《中华画报》月刊，与天津《中华画报》似无关系。

天津《中华画报》的编辑，前期主要由王受生（笔名谏果）主持，后期主要由白羽主持。白羽到《中华画报》工作约始于民国二十一年（1932）十月初，直至画报停刊，前后近八个月的时间。主持《中华画报》期间，白羽发表了各类长短文字百数十篇，大体可分为三个部分：第一部分是封面版"良心话"专栏文章84篇，第二部分是专栏外的其他文章52篇（《茗盏余话》和《张恨水与张资平》均分两次刊登，各算一篇），第三部分是各类新闻短讯53条。

"良心话"是《中华画报》封面版时评专栏，除偶由他人代笔外，白羽每天亲自撰文。自第三卷第二八七期起，"良心话"栏头被取消，改为"天平"图画，三期后又改为"钟表"图画，一期后再改为"长城"和"钟表柱"，并配"时针"二字，此后又维持了十期，画报即告终刊。"良心话"专栏后来虽一改再改，但白羽的文字风格和内容却无变化，因此仍可看作是"良心话"的延续。即如最后栏头配的"时针"，自左至右可读作"针时"，很可能暗含着"针砭时弊"的意思。

白羽"良心话"专栏外的文章，又可略分为三类：一是时评，其精神与风格与"良心话"文字毫无二致，只是未纳入该专栏；二是电影、戏剧等文艺评论，多数是独立文章，少数以"案语"或"识语"形式出现，附缀于他人文字之后；三是作为编辑，为画报撰写的启事、说明等实用文字。

白羽写的新闻短讯，一般称"侧面新闻"，偶尔也因类萃聚命以他名，如"火树银花""断烂朝报""银屑"等。从具体内容来看，这些"新闻"恐多得自耳剽，并非实地的新闻采访，因此往往只言片语，其真实性很难说，这可能也是其称"侧面"新闻的缘故。

"良心话"专栏和其他很多文字的战斗精神和犀利风格，直接影响到了刊物的命运。从种种迹象看，《中华画报》的停刊，似乎就是迫于某种政治上的压力，这也极可能是白羽赴霸州栖身任教的直接原因。在与元卿兄的探讨中，我们还推测："中画"的被迫终止，更是影响到了白羽以后的道路，积极用世而遭政治之迫害，写武侠小说谋生又感不得已，在无情现实和心灵挣扎的双重挤压下，白羽最终选择学术作为归宿。可惜天不假年，白羽在其金甲研究的道路上，也没有走得更远。所有这些，对天才的白羽来说，既是时代的悲剧，更是个人的不幸。

关于《中华画报》白羽佚文整理，宫以仁先生在初校稿之前加有一段按语，对有关情况进行了简要说明：

> 白羽在 1932 年至 1933 年曾在天津《中华画报》任编辑，实际上是主编。该报是每周一、三、五出版三期，白羽在每期报头旁写一篇短评，刊于"良心话"专栏，笔名用得很杂，以竹心、杏呆为最多。当时正值"九一八"事变日本侵占东三省后，白羽多围绕这一事件发表三四百字的宣传抗日言论。另外，他在该刊上还写了一些较长的杂文。承蒙王振良、张元卿诸青年朋友找到白羽佚文一百多篇，经这几位年轻朋友以及我和小女宫萍、宫捷打字校对得以问世。白羽这些遗作写于八十年前，为便于读者理解，我在许多篇文章后写了"批注"，供参考。

拿到宫以仁先生的初校稿后，元卿与余又挤出若干业余时间，昕夕对校两轮，今乃成此定稿。虽仍难免鲁鱼亥豕，然后学晚辈，已尽心力，先贤大德，当不罪我等也。

还有一点需要说明的是，白羽以"心"为名发表有新闻短讯若干，而同时《中华画报》另有不少署名"心"的文章，经考察均是该刊另一作者王铭心的作品，故不再阑入。《厌世家说我要自杀》一篇原无署名，因刊于"良心话"专栏，暂以白羽文字视之。

整理时，原文繁体字和异体字，均改为简化字；当时习惯用法，如甚么（什么）、那里（哪里）、喝采（喝彩）、计画（计划）等，则一仍其就。文中标点，一般尊重原样，与现在使用习惯严重歧异容易引起误读时，酌情更动之。文章中的□，均是原来所有；模糊不清难以识读的字，以■代替。原无篇名由整理者代拟或为使篇名意思完整酌加之文字，用楷体标示。原文明显误植径改，并在后面加括号用楷体字注明。新闻短讯往往一组有两条以上，在篇名后均用楷体标注具体数量。每篇署名括注在标题之后，用楷体字标示；新闻短讯署名悉依原文，分别括注在标题后或每条文末。宫以仁先生所加批注，除少数人们熟知者外，大部分予以保留，或有助于读者加深对白羽文字的理解。

2009 年 9 月 28 日写于沽上

——原载《〈中华画报〉白羽佚文》（《天津记忆》第 19 期，2009 年 10 月 1 日印行）

第三辑　说三道四

三国闲话

平话小说与三国故事（竹心）

一国的文学若独弹老调，不敢新腔，则模拟因袭之风一炽，必致广陵散断送到死路。这必须不断接受外来的刺激，使异国情调渗入旧皮囊，促起惊奇比较的研究，经过饱和发酵的作用，然后内容上形式上可以酿出新色香味的旨酒，这便是进步。

交通影响到文化上力量极大。从小说一面看，山海经搜神记等"神话"内容充满了"巫风"，魏晋六朝崇尚清谈，然后有描写人情趣味隽永的"世说新语"等作，以与"志怪"书对峙，却是篇幅依然短小。直到五胡乱华以后，乐歌声诗多染胡风，小说传奇则大受佛法东来的影响，遂激起重大变化，其历史的阶段实与五四运动的"欧化文学"占同等重要。

人种学说：混血儿与私生子多半优秀，因他骨子里注入了新的热的血液。这句话恰可引用到小说史上。唐以来古典的"传奇"小说实质上的确有不少混血儿。而通俗的"平话"小说，从说唱佛曲新翻为娱众俗文，虽流行于民间，却为从前所无有，文以载道的作家，恶其浅俗，不屑一顾，乃得自由发展，创出新风格，差不多像是私生子一样。但后来居上，附庸蔚成大国，至今人多说唯有章回体才是小说正宗！

有唐一代确是中国文学的黄金时代，也可说是"文艺复兴"。

这不只因韩愈"文起八代之衰",把骈文打倒,也不为有李杜之诗冠绝千古;其最大关键,乃是由唐代起确立了一千余年的中国小说的两条基础。尤其是"内容方面"唐古典的文士作家,把元稹的《会真记》、裴铏的《剑侠传》两篇传奇,开创了近世人情小说(如金瓶梅,石头记)和武侠小说(如水浒传,七剑十三侠)的法门,虽免不了海淫海盗的讥诮,却直到现时,还有啼笑因缘,江湖奇侠传,承袭了崔莺莺聂隐娘的衣钵,仍能握住读书界的心灵。而在"形式方面"唐通俗的市人作家,又仿效佛曲俗文,卖艺娱众,而创作了口语体的"词话小说",即宋人所谓的"话本"或"讲史",元明人所谓"平话"或"演义",今人所谓"章回小说",其滥觞实始于小唐。

唐代的"佛化文学",为中国小说添入繁富的内容,改换新鲜的格调,做成功现代白话文学的始祖。勤苦的汉民族,其原始的艺术思想最为凡俗,而缺乏神秘的色彩。左传离骚充满了鬼气巫风,其来源大概由南蛮荆楚传布到北国。然后达摩东渡,六祖传经,以至玄奘西游,印度与中国文化直接接触。虽经正统的儒者死力反抗,而佛说新奇,宣传得法,使当时君相争为护法,士民多相信受,佛骨表竟与驱鳄文一样丢丑。许多佛经用口语翻成,许多佛灵徵僧奇迹收集在法苑珠林高僧传内,遂脍炙人口,深入民间,终于侵到文坛。颜之推"还冤记",段成式"酉阳杂俎",盛陈果报轮回,天堂地狱,皆出小乘法。罗汉金刚(整理者按:刚,原文误作"钢"),魔王夜叉,种种不可思议相,七十二变,三十三天,化形幻象,又全然出于佛经。末后始与旧有的巫风相揉杂,生出"红莲白藕青荷叶,算来三教是一家"之僧道儒的调合神话。并因当日译经纯用语体,高僧每登坛说法,佛徒常聚众唱佛号演佛曲,利用因果故事劝俗信佛,如目莲救母游地狱及天王哪吒除妖、摩登伽女诱惑高僧等神奇故事,最初乃编为俗文宣讲空王，然后才有"说话人"引来娱乐听众，当做闲话，又经一度进化，才舍开佛曲，自编史话。因每段"话"讲罢，必"有诗为证"宣唱一遍，以博其趣，恍如今之弹词，且说且唱，故最初谓之"词话"。后来"词"渐少，话渐多，遂又谓之"平话"。又所说多为历史故事，如春秋战国、两汉、三分，故又谓之"讲史"。而讲史的家法，又实从正史取材，稍加点染，不尚架空，随史实以敷演其大义，故又谓之"演义"。且每一段落，必标回目，衬以诗歌致语，故今人谓之"章回小说"，以别于从方士文学"志怪"书演变而来的"传奇"小说（今人谓之笔记小说）。

平话小说的起源，如上所述当始于唐代，并遗留下人情的与武侠的两个窠臼，供后人摹拟着，直到五四以后"欧化文学"揭櫫写实作风，短篇小说，人生艺术，然后才另划出一个新的时代。

现在的平话小说可分两类，一为市人口讲的话本，如三国水浒西游，一为文士创作的拟话本，如金瓶梅石头记儿女英雄传。其演进的次序是先有人口讲的不成文"话本"，次由说话人写成"草本"以备忘授徒，再次始与出版家合作，即行"初刊本"，最后更有好事文人取初刊本加以润色增订，印成"改订本"，中间复经多人评改增删，始成通行的"定本"，旋有无耻书贾，不顾文情，硬加删改，而成"节本"。现存的三国水浒西游，及隋唐列国，皆是流传很久的刊本，并皆经过这几层增删的变化。现在以清人话本为例，三侠剑施公案济公传，至今平津说书人犹有讲演者，而初刊本实在道光前后已经故都书贾收买说书人之话本，写印出书，惟内容删繁就简，游词余韵动多刊落，致事迹去原来讲词远甚。"济公传"初刊本仅两册，所著济颠灵迹、想见为一佯狂高僧；及郭小亭重述八卷本出，加入拿贼捉妖治病决疑等故事，并融入许多滑稽，反形伧俗。"三侠剑"及"施公案"皆有初刊本［现新天津报所登的三侠剑，五女七贞（即施公案）都是据说书人的完全讲词，直录成书，仅文字上酌有修饰］，内容与清代原刊本大相径庭，但与现时平津说书人所口讲者完全相符。惟三侠剑话本实仅四卷，始于秦尤复仇盗宝，终于胜英破莲花湖，擒秦尤降韩秀；新天津报刊本则增出至十一卷，而犹在续登中，其故事则谓秦尤既擒复逃，出入所谓"八大名山"，胜英乃挨次索犯比武，被困遇救，破山降酋，秦尤几擒又逃，重叠叙来，无尽无休，此纯出说书人意构，已非师授话本，中间并有转录他种话本者。五女七贞于黄天霸辅助施公办案拿贼之外添出十二个女英雄，内中有七个芳名上带一贞字故谓五女七贞，又添出一个滑稽脚色，名小脑袋赵璧，处处恶作剧，引人笑乐，有时不甚近情。盖口讲的小说本富于流动性，虽有师承，常由有创作能力的说书人加以装点，中间再经文人之点窜，书贾之刊改，遂发生很大的变化，版本因而纷歧，故事因而抵触，乃是必然的事。若文人创作的拟话本，如金瓶梅，红楼梦，儒林外史，儿女英雄传，也恒因小说家言，为自来作者所轻，而任意胡弄，版本也往往多有变动。

流传较久的平话小说，据现得的史料，自然先推三国故事，次为西游，次为五代史话，再次为水浒。水浒最早的雏型先见于元刻本大宋宣和遗事，约占两卷，在遗事之后似更有一种增订本，再次始有明刻本，内容已大事增订，由百回、百二十回，至百廿四回不等，最后始有清金圣叹的七十回评删本。五代史话，初有元刻本，后有现行本，其演进的痕迹不甚著明。西游故事初有元刻本"大唐三藏法师取经记词话"，其时孙大圣尚为白衣秀才，次始有明杨××编西游记，收在西游记中，共两卷四十回，内容故事增多，已具现时通行本的轮廓，但文字简率，止叙事实，甚少描摹，以后才有明吴承恩的百回演本。最老的话本，还是三国故事，其流传至少经过一千余年的市人展转口述，其演进的痕迹，又因发现许多史料足资证明，我们愿特别提出一述。

唐李义山骄儿诗云："或谑张飞胡，或笑邓艾吃。"段成式酉阳杂俎贬误篇亦云：儿时做生日，观杂剧，有市人小说，读扁鹊如其本音云云。唐之杂剧，即今所谓杂耍；市人小说是说"评书"。又苏东坡志林云："涂巷小儿薄劣，为其家所厌苦，辄与数钱，令聚坐听古话，至说三国事，闻玄德败则嚬蹙有出涕者，闻曹操败，则喜称快。"据此则由唐至宋，已有市人藉"说三分"以娱听众。既经"说话人"口讲流传，则卖艺娱众之徒实际必有师承口授，既有师承则似乎当有笔录的"话本"，以资提要备忘，传授门徒，可惜我们还找不著这种材料。敦煌洞虽然发见唐人写本"狄梁公九谏"（整理者按：谏，原文误作"练"）、"目莲救母""唐太宗生魂入冥"等俗文，但在当时印刷术犹未通行，像三国这类长篇古话，自然不易有写本。现在三国故事最早的草本只有元至治朝建安虞氏所刻"全相三国志平话"和明弘治朝刻"三国志演义"两部。不过只就这两部考察，已很明显的看出它的演化的痕迹来了。

——原载天津《天下篇》第一卷第三号（民国二十三年三月十六日）

不抵抗将军刘璋的下落（竹心）

汪派须生王凤卿演"让成都"，极悲愤苍凉。末场拜印让防，"解甲归田"，临行时，诸葛军师用翎扇遮面，手背一挥，暗示一

"砍"字，殆政客较军阀为尤刻毒，下野之刘璋，不免于被刺乎？

狠哉！然据正史，并不这样。刘璋实寿终于秭归，即关羽毁败之地也。蜀志二牧传云："先生迁璋于南郡公安，尽归其财物，故佩振威将军印绶。"盖军阀变脸，但争地盘，一旦让防，便可"相视而笑"，局面转变，犹可以合作。

传又称："孙权杀关羽，取荆州，以璋为益州牧，驻秭归。"是尝二次出山，借势孙吴，重张振威将军之旧旗号，以拆刘备之台，尚非持彻底不抵抗主义者。"璋卒，南中豪率雍闿（孟获之老同志）据益郡反，附于吴。权复以璋子阐，为益州刺史，处交益界首。"然而老帅无能，少帅更何足论，卒不能煽动旧部，收复失地。故其后接演七擒孟获，"丞相诸葛亮平南土，阐还吴为御史中丞。"武装同志变做长衫朋友。

刘璋二子，阐其次也。长子刘循，戏演守成都，责骂马超，被超射死，其实不然。先主传：建安十八年，"先生进军围雒，循守城被攻且一年。十九年雒城破。"循犹未死。二牧传："初璋长子循妻，庞羲女也。先主定蜀，羲为左将军司马。璋时从羲启留循，先主以为奉事中郎将。是以璋之二子，分在吴蜀。"据此，刘备之"老丈人"，已降刘备为幕佐，恐由猜忌遂生提（整理者按：提，原文误作"陧"）防，以危及亲家，故劝璋留循为质，庶几幸免翎扇之一摇，其用心亦良苦也。

但为完成悲剧之精神计，还应翎扇一挥，砍却璋头。即从实际着想，落水狗亦是打杀一个好一个。君不见长城外，傀儡溥仪，方图称尊号！

——原载天津《北洋画报》第 1037 期（1934 年 1 月 13 日）

桃园结义（竹心）

尝听梆子戏"回荆州"，孙夫人端带怒问："这是何人！"刘备惶恐对曰："四弟赵云。"按正史赵云实委质称臣于刘，初未继关张而拜把子也。强牵换帖，一何可笑！杨小楼演长板坡则不然。钱金福口口声声喊赵云，端足三爷架子，倒是像煞有介事，小楼亦诚惶诚恐，名伶固名下无虚也。

刘关张桃园结义，艳称于民间，究其实或出诸小说戏本之意构。鄙意"拜把子"之俗，殆滥觞于会党，江湖流浪，纠众结伴乃有歃血证盟之举，然必托始于桃园者，亦自有故。

按古人患难结交，知心相厚，但有所谓"刎颈交""布衣交""君担簦，我跨马，他日相逢为君下"。此殆古人结纳之盟词，亦惟相约共安乐同死生耳。至于亲非同胞，谊仅朋友，左国史汉所载，人之相呼，亦惟称"君"称"子"（称卿则在晋后），若呼"兄"唤"弟"，汉以前不见书册，而实大盛于三国时。

蜀志关张传："先生与二人，寝则同床，恩若弟兄，而稠人广坐，侍坐终日。"恩若弟兄，未必即是结盟换帖。但马良传云："良留荆州，与亮书曰：闻雒城已拔，尊兄应期赞世……"裴松之注云："良盖与亮结为兄弟，或相与有亲。"英雄记"吕布请（刘）备于帐中，坐妇床上，令妇向拜，酌酒饮食，名备为弟。备外然之，而内不悦"。三国志吕布传，叙辕门射戟事，亦云："布谓纪灵等曰：玄德，布弟也。布弟为诸君所困……"云云。蜀记"羽与徐晃相爱，遥共语，但说平生……须臾，晃下马宣令，得关云长头，赏金千斤。羽惊怖，谓晃曰，大兄是何言耶？……"吴志引江表传："鲁肃拊（吕）蒙背曰：吾谓大弟，但有武略耳，至于今日，学识英博，非复吴下阿蒙。蒙曰：士别三日，即更刮目相待，大兄今论，何一称穰侯乎。"

遍检三国史实，类此呼兄唤弟之语，史不绝书，此殆桃园结义附会之由来乎？

——原载天津《北洋画报》第 1043 期（1934 年 1 月 27 日）

孔明拔剑怒杀曹使（杏呆）

三国故事流行甚早，唐李义山诗，段成式西阳杂俎，宋苏东坡志林，已言当时宋人小说，有"说三分"以娱听众者。而初经写印，则始见于元时。

"元至治新刊全相三国志平话"，为建安虞氏刻本，书无撰人，凡三卷，上图下文，如今之连环画。书无回目，而图有标题。其事迹，起黄巾造反桃园结义，终五丈原孔明将星既殒。文笔拙涩，似仅识之无者所为，讹字别写尤多，如诸葛作朱，糜夫人作梅，触目皆是。称袁绍为冀王，刘表为荆王，曹操为"汉上将军兼马步都元帅正授领省大魏王"，爵号皆元人制度也。

上卷叙桃园结义，直似梁山啸聚；张飞动辄戕官杀吏，宛如小牢子李逵；刘备且不得已于太行山落草，后杀七常侍，以首级招安始降，反得加官进爵，真市人小说也！赤壁之战，谓曹操拜仙长蒋干为师，致兵败众怒，斫杀蒋干。孔明真名士也，竟有杀曹使之节目，谓曹使下书至，张昭劝孙权划江自守，"使操军不得渡，汉皇叔自家莫管"。诸葛大惊，乃"结袍挽衣，捉剑就阶杀了曹使，众官皆闹，令人执住诸葛，诸葛叫曰：'托肤错矣，适来曹公书，将军再看，天下诸侯十个被曹操灭无三！'"此抄班超杀匈奴使者故事，然班乃飞而食肉者，以拟诸葛亮，无乃荒唐？

——原载天津《北洋画报》第 1057 期（1934 年 3 月 3 日）

黄鹤楼的出处（竹心）

"黄鹤楼"一剧，演周瑜计困刘备，赖孔明锦囊妙计，以向所得吴水师都督令箭，赚出兵围。剧状玄德之觳觫，周瑜之谲狠，及赵云之沉勇，须生，小生，武生各献身手，得形击互衬之妙。一般顾曲家向疑此剧于史上无稽，又不载三国演义，谓是理想的史剧，与"请宋灵"等。予初亦疑之，乃昨读至治本"全相平话三国志"，则赫然见此剧本末焉。此书由桃园叙起，至秋风五丈原止，文笔拙陋，仅能句读。黄鹤楼软禁刘备，即出此书中卷，接华容道之后，图上标题"玄德黄鹤楼私遁"：……至晚周瑜告皇叔，南岸有黄鹤楼，有金山寺、王母阁、醉翁亭，乃吴地绝景……来日周瑜邀皇叔过江，上黄鹤楼筵会。周瑜有酒，言诸葛虽强，如何使皇叔过江？皇叔闻之大惊，此乃醉中实辞……军师入寨，不见皇叔，赵云说张飞之过，军师有意斩张飞，众官告免。糜竺为参徒，使舡过江见皇叔，纸条上有八字书曰："得饱且饱，得醉即离。"皇叔告曰："若公瑾行军，备作先锋。"周瑜大喜，弹琴声未尽，大醉不能抚，玄德曰："元帅醉也。"众皆交错起坐喧哗，皇叔潜身下楼，至江岸。周瑜酒醒，问皇叔何往？告曰：去了多时。周瑜大惊，碎琴高骂众官：吾一时醉，走了猾虏。

据此则劝刘备过江者为张飞，与剧演张飞闯帐大异，又系只身赴筵，赵云时方留营。予意此元刊三国志，当出宋说话人手笔，故文中有欧阳修醉翁亭，后经明文人删润，始渐成毛序始评改本。黄鹤楼故事或因不近情而被删砍？

——原载天津《北洋画报》第 1060 期（1934 年 3 月 10 日）

关王何时耍大刀（竹心）

张飞之丈八蛇矛，关羽之青龙偃月刀，为三国剧最生色之兵器，而夜读春秋之唱，立马横刀之做，又为红生戏最讨好之处。按蜀志张飞传："先主闻曹公猝至，弃妻子走，使飞将二十骑拒后。飞据水断桥，瞋目横矛曰：身是张益德也，可来共决死，敌皆无敢近者，故遂得免。"此张飞用矛之证也。至关王之大刀，遍检蜀传，无半个刀字。其叙"白马坡"解围云："绍遣大将军颜良，攻东郡太守刘延于白马。曹公使张辽及羽为先锋，击之。羽望见良麾盖，策马刺良于万众之中，斩其首还"。据此，关羽特为先遣敢死队之副队长，恃勇持锐，刺杀敌军总指挥于战场，固未明言用刀也。按考工记郑注，刺兵，矛属，当然有尖，则关公或且操枪。吴志鲁肃传，为"单刀会"戏情所本，亦云："肃在益阳，与羽相拒，肃邀羽相见，各驻兵马百步上，但诸将军单刀俱会。"此已明著刀字，然谓随从裨将，各佩腰刀耳。羽肃为蜀吴主将，代表出席，当盛服冠带，更焉得要大刀哉？按关大刀之出现，当在两宋元明杂剧平话盛行之时。陶宏景"刀剑录"载：云长为先主所重，不惜身命，自采都山铁为二刀，铭曰"万"。及败解刀投水。此两把刀，恐仍是佩刀。惟明包汝楫"南中记闻"云：荆州南门十五里，有地曰掇刀石，有关帝庙，神座

竹
心
集

244

右偏，帝所用大刀，插石窾上，摇之则动，提之不起。庙僧云，重一百八十斤，长一丈四五，杆围可七八寸，色泽苍绀，体式精雄云。综上考证，盖关公用刀之时，已在为神以后矣！

——原载天津《北洋画报》第 1066 期（1934 年 3 月 24 日）

失败先逃，马谡死得不冤枉（白羽）

斩马谡一剧，演诸葛亮执法如山，挥泪斩马谡，剧情颇留遗恨，使做惯团圆梦的国人看了，很不愉快。

史称马谡："才器过人，好论军计。诸葛亮深加器异，每引见谈论，自昼达夜。"可见他是个人材。但他历任绵竹、成都县令，越隽太守，最后为亮营参军，实在是个文人策士，只可参赞军机，却还不能独当一面；决不似戏上那个大花面，擐甲挺枪，眉心上血淋淋划一道痕。惟孔明不听先主"马谡言过其实"之诫，以致"街亭违令"谈兵之书生，兵败罹荆。乃用其所短之失著也。从看戏转到读史，我们便发生些疑问：究竟马谡是否被砍掉头？究竟应否砍掉头？

查三国志诸葛亮传："谡违亮节度"举动失宜，大为（张）郃所破……戮（整理者按：戮，原文误作"戳"）谡以谢众"。又襄阳记载："谡临终与亮书，明公视谡犹子，谡视明公犹父，愿深惟殛鲧与禹之义，虽死不恨。于时十万之众，为之垂泣，亮自临祭，待其遗孤若平生"。据此则谡临刑托孤，果如剧情，扪项唾枪，嚓的挨了一刀。但蜀志马良传，末附谡传云："建兴六年，亮出军向祁山，时有宿将魏延吴壹等，论者皆以为宜令为先锋，而亮违众拔谡，统大任在前……谡下狱物故。亮为之流涕，时年三十九。"这又似瘐（整理者按：瘐，原文误作"瘦"）死在狱中了。

马谡之死，当时多为谡惜。蒋琬后至汉中诣亮云："昔楚杀得臣，然后（晋）文公喜可知也。天下未定，而戮智计之士，岂不惜乎？"习凿齿亦讥亮闇不识人，有违明上之诫，裁之失中，即杀有益之人。意谓秦缪公不耻三败，而用孟明，所谓使功不如使过，既有前鉴，可以效法。殊不知缪公为君可以行赦，诸葛为相必须守法，况违众用人，兵败不诛，将何以用众？何以教战？

究其实诸葛胸中犹有隐恨，马谡行事确乎该杀。读者不信吗？请看蜀志向朗传："向朗字巨达，襄阳宜城人也……后主践祚，为步兵校尉，领丞相长史。五年，随亮汉中。朗素与马谡善，谡逃亡，朗知情不举，亮恨之，免官还成都……"

"由此观之"，马谡不仅违亮节度，致取覆败，而且兵溃畏罪，弃战先逃，藏在后方成都，匿不归罪，俨然是九一八的热汤，七七事变的韩鲁公，只可惜彼时法令峻严，追捕甚紧，又没有租界可以存身，一路通缉之后，便不免去掉脑袋，累及故人了。据蜀志：这个丞相府的秘书长向朗，竟因藏匿败将，大惹武侯之恚怒，一气坐废十年未用，一直到武侯谢世，方才渐渐起复。

"兵败先逃"，马谡死的不冤枉。

（整理者按：本篇中"成都"原文均误作"城都"）

——原载天津《星期六》第41期（1947年2月22日）

刘关张未尝结拜　论年龄关侯居长（白羽）

尝观乡村社戏，刘关张订盟争长，张飞勇猛，跃据树巅，以为我登高，当为兄。关羽次至，环抱树干。以为我持本，当居长。独刘备跎跎然最后至，踞坐树下，仰问二人："先有树根乎？先有枝干乎？"关羽让步，翼德仍不服，宴备桃园，铺地设席，暗置首座于井口。先主安然上座，竟不坠井，关张大惊，掀席下视，井口有龙蟠空，以救真主焉，遂共尊先主为兄。剧情荒诞可笑。

然俗多谓桃园结义为信史者，盖误信小说戏本以为不虚，夷考正史，刘关张之际遇，但谊（整理者按：谊，原文误作"宜"）属君臣，情若手足而已，非必订盟结拜，称兄道弟为也。汉俗犹存封建遗风，君臣之义最隆。门生故吏奉事州郡主公，上下名分俨然君臣，不似后世寡头政治，万名称臣，媚兹一人也。臧洪尝为张超功曹，终身能事，不惜殒命反戈抗袁，为故君复仇，以谓"忠不违君，以扶郡将"，天下许为义士（郡将指张超太守）。荆州从事韩嵩将遣，谓刘表曰："君臣名定，以死守之；今委质将军，虽赴汤火无辞也。设计未定，嵩使京师，天子假嵩一官，则天子之臣，而将军之故吏耳。在君为君，义不得复为将军死也。"据此则三国时犹以诸侯视守牧，佐史当尽臣节，关张之事刘，故己以为君，是以"寝则同床，恩若兄弟，稠人广坐，侍立终日"。殆美其微末时，君推诚心，臣守忠节也。

钱静方据关公墓砖铭，考得云长生年，长于先主者两岁，长于张飞者七岁。其非结义弟兄，刘为居长，更可知矣。意者先主初起，名位不立，关张既委心奉事，共图事功，未定君臣之分，

（整理者按：本篇末注"以下接第九页"，转文原件未见，只能阙以待补。）

——原载天津《星期六》第 56 期（1947 年 6 月 7 日）

水淹七军贪天之功　关云长善用便衣队（白羽）

三国剧写关公如神人，威武懔然，及考正史，实一骄将，轶史且谓关侯在荆州，曾夺部将之妻，而杀其夫，三国志裴松之注引蜀记云："曹公与刘备围吕布于下邳，关羽启曹公，布使秦宜禄行求救，乞娶其妻，公许之，临破又屡启于公，公疑其有异色，先遣迎看，因自留之，羽心不自安"。如此说，又一好色之英雄也。元曲有"关公月下斩貂婵"一出，意即由此脱化乎。兹综观关剧，参核正史，各为考证，明其虚实，亦梨园助谈也。

"水淹七军"关公乘秋霖，汉水大溢，得尽覆敌军七军，斩庞德，降于禁，此贪天之功也。而史谓威震华夏，曹公议徙（整理者按：徙，原文误作"徒"）许都以避其锐，一世奸雄，无乃太懦于！今思之，云长为人，不免骄疏，而将略正不可及，其兵力虽顿于樊城，而潜势力已早深入敌境，买收士豪，随地扰乱，便衣队暗中甚活动也，关羽本传云："梁郏陆浑群盗，或遥受羽印号，为之支党"，此正可怕，故曹操有戒心，恐许昌生变不测。盖曹操本人，屯兵于邺，改封魏王，即以邺为魏国之首都。而别置汉献帝于许昌称为汉京，使长史王必监视之。云长声势既大，陆浑盗距许甚近，故曹公乃议移汉帝迁邺，而自监视之，此所谓议徙许都，乃徙汉都，非徙魏都也。曹公挟天子以令诸侯，汉帝成为傀儡。曹之私心，但恐云长骤至，将傀儡撮去耳。关云长善用兵，不在决机阵前，实能多方布置，牵制强敌，是以孙曹皆畏恶之。

——原载天津《星期六》第 57 期（1947 年 6 月 14 日）

乘赤兔兮从周仓　千古英雄恨这关（白羽）

关公剧之表演，全靠念做稳重而迅利，能形容出神威，不可逼视之概为得。梨园传说，程长庚最擅演此，三麻子亦有所长：现时李洪春、白家麟、林树森，尚能不失规矩。王凤卿昔常演此，近以年老，不轻一露。若程永龙之粗犷，沈华轩之松懈，则令人失笑而已。

据蜀志本传，关公为人，勇而有义，性实骄疏，威猛善战不如项羽，精忠大节亦逊于岳飞，然在当时已为敌国所钦畏，后世民间尤尊为神圣。细较其威望，殊与事业不称，或别有过人处，为史笔所未写乎？

蜀志传赞关张皆称万人之敌，为世虎臣，魏谋臣程昱等咸称之。吴志周瑜曰：刘备以枭雄之姿，而有关张熊虎之将。又吕蒙"知羽骁雄，有并兼心"，语鲁肃曰：今东西虽为一家，而关羽实熊虎也，斯人长而好学，读左氏传略皆上口，梗亮于雄气，然性颇自负，好陵人云云，史不绝书。而曹公尤壮羽为人，张辽徐晃，倾心结交，是羽实气概轶伦者。而生性护前，骄士轻敌，卒以既败，先主谥之曰壮致，缪字非美谥也。自六朝以至隋唐，关公故事，罕见称引。至元明杂剧，乃著关大王之称。意者关侯之赤面染朱，曹瞒之奸脸抹粉，乃在两宋正统议既起之时乎？学者载笔，帝蜀寇魏，市人讲史，痛诋奸曹。流风所被，历南宋蒙元而不改。杂剧既演过五关，民间更立关王庙，青庞赤兔遂为元明人所艳称。元人鲁贞，作汉寿亭侯碑，有"乘赤兔兮从周仓"之句。明卢忠肃诗，"千古英雄恨这关"，相传关公过关，有立马回头恨这关之叹，故诗引之。可知关公显圣，殆在元前。若伏魔大帝，关圣帝君之封宠，至少当在清代以前也。

编者按：稽关羽之为人，志行忠贞，操守纯正，实堪为后人所宗，惟病在刚愎自用，羽平日目无余子，舍刘备外，无伊服膺之人，故卒失荆州，败死麦城，不但未助先主扫灭群寇，恢复汉室基业之宏志，而反牵动西蜀偏安之局，功实不足以补过，后人盲从，竟奉为神圣，未免尊之太过也。

——原载天津《星期六》第58期（1947年6月21日）

孙夫人洞房行刺 金龙骤现停刀奉酒（白羽）

"甘露寺"刘备染须，招亲一剧，吾前据正史，考其真情。兹得读《元至治本三国志平话》，则谓孙夫人母女，初意欲从周郎之计，于洞房中刺杀"荆王"。讵白刃当胸，金龙骤现，十五岁之孙夫人，乃停刀奉酒，甘心下嫁焉。此说大奇不可不抄。

元刊本《三国志平话》仅三卷，文笔拙陋，有时直不达意。细学故实，殆为宋元说话人之话本，而初次形诸文字者。故只录事略，以备说书人登场随意敷演。书无回目，叶叶有图，如今之连环画。刘备招亲故事，于画上题"吴夫人欲杀玄德"七字，吴夫人盖曾亲赴荆州，送女出嫁，并由玄德过江入赘也。

"却说周瑜到江岸下寨，与鲁肃评议，吾有一计……孙权说与母亲，今周瑜定计，欲使小妹杀皇叔。太夫人暗命女子，女子笄十五岁：'我父破董卓，今嫁刘备，暗杀皇叔，图名于后矣。'……太夫人引幼女离吴地，过大江远赴荆州五十里，鲁肃曰：'随行有五千军，暗藏二十员将，倘若荆州城开了，乘势可取。'言未尽，张飞特来远接：'夫人军不用一个，去荆州外下寨。'吓吴军皆不敢来……"

据此，则"陪嫁兵"暗袭荆州之计不行，而张飞、赵云，孔明辈，方先后"排队相迎"，最后始由新郎引从者数千人，亲迎入城，"一夜无话"。

——原载天津《星期六》第59期（1947年6月28日）

孙夫人洞房行刺　陪了夫人又折兵（白羽）

"来日筵会，夫人带酒，应周郎之计，当与皇叔过盏，众官皆惊。荆王（谓刘备）曰：夫人过盏。夫人见鲁肃带酒，有意杀皇叔，只见金蛇盘于胸上，夫人不忍杀之……皇叔与夫人每日饮酒，前后一百日……当夜二更，孙夫人见皇叔说："皇叔累代帝王之孙，岂不知礼，我母亲年迈，兼家兄专等皇叔回面……"

回面，即夫妻回门也，议及回门，则成亲已久。饮酒一百天，则夫妻恩情深似海矣。然孙权犹欲杀备，"吴夫人曰：各儿杀了皇叔，你妹嫁甚人？皇叔若来，当好相待，若不仁，后杀未晚"。既而郎舅相见，吴夫人暗问新郎，孙权曰："今观皇叔，汉之亲也，相貌堂堂，后必为君也。"于是母子皆喜，管待二十余日，皇叔拜辞太夫人。

其下乃叙周郎之心劳计拙焉。

"周瑜高叫江南孙夫人，六条计皆不许一条：今甘宁引三百军，南迎孤穷刘备，夫人卷起帘儿，高声骂周瑜，我今到来，更不相顾，非是欺玄德，盖因小觑我，喝一声诺诺而退……周瑜众官南见夫人，下马施礼，夫人再言，我家母亲并家兄，使荆王过江，即令备船……周瑜高叫刘备负恩之贼。夫人笑令搭起帘儿，使周瑜再觑车中。周瑜叫一声，金疮血如涌泉。众官扶起周瑜，孙夫人与皇叔过江……"

至此遂做到"陪了夫人又折兵"之节目。

——原载天津《星期六》第 61 期（1947 年 7 月 12 日）

长板坡赵云当副官　刘备大叫四弟子龙（白羽）

杨小楼以善演赵子龙出名，不幸墓木已拱矣，我们且谈谈赵云。

赵云的戏有"借赵云"，"盘河战"，"长板坡"等，是武小生或武生戏，"连营寨"，"阳平关"，是武生戏。挂黑髯白须的赵云除了"刀劈关"以外，还有"空城计"，"天水关"，"七擒孟获"等，却非主角了。

"回荆州"一剧。刘备大叫"四弟赵子龙"却是奇事。赵云出身本末，与关张不同。其于刘备，已正君臣之分何来弟兄之称？三国志引赵云列传："先主就袁绍；云见于邺，与云同榻眠卧，密遣云募得数百人，皆称刘左将军部曲，绍不能知"。或者见关羽传称先主与关张，"寝则同床，恩若弟兄"，遂由此附会，既有刘赵"同榻"之亲待，因生"结义"之揣测吧？请看杨小楼的"长板坡"，张飞便大呼"赵云"之名，俨然以三将军自居，仿佛颇合史实。因两汉犹有封建气派，郡守对部吏僚属，名分綦严，操生杀之大权，故有府君使君之称，而故吏自视为风，与唐末以来流官不同。赵云因视刘备为君也。

别传称：云有虎威将军之号。但无考云行实之，竟鲜方面之任，也无显赫之功；长板救主保护女君小主，得脱虎口，不过是副官的功劳。"连营寨"救驾又是理想的事实，事实本来没有。别传云："先主东征，留云镇江州，先主为关羽复仇，亲率大军伐吴，赵云止于留后，并未随驾东征"。且在刘备眼中赵云之地位尚在魏延之下。先主得汉中，将置督守之，众论皆归张飞，飞亦自许，及封拜，乃魏延也，一军皆惊。是魏延且曾独当一面，而赵云从未荷此重任也。

然而赵云之地位提高，固非由于先主，亦非由于孔明，实为后主即位后，追念长板保驾旧恩，由大将姜维等议谥，追封赵云为顺平侯。诏曰："云昔从先帝，功绩既著，朕以幼冲，涉涂艰难，赖恃忠顺济于危险……"这便是长板坡救阿斗的酬报。

——原载天津《星期六》第 62 期（1947 年 7 月 19 日）

走麦城　蜀先主无暇分兵（白羽）

史称关张皆万人敌，而战绩不彰，于今思之，其人必治军得法，调度有方，故为当时所惊也。

吕蒙袭荆州，关公"走麦城"，蜀之北伐，事败垂成。三国对峙，互蹑其隙，此无可奈何之事也。而唐伯虎论孔明入蜀，不遣一兵援荆，以为失计，此又不谅当日情势者也，"水淹七军"正"定军山"黄忠斩渊稍后之事。刘备力争汉中，孔明留守成都，荆州吃紧，乃同时之事，势难兼顾。魏志云："建安二十四

年正月，夏侯渊与刘备战于阳平，为备所杀。三月王（曹操）出
斜谷临汉中，遂至存平，备因险拒守。五月，操军还。七月，遣
于禁助曹仁击关羽。八月，汉水溢，禁军没，羽获禁，遂围仁，
使徐晃救之。九月，王军摩坡，孙权请讨关羽自效，王自洛阳南
征羽，未至；晃攻羽，羽退，仁围解"。又吴志云："闰月，权征
羽，先遣吕蒙袭公安，到南郡，处江陵，陆逊别取宜都，屯夷
陵，守峡口以备蜀。羽退保麦城。十二月马忠获羽。"此时先主
正拔魏延守汉中，分兵略地，进位称王，对荆州变起仓卒，实不
暇分兵也。

——原载天津《星期六》第 63 期（1947 年 7 月 26 日）

赵云不是五虎将　他是杂号将军之一（白羽）

史称关张万人敌也，为世虎臣，又随侍先主，不避险阻，故
先主进位汉中王，"封拜元勋"，即以羽为前将军，飞为右将军，
马超为左将军，黄忠为后将军。其时赵云不过为翊军将军，相差
数级，汉官制，大将军车骑将军预朝政，如三公，次为前后左右
四将军，位尊。再次则为四镇四征，如镇东将军，征西将军是
也。曹操初志，即欲葬墓曰："征西将军曹侯"。再后方为杂号将
军，位已稗（整理者按：稗疑为"卑"之误），其下则裨（整理
者按：裨，原文误作"稗"）将军牙门将军。赵云便是杂号将军
之一。直到阿斗登基，诸葛柄政，云始为征南将军，镇东将军，
而魏延已为前军师征西大将军矣。（征西加大字，位高于前将
军）。但赵云爵秩，何以如此低微呢。考本传及他书，赵云以忠
勇厚重称，必少统筹之才，（五虎将惟关羽有大将才）。所部亦不

过五千人，然其人实识大体。别传称时议成都既下，欲没民庶田宅赐诸将，云谏止之以收民心。街亭之败，云以偏军守斜谷，兵败而退，自身断后，军实一无所失。亮欲以军资余绢赏军，云谏以兵败不可加赏，可留为冬赐。谏先主伐吴，实得兵要。不纳降将寡嫂，后降将果叛逃。故人投云，云不自用以远嫌，而荐之于先主，凡此想见其人缜密谨重，似乎必缺少纵横之才，英雄之概吧。史又称孙夫人改嫁，所从吴将吏，骄悍不奉法，先主特令云主内事，军纪肃然。这一点，可以看出赵云的个性，也可以想见他的地位。

所谓五虎将，乃是关、张、庞统、马超、黄忠，五人同时得谥，其中初无赵云。赵云之追谥，已在阿斗为君之时，所以酬长板坡救主之私恩也。

——原载天津《星期六》第 64 期（1947 年 8 月 2 日）

刘备善用火攻计　孟获也是中国人（白羽）

三国剧颇多火攻之战，"博望坡"烧夏侯惇，"七擒孟获"烧藤甲军，"借东风"烧曹操，剧本上都归功于诸葛孔明。三国演义也夸孔明长于火攻，而其实不然。

赤壁之役，火烧战船乃吴将黄盖之计。"七擒孟获"，蜀书仅有"七擒七纵"一语，小说上那些战绩，全出虚构，把孟获的脸画成妖魔形状，竟忘了他也是中国人，只在云南地方住家。况且主动乃是雍闿，孟获乃是当地士（整理者按：士，疑为"土"之误）豪，曾继雍闿之后，捣乱蜀之后方罢了。

"博望坡"的火攻计，其实乃刘备一手办成的，而"阳平关"

一役，刘备也曾再施火攻计，然则善施火攻的非卧龙，乃刘先主也。

"阳平关""定军山"戏台上扮演孔明出令，用激将法，把黄忠气得大唱："一十三岁习弓马……"这也大谬不然，蜀书法正传，阳平之役，先主力争汉中，主谋者乃法正，从军出征，参赞军机者亦法正也。诸葛亮那时担任后方留守事宜，遣兵筹饷，镇抚地方，其责任亦非轻。蜀书杨洪传云："先主争汉中，急书发兵。军师将军诸葛亮以问洪，洪曰：'汉中则益州咽喉，存亡之机会，若无汉中，则无蜀矣。方今之事，男子当战，女子当运，发兵何疑？'时蜀郡太守法正从先主北行，亮于是表洪领蜀郡太守众事皆办"。按此非孔明智计不如杨洪，乃因初平西川，骤尔征兵，恐后方骚动，是以迟疑。赖洪征调得法，方敢发兵耳。

据魏书夏侯渊传："刘备军阳平，渊率诸将拒之。二十四年（整理者按：年，原文漏此字）正月，备夜烧围鹿角，渊使张郃护东围，自将轻兵护南围……为备所袭，渊遂战死"。而剧本上和小说中，都把这一把火抹掉了。

"博望坡"的火攻更有趣。蜀书先主传："先主投刘表，表自郊迎，以上宾礼待之。益其兵，使屯新野，荆州豪杰归先主者日益多，表疑其心，阴御之。使拒夏侯惇，于禁等于博望。久之，先主设伏兵，一日烧屯伪遁。惇等追之，为伏兵所破。这时候，诸葛尚未出茅庐，怎能代出主意？出师表云："受命于败军之际"，是长板坡逃难时，孔明才跟着刘备一块走。

——原载天津《星期六》第 65 期（1947 年 8 月 9 日）

文学漫录

小说闲话（一）（竹心）

　　小说上表现人物，其法多端。有一种最粗浅之法，即是所谓"说明法"。说明法又可谓之为间接的介绍法。文用夹叙夹议体，把要撰写的、应上场的人物，由作者举其外表动作、内部性情，老老实实，一下子介绍出来。坊间的小说，如《彭公案》、《施公案》等书，均好用此省事之法，以表现人物。每写一好汉登场，则头戴甚么，身穿甚么，足登甚么，以及身高腰阔，鼻直口方，面目如何，气色如何，连篇累牍，品头评足。一口气铺写下去，却抓不住一个要点特色，徒遗讥于词费。而且一劳永逸，自经此番介绍，从此便丢开此人之形色性情，不再提起，只顾叙其行事。如此看来，这个人正如傀儡一般，虽经作者撮弄上场，只听凭作者舌敝唇焦，替他介绍，替他叙事讲话。他自己却静静地定在那里，未思未想，未言未动，甘心教作者随意拨弄。又如司各德的历史武侠小说，亦犯此病。每一英雄，匹马单枪杀出场来，司氏便紧跟在后，口述笔写，把他子子细细刻画一番，品评一过。然而究未免空费力气，白饶笔墨。因为这一条好汉现形时，并未作事。随后事了，由于作者的疏懒，只顾挑派他一味作事，却又不暇活现色相，映射情思了。如此则司氏小说中之人物，还只是笔底纸上的人物。或者说，只是"捎带事件"的机械，而非有声有色，有情有意，活跃于字里行间，憧憬于读者眼前心底的活英雄。再如寻常章回小说，写到一人的行事，叙到中间，忽插"原来"二字，解释一番，再接前文。此等处有时系倒装之笔，补叙已往所未详，当然可以。但又有时，即用以说明此人行事的动机，与其人向日之性格；于是"原来"以下，如此这般，大说一阵，以表明此人不得不然的理由，或解剖此事内幕究竟之真象。凡此表现法，拙劣非常，正如作者递给一纸介绍书。虽说是亲手展开，放在读者眼前。而读者只□□□耳之言，迄未亲见其人之本身，亲聆其人之口语，尤未亲察其人□□□色相也。故此"说明"的表现人物法，长篇巨著，偶或□□□□□□碍，若图省事，趁人物初次露面，便先如此这般。总会□□□□□□□开他的人物的个性，永不再管，只知直叙其行。强派□□□□□□□□僵死，即幸得保残喘，亦必呆若木鸡，钝如顽石。□□□□□□□□求其生动活跃，呼之欲出，岂非梦想。

——原载天津《东方朔》（民国十七年一月九日）

小说闲话（二）（竹心）

试以譬语论之，夹序夹议的说明，正如小说人物与小说读者之间，还隔千里，不得亲近，但由小说作者，手持介绍书，向空说项，任你如何巧语，也不能传神阿堵。是其人物虽不时出现于纸上，也不过当一故花言报行委员罢了。至其真面目，譬如雾里看花，毕竟隔着一层，读者即能略得其仿佛，终必千呼万唤，唤不出来也。试再譬之，名人登场演说，默不一语，呆不一动，却有饶舌主席从旁致词滔滔介绍不已，则此名人之妙论，到底如何，谁能明瞭。故表现人物，必取直接的表彰法。当如法官严刑拷打阶下囚徒，逼令自画口供一般。次要传写，应上场之人物，自己说话，自己介绍自己于看官，尤不可在一时一地，合盘托出做一次介绍，后来不复提及；必当挥写生之妙笔，驱此人物，无论何时，无论何地，每出场一次，必介绍自己一次，或以其独具之口吻，独有之举止，自现声色音容于读者之前。使读者闻其声，察其状，度其行事。□可以想见其为人，是甲是乙，前文提过，后文重提，使此人物之个性□□承前接后，于言谈作为中映射出来。则读者前文未忘，又是读下文□□□□□，如逢识旧。表现人物，到此，斯臻妙境。

——原载天津《东方朔》（民国十七年一月十一日）

小说闲话（三）（竹心）

小说上表现人物，当使各具个性，固是自然之理。但一般小说作家，写其书中主人翁，往往写得没有个性，只有行事，旁的不甚重要的角色，又往往写得个性太显著，致成为怪癖。此是一弊。虽名家亦咸不免，绿野仙踪，善状人物，尤妙在分写冷于冰五个门徒，袁不邪以下，各有各的性格，各有各的身份。且其入道以前出身之不同，入道以后功夫之深浅，亦时由其人之言谈动作中，映带出来。妖狐是妖狐，盗侠是盗侠，纨绔子是纨绔子，乡下人是乡下人，令人一见其所为，一闻其所言，即能识知其谁是何如人也——谁是升堂入奥，得意的是高足；谁是望门墙而莫及，顽梗的弟子。炼丹入幻一节，写五弟子遭际不同，以老猿之古怪，大狐之迂板，形容其定力，卒得丹成。以金不换之大惊小怪，温如玉之"快驾云，快驾云"，形容其学浅无能，可谓丝丝入扣，煞是难得。他如信笔带写之人物，严分宜、杨铁崖、萧麻子、苗秃子等，亦是个个呵活，读之恍如目观。独有最重要者冷于冰，超凡入圣，行为突兀，似乎没有分明的个性，也没有详细的心之表现。

——原载天津《东方朔》（民国十七年一月十二日）

小说闲话（四）（竹心）

再看《红楼梦》，写十二钗，面目不同，性情不同，尤能于大同处，见出微异来。故写钗黛口角，全够锋利，而气象之阴沉峭直，两两不同。即小丫环们，也都自具特性，不患雷同。但独有怡红公子，除了逃学喜事，吃胭脂小殷勤，几种怪癖外，几乎并没有刻骨的个（整理者按："个"字原无，据文意增补）性表现；令读者阖书闭目以思，想象不出他的分明的面貌来。《金瓶梅》写诸女子，及诸帮闲，也都栩栩生动。然西门庆的整个性情，也欠鲜明。迭更司的块肉余生述，杂写各色人物。大抵都嫌形容过度，失之于夸张放大，有损真形。至书中主人翁，大卫考伯菲尔，更觉面目模糊，性情暧昧，读者苦难想像得出。凡此种种，皆因书中主人翁，是作者笔下的线索，用以穿插全书，贯串事实，所以成为一种工具，便不觉丧失了性情。此种小疵，"贤者不免"，情有可原。惟有水浒传，其主人翁既是宋江，而宋江仍自有其特点与个性，白银甘言，固是他要买人心最大妙用，尤妙在一张嘴，随时随地，人前人后，说出种种不同的话来，借此愈以形其权诈。大仲马的侠隐记，写三侠一忧郁，一诡秘，一浮夸；固是各个各别，而于作此书线索的少年达特安，信笔写来，亦具个性，不特兼擅三侠之长，尤□独到之点，他还有他的精明过人处。我是最不喜武侠小说的，然而□□部武侠小说，最善写个性，因之我也就最爱读。

——原载天津《东方朔》（民国十七年一月十三日）

好小说（竹心）

评定一部好小说，大不易言说。夫人之嗜好，各有不同。"见仁见智"，读小说亦然也。张君爱读之书，李君或以为不值一顾，李君常阅之书，张君或束之高阁焉。此犹是各人之见地不同也。即同是一人，因年龄长幼之不同，其嗜好亦每每差异，其眼光亦时变换。故儿童喜听神怪故事，封神榜、西游记，多诧为天地间之奇文。马齿稍长，则嗜读武侠小说、侦探奇案矣。情窦初开，石头记、金瓶梅一类之言情小说、性欲文学，多藏诸袖中被底，背大人先生，而私流览。比其成年，人世既深，诸儒林外史、官场现形记，辄叹为道人所欲道、言人所未及言。三国演义之行谲斗智，至是亦能领略。此其与儿时之但看三战吕布、七擒孟获之热闹者，实异其揆。年益增，学益进，粗俗之作物，屏不寓目。则汉唐魏晋之小品，宋元明清之杂著，足供欣赏矣。盍吾人长幼心理之差异，嗜好之转变，有如此者，是小说之定评，诚难下哉。

顾世俗之读书也，亦自有其初浅之评定法。其一法曰："我爱读的是好书"。故厨师傅手中之瓦冈寨、济公传，少奶奶目中之"王公子投亲""孙继高卖水"，真绝作也。以视大人先生之会真记、虬髯客传，奚多让我。此一法也。纯以个人之见地，作评定好小说之标准。与武三思之"与我善者为善人"。同一鼻孔出气者也，其弊在"武断"。

其又一法也，则以时人之公意，评定其价值，所谓"久有定评"必是好书。所谓世人皆曰善，我斯善之而已。此其弊在"舍己徇人"，一般时髦之小说家，固日日以谐俗为事者，其作书之动机，止在得钱。能邀当时多数粗俗读者之欢迎，其愿已遂，其事已毕。故其著书也，一编草成，纸贵洛阳，靡不大受时人之欢迎也。然投机之作，必不寿世，历年稍久，时势稍异，过问者无人焉。另有一等有良心的著作家，见地超俗绝伦，不阿时好，一编著成，藏之名山，传之其人，必阅过数十年数百年，乃遇赏识之人，当时则没没无闻焉。故"服从公意"，以评定好小说，法亦行不得也。

复有一法，则以"百读不厌"，评定小说之优劣。果是好书，当然耐人寻味。此一法也，亦似有理，然亦有流弊也，譬如遨游长江大河，峻岭崇山，惊险骇绝，千古壮观，然一览无余焉，憭乎其不可久留也。此其所谓"壮美"者也。断桥小溪，江村在望，曲径通幽，终日流连，亦不生厌，此则所谓"优美"之景也。谓竟胜于宏壮之美，其谁信之乎？故水浒传之豪爽隽快，三四读即已熟悉；儒林外史之琐屑纤细，六七读，七八读，尚不能备记也。故"百读不厌"之标准，亦不足以为好小说之定评也。

然则果如之何，而后可以论定好小说之真价值乎？或曰就书中所寄托之见地情感，所表现之艺术手腕，而寻绎之，处处不坏，固算好书，有一足传，亦当不废。至于选读，仍当按个人之脾胃，"汝安则为之"，而无涉于本书之优劣。是说也，殆以消极的艺术眼光，加以臧否矣。倘亦有当乎，未可知也。

——原载天津《东方朔》（民国十七年二月十五日）

劝善小说（竹心）

纯文学作品，如小说之类，不可摆出道学家的架子，假借故事，一味劝善；然亦不当采取"卖艺""玩票"的态度，插诨打趣，谐俗眼，投时好，而别无寄托。

时下小说，不乏专以披露人间鬼蜮、社会黑幕，及私人之丑行笑柄为事者，意在报告，无关劝惩。所以迎合俗流好听他人隐匿之坏脾气，恐慌亦"殊属不成事体"之事体也，"可不戒哉"。

小说家对世事人生，无论为悲观为乐观，苟抱真挚之态度，具清醒之头脑，复有犀利之眼光，写生之妙笔，而又思想绝俗，阅历深博，且富于同情心，则其有动于衷，发为文章，必能洞明世态，体会人情，有合于发情著书、笔端寄慨之例，而其有裨世道人心，则花开蒂落，自然之结果也。

人最怕态度不真、识见不明而已。小说家果具水平线上之艺术手腕，彼其悲天悯人之心肠，蕴于中而发于外，自必于字里行间，随在宣泄出来，而初不自觉。作者而口是心非，大言欺人者。所谓道德的光芒，亦终不可掩遏。故其著书，但著意于事实之剪裁结构，人物之描写表现，即为已足。若讽时劝世之训条，苦口婆心之设教，既非论文，则不必过分宣传也。何则，言为心声，文能载道。伟大的著作家，虽其本身之情思，即一大教训，自然流露，何事强求。夫尽美矣必能尽善，叙事者每宣其情，作者兴到挥毫，设故事以志闻见，假人物以表感想，是非善恶，如实写来，爱憎哀矜，尽情表出，即不以教诲为事，而其卓特之见解，热烈之情感，所濡染于读者多矣，默化潜移，读者受益不浅矣。尚何须喋喋然，口诛笔伐，劝善惩恶，假小说以说风教，弃叙事而谈名理哉。

——原载天津《东方朔》（民国十七年三月一日）

手帕和剪刀——小说中的女性（竹心）

文学家的笔尖，好描画女性美，芳草美人之思，古今中外莫不皆然。西谚说："没有女性，便没有文学。"又说："女子是爱情动物。"便是卫道统的林琴南翁，也曾说："小说舍艳情外，无足动目者！"

我们的小说家，描写女性，多趋向柔美，直到较近作家，才写到女性恋爱的狂热。古说部由会真记到红楼梦，所写美人"遮遮闪闪"，多情而含羞，温柔而幽怨，其姿态"若即若离"，令人心醉，较抱腰接吻的西方美人，更难消受。所谓"妻不如妾，妾不如偷，偷著不如偷不著"，恰能领略旧式女性爱的风格。

但如此娇羞的闺秀，"一见清俊少年，便想起终身大事"。"才子佳人一私赠玉镯手帕之后，似乎演变得情不自禁了。然后小姐遭难，突遇强暴，则挟利剪自卫贞操，或刎颈，或戕仇，立刻变成强毅刚烈的巾帼丈夫，使堂堂须眉反不若彼裙钗！"这与娇柔性格显然矛盾著！但是富占有欲的丈夫，不情的道学家，却悍然以"纲常"向女流提出要求，严责而且渴盼她们把柔美刚烈，多情与坚贞二重性格打成一片。

拿"艳如桃李"的媚态来奉事亲丈夫，拿"凛若冰霜"的面目对待其他臭男人，这是小说家一厢（整理者按：厢，原文误作"向"）情愿的好梦。西谚也说："街上安详，寺内端庄，家中勤勉，枕上颠狂。"这一语道破了天下男子的利己心肠。

——原载天津《北洋画报》第 1056 期（1934 年 3 月 1 日）

谈武侠小说（白羽）

"'陡！好个小辈，留神你项上的人头。'一言道罢，站起身形，嗖的一声，老英雄亮出刀来……"

这是北方的武侠小说，其口腔完全是说书。其文笔很浅弱，其铺设事端，描写人物，尤失之浅陋，但是书里面没有毒药。看的人尽是低级读者，决不会看完一本三侠剑，便想算作贼。代表作品便是三侠剑，五女七贞，雍正剑侠图。

北方小说家，还有一位赵焕亭。其人缺乏创造力，书中故事多抄成案，作者虽是一位玉田老举人，却好于不必要处，写女人拉屎撒尿，弄脏底衣形容秽恶，令人欲呕。较好的作品，是"大侠殷一官"。

南方武侠小说，始作俑者为向（整理者按：向，原文误作"项"）恺然"江湖奇侠传"，后演为"大破红莲寺"电影。又作有"近代侠义传"，叙大侠王五，力士霍元甲，山西老董诸人事状。而粉饰多端，亦杂妖异巫术，楚人信鬼而好巫，良不诬也。

自有江湖奇侠传，始将旧小说文坛之玉梨魂派打倒。而入山学道，剑成通神，诱惑少年，起信上当。

此外有罗芙青"神州奇侠（整理者按："侠"字原无，据后文补）传"，朱霞青"武当剑侠传"，及陆士谔"剑侠全书"。"神州奇侠传"故事最新奇，开卷叙一书生，人琴俱亡。得仙人助，掘地得古瓶，瓶启现一仙女。仙女感恩，施大法力，令人琴具得，却是素不相识。遂将龙宫之七件大琴，闺楼之两个美女，一齐摄来。想入非非，脱胎于天方夜谭。

又有"五岳奇侠""江湖二十四侠"。最糟的是汪景星的小说，如"昆仑七侠"等，出了许多部，每部至少四本，定价两元左右。可是文情荒谬，直类不懂人事。一个烈妇被缚在土豪家，一住多日，竟未失节。好像恶霸最怕女子的哭骂，一哭骂便回首走去。写官厅书案，奏报，全不合情理，似是十几岁小孩子所作，只凑热闹而已。

——原载天津《大报》（1934 年 5 月 30 日）

刘云若《湖海香盟》序

有些小说，把书中人物严分邪正，无形中给每人画上一个"脸谱"。又有的强迫主角打"背弓"，自诉品行，水浒宋江口说仁义，喋喋不休，甚至害病延医，也对张顺说："兄弟，看在忠义分上，是必救我则个。"这样的表现法似乎太省事了。

讲台上的主席可以握着讲师的手，当场介绍："诸位同胞，这位黄天霸，很有本领。"而小说不行。像说平书似的，插科打诨，导演上台，装丑角逗笑，在今日已觉索然无味了。并且作者露面，"看官听说"，立刻遮断了故事的进行。

小说表现法也可以借迳电影，注重小动作。以动作宣示心情，胜于口说，但这也须斟酌。一个书生不嗜瓜果，忽然吃了一整个西瓜，借以表示"美人之贻"。一个少年吃爱人手中的一块糖，三月犹有余味。这固然有趣，还不如虹霓关的拧红帕，那红帕是美貌敌将的胸结。

湖海香盟为吾友云若先生近作，初发表时，我曾读过数段，正写朱绣虎受老父（一个有手腕的老政客）情逼，辞恋人，趋就未婚妻。未婚妻也自有爱人，夜访绣虎，劝他撒手。同时绣虎的情人也适来问真相。一男二女相遇，绣虎对二美难兼难舍，犹豫起来，结果遂两失之。这正写出近代都市青年的犹豫病。

云若以雕龙绣虎之才，从事说部，垂十五六年，成书四五十卷。于都市繁华相洞见表里，剖析很清，不止写到上层，又透视到黑暗的底层。尤难得在写情沁人心脾，状物各具面目，毫无预制脸谱，强打背弓的毛病，也没有过重小动作之处。他所写的故事往往揭破人间的丑恶，使读者吃惊，发笑，可是闭目一想，这样人物犹在面前。有时行文稍繁，那是计日撰文的通象。

云若近日渴望发财，发财则可以闭户著书，勒成名作。昔戴南山自谓胸中有一部书，犹未写出；方灵皋亦深信其胸中果有一部书也。我于云若，亦复云云。何日不愁盐米，得泰然拈笔，写其所欲写耶？且同竚望，有此一日。为序。

——原载天津五洲书局同记出版《湖海香盟》（1942年11月初版）

（整理者按：1946年10月五洲出版社出版《湖海香盟》再版时，结尾多出一段话："此湖海香盟一书为刘君云若精心杰作，前每日刊于《新北京报》，读者有口皆碑。上中下册共二十四万余言，分为三部。今改订为上下二册，现已出书，内容丰富，诸君预知详细如何，请速订购是荷。"似为书商所滥增。）

伶工个性与剧情角色（竹心）

伶工之个性，与所演之剧情，所饰角色之身份，有密切之关系。杨小楼工武生，今推首屈。论其为人，只占一稳字，豪迈中见沉著，最宜演赵子龙姜伯约等长靠戏，饶有大将风度，若演黄天霸，态度雍容，扮相沈勇，一举一动，矜重庄严，固觉别具声色，恐非草泽英雄本色。偶涂脸而演蚂蜊庙之费得功，昂藏名贵，气象慷慨，去强掠妇女之恶霸身份远矣。俞振亭生来强悍鲁莽，表情最宜于勇而无谋之战将，嚣张强梁之剧贼，故饰绿林好汉及魔窟精怪，极为得神。且身矮腿短，身段灵捷，演短打戏，恰与个性相合，若金钱豹之妖，水帘洞之猴，扮来如火如荼，壮猛精悍，格外传神。论其特色，正占一个冲字，猛字。最可笑人者，俞竟一试铁笼山之蜀帅姜维，有如是之慌张侏儒之大将军哉。李吉瑞一味海派，拚命狂叫，声闻场外，最擅狂跳，满台乱滚，虽不足取，亦宜于装贼。若挂须而唱黄金台，可称大胆。某尝比伶人为食品，谓杨似笋汤，清淡有味，所谓武戏文唱是也。李则似红烧肉，肥鲜腻胃，可谓恰喻，予则谓，即就二人之姓论，杨如杨梅，其味酸甜值得寻味，李如熟李，其味至浓甘也。尚和玉虽不走运，而见重内行，长枪大戟，俨然名将，可惜喉败，论其个性，最宜于扮演收关胜之关胜，金沙滩之七郎，四平山之锤，尤其拿手也。若如赵家楼之乾坤盗鼠，以威重大将，改短打而装淫贼，实觉不类，殊难出色。旧剧伶人，从师学艺，最重家法，不知参照个人性格，妙选剧材，徒模仿而不能创造，且不识字，其体会角色剧情，纯出意匠，只卖一工，若小楼之一味稳，振亭之一味猛，吉瑞之一味狂喊乱跳，将赵云天霸等观，又奚取焉。盖伶人者，要千面孔，知变化，守一而终，作节妇则可，当名伶谬矣。

——原载天津《北洋画报》第533期（1930年10月4日）

歌场之今昔（竹心）

牡丹虽好，还须绿叶扶持，名伶即牡丹，配角即如绿叶。时至今日，个人独裁，虽在伶界，已早成为有花无叶之光杆牡丹。四大名旦，盛名独享，小生老生，都成提不起来的破鞋，包银比例，相差万千。然从前演戏，不取个人行动，戏以班为单位，班以生为正角。文武两场，生旦丑净，名目繁多，而昂然当台柱，演压轴，拿大戏份者，必须生武生，诸葛亮黄天霸之伦为最红焉。盖所谓台柱，实一班中最有叫座能力之伶工，具挽闸之本领者。旧剧脚本，既重男轻女，又先礼后兵，故虽一般的表演繁重，一般的肯卖力气，究竟薛平贵算正角，而王宝钏为之配。等之羽扇纶巾必靠前，单鞭长枪必在后也。犹忆民元，京朝歌场，犹存此风，唱小旦的虽然受捧，有人赠诗扇做行头，到底车大错不过辙，压轴戏还让老谭跤刘。津沽各梨园，则李吉瑞小达子辈叫嚣终场，彼时大名鼎鼎之女伶金月梅张凤仙王克琴，究不能压倒元白。惟北平科班富连成，每日仍以武剧终场，犹存老成典型，观客非短衣帮，即小孩儿，所谓雅士，则卑不惠顾也。（整理者按：本篇末注"未完"，然细查《北洋画报》未见续文）

——原载天津《北洋画报》第 536 期（1930 年 10 月 11 日）

旦角独裁之剧坛（杏呆）

今日剧坛，迥与昔殊者，其一以旦角为台柱，生角降为附庸，其二以人为本位，戏班制渐见颓倒，其结果乃造成旦角独裁之局面也。

生旦迭争雄长，可窥世变。由明末以逮清中叶，戏班角色，虽生旦对峙，而旦角特为菊部班头。如板桥杂记，桃花扇，及儒林外史所序录，名旦以色艺取容当时，梨园多著艳迹。乾嘉时，有王子嘉，年届三十，粲如好女，一曲清歌，缠头巨万，于时颠倒王公，世称尤物。此一时代也。

迨同光世，程长庚以硕望绝艺，领袖梨园。汪谭孙刘辈出，枯容烟嗓，压倒少艾，每挂头牌，演压轴戏焉。伊时名旦响九霄，梅巧玲，刘朵仙等，银盆大脸，略比环肥，浓眉厚唇，宽衣宽带，虽裙下金莲三寸，殊少轻盈之致。又其化妆，亦为戏台上之典型的女人，究乏闺阁秀气，故令戏坛牛耳，独让先生，此一时代也。

自梅兰芳出，歌喉柔曼，差近女腔，扮相化妆，逼肖古美人。遂令老谭跋刘，持重养望，不轻登场。荀慧生、尚小云、程砚秋踵起，四大名旦蛾眉樱口，柳腰弹肩，多得燕瘦之妙，（此指化妆，不管下台胖与否），遂令声容并茂，浑似女流，又值生角实力不支，余叔岩艺优而体羸，高庆奎有嗓而无做，周信芳善做而沙嗓，马既长舌，谭又嗓窄，竟使小嗓称霸，旦角称王。此中演变虽由人事，亦见时尚，重柔美之色，好靡曼之音。若昔许荫棠之黄钟大吕，既不敌谭腔，而谭腔之低徊抗坠，今复不敌妆旦之冶容假嗓也。声色是务，盖明季亡国之流风也！

——原载天津《北洋画报》第 1093 期（1934 年 5 月 26 日）

金霸王不似人君　抓虞姬有如山贼（白羽）

金少山又来天津了，而且又演"霸王别姬"了。

金少山的外号叫"金霸王"，然而"霸王"二字，对金少山实不相宜，或者说他很不配。

怎么不配？请看照片，并听唱片，（当然去看他的戏最好了，看不起戏的，只看照片听唱片也行）。

杨小楼和梅兰芳照的"霸王别姬"，姿势最佳。霸王气宇昂藏，脸长眉皱，似带悲愤之态，虞姬富丽温柔，两人挽手而立，颇似伉俪，以其派头相当也。

金少山、陆素娟的"别姬"照片，却十分尴尬，金如山贼，似一把抓住了逃妾。陆是这么微小，金又过于强梁。骤一看，颇又似山大王山寨被围破，拉着强霸占的女肉票，作片面之伤心表演。

还有孙毓堃、魏莲芳的"霸王别姬"，霸王似烂掉鼻子的光棍，虞姬又像个才蓄发的思凡尼姑，更不像话了。

金少山最好是装扮占山为王的姚刚，而霸王也者，不仅是末路英雄，而且须具人君之度。扮戏者须略识字，须先明白"霸王"二字怎么讲。金少山故作聪明，处处要与杨小楼立异，所以其结果更坏。

虞兮之歌，先加一句道白"想俺霸王乎"，"乎"字乃语助，当略喷即止，金少山乃咬牙切齿读为"虎"，可知金比杨更不识字，且不识窍。

注：夫王者，诸侯君也。霸王者，诸侯长也。六国合纵以攘秦，而楚王为从约长，（决非苏秦）从约长即霸王之谓也。

——原载天津《星期六》第 67 期（1947 年 8 月 23 日）

千古文学一大抄（竹心）

千古文学一大抄。散文之炼句用字，以摹古为捷径，诗词窃取意境，套用成辞者尤多。语云：韩文杜诗没一字没来历，即无一语非抄袭也。欧九五代史传赞："甚哉朋党之祸，悲夫可为流涕者矣！"暗摹陈文，已觉肉麻。清鲁一同作关忠节公家传，谕曰："甚矣虎门之败，悲夫可为流涕者矣！"下文摇曳弄姿，故为顿挫，赝古之气逼人欲呕。

唐宋多文丐，好以"拙作"投献权门。张球献诗吕许公："近日厨中乏短供，儿童号哭饭箩空，内人低语向儿道，爷有新诗上相公。"较之今日投稿报馆者，为尤可嗤可怜。清郑汝昂套之云："三尺儿童事未谙，饥来强扯我襕衫，老妻牵住轻轻语，爷正修书去岭南。"岭南令哀而厚赠之，抄袭家疗贫自有方也！小说戏曲因袭陈文，改换头面，尤不胜指屈。元明传奇其本事多得唐人说部，徽调秦腔又昆弋上掠传奇。聊斋志异"续黄粱""凤阳士人"诸篇，半采晋唐杂记，点窜情节，酌加粉饰而已，取宋人所辑太平广记校之，斑斑可见。其又一部分，或记当日新闻，或录民间口碑；新出版之民间神话全集，有"喷水僵尸""狼变艳孀""恶鬼画皮"多则，细审之，实蒲松龄抄民话，非乡老演聊斋也。平妖传叙弹子和尚戏拘术士杜二圣幼子生魂，致断头不得复续，杜向空哀诉，怒种葫芦，挥刀斫断僧首立坠于酒楼，僧摸索得之，两家和解。此见五杂俎，但谓两败俱伤耳。绿野仙踪叙树妖火并，绿髯巨人箭射桂仙，穿胸洞颈，桂仙拔而投之，吐黄飘摄巨人，化为绿冰。此见池北偶谈，但系毛发被面之女妖，无耳目口鼻，非若桂仙之妖艳。升仙传韩公子蚁梦，全抄

李公毅三梦记，丁郎寻父本民间传说，其全书结构，更悉摹绿野
仙踪者。清季所出公案小说，抄自宋明稗史，文豪等诸抄胥，不
足笑也。

——原载天津《北洋画报》第1071期（1934年4月5日）

关于鲁迅先生的几封信（宫白羽）

对于鲁迅先生的精神我的感受很多，最主要的两点是：

甘为孺子牛，

肯打落水狗。

甘为孺子牛就是他肯提掖后进，爱护青年。肯打落水狗就是
对一切替统治阶级说话的大人物（而鲁迅骂他是小走狗）怀着无
穷愤怒。也就是他始终是爱憎分明的。对于他所关怀的青年人，
一旦发觉了他的卑鄙，就毫不容情，予以口诛笔伐。

鲁迅先生是怎样甘为孺子牛呢？

以我个人的感受为证：他曾给我介绍投稿，修改作品，校勘
译稿，并帮助升学，考虑介绍职业，因为我那时是二十岁左右的
穷苦的爱好文学青年。

一九二一年，我在邮局任小职员，无心中获得了周作人氏的
通讯处——北京八道湾十一号。那时周氏和陈独秀等人正是五四
运动中的出名人物。我就抄下地名来，去了一封信。意思是希望
他介绍投稿，可是开场白却从借书谈起。不几天，回信来了，署
名周树人，信说："周作人患肋膜炎，现在西山碧云寺养病，由
我代答。"另外送给我想借阅的域外小说集，欧洲文学史，并借
给我杜威讲演全部剪存稿。

往来通讯，讨论文稿，以后又请求见面。那时我决计辞职，投考高师（今北京师范大学）。信中顺便告诉了周树人先生，并把我那篇"厘捐局"，我妹宫莳荷写的"两个铜元"抄寄，请他介绍发表，并说从此要以文为业。先生对我们这两篇不满千言的作品，认为是随笔，不是小说，但仍给介绍到北京晨报（当时的进步刊物）和商务印书馆新出之妇女杂志。对我的弃业求学，先生很沉痛的认为是失计。函末又问："先生报考高师，未知用何名字。"又问："不知先生能否译英文或德文，请见告。"

由这几句话看，他要帮助我升学，并帮助我译稿。结果全做了。我当时回答先生说英文还可以勉强译述。又批评新小说，我说我最爱的作家是鲁迅和冰心，冰心的小说很雅逸。先生复函承认鲁迅就是他自己，又谓冰心文章虽雅逸，恐流于惨绿愁红，先生称许叶绍钧和落华生（许地山）的作品不错。这一封信可惜我找不到了。但鲁迅就是和我通讯的周树人却使我失惊而且狂喜，唠叨地写了一封惊奇的信。结果得到了鲁迅的"不算甚奇"的回信，我和我妹都有点赧然了。

我曾几次去拜访鲁迅先生，鲁迅锐敏的刺人的眼，和辛辣的谈吐，给了我很深的印象。

鲁迅先生所给予我似的青年们的帮助和影响很大，尤其是他的文艺论，曾谈到当时小说题材，因为出于青年手笔，多半是写学校；鲁迅指出这一点，我就附和说："是的，这样题材太多太泛了，不可以再写了。"鲁迅断然的回答："但是还可以写。"又谈到当时的青年作者，为表现同情于劳苦大众，就有很多篇小说把车夫乞丐做了小说主角。我又附和说："这真是太多了，应该变换一下了。"鲁迅又断然的回答："但是还可以写。"他一连几个"但是"，当时很使我诧然。我的那篇小说"厘捐局"写一个卖鸡蛋的老人被局中人压榨，曾用了"只苦了这个老人……"的话，鲁迅先生特意专函来商量，说"只苦了"三个字近乎感叹，可否改为"只是"二字。从这封信（可惜也找不到了）中可以看出鲁迅先生的为人来：第一，他告诉我作小说要有含蓄，不必夹叙夹议。第二，他告诉我他的不苟精神，虽一字一句之微，不肯代改，必征询作者。

我深深地感觉到：鲁迅先生像慈母似的爱护青年儿女，帮助青年儿女，替青年们痛苦愤怒；在黑暗的社会中，引导青年走向光明的未来。

——原载天津《新港》1956 年第 4 期（1956 年 10 月 15 日）

百家争鸣百花齐放时的我个人的衷心话（宫白羽）

自我解剖

"百家争鸣，百花齐放"，我不打算争，也不打算鸣，但社会要求非要你来一下不可，那我就不争不鸣，胡放一阵吧。

我如果胡放，根据什么角度？我先自我介绍一下：1. 我是一个汉学家的无师自通的学徒。我运用调查统计学的方法，来读先秦诸子和群经、四史，证据不十分完备，不想下结论。由此考虑问题，不太尊重主观，因此不像现代学者对论语还没有看懂，就批判孔子思想；也是呆头呆脑，论学过于矜慎。

2. 我是一个旧新闻记者。所谓旧，即袁大总统、段执政、张大元帅之旧。即在北洋军阀混战之时，我做记者，对于那些讨伐命令和通电，我要翻过来看，我不管你满口"仁义道德"，我要翻过来看看你的"男盗女娼"。这就训练了我的怀疑精神。"你小子到底是什么变的？"我不管你是大元帅或大总统，我要掀开你的盖子看一看。

3. 我是一个倒霉的作家。做为一个鲁迅信徒而变成了著名的武侠小说作家，而且小说里面还运用了英司各得，法大仲马（又饶上莫泊桑、契诃夫）。我成功了，然而我丢人了。这种复杂感情，影响我对事物的看法和论据。

争么，鸣么，我如果话有谬论，请看这自我介绍三条，其谬乃必然也。

百家怎样争鸣

百家争鸣，好像始于春秋战国时代（此循用通说，实则起于春秋末战国初），百家第一家即孔子，非老子，老子盖介在孟、荀之间，为庄、韩所服膺，乃晚鸣者也。

五四时代，也在百家争鸣，那鸣的是外国"百家"了（六朝，唐佛学之争鸣我暂且不谈）。我个人就是五四时代一个青年。所谓五四，即学生造反，殴打卖国贼曹、章、陆的时代，那时候是廿一条时代，是中国要灭亡的时代。于是乎中国人当然是不愿中国灭亡，也就是说中国人还不打算当亡国奴。为了救国，遍搜丹方。青年同志们，你可知道农业救国，工业救国，科学救国，优生学救国，教育救国，体育救国，跳舞、游泳、滑冰救国，高跟鞋救国吗？

救国方案如此之多（多到出了讽刺），而现成的主义更大批涌来：无政府主义，共产主义，工团主义，人道主义，不抵抗主义，唯美主义，兼容并包主义，实验主义，唯物主义，唯心主义……我们五四时代的青年对于一些言之成理，持之有故的学说，简直是目迷五色，煞费选择，然而不选择怎么办？

我们（五四青年）就练了一套本领：比较研究，不轻信，多怀疑。

于是出了"多研究些问题，少谈些主义"，"不要教马克思列宁牵着鼻子走"的反动哲学家胡适，而他，自不觉闷，他已经牵着青年的鼻子了。因此我们五四时代的青年，对于太平天国，康梁，曾左胡李，孙中山，陈独秀，胡适，周作人，鲁迅，蔡元培等等都崇拜，都怀疑（就是说有相当保留），就因为那时真是百家争鸣，害的青年无所适从，而无所适从，最后总会根据你个人条件，找到了你能信，肯信，愿信，愿为此贡献生命的理论系统。

这就争出来，鸣出来，起信、起敬的学说，对于学徒是有力量的——至少非盲从。

现在旧调重弹，在共产党掌握并巩固了政权之后，要叫百家争鸣。这是谦虚，也是集众思，广众议，也是对"思想压制"的解放，也是勤求民隐，也是披沙拣金。你们这些杂家还不感激吗？难道非等夹棍夹在你腿上才说才鸣吗？

说。鸣。

我要先说：百家争鸣先教那些老人家争一争，鸣一鸣。

其次，要叫青年们听一听，你们知道这些乱七八糟的鸣吗，如果不知道，现在可以学习知道，知道了之后呢？你可以多懂一些人事——即使你不搞人事工作，也不妨知道知道。

学术界有许多东西将要失传，你认为丢了不可惜——然而真丢了，就再也找不回来了。这是老人家一个沉重的痛苦！我不说，……——我怎能不说呢？

对于青年，我愿劝他们捏着鼻子，忍着痛苦，请听一听，老学究的话，其中也许有一点点用。

今日的百花齐放

然后为了赶任务，搞运动，还得谈一谈百花齐放。

当然争鸣是指学术，齐放是指文艺，请允许我全谈一谈。

今日，今年，百家争鸣了，这好办。百花齐放可难。

一些青年作家流于形式化，一般化，稿子叫你一看，不等看完就知道"下回分解"，好像除了搞运动，做套子活，便没有玩艺了。

然而青年作家之所以如此（因为我是做编辑工作的人，可以多要求自己和同行），各出版社编辑同志（你们想一想），你们是不是有时犯一些毛病呢？非公式化稿件就不敢登，要的是四平八稳，人嚼过了的甘蔗我再嚼，就决不会招灾惹祸。

同志，你把作家全窒息死了，把百花全烤熟了。

我要再说一句话，好像我留恋过去似的。在旧社会里，搞文艺此处不登，还可以登别处，有稿费的地方不登，还可以找白登的地方。这就给青年作家一个练习写作的机会了。而现在这机会是不是有？要说"有"，有的机会是不是多？

我愿建议政府办一个不给稿费或少给稿费的刊物，给喜好写作的青年一个比较容易发表的园地。不给习作者的发表机会，创作的成熟机会就少多了。换句话说，一个青年作家的作品，一次不登，两次不登……那就吹灯了！

所以我要建议，或者说我要抗议，充分给人们以争鸣，齐放的机会！

不给，人就要装哑叭！

这是我的衷心话。完了！

——原载天津《新港》1957 年第 6 期（1957 年 6 月 15 日）

人物百态

记纨绔子（竹心）

八年岁尽，余归自析津，乘京奉列车。购券后，为时尚早，爰止于月台，以俟车至。有纨绔子一人旁而立，提精革行囊，手报张数叶，举止潇洒，衣冠华如也，时时出怀中金时计视之。

已而车至，启行。此纨绔者，又与余联座。然雪茄缓缓吸之，操杭音，曼声读报，仪态极闲雅，予目其人，心焉慕之。

长途漫漫，乘客多渴，车中故售壶茗，是人呼茶役索茗。予固渴，因亦索之，他客亦多从而索之者，悉徐徐啜焉。

久之，车行近京，茶役收饮器，计器以取值，乘客金手授之，并畀茗资。予付资暨杯壶毕，视此纨绔，则置杯壶于座下，展外衣以遮之，俾不外显，意潇然，环诵报章矣！

时茶役计器，知不敷，四觅弗获，声众求其器。众皆愕，余窥其人，颜不易色，洋洋若不知闻，仍阅报也。

茶役久索不得，恚怒而詈，语殊丑秽。隔座有二卒，亦洞悉所为，隐加诮辱。予为之惭愧弗宁，更目其人，状益悠然，且窃笑焉。实则饮茗一器，为值匪昂，只银币一角尔。

予疾检囊，知未失物，良慰！倘失者，吾疑是人矣！

车抵京，渠下，径至公用电话处，以银币一角投入，予遥蹰之，似闻语召摩托车，赴交通部处。

——原载上海《礼拜六》第 113 期（1921 年）

雨潇潇（竹心）

黄昏时候，工作刚完，却潇潇的下起了雨。急待回家的我，只好稍待。

推楼窗望雨势，凉风扑面，微挟雨点，夏夜雨景中，颇含秋意了。方待掩窗，忽听见雨露中一阵喧哗。

…………

"不坐你的车，怎么骂人？"

"骂人还是好的呢——妈的，你也配坐车？"

"不好怎么样？…………"

"不好，打你个王八旦！"

…………

可想而知是"满天讨价，就地还钱"惹起了纠纷。但这样一来一往的对骂，只又经过了一来往，便不继续下去了。那边的怯乘客退一步想，就"绝口不骂"悄悄的只顾走。这边拉车的好汉却进一步，"骂不绝口"。

一刹时，静悄悄的雨路，只剩下骂骂咧咧的勇车夫，还在那里骂骂咧咧。这出戏便闭幕。

雨还没有住。我便掩窗坐下。

我这时颇有些愤慨了。

白水滩上，十一郎登高一望。"一个人怕一个人也就是了，何必苦苦得追赶！"这时候，我想，如果有一根扁担，并且有那一股勇气，我可不也要冲上去，"打打打他一个抱不平"么？然而——

我又退一步想：

我想，乘客的手杖，打到车夫的脊梁上，或是为添钱，或是嫌车慢，这会引起人的愤慨的。反之，雄赳赳的车夫，拦着骂老实的乘客，也保不定是争价，不然便是欺生，讹人，这更会引起人的愤慨。

但是，这社会好像是看惯车夫挨打的了，同是一个人欺负一个人——人总免不了势利眼，阶级之见罢——乘客挨骂到底觉得例外，罕见，格外可恼，不亚如臣弑君，子殴父了，"这还了得！"不然，我们也尝见老总摘下皮带打车夫，而且，打得头破血出，何以单单把这小事记在心（甚至直到这时还写一篇短文）呢？

我想到这里，不再想了，就抓起帽子，冒雨往家走。

"坐车么？上那儿？"

我翻眼看了一看。我没言语。

"妈的——"

我猛回头。

"——妈的，天这早晚了，没买卖！"

十九，四，六。抄日记。

——原载天津《一炉》第一卷第三号

前年此日（竹心）

前年此日，国军北伐，尔时旧京陷于"无政府态度"者，凡七日。维持会出，军队纷退，京津交通隔绝，亦七日。予时卜居西北城隅，闲居无俚，曾日记琐屑，录付秋尘，权补余白，亦可见当日旧京情况也。

六月一日

照样的多吃饭，少说话，市面上稍觉不对劲，也说不出所以然来。到晚间这就不对了。火车呜呜的叫，好像哭泣惜别，汽车也突突的叫，好像吃惊要跑。如此直闹了一夜，不得片刻消停。老百姓个个侧耳听，可是没有说甚么。

房东老头子来，见面就问我"怎样了？"我告诉他"就是这样，快了。"

就在这天，大抓官车。满街上都是"灰色短衣人"，面上呈匆（整理者按：匆，原文误作"忽"）遽之色。

六月二日

北屋德二爷挑着挑子从街上回来，非常愤慨，一进门就大骂，骂来骂去，才知是乱了十六七年，还没乱出头来。对不起"我国大清"。我细一打听，这才又晓得他今天没有卖着钱，因为街上"那就不用提了"。我想出去看看，但是并没动弹。

忽然院中又乱哄哄，那是德二奶奶，也抹着汗在发议论咧，议论的材料，是"从他们进京两年，就两年没关旗饷。"

今天的津报全没来，打电话去问，说是交通不便，兵车拥挤。

街上的灰色短衣人，还是那么多，那么忙。到晚上，火车汽车还是那么呜呜突突的。

巷头弄口。堆弃的垃圾非常之多，也有大脚女人鞋，也有破布旧纸盒，大抵是搬家的结果。

六月三日

商铺有提前上门者，但尚不多。听说察哈尔兴业银行的铜元票要不行使了。这一来不知苦害了多少"小民"，好在我没有。

又听他们讲，西直门德胜门有拉夫的，短衣帮朋友个个惊慌，并且互相告诫"你要小心了"，并且议决"暂不出门"。

院邻夹七夹八的评论时局，到底麻三有见识，他说："你放心，咱们北京天津打不起来，因为洋人不答应。"

这天晚上，火车格外闹得凶，几乎把什刹海的蛤蟆震聋了。

六月四日

嚇，今天可了不得，比前三天还乱。

我正在午睡正酣，猛被院中的七言八语惊醒，当是发生巷战了，及至定神一听，这才知道察哈尔银元票不兑现了。既然我没有，刚要躺下睡，隔壁桂大嫂突然叫"您有铜元票么？快想法使出去吧，永利刚才来了行市，说京兆官钱局的也快不使了。"他这一喊，当下又乱，一个个院邻都往永利跑，及至一问，原来不过每一元比现铜元少合四五枚而已。但因人们惟恐不兑现之故，这小小的杂货店，也就闹了一阵子挤兑挤买。

六月五日

跑出去当了一票当，可恨，棉被褥笨重物件是不收了，别的也缩小了三倍以上。

这时候，治安维持会也出来工作了。假使就这么维持下去，却也不算坏。但又有人说："陷于无政府状态了"。

灰色短衣人绝迹不见，满街只有警察，然而，顿然显得这城圈太大太空些了。

六月七日

蒋养房胡同口，突发见油印的布告，甚么东北先遣队，隶属于国民革命军，总指挥是叶夏声，这个人名好熟。

到今天，灰短衣，扎皮带，拿手杖的人们是当然也不见一个了。这是十七年来，京城中罕有的现象。

十七年在旧京西北城角记

——原载天津《一炉》第 1 卷第 6 号

切不要跳一回"加官"了账（竹心）

诗酒优娼，风流自赏之项城公子，为急国难，报家仇，顷乃升帐点兵，"墨经从戎"。鸣呼壮哉，失敬失敬。一向只谓公子会唱几句二簧，不料还这等杀法厉害，武艺高强也。公子勉乎哉，鼕鼕锵。敢效岳家庄银瓶小姐之口吻，而请教公子曰："你可有此胆量？"有此胆量，则亦"巴图鲁，杀"而已矣。鼕鼕锵，鼕鼕锵。正是"将相本有种，男儿当自强"。公子是必勉乎哉也。

予于是而有所感焉，鼕鼕锵。昔明末朝臣，有阮胡者，燕子笺曲本之作者也。论其才情，何遽不若公子？当其得势时，白衣誓师江上，意气未尝不豪，作派未尝不好也，而识者辄识其有"粉墨登场"气象。公子其知之乎？且吾闻之也，"墨经从戎"，真打真唱，非卖力气不能讨好也。若还"逢场作戏"，随意"玩票"，何必"下海"为哉？但愿公子，者番好自为之，庶几"旗开得胜，马到功成"，克文绍武，干蛊跨灶，而无负于下海之决心也，斯亦"父是英雄儿好汉"之谓欤？鼕鼕锵，（百忙中无忌锣鼓点）。若乃虚张声势，仅仅跳一回"加官"了账，非所望于公子也，公子勉乎哉！鼕鼕锵，有厚望焉，鼕鼕鼕鼕锵！（整理者按：本篇"鼕鼕"与"冬冬"混用，今统一为"鼕鼕"）

——原载天津《北洋画报》第 185 期（1928 年 5 月 5 日）

畸童刘福全（竹心）

或谓"人有一技之长，便足自立"，此言我只相信一半。半月前我曾见一残疾小孩，肉蛋似的四肢不全，在三不管设场表演"玩艺"，居然丰衣足食。

但是我认清这社会，有许多很有工作能力的人，却失业食贫，寻不到出路。救济院有一个当过科长的院民，无嗜好，擅文牍，然而政局旋转，社会不再给他机会，他就没有饭吃！

畸童刘福全，正好和这健全的失业科长，做个对照。

刘福全现年十五岁，河北人，天生残疾，没有手脚。一只手从腕部截掉，另一只却多些儿，由肘切齐，光头秃脑的，似长短一对肉棒儿。下体也如此，这脚自胫划断，那脚却从膝盖抹齐，还由膝头枝生出一截小脚趾，零零仃仃的，可怜的残废毁了他，却又成全了他，他藉此利用人们的好奇心和同情心，才得以童年在游艺场寻生活。

有很多时候，他在三不管搭棚作剧，他的父亲跟着照料场子。他运用那一长一短的两半截胳膊，夹着笔来写字绘画。字是中英文署名，画是牛羊人物之类，姿势是很别致的。自然写画都不见佳，只是难能罕见罢了。这使五体健全的科长来干，怕不胜强十倍，但那又有谁肯看呢！最有意思的是表演吸烟，他用那对肉棒，夹起卷烟头送到口边，再夹起火柴盒，拉开，抽出，划著，然后点著口中的烟卷，一呼吸之间，喷出缕缕的蓝烟来，博得慈悲的大众称赞！再次拿大顶，头顶着木凳上的磁碗，倒竖起来，然后拉琴，吹口琴，最出奇的是抽空竹，两肋夹杆，肉棒突突的动，空竹便嗡嗡的响起来。

问起他的身世，他说是一落生就惹起父母的忧愁，幸而遇见一个美国妇人，或是传教的罢，将他收养到教堂，教之书字，授以技能。他才以十几岁的畸童，养活着有胳膊带腿的爷娘，每天收入，总可得三两块钱。

——原载天津《北洋画报》第 1038 期（1934 年 1 月 16 日）

每年关将届，倍感无聊，视儿辈欣欣弄骰子，掷升官图，燃爆竹，啖糖果，辄忆及儿时乐事，益为喟然。

二小儿年甫四周岁，已学认方字。每凝双瞳痴痴向我，絮絮问"新年何犹不到"？到则可得糖汽车、小飞机，此吾向已许之者，故盼年之情最殷。更不时呶呶自语："新年到，阿父即发薪，叔叔亦发薪，为我买多多玩艺也。"乃咬其小指，欢然作雀跃。旋复敛眉，则目日历，翻数纸页，知红色纸为星期，为除夕元旦，乃悄然亟撕之，以为层层揭落，新年立至，揠苗助长，孩态殊可哂！大儿年十二，则俨然自视为成人，匆匆购贺柬邮票，自书云："敬祝你新年快乐！"遍致同学，其同学者亦还敬之，皆用极小形之贺柬，上镂花样者，一见知为儿戏之品。

吾少时过年情事，至今犹不忘者：四岁时，见人燃爆竹，辟

竹 心 集

历作响，久之始尽，吾乃俯拾未尽燃者，得数枚，药线犹半存，竟手握之，登堂上桌，就香炉燃之，砰然作响，香倒灰起，予满面皆香灰，失声大号，右手作创，痛极。六岁时，以家人宠爱，又居僻邑，犹不懂自购物花钱。时在望都，祖母赐压岁钱数百，即步出家门，忽见戏伴名小砖头者，穿新衣，携小篮，呼卖糖豆，趋就予曰："我会卖东西矣，若会买否？"予嗷应曰："会买。"即予钱买之，亦不能较值，但能买而已。然已乐不可支，亟驰归告母："阿娘，我会花钱矣。"母时正忙，惟曰"诺"。予雅不喜，又呼告嫂，又呼告祖母，皆曰："诺，食之！"余无奖词。予益不快，觅二伯，雀跃告之，二伯曰："真能干！"予始欣欣惬意。九岁时，已能读小说。临除夕，厨丁蒸年糕馒首，蒸汽迷漫满屋，予大喜。取圆形仿圈系带，挟木枪，跃登桌上，疾抛圈，中厨丁头，曰："看乾坤圈。"即飞跃而下。更取小爆竹，登高燃抛之，曰："掌心雷！"

噫，儿时情事，回思皆有真趣。年事老大，意兴阑珊矣，年关当前，转增凄其！

——原载天津《北洋画报》第 1051 期（1934 年 2 月 17 日）

津门奇人丁伯钰（杏呆）

鲁迅曾说："有谁从小康人家坠入穷途的么！我以为在这途（整理者按：途，原文误作"涂"）路中，可以看见世人的真面目。"穷富两途把人隔绝，经过一度转变，则个人的骨气，世态的炎凉，都得测验出来。

天津有一位卖糖堆的丁大爷，富时挥金如土，贫时自食其力，不受人怜，其傲骨令人心醉。

丁大爷字伯钰，林墨青曾为采录小传："天津世家子也，其家故有钞关差使，津俗所谓大关房也；邑中巨族半属戚好，伯钰生而席履丰厚，服食玩好予求予取，出则肩舆驺从，俨然贵官"。盖年十六即承父业"上关"，"未脱纨袴之习"，挥霍特甚。相传他吸罢鸦片，将要出门，门房传轿夫伺候，而轿夫一榻横陈，犹未过足烟瘾，大爷笑骂著等待。四个轿夫翻穿灰鼠，忽遇雪冻结，即弃去另制。即此一端，想见当年豪华。

丁君是有童心富趣味的人，常寻新奇事物以自娱。"西人所制脚踏车，初发现于津门，乘者皆西人，丁君首置一具，操纵娴熟"，为天津卫第一个登自行车者。又挤出数百串钱，购糖数十斤，在客厅置铜锅石版风炉，学制糖堆，本以消遣，后竟倚以自赡！小传云："庚子变起，家室焚掠一空，钞关被裁，遂由素封变为赤贫。"然"不肯称贷，即亲友有怜而周之者，亦必辞却。惟制各种糖果，手提筐沿街售卖，一家八口，衣食于是者二十余年"。

丁君的糖堆（即糖葫芦）炙脍人口，外埠闻名，一来因他以纨绔沦为小贩，二来也因所制确乎好吃。据说他熬糖蘸果皆有特色，制出来冰莹而酥脆，在冬天可以撒尘灰而不染，置怀中而不粘，每天赚三两元钱，糊口有余，悠然自得，不以盛衰穷通而生愤慨。

丁君卒于民十八，享年五十有七，无子嗣，老妻先殁。当生时，命佣仆捉篮入街市，身从其后，曼声叫卖。尝在西芥园遇亲故，怜其落拓，欲赠金劝令改业。丁君大怒，拒金不受，举整篮糖堆投入河内。又在北大关遇故人，回首避之，丁君一笑拦问："你还欠我钱呢，不要躲我，没向你讨债！"在市侩气之充塞之天津市，昂然游戏市廛，丁大爷实是奇人！

——原载天津《北洋画报》第 1062 期（1934 年 3 月 15 日）

一撮毛的别技（杏呆）

故都的一撮毛，以善撒纸钱，名扬九城，当地人出大殡，必雇他一挥洒。他的撒法好像无奇，而其中自有巧妙。据说一撮毛捻一叠纸钱在手，把腰一弯，似在攒力，随即挺身一扬，纸钱顺手凌空而起，乘风飞舞到六七丈高，飘飘四散落下，占面积很大。

这是一种艺术，但闻其中还有偷手。就是当他一弯腰之际，表面好像是努力，而暗中已将半叠纸钱，趁势塞入孝袍襟下套袴桶内。因他撒得高，飘得广，虽半叠纸钱犹较他人撒两叠还显得壮观，故人甘心用他。

故都人相传如此，不知确否。北画一千零六十六期，曾刊"一撮毛"之图文，因续志所闻于此。

——原载天津《北洋画报》第 1075 期（1934 年 4 月 14 日）

记"止于信"命馆（杏呆）

鸡虫得失，瞬息荣枯。有童好古者，世当不识其为何许人也。倒退至民七八年，故都新世界，犹见此公开小命馆，喋喋为人批八字，看月令高低。民十以后长腿将军督鲁，此公竟以相士，一跃而为督署参议焉。虽是风尘人物，而笃于旧交，不肯背本，犹之长腿将军，虽甚恣睢，而粗豪饶侠气，均不失为过去时代人物也。童江西人，知相术，张宗昌见逐于赣，童曾资助。遭际时变，张出关，童亦北上，流宕京华，所事不就，在新世界租一间屋，设"止于信"命馆，营斗升于笔舌间，意殊侘傺。对肆有松鹤斋点心铺，主人魏君，尝与童共杯茗闲话，渐通有无。童叹曰：若张旅长得志，吾无忧矣！

困阨数岁，新世界营业渐不振，童收肆他去。旅张督鲁，童以故旧往投，立委参议，月享数百金，红极一时。而松鹤斋主人，时已罢肆失业矣，闻讯乃驰书贺，便乞援引。童覆书累旬始到，略云："当年落拓燕市，斗室蜗居，无人过问。今小有遇合，告帮者求事者，日纷来沓至，应接不暇。仆本菲材，方惭滥竽，曷敢推毂，以辱高贤？且此间粥少僧多，亦无事可作也。"满纸牢骚，魏得书大恚，立覆一札谓"仅得识参议，即在斗室蜗居，公犹忆新世界二楼乎？公设止于信，仆开松鹤斋，望衡对宇，尝邀青顾，令郎亦常来啖小肆点心，此数年前事也。今公贵矣，谅公忙已忘之欤？"

魏含忿致此，意谓骂一顿泄愤而已。讵未数日，挂号快函来，满纸皆道歉自责语，谓"近日扑影告帮者过多，不意偶发牢骚，渎及故人，患难至交，幸恕失辞"。末即订期邀魏到督署一游，当努力说项云。

谈　病（竹心）

近七日中，比邻连闻丧音，死者一十二三岁少女，云系中祟，历十二小时而殁。一望六老翁，昼尚闲步，次夜暴毙床头，则云老病复发。细探之，疑皆剧烈性之传染病，或食物中毒也。鱼虾上市，朵颐捐生，亦可叹已！

报常载某处疫发，而患者多为贫民，或游民猝倒于街头者。小康之家罕闻染疫，此非能清洁避疫，实讳言之，不愿受隔离消毒之干涉者也。

少女日间赴戚家，留餐饱食，逛娘娘宫被风，至夜三时，忽扼吭扪胸，呼闷塞难过。其母坚抱之，比天晓，始延某二姑来，又延一看香老师傅来。所谓某姑者，甚有经验，乃见危知退，藉辞告归。老师傅犹不知死活，以至病人咽气，始垂头而走。先时女捶床涩呼，谓胸膈闷极，速将药饮我。老师傅方作法，堂上跪女母及家人满地，叩头哀求。卷黄表成筒状，凡十余枚，著火立燃，凌空飞起，老师傅有得色。又爇香，敢伸手指掐香头上灰火，投水碗中，云是神药，服之便好。忽闻床上微嘶，女目已呆定，脸际胸头，忽皆发青，现黑斑，试之口不出气，哭声大作。老师傅曰，不要紧，此是气闭，服药可苏。于是灰水速灌，女体渐僵，以至于死。

女母，健妇也。前年邻幼女被烫伤，夏日沸水灌顶，惨号气绝，家人惊怖失措。人有言医院在迩者，健妇竟越俎代谋，抱女迳奔往，敲医院门，哀医师出，急救得苏，一周而愈。人皆谓妇有急智，且热肠也。独于己女，初发病但知抱哭，对门有中医，按摩师，数十步外有医院，妇皆忘之。而天明候人，迟之又久，始赴法租界，延所谓姑姑师傅者，岂不可怪？盖所谓"病急乱投医"欤？

——原载天津《北洋画报》第 1086 期（1934 年 5 月 10 日）

鲁公禁拦舆告状（白羽）

报载鲁公，已不高兴问案了。顷曾下令，禁民拦舆告状，民刑事饬向法院诉理，以免干涉司法之嫌。惟毒物盗匪及告发贪污，则仍可问问。

山东出圣人，山东军政领袖，颇有奇行嘉言。张督办褚督办往矣，鲁公不愧是一个很能负责的好官，尤难得在放下枪杆，抄起笔杆，是之谓文武双全。我们知道，此公问奸杀案，曾罚老妈之站，不许睡觉，以取实供。只此一事，已足千古。法律本是人造的，有成则有毁，何能谓之破坏司法！

鲁公少时，我想，必曾熟读施公案、彭公案及七侠五义等书，这些书描写清官折狱，值得效法。这虽于正史无考，但于唱本上，则盛传其善私访，会诱供，托梦雪冤。鲁公是私访过的，说到诱供，包龙图曾经装过阎罗王，大概此事也可以来来。至于托梦不知有过没有？

——原载天津《北洋画报》第 1119 期（1934 年 7 月 26 日）

一枝纸烟断送余生（杏呆）

平津禁毒声中，迭毙毒贩，至因戒毒后"复吸"罹死刑者，六月十二日枪决之翟觉，实为第一人。闻此君被刑前后遭际，颇为离奇：因嗜毒堕落，而入戒毒所，因一篇演说，而在所获得职业，更因一枝纸烟，而"复吸"败露，断送余生。现虽事过景迁，其经过犹堪追记也。

翟觉年三十岁，生前本一大学生，原籍浙江，在津留寓已历四世。不幸染"白面"嗜好，为家庭摈弃，流为丐。今春戒毒所成立，翟投所戒毒。第一批戒净出所时，市长张直卿对众训话，谓诸君臂皆刺字，幸各自爱。勿再犯，自投死地。毕当遣。翟忽越众起立答辞。首述毒害，次申谢忱，以过来人说个中苦趣，辞畅语痛。且有"至死不复吸"之誓言，愿与同病共勉。当时引起张市长之注意，因询身世，知系知识阶级。并谓一从染癖，永遭社会唾弃，追悔无及。今日出所，仍当续度流浪生涯。张氏恻然，因委为戒毒所员，俾以过来人现身说法，如是多日。讵翟甫得暖饭地，又害肚子痛，而故态复萌。卒因一枝纸烟之发觉，牵涉无辜工友之被革，从此露出马脚。而冤家路窄，适有一新被捕之吸犯，恰于数日前，一度遇翟于燕子窠（整理者按：窠，原文误作"窝"）中，当翟对诸瘾士，喋喋讲演毒害时，此新来者目注翟面，似曾相识，不禁诧然，私相告语："此君亦吸白面，何缘在此讲道。"喁喁私议，不数日遍传所内，而翟独不觉，公余饭后，私出夜归，人固已怪之。迨纸烟案发觉，翟之行止，益为众所疑。盖以纸烟本为装吸毒品必需之物，所章悬为厉禁，虽职工亦不准吸，乃忽于宿舍搜出一枝，穷诘不得主名，且因是斥退涉嫌工友。而工友已去，此物再见，由是疑窦丛生，聚翟一身。化妆暗蹑，果于燕子窠前，见其行踪。当夜讯证，翟犹强辩，嗣欲招医验溺，翟始俯首亲书供词"聪明一世，糊涂一著"，末恳从宽贷其一命。张氏对此极为痛心，经讯明依法判处死刑，于十三日枪决。论者谓翟觉生前本有"至死不复吸"之誓言，今果"复吸竟至死"，一语成谶，抑亦可慨已。

——原载天津《北洋画报》第 1258 期（1935 年 6 月 18 日）

我的蛇尾巴（竹心）

在小学的时候，非常自负。从心里架出空中楼阁，顾影自照，觉得不是英雄，就是侠士。年龄越增，人越平凡。回想儿时壮志豪情，嗤然自笑了。

曾有一个时期，要作学者，因自命不凡，发奋要写日记。觉得现成日记册，一天一页，太嫌简陋。于是自到纸店，装订二十几本手册，要分类详写。忽又觉饮食起居，上课听讲，与个人大事，读书心得，交游函札，不应混合记在一册，并且也难检查。于是乎决定分开。

一本日记册，名"日记"，专记行事。一本名"游思录"，专记思潮感想；一本"雁行记"，专录同学亲友往来函札。一收一发，皆标日期，略摘事由，简直像机关的收发文簿。又有一"博闻录""习算一得""课堂论文""师说述闻"等，乃是上课听来的笔记，共有八九种之多。另有"读书随笔"一册，记课余所读何书，内容如何，似四库提要。一本"待为记"，记明日应作之事。还有"杀青录""腹稿录"，记自作的文章，因为那时已学着投稿。还有一本"日新录"，记（整理者按：记，原文误作"纪"）古人训诫，和自己过错。我还记得第一条是：

"父母尊长之前，辞色须谨。"下列予注："予言语戆直，每被呵责，形色甚恶，此应悔改。"

一本一本，共二十多本。整晚的功夫，都耗在抄日记上面。因为这册子内，不许有一错字。常因脱误一字，便撕去这页，从新另写。可是我的小字又太坏，写出来很不成模样，于是写了又撕，撕了重写，生把五十页的册子撕剩一十来页，可是日记还没有记过七天。结果把笔一丢，悄悄气得落泪。在这些册子中，只有博闻录记了一十多页。别的一概作废，因为页数太残了。

这是二十年前的事。于今想到"学书不成去学剑又不成"一语，便觉自己虎头蛇尾，实在可愧。

——原载天津《大报》（1934年4月9日、10日）

新年献词（宫白羽）

回忆解放以来，我活得很高兴，虽然老病，然而今天执笔写稿，我偏不写高兴的事，我要写我的过新年出大丑的事。

第一次出丑，是新年军民联欢，一群年青人都不会喝酒，我可就得其所哉，大喝特喝。饭后文娱节目，别的我不行，猜灯谜吧。结果饱载而归，赢了许多糖，我就迷迷忽忽，上了电车。恰值戏影散场，上来了一群小孩子，我就"一人一块"把这些糖全分散了。然而小孩子拿诧异的眼直看我。若不是他们父兄说话，他们不敢接。

第二次出丑，也是新年，在本单位吃吃喝喝，同时还有一位同事老白同小马（应加女字旁，表明女性）结婚，我可就运用我的海量，要灌新郎新娘。我不会划拳，干脆碰杯。我把新郎灌得红头胀脸，然后再灌新娘。新娘有保镖的，代为央告，我坚持到底，结果伴娘替喝了。我又转脸来另找对象，和老秦碰起杯来。

结果（这是第三个结果）我灌醉了人，人们也集体灌醉了我。后来我就迷迷忽忽上了公共汽车。到了站头，我把票交给售票员，售票员一看，说："同志别走，这不是票，这是糖果纸。"

哎呀！我抓了一把糖放在衣兜，可是车票呢，也放在衣兜，左找右找，身上地下，找不到了。（我敢对天盟誓，我的确买了票，不过是丢了而已。）然而别的乘客以十足天津味的口音发了话："这年头还有这个事！"

这是拿我当骗子，有伤我的尊严，我炸了，就吵了起来。

结果（第四个结果）闹到派出所，补票完事；另外还有收获：就是挨了一顿批评，受了一次教育。我就舒舒服服回家了。

一进家门，就倒在地下，被太太请人搭上床来。

这篇小文就此结束。

你问这篇小文有什么意思？附耳过来，我告诉你：乐观气氛。

——原载天津《新港》（1957 年第 1 期）

[附] 坏孩子（【俄】契科甫著　竹心译）

伊文·伊文尼支·莱博庚（Ivan Ivanion Lapkin），一个好看的少年，和安娜·瞻呙里兹加（Anna Gamblizky），一个低鼻的少女，走下这倾斜的河岸，坐在长凳上，这长凳是临近水边，在新柳的密丛中的。好一个美观的地方。

"倘你坐在这里，你就是从世界上隐藏起来了，只有鱼和水蜘蛛能够看见你。"这两个少年人拿着鱼竿、鱼钩、袋子、饵坠，和别个应用的东西。

他们同时坐下，便就开始了钓鱼。

"我很喜欢，我们终于止两个人了，"莱波庚看着周围说："我已然得着机运告诉你，安娜，许许多……我头一次看见你的时候……这在吞饵了……那时我明白了……我为什么生活着，那一个是我的上帝，我应该对于他供献出我的忠诚的勤勉的生命的呢……这必是一尾大鱼……它正吞饵呢……当我看见你……我这一生头一次我沈溺在情爱里……沈溺在激烈的情爱里！不要拉。教它来吞饵……告诉我，亲爱的，告诉我你可能使我满意？不！我赚不到这个。我直不敢想这个！我可以希望着……快拉罢！"

安娜擎起拿鱼竿的那双手！拉出了，而且欢呼起来。一个银光似的绿色鱼现在空中了。"好的呀，这是一尾鲈鱼！帮着来！快着！他要落掉了。"这鲈鱼从钩上用力摆脱自己！跳在草里，向它原来的地方走，随后……跳到水中了。但只有一尾小小的鱼替代了，便是他刚网捕来的，莱波庚非常突然的逼到自己的唇边，伊往回拉，但是太迟了，非常突忽的他们口唇相挨，就接吻了；是呀，这完全是突忽意外之事！他们吻了又吻后来誓了愿又盟了心……这美满的顷刻！可是在这一生里从没有那样的事情，相这等完美的佳运。若是佳运自身没有含着障害，障害必要从无中进来。这是就发现在此时。忽然间，当这两个人接吻的时候。听的一阵的笑声。他们望着这河看，就呆了。有一个小学生高利亚（Kolia），安娜的兄弟，正立在水里，窥看这两个青年人，而且狡猾的笑。

"啊！哈，接吻哪！"他说。"好呵，我一定要告诉母亲去。"

"我盼望的就是你像个自重的人，"莱波庚红着恋喃喃地说。"窃听是卑鄙的，告诉人更卑鄙，下作，我料你是一个自重的人……"

"给我一卢布，我就堵上嘴。"这自重的孩子回答，"你们要不，我就告诉。"

莱波庚从衣袋里取出一个卢布，给了高利亚，他握在他的湿手里，呼啸着，游泳开去了，但是这一日，这两个年青人也不再接吻了。

第一天莱波庚从城里给高利亚带来些颜料和一个球，他的姐姐也把伊所有的空丸药箱给了他。后来他们还送给他做出狗头的小衫领，这小流氓于是很得意了，他仍保持他早先侦察他们的作为，不论什么地方莱波庚和安娜走到的，他也就跟到那里。

"无赖！"莱波庚咬着他的牙说。"如此幼小，却已经是这样一个满披羽毛的匪类。他在将来会变成一个什么东西！"

当七月的一整月中，这两个苦恼的恋爱者没有离开他的生活。他拿话胁吓他们；他纠缠他们，并且要索更多的礼物。没有东西能使他满足……

末后他暗示要一块手表，很好了，他们已然许给他表了。

有一次，在午餐桌上，互相传递饼干的时候，他嗤的笑了，可笑的睐着眼睛，对莱波庚说："我告诉罢？啊！哈！"

莱波庚怕的脸红了，他不咬饼干，却咬了那手巾。安娜从桌旁跳起来急急的跑出屋去了。

这类事情接续到八月来，直至那一天莱波庚和安娜定了婚约完。哦，这是怎么快乐的日子！他禀白伊的父母，得着他们许诺的时候，莱波庚急急的跑向花园里，去寻高利亚。当他寻著高利亚，他几乎喜得叫喊，这就捉住这坏孩子的耳朵。安娜，也正寻着高利亚的，便跑过来，乘他不意捉住他另外的那耳朵。人可以看出这宗高兴显露在他们脸上，就是当那高利亚狂叫着向他们哀告讨饶的工夫："亲爱的，宝贵的挚爱，呀，我再也不敢这么做了，痛呵！痛呵！饶了我罢！"并且，他们两个人后来说：他们在互相眷爱的全时期中，像他们没有经过这样的高兴，这样胜利的快乐，像他们扯着这坏孩子的耳朵那一会儿。

十年十月十日译于北京

这一篇依据的本是 S. Kotelianiky an I. M. Murry 的英译本，后来由我照 T. Krocrek 的德译本改定了几处，所以和原译文有点不同了。十，十六，鲁迅附注。

——原载北京《晨报副镌》（1921 年 10 月 27 日）

社会万象

茗碗余话（宫幼霞）

十三日午后四时，赤飙忽大作，来自西北。俄顷天地易色，昏然作赤晕，尘粒索索打窗，室中非烛不明。自玻窗外窥，宛如邻近中宵失慎，红焰辉辉，破暗烛空者，是有生所仅觏也。

天气殊弗佳，因人乃如此，蜗伏斗庐，尘埃隙入，四肢绝酸楚，犹奔波百十里，倚窗作画，意且莫属；拂案学书，心尤无耐。借得鸿雪因缘一帙，玩图赏记，恣意卧游，宛若身临境地，清幽淑秀，心神旷爽，泊乎停卷迴眸，便觉户外风声，飒飒然转厉矣。

连日慵恹，恋恋枕榻不即起，日光叩帏，色炎然，不得不兴；视时，钟已十一又半，胡怠惰至此。

绿衣邮使来也乎！可有我家书，此语数日来，是我喃喃悬颏者，而门环久寂，懒不作响，咄咄如何。十五日旁晓，得一梦，有黑楼一角，吾蜷处其中，环围黝然，天若雨者；已而倾盆，予踞楼窗。窗大启，申两手承雨滴，群蛙随雨自空降，堕地哇然，颇有适落予掌者。忽楼中雨注，水溅匝地，漫滥涓淬，几难驻趾。蛙遍室狂跃，呱呱肆鸣，殊厌恶之。是时，忽觉四周漆黑益甚，心意绝恐怖，提蛙投掷窗外，久不能尽，后遂不复忆。

十年四月记于燕旅

——原载上海《礼拜六》第 112 期（1921 年）

俗物眼中的秋节（竹心）

"嗤"地一声，我扯下一叶日历。哦，今天是十四，明天便是中秋节了。我的职业命令我："你可以作一篇应时小品。"是的，我可以作，也应当作啊。

然而，秋节和我有甚么关系呢？我对之确没有一点好感想。刹那顷我感想到的，只一点，就是中秋又是一度节关。于此时我们应当消极的搪债，还账；积极的索薪，借钱。此外便是放一天假，"歇"一天，连"玩"一天都怕说不到，甚至放一天假反而更"忙"。

搪债，还帐，索薪，借钱；不"忙"便"躲"，不"躲"便"忙"。甚么月饼，甚么兔儿爷，甚么送礼、拜节。吁，"讨厌得喽"。我没有小孩子似的心情了：穿新衣，抱泥兔，吃月饼，嚼鲜果，那么津津有味的兴致，再得不着了。我也不曾打点到拜节送礼。

枯坐斗室，极力寻索中秋一带的"应有尽有"的感想。"节前"如何呢？"节后"怎样呢？以及那朋友们太自私自利了，浑忘了"通财之谊"，硬不"共产"于我。种种情形，殊堪痛恨。及至节关过了，已是深秋。那时节凉风习习，冷雨萧萧，似乎深抱有"切肤之痛"了。而棉衣拆成夹衣，夹衣又还当着。于是又不由你不感想该赎的赎，该置的置吧。这一来，凭空又给你添上一段心事。

是的，我辈酸丁，有何好感想呢？只一开口，一动笔，便扯到窝窝头破蓝衫上面。为一般读者点缀佳节，作一两篇有趣味的应时小品文字么？且等一等，善于"苦中求乐"的同志，至于我呢？就只有那极凡俗的话头，纠缠在心头。我整个是一俗物，我只得说俗话。作那背时、乏趣、粗俗的无聊东西。我"末如之何也已"。

——原载天津《东方朔》（民国十六年九月十二日）

新式贺年片一束（耍骨头斋主）

新年到了，该收发贺年片了。

贺年片的一收一发，大抵行在新友之间。特别一点的，有那做生意的，便给主顾们，送上一张贺年片。现在以我为例，常和我交买卖的当铺，听说今年打算也给我送一张来，可惜他不知我的姓名，只愁没法子写上款。有人给他们掌柜的，出了一个高明的主见，打算写上款，用含混一点的字眼，听说那款式是这样的：

当当先生新年大吉一顺百顺

敝当铺同人一体鞠躬

近来新兴的在报上登贺年片。这法子好极了，所以各报馆都给读者贺年，各商行都给用户祝岁。

据传有一个当医生的，穷极无聊，登不起贺年片，就在家门口，贴了一张红纸，写道：

常害病诸君新年之禧

治病名医特别鞠躬

后来对过棺材铺学了乖去，却喜有钱，便在小报上，登了一个大字的贺年片道：

　　该死诸公新年大喜

　　　　　　物美价廉棺材铺敬祝

终于这法子，又教本斋主套弄了来，趁"东方朔"送登贺年片，我也拟了一个：

　　骨头诸公见面发财

　　　　　　耍骨头斋主鞠躬百拜

　　——原载天津《东方朔》（民国十七年一月一日）

年　话（竹心）

新年到了，大家自然要过新年。

过年的"过"字，在此处寓着着意领略之意。那末到新年才着意领略，平常日子便该随意忽略么？由此可见人们只觉年节，是可珍重的，其余的日子，都可醉生梦死的随他去。

说到过年，数着红楼梦里写得繁华。钟鸣鼎食之家，遇到过年大典，再加上儿女柔情，家庭娱乐，令人皆着自然满纸喜讨。数着花月痕里写得凄凉，痴珠和秋痕，一个怀才不遇，一个夙愿难偿，都是天涯沦落，年余除夕，自己怀着满腹辛酸，看人家热闹。再加林痕三更噩梦，真写得像红纸上满渍着泪痕。

过年的苦乐，都随心绪而移。如同"莺啼燕语报新年"，何等绮丽。"音书北望堪肠断，况复明朝是岁除"，何等悲切。至于"除夕关门过"，便是意绪萧骚，教人哭不得笑不得了。

明日黄花：年关搪债策问（耍骨头斋主）

呜呼噫嘻，岌岌可危哉殆矣！年关难过，难于关老爷之过五关。床头黄金□，壮士无颜色；赤手空拳，债主子当前，好话说了万万千。债主子，死心眼，咬定牙关："没钱咱们谁也别过年。"

呜呼呼，噫嘻嘻！千难万难，穷朋友，过穷年；然而虽然，不要发慌，不要作难，也不要多备桌椅，也不要写我字缺一点。常言道得好："水来土掩，兵来将挡。"又道是"不怕讨债的英雄，只怕欠债的真穷"。债主子虽凶，怎奈你善哭穷。不管他横遮竖拦，大主意你须抱定。他来个软讨硬索，你还个死推自赖。要晓得年关不自破，只在鸡叫三更。今有搪债策问，述之如下，聊供有心人采纳。

债主子曰：不还钱剥衣裳。穷小子曰：那又何妨？破棉袍一件，仅虱子上千，当铺不收，鼓担不留。倘要舍此别求，再剥时露出穷骨头，小子又未犯"剥皮"之罪，（整理者按：本篇末注"未完"，然细查《东方朔》未见续文）

竹
心
集

304

新年零感（杏呆）

哈哈，今日何日？居然又鬼混到旧新年了。我们有特别国情，不到一个月，连过两个年。却喜新新年虚岁不增，不然一岁添双寿，岂不更觉时光催人老了么。

新旧二年，各有各的好处，各有各的风光。善守中庸之道的国人，最讲中西合璧，新旧折衷，也就高高兴兴的该挂时挂国旗，该放时放爆竹。反正有年必过，未肯偏废。

将新来比旧，到底谁占上风头？新新年可说是报纸上的新年，也可说是机关中的新年，放三天之假，增三页之刊，东方朔已经干过了。再看旧新年，可说是社会上的新年，也可说是家家户户的新年，吃吃喝喝，歇歇玩玩，似乎有趣一点。

小孩子，老娘们，吃年饭，逛年景，自然是同声赞美旧新年。

当家的老爷们，过新新年，也领薪，也休假，然而不还账，不过关，似乎欢迎新新年。

但无论新旧，但凡过年，都喜杀小买卖，忙杀邮局人员。绿衣使者，整捆递送贺年片，未免疾首痛心。

本文丐断曰：旧年好，有趣；新年好，无关。

年关难过，自古而然，于今为甚。虽然，一年年过去，到底没有把谁截留在关外的。说来说去，真个过不去年关的，只有猪羊鸡鸭，殒命于刀俎，做了年菜。思想起来，可怜杀人。

大善士曰：所以我主张新年戒杀。

小屠户曰：混蛋。

——原载天津《东方朔》（民国十七年一月三十一日）

"死""了""好"（竹心）

　　天祸中国，□□□大闹于南方，杀人如麻，老朽遭殃。甚至人在四十岁以上，无不在可杀之列。只留下一群小孽障，子哭其父，女哭其母，成何世界！天又祸中国，王母娘，赌输钱，要摄取人间小儿魂折账。天津人既大惊扰，南京地方，在劫也难逃。童骏去矣，当其只抛下一伙老孽障，又不免父哭其子，母哭其女矣！如何是好？吁嗟乎糟哉！兵燹匪氛，疲于旱潦，天上人间，交相为祟，今又加之以杀老灭少，堂堂中国，岂不要"靡有孑遗"也哉！却喜小子，正是壮丁，既非童骏，西王母所不取，又非老朽，□□□所不杀，而今而后，吾知免矣！阿们上帝！我曰，哼哼！且莫得意，你还提防兵之抓夫，匪之绑票，以及夫遭瘟挨饿，碰了四轮电，吃了大黑枣也。嚇嚇！天祸中国，这还得了！

　　伏地圣人曰：死了好，"死""了""好"！

——原载天津《北洋画报》第 187 期（1928 年 5 月 12 日）

挤挤吧（杏）

　　共和厅日前陆紫娟串演孤儿恨，座客拥挤，至无隙地，有一女茶房向一女客请其稍匀地位，连言"请您挤挤吧，请您挤挤吧"，不知该女客如何误听，遽然大怒，将茶房大加诟诨，声色俱厉，茶房惊惧不知所为；谢罪不遑，连说"不要紧，不要紧"，经人劝解，始告平息云。

——原载天津《北洋画报》第 324 期（1929 年 5 月 28 日）

问津随笔（竹心）

北平与天津相距不过二百四十里，而风俗殊异。前数年，乍由故都来此地，辄觉"此地"是暴发户，而"咱们北京"是破大家之落拓者。

现在却大不然了。海河淤塞，世界不景气，内战，重税，影响到天津的繁荣。九一八事变后，华北国际市场的天津卫，顿然走入塞途，既因迁都失政治的立场，复因伪国僭立而截断经济的命脉，货物销场但恃西北，然运费奇昂，迭闹灾荒，以致西北经济线也衰败下来。这两年皮货异常的价廉，津织造厂相继倒闭，国际市场的气象暗然消尽。

从前天津房租，最僻远如河东地道外，鸽笼式小房，月凭二三元，今只一元三乃至一元，房租仍有拖欠。河北大经路民房，以先在三四元之间，若南靠金钢桥一带者，租价更贵，今只两元半便可出赁，西关南开亦然。又以前多有所谓押租，今更减免，但必索铺保，可知房主深苦拖欠也。从可知劳动阶级失业的增加，外埠逃难的，东北奔来的，似乎较前人口增加，而实则房多空闲，中国人都哪里去了呢？老西开教堂后，亦为劳工贫民栖止之所，房租每月四五元。两次津变时，避乱者麋集，房价激涨，四五元一间者，必一二十元，且须交三月押租，一般二房东皆吃饱嚼肥。惟不久塘沽协定成立，津市小安，避难者皆复员，房租回落焉。

——原载天津《北洋画报》第 1045 期（1934 年 2 月 1 日）

升平气象（竹心）

　　火树银花，点缀年景。由除夕到破五，辟拍之声不断，震破了不景气的天津。这一度年关，委实与历来情形不同。

　　因受时局的影响，加之以废除旧俗，当局禁放爆竹，已有好几年了。平津爆竹商无不叫苦，最好看的花盒烟火，只偶然被游艺场利用去卖票，私人商店不能燃放，多少说是大煞风景。想起了秧歌高跷龙灯狮子等会，从前也是元宵节由民众公演，而今渐变成营业性质，农村旧俗渐归淘汰了。

　　从易帜到津变，每度年关仅听见租界中爆竹声远远浮沉，今年却处处响彻通宵，可以点缀升平气象。旧历旧俗暂不必阳奉阴违的革除，时局呢，由塘沽协定到榆关接收，已然指日好转。枪炮炸弹辟拍之声，只剩闽乱匪窟和孙马之争暂曳残响，南疆西藏远在边围，便可置之度外。我们在加紧□□剿匪工作，努力平凡救国计划之外，正当好好的乐度这太平年。而这太平年去一九三六危机还有七百多天哩。

　　于是有些机关学校悄悄地放了三天哑叭假。佩徽章的老爷们携眷逛逛天后宫，穿制服的小学生们，一伙一伙在街头巷尾，抖空竹，挑花灯，乒乒乓乓放著爆竹。火树银花，点缀了升平。

——原载天津《北洋画报》第 1052 期（1934 年 2 月 20 日）

清明刷墙记（白羽）

近日"中国地"，忽由警察挨户通传，饬商铺住户，将住处墙壁，及附近电杆上所贴广告标语，一律洗刷，务要清白。虽贴者自是有人，而洗刷当由住户负责。四月三日下年，河北首先著手，由警士督夫役担水桶铁铲，细加刮磨。至西头河东，则责铺户代除，时已入夜，多有人梦者，骤被拍门唤醒，颇吃一惊。询其故，则云上峰传知，问胡为如此，则云不知。市民因而纷纷揣测，岂又有调查团贲临乎？要人经过乎？神经过敏者，且将黄郛南下，唐山工潮，日方态度，租界情形等事，囫囵联想。此实有辟疑之必要也，顾时人多持慎重，好机密，即对时事有所说明，亦属官样文章，人不置信也。为之诗曰：

清明时节乱纷纷，忽听巡警夜敲门。标语广告皆刷掉，莫道欢迎壁垒新。

——原载天津《北洋画报》第 1072 期（1934 年 4 月 7 日）

哪里赶来的（竹心）

天津城里和西头河东等处，乞丐特多。有一天行经西关，看见一排五个乞丐，分站在五家商铺门口罗唣，内中敲竹片，要骨头，奏着刺耳的乐器的，计有三个。其余两个，伸着脖头，顿开破锣似的歌喉在怪叫："掌柜的，买卖好，给我一个大元宝……"

这分明看出，他们的乞求的方式，不在乞怜，而在惹厌，当门一站，使你出入不便，狂敲怪叫，使你忍受不得，你于是乎不能不打发，然而难得的是这五路财神，竟联到一条战线上了。

街心站著一位穿黑制服白肩章的，他并非熟视无睹，而是含笑旁睨，并且哂然骂道："那里赶来的！"

——原载天津《北洋画报》第 1076 期（1934 年 4 月 17 日）

摩登破坏团水火未济（杏）

摩登破坏团，运用锰水激筒，袭击摩登公子和小姐的后路，然而骂一声"该死"之后，立刻又给摩登公司找一票买卖！有一位摩登姑娘，尝出入影院戏场，临去秋波再三回顾，然而可惜得很，旗袍后幅偏未见斑点，于是姑娘惭然娇嗔，疑心自己摩登的程度还不够，夫然后深引为憾焉。

汪院长骂破坏团，以为国货绸缎之滞销，锰水不得辞其责。发展实业计画，亦蒙影响云。此言甚确，而意犹未尽，友邦舶来品，一旦不好卖，则关税减收，更非善邻之道，这一点咱们可以说出来。

听说十六日傍午，中原公司四楼家具部及天祥小市场、天兴叫卖行，同时走水，幸未成灾。据猜是摩登破坏团的把戏。

老摩登曰："水水无情，摩登破坏团歇歇罢。"洋车夫云："瞪眼干么，有能耐打东洋去！"

——原载天津《北洋画报》第 1079 期（1934 年 4 月 24 日）

记火鸽子与炭假山 （竹心）

天津为五河之总汇，而俗谓之"火山"，有三天烧两头之谚。自保险制行，卫里火灾愈勤，被焚者以商店之规模大内部亏者为多。若民宅便少，贫民窟更绝无仅有。以理推之，彼贫民窟，聚男妇各姓，离居一院，各起炉灶，失慎难免，而不意实际殊非然。此故殆可思矣，倘火烧旺地之谓乎？近胜芳码头西站下坡，突于春光里走水，祝融肆虐，公然殃及贫黎。时夕阳犹照斜晖，大火发于柴厂，熊熊威焰，延烧四邻，四邻皆鳞次栉比之鸽笼小屋，摧毁至二三里，一时蓬发垢面之男妇，扶老携幼，叫呼奔逃，其情惨不忍睹。水龙施救，如杯水车薪，无济于事。有乌突烟凌空而逃，群氓大叫："火鸽子见矣！"众竟信以为实，指点叹懔，以为天灾。于是救火兵骤发弹击之，以绝祸苗。不知是何怪事，相谓弹不虚发，乃误伤活人。人愈相惊伯有，咄咄称怪，实相妄猜而已。翌日报章更正，救火是实，决未伤人。吾人于此，爰本天良而相信焉。火烧透后，尚有一奇事：闻柴厂内数堆柴炭，皆成灰烬，火后扫除，发见残烬结晶，凝成焦炭体之巨块数枚，甚坚实而嵯峨，颇具山形。记儒林外史载，有一隐士，倾资开柴厂，一旦被焚，不以为戚，转得山形之焦团数枚，措置轩前，为炭假山，恣意赏玩。初读至此尚参疑信，今始知文木老人不我欺也。

——原载天津《北洋画报》第 1081 期（1934 年 4 月 28 日）

一见生情不如避面（白羽）

社会俗见，多愿人忍苦偷活，中外古今皆然。日本人自杀，有投火山坠悬崖者。某社会服务团体，即在其处立标题辞："请先活一会儿，到敝会一谈。"近我黄浦江上，亦有"死不得，快回去"之木标。凡此可谓"己所不欲，勿施于人"者，立标者其皆活得正高兴乎！

津市近有校长夫人，恋爱夫之学生，以不堪疑讥，双双赴旅舍，吞药殉情。夫人死已数日矣，然其内心之苦闷，怀之已久。忆一月前，某报青年问答栏，曾载匿名女士一问，谓夫为学界中人，学生常过访其家，内有一学生，青年抗爽，不幸我一见了他，便动了心。我是主张恋爱自由之一人，但又惧社会毁誉，又觉对不住丈夫。我极苦闷，先生，我如何是好呢？此为问题大意，该报答案云："你一见这个学生就动心，那么最好你不再见他。"

当时读此，不禁失笑。以为问者故意设题，近乎取闹，未必实有其人，定有其事也。故答案亦以斩乱麻之方法，直截答覆。现突有此变，深疑问者，即此校长夫人之所为也。

——原载天津《北洋画报》第 1087 期（1934 年 5 月 12 日）

自杀的官面文章（白羽）

自杀为社会病态。从前社会局曾下官面文章，取缔自杀消息之揭载，文中警句云："登高坠楼，方法惨烈动人，服药安眠，工具沉迷无苦，报章尽情揭登，描画过甚，每能刺激人心，暗示诱惑。"因劝新闻纸讳言其事，庶几自杀者心中一迷忽，便想不起死法，可以高兴再活下去，根据这论旨，不谈对日，便没有九一八事件了。

近日自杀之风又炽，可惜社会局当局，不似当年光景，也没那大功夫作此好事，写此好文了。无为而治，不胜遗憾。

或者因我是半死的人的缘故吧，而我承认：人有生活的自由，也有结束生活的权利。欲自杀者舍死求活，必先使国不乱，社会安，民得乐其生。若社会病态不除，以官府纸片的力量，强人苟活偷生，也就太幽默了。当年的社会局于无法表现其救济政策中，想到了取缔自杀新闻，应贤于尸位素餐者矣。但是，我们想，若切实取缔药房，使剧烈性麻醉剂，不易购求，并一面公布自杀者急救之方法，诸如抹颈子可贴大膏药，喝镪水快吞铅块变成轻气球，这样办，也算有事干了，岂不高哉！

——原载天津《北洋画报》第 1089 期（1934 年 5 月 17 日）

扑蝇运动（竹心）

市区每到夏令五六月之交，必发起"扑蝇运动"，纷发传单，关知各校，图绘蝇害，悬奖劝扑。小学生听校师讲演，赤子之心勇于除害，羡于获奖，多持蝇拍，奔走扑灭，或赴飞蝇密集之所，不避秽恶，勤捉妥贮，以备届时奖赛也。此事已成例行故事，然年年扑蝇，蝇生滋多，此非法之不当，而恨行之非时。

今又到夏时矣，街市居宅，触处皆蝇，此时扑蝇，虽"扑"之易得，已"灭"之难尽。为时已晚，而"扑蝇运动"犹待举行。世时颠顶，举隅三反。若使春末蝇子始生，便即运动扑蝇，庶几除恶易尽。且数少易奖，亦不妨悬重赏，以现钱购蝇。吾人甚希有司提早行之，不使苍蝇与鱼虾同时上市，则三津入夏，照例之霍乱吐泻疟痢诸症，当能减少也。

——原载天津《北洋画报》第 1091 期（1934 年 5 月 22 日）

大骂江瑶柱（杏呆）

昔人谓"大嚼江瑶柱，是为不知味"。江瑶柱味隽永，可细嚼，不可迳吞，犹果中之橄榄，脍炙人口久矣。而 W 名士竟为之而被柱骂！

W 编某刊物"常识问答"，有问"江瑶柱是何物"者，W 匆匆答云："此是海味。"语焉未详，于事不谬。忽有好事人致函讥诮："江瑶柱是蟒肉，津市人谁不知？足下竟说是海味，连这点常识都没有，还他妈的答问呢？"

开口谩骂，似与江瑶柱有仇，惜乎此公未尝一读动物学也，虽然，尚有辞源，不妨一查：

"江珧，蚌属，亦作江瑶，又名玉珧。壳长而薄，为直角三角形，壳顶在其尖端，面有鳞片，排为放射状。壳内黑色，有闪光，以足根细丝附著近海之泥沙中。肉不中食，而前后柱以美味著称，俗谓江瑶柱。"

由此观之，江珧既是海蚌，江瑶柱仍是海味也。蟒肉之说，津市诚有此谣，亦不过冒充而已，犹以芦根作人参，琵琶虾充虾仁，是海货商之过，非动物学之错也。奈何山膏善骂，学京腔开口"他妈的"为？

诗曰：大嚼江瑶柱，不知是蟒肉，开口他妈的，名士气破肚。

——原载天津《北洋画报》第 1092 期（1934 年 5 月 24 日）

夜市巡礼记（竹心）

　　津市之有"夜市"，始于津变后，市民视日租界如虎狼当道，商店门可罗雀，日租界当局为恢复市面繁荣，遂创办夜市，招贩设摊，廉价售货，健忘之津市民，不计搜腰之辱，投弹之危，群趋若鹜，惟小便宜是贪，此前年事也。所谓"中国地"，市面本自寥落。点缀声华之戏园妓馆，电影院游艺场，常不堪"摇头当免票"之短装长衫过客乘兴白玩，至多择地避秦。津变后，有司亦为繁荣市面计，效颦东施，踵开夜市。河东特二区及南市，乃与日租界夜市，鼎峙津廛。特二区夜市，四月廿日开办，设东浮桥以东大马路北侧道上，预定设摊号数六十四，实际常摆者，不过五十有余。每摊月收捐三元，电灯费每日一角。

　　摆摊之人凡有三类，一为失业之小市民，一为歇业之小商家，又一则为附近小商店，于正号门市外，临时派伙友设浮摊，陈列贱值商品，叫卖求售。诚以近年津商益复苦累，于是正当之营业方法，不足以维持，乃走偏锋，扩大宣传，设广播无线电，登广告大贱卖，或本是正路货，反以"甩货"削利招徕。夜市虽设，而游人纷纷，顾主寥寥，多皆望望然垂涎而去曰："真贱！可惜用不著！"夜市货物，不外奢侈品、日用品及化妆品。计洋货摊八九处，大抵毛巾衫袜与花粉香皂杂陈。估衣两摊，叫卖声最高，聚人最多。唱本小书摊二，皆王二姐思夫之类。食物六七摊，糖果与点心各居半。皮件鞋靴三处。小形竹木器二，磁器玻璃两处。以玩具为最多，计有七处，所陈耍货，皆来自东瀛，询之，马口铁制则云西洋货，树胶制或云陈嘉庚，视之则 Made in Japan，朗朗入目？据云，晚六点设摊，十一点后收，生意清淡，日进不过二三元之谱。举目全市，什九皆为日货，纯粹国货，糖果点心唱本外，仅香皂摊一家而已！

——原载天津《北洋画报》第 1093 期（1934 年 5 月 26 日）

灰色短衣人（白羽）

昔在清季，报社乍开，颇因一短评一密讯之揭露，而掀动政潮。彼时官场，犹尚怕骂也。及北洋军阀当政，捕杀记者，封闭报馆，虽或暴力横加，至报纸文艺版，隐约其辞，加以反嘲，彼辈粗人未能遍悉也，故记者犹得绕弯子骂人。既而政客帮闲，时见举发，新闻业者遂开始憋气。

记贿选初成，故都大同晚报以"非法出精"之谐评，颇加讪嘲，嬉怒笑骂，入骨三分。直至三日后，始被看破，前来相呵责。厥后新闻检查愈严，虽社会版、文艺版，亦索大样。时对军人砸电车，殴行人，公然记载，比经检查，多被删落。各报不得已，乃以拆白谜代之，呼曰："丘八"，又过"老总抢案"，不敢斥言，则于纪事中易以"灰色短衣人"，读者辄引为笑谈。比长腿入京，风声愈紧，不特军人二字，讳莫如深，即丘八二字亦属犯忌。时愚主编某报附刊，值星期日，发刊某文艺社之周刊，内有一小说，记所谓灰色短衣人打抢屠村，愚谓行文隐约，似乎无碍。而社长见之，大惊，深恐空文贾祸，未免不值也。其时报已上版，改排不及，社长先生奋笔将"灰色短衣"四字涂去，全文凡数十见，一律改作"人"。于是次日刊出，乃触目皆成人字；于是"静悄悄的夜，村边忽掩来二十多人……人闯入村里，人砸门，人打人，砰的一声人杀了一人。"搅作一塌糊涂，竟不辨是何人何事也。同人读之莫不狂笑。社长覆阅，亦忍俊不禁曰："宁使满篇都是人，胜于人来封门！"遂歌嘲之曰：

漫道灰色短衣人，社长见之欲断魂。

宁使人人杀人人，勿令人来封我门。

——原载天津《北洋画报》第 1096 期（1934 年 6 月 2 日）

矿业会议之印象（竹心）

最近冀省实业厅召集矿业会议，其会议之情形，实可代表中国近日之政情与危局也。

会议凡两日，提案共三十件，洋洋数万言，痛苦种种，然自开幕至闭幕，历时不过五六小时，一切开会默念致词尚占去一部分时间。凡所提建议者，不外运费苦昂，税捐苦重，及受国内政治上，国外经济上种种压迫而已。虽不会议，亦可得知。某矿代表云，矿税加重，运费迭增，致销场锐减，为外煤倾销所压倒。而当局增税目的，原为裕收入，结果则层层束缚，反因产销大减，而税收欲征不得，较前倍少。饮鸩止渴，剖鹅取卵，人人想到，而事实上路局决不肯减费，税局亦决不肯减税也。中国之事，大抵皆属此类，故明知其覆辙而仍蹈之，是谓无可救药。

然有现象可示乐观者，民十七以还，建国方案种种，因内战未遑设施，社会位惟饫闻宣言标语而已。"九一八"后，上下憬然，似感危亡之祸，颇有脚踏实地从小处作起之象。如最近财政会议，努力裁汰苛杂，雅非昔日空泛会议可比。此次本省矿业会议，博询商民隐痛，列为方案，承中央点滴作去，必胜于前也！

——原载天津《北洋画报》第 1113 期（1934 年 7 月 12 日）

优待与取缔（白羽）

津市月前公布公务员燃用电灯电表优待办法，凡省直辖机关人员，租用电表减收十元，电费每码亦按一角八分计。外间不察，以为当局向比商电灯公司，取得优待也。实则此优待办法，乃公司一再请愿交涉，而始获得者，其性质盖有限制之意焉。以前军警方面，间或拖欠电费。公司曾一再要求补发，最后始经市府呈准省方，将优待办法加以修改，而正式公布实行。今后军警人员，只可减费，不再欠缴。闻颇有政务人员，以前照交电费，自办法公布，亦援例请求优待，而优待迟迟终未到临云。

——原载天津《北洋画报》第 1113 期（1934 年 7 月 12 日）

夜市谈冰（竹心）

夏日饮水，冬日饮汤，好像也是古礼。那时大概还没有发明喝茶，故汤酪酒醴，犹列为"国民的饮料"。说起喝茶，大概是唐人风味，茶经茗话，颇见诗咏，渐致夺取了全华的一切饮料的地位。古人饮水，不知如何饮法，揣想也许加饴蜜罢，若蔗糖宋时还叫糖霜，颇不易得。今日人造冰时行，必与砂糖果精牛乳作缘，生吃冰块的人很少。冰激凌是西人的吃法，刨冰传说是日人的口味，皆非国粹。最近津市小贩，发售"冰棍"，法从冰激凌脱胎而来，以食盐撒碎冰上为起寒剂，再以寸径小铅管贮糖水，中置竹签，插入寒冰箱镇之，半小时凝结，如冰蜡形。更置管冷水中微浸，管中冰蜡，便可随竹签抽出。售铜元四枚，两枚，小儿可执而饮之。取食既便，且法新价贱，故短衫帮及小学生多趋之。

特二区夜市，入夏先有一冰箱车，卖汽水梅汤，兼制售冰棍，每枚铜元四枚，群围观争购，日入三四元，一家衣食仰赖。半日后，又有他贩效法，将铅管改小，于一大冰箱中，插新制铅管百余枚，仅售铜元二枚，大声呼卖，购者云集。原来卖冰棍者，生涯乃稍冷落，遂怒不可支，三个人六只眼努力瞪视竞争者，但并不叫卖。又六七日，忽又添一家，新打冰车冰箱，新制冰管，亦售铜元二枚，其冰车犹未涂漆也。于是一市三车，竞卖愈烈。然细品其味，仍是铜元四枚者，味正而洁净，铜元二枚者，似羼糖精，且制法不良，铅管过短，时有盐水灌入，入口苦咸。但短衫帮贪贱者多，择味者少。

忽一日，特二区饬警通传，以夏日苦疫，取缔不良冷食，三车冰棍，一律禁售。第二冰车强笑而已，第三冰车最懊丧，因造车制箱，所费不赀，本来投机，谁知违禁，仅卖两天而停业，连呼倒霉不已。惟第一冰车云，这又何妨，上租界卖去，次日果然不见。现惟第二冰车，尚在夜市偷售，遇警察过，急忙藏起冰管，大叫冰激凌汽水焉。

——原载天津《北洋画报》第 1115 期（1934 年 7 月 17 日）

法律与人情（白羽）

　　现行法律颇有一二缺点，为希奇的案情所触开。如上海发生的丈夫鸡奸妻子，和近日津市发生的和尚正式娶妻，皆轶出现行法律范围，无适当条文可以裁制。

　　"杀人偿命，欠债还钱"，这是中国人最古老的法律思想。故汉王初入关，与民约法三章，首条就是"杀人者死"。至今乡民还坚信此念，殊不知近代法律精神，对于"抵偿"观念已大修改，杀人者有时竟不抵命。除了绑票和行抢戕杀事主外，就是谋杀，故杀，也分情节而有轻重。近时犯者必死的，倒是惩治盗匪，与军法从事。如杀人小姐陶思瑾，把刘女士剁了卅七八刀，可谓极惨忍之能事了，结果无期徒刑而已。若夫欠债还钱，也只指小账，现在列强对美无不赖债，而苏俄更是债精老祖，反显得英雄。

　　无知乡民泥于大清律，当致触犯现行法。如邻人捉奸，丈夫杀奸是也。古人视妻子为私有物，故女子不贞，人人得而诛之，本夫愿戴软绿头巾，却挡不住众人的笑骂与怂恿。其惟一的理由，就以为"奸情出人命"，若不捉奸，则谋害本夫，杀子报，双钉记的故事，说出来真可怕。于是无能的懦夫，被逼抄起菜刀。终于投到官厅，按现行法判起来，至少吃九年徒刑。故老相传的杀奸好汉，提一双人头投案，只吃四十板杀杀凶气，便当堂释放，原来靠不住了。

　　现行法律则一案判决，常有不合物情之处。北平箱尸案，一般舆论认郭菊村等为犯合谋绑票撕票罪，而法院依条文证据，处徒刑五年。就因"抵偿"观念，生出时代差异之故。

——原载天津《北洋画报》第 1118 期（1934 年 7 月 24 日）

瞎说乱抄（杏呆）

"丢了打狗棒，忘了讨饭时。"此是人情之常，本可原谅。

人说虐待劳工的，工头甚于厂主。因为他是过来人，所以会抓人的头皮，使之甘受而不能躲闪，并且也不能哼。

上面这几句话是瞎说，与后文没有关系。

汪胡都办过"民报"。章太炎和死了的邹容，曾主苏报，大骂当局的前清朝廷，因而报被封闭，人被抓去。据说报纸宣传革命最力，前清之倒，文字宣传颇占大势力。

邵力子、陈布雷都吃过报饭。叶楚伧还卖过小说，"如此京华"即是他的大作。此外戴季陶、吴稚晖、于右任、以及其他党国元老，由报界出身的很多。

这一段话，是另一段话，与前段后段都无干。

前清曾封过报馆，人们很反对。人们说，越摧残舆论，反动力越大。

在北方以非命死的记者，头一个是丁宝臣，死在袁项城手内。邵飘萍、林白水，是相隔不到百天死的，其罪状为"宣传赤化，通敌有据"。由被捕至枪杀，不过十二小时。

这一条也是独立的。

最近天津新出的报，都是一大报。至于小报，因为奉令在登记法未修改前，小报暂停登记。而修改的日期，又没准儿。

最近上海查抄新书，鲁迅、茅盾、丁玲诸人作品，共一百四十九种，多被禁售。闻其中颇有已经立案登记核准者。

这二段是乱抄的旧报。

——原载天津《大报》（1934 年 3 月 18 日）

新书预测（竹心）

近日出版业，大受打击。武侠剑仙小说，三角恋爱，倡门歌女小说，及连环画小人书，因海盗海淫，宣传迷信，而先被取缔。

顷沪党部又奉中央电令，查禁左翼文学。一时鲁迅、茅盾、丁玲、胡也频、郭沫若诸人作品，皆被清抄，计得书一百四十九种，牵涉书店二十五家，可谓书业第一次浩劫。经此四面包剿，各书贾将从何方面，溃围图存，乃最有趣之一问题。虽然，沪书贾向以善投机著名，其必有以自处。以意测之，其出路当有十数：

一，独裁研究

二，墨索里尼传

三，希特拉传

四，日、德、义等国法西斯谛运动研究

五，民族主义文学

六，初中参考书

七，小学教本

八，翻印四库

九，标点古书二扣出售

十，编辑通俗常识丛书

九一八后，国中"团结御侮"声浪，经久变为"拥护领袖"。拥护即所以团结也，然独裁二字犹觉刺目，一时不能公然倡导，于是有委员制改总理制之说，借墨索里尼，希特拉为护法，以示劝进，其用心良苦。而日德义之法西斯，当然保持良好销路。民族文学，由南京创牌，惟不可骂倭奴。标点古书，以价廉取胜。此沪书业将来之趋势也。至小说一时尚不免于滞销。

——原载天津《大报》（日期失记）

检讨贪污的巧计和笨招（竹心）

在"胜利"后，"天津市市长"张廷谔下台后不久，民间传说，"监察使"七次检举我们的张"市长"，结果是"查无实据"，不了了之。

当时人们的批评，有的说，一经查实，牵连太大，官官相护，其结果当然如此。

又有的批评，张"市长"风尘老吏矣，他的作风比贪官刘乃沂高明得多，当然抓不住他的小辫子，所以"七次考验"，胜利的、平安的渡过去。虽然"风紧"时，张太太仆仆平津道上，也有小小的布置，然而到底关键还在于老爷的吃□，所以贤内助方才此行不虚。

就这样，拖到了一个时期后，都淡忘了，就像没有这回事一样。

解放后，本市某区区政府，也自发的发动了贪污的检讨。

他们的检讨贪污的方法很拙笨，也就是很巧妙。他们的办法，几几乎做到了"搜身"。每一个工作同志，上至区长区委，下至服务员，由大家共同搜检。每一个人多出来一只茶杯，一条洋毡，立刻根问他的来源。公的呢？私的呢？"自买"的呢？从那里买的？用甚么钱买的？甚么时候买的？据实填报，大家共评，每一个人身边应用物品一样样的找出来源和答案来。

这法子拙笨得厉害，但也巧妙的厉害吧！

听说某区经过这一番检讨，内中也有几个人弄得红头涨脸。少数同志打游击惯了，一杯一箸之微，有时候互相通融，乱抄乱拿。虽然取之于公，用之于公，也真有的想不出此杯此箸由何时，经谁手，从哪一个部门转借来的；当时众目睽睽，很难为情。结果，当时想不出，给他一张纸教他细想具报。由这一点看，"观过斯知仁矣。"

听得有人说国民党反动政府之灭亡是天意，其实哪里会是天意？他们那种四大家族的统治，贪污横行，吸尽了民脂民膏，把国民经济搅得一团糟，人民对于其塌台是不会觉得奇怪的。

——原载天津《生活文艺》第 2 期（1949 年 6 月 1 日）

论所谓"人海战术"（竹心）

平津老乡们大概全记得国民党反动政府所造的白色谣言，说是八路军惯用"人海战术"，驱老百姓上火线，解放军在后面拿机枪押着督战。

当时稍有常识（不是说军事常识，就说是普通常识罢）的人，都晓得驱市人而战之，反易冲动阵地，有败无胜。曾听人传说，上海之战，有四百余个学生要求上火线，一经实战，败退下来，要被国民党军全给打死。这话可信的程度本来不多，然而驱没有军事经验的人做前锋，当炮灰，根本就是不可能的事。"人海战术"显见是诬蔑。这个诬蔑由于天津城之战而不攻自破了。

一月十五日那天，街头上最先发见的解放军战士，分明是人马精强，武器优良，乃是最优秀的部队，担当最艰巨，最危险的工作。断不会驱一般良懦农民打前敌的。

国民党反动政府是靠造谣起家的，然而就连其造谣技术也终是拙笨得很。他们的血腥手段，在人民脑子里是深刻的，大家都还记得解放前国民党军队曾有一次在城郊发现红红绿绿的"怪部队"，用机枪扫射打死了数百人，结果发现是些蒙着棉被的难民，因为他们的家被国民党军队烧毁，想进到城防里来。国民党军队，除了惯小□小□，缴枪而外，还有一大特点就是枪杀无辜良民，所谓"人海战术"，正是国民党军队自己的写照。

——原载天津《生活文艺》第 2 期（1949 年 6 月 1 日）

我若是个老百姓，我非揍你不可！(羽)

天津刚一解放，我们胡同里就来了两三班解放军，给我们扫院子、挑水，老大爷、老大娘叫着，人们总觉着有点生疏、希奇，外带多少有点戒心。然而渐渐的军民也就融洽了。也常常彼此谈话，一般的印象是"都是中国人"。并不像国民党白色谣言所形容的那么张牙舞爪，相反的，倒个个像大姑娘那么没火性，像绵羊那么朴讷而柔忠。

有一天，在住着解放军的住家门口，堆了一堆灰土垃圾，打扫得很干净，等候垃圾车起运。来了两个捡煤核的小孩子，大翻大检之下，把灰土扬成一大片。解放军战士看见了，又拿出扫帚来，重新打扫好，仍然堆做一堆，并且嘱咐小孩："不要扬得一世界了。"

这两个捡煤核的小孩子很无顽梗，不但不听话，反而更翻更捡，更扬得满处皆是。解放军耐着烦，再给整理好了，于是又做了第二度的劝告。

小孩子不听，故意的捣乱，这一回扬得更厉害。这一下可把解放军惹急了，再度整理之后，瞪着眼喊道：

"妈的，小子真讨厌，我若是个老百姓的话，我非揍你不可！"

旁观的人哗然大笑。解放军同志本来气得脸红脖子粗，这时候也笑了。

这时候，街坊们不由的回想起来二件事：一件是天津围城时国民党军队临死发昏时的强暴无赖，使市民统统坠入水深火热，度日如年的境地，天天盼望解放军打进来，末后几天，由殷盼转为怨恨："怎么还不打进来？这不是拿天津人开玩笑么？"又一件是张"大元帅"作霖的奉军入关时，每一个兵手中有一只籐条或木棍，螃蟹似的横行街上，很宽的马路容不开三两个奉军。

对于这样反人民的军队，人民是侧目而视，敢怒而不敢言。就因为他们和人民为敌，所以终是垮定了。再看一看解放军呢，与人民和气相处，如一家人，不用甚么花言巧语宣传，人民也认识得很清楚，这是"人民的军队"。

——原载天津《生活文艺》第 2 期（1949 年 6 月 1 日）

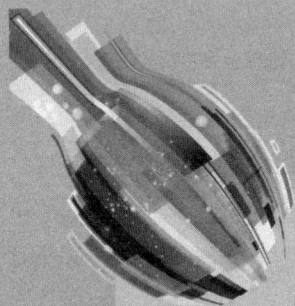

第四辑　甲金留痕

白鱼琐记

释哭器

　　哭器二字皆从犬从双口，疑即古"哭泣"字。器，泣之本字也。泣乃莅字，亦作涖，作戾，亦即临字，皆"临哭弔祭"之义。《礼记》有"悬壶代哭"之说，遂由器泣转为用器。"戾"字又转为"泪"。

　　器用之"器"，疑当为"去"字。"去"古文作"厺"，从大凵，像有盖之凵，凵即盂字，隶为凵，为曲。"大"非大小之"大"，乃盖形，即盒子。盖字，古音如格。哭器之"犬形"，疑为"旡"字之讹。旡呼也，象人开口而呼，戾字亦象人立户前开口而呼，故曰莅。今所谓来去之"去"，当即古文之"出"字也，（出音屈）。"业"为古"之"字，至此也。"帀"古"适"字，赴彼也。"出"，去此赴彼也。

　　——原载北京《立言画刊》第 220 期（1942 年 12 月 12 日）

宋人多愚

　　《记》称夏道尊命，殷人信鬼，周人尊礼尚文。此衡以历史进化之迹，则初民信鬼，巫风必炽。周道以礼文涤巫风，神道远，人事渐近，然重祭祀而不问鬼之有无，信天命而励行与造化争，犹留矛盾之象。《左氏春秋》多记豫言，其失也巫，盖犹有殷人遗风。人文开明，殆载诸子争鸣后矣。

近数十年，殷墟甲骨刻辞出土，史迹再现。披览龟文，知殷人每事必卜，太史即太卜。信卜巫者必信鬼，信鬼神者必愚，犹周人重礼，重礼久者必伪也。

先秦诸子多称宋人之愚，宋即殷商之馀民也。《孟子》言宋人揠苗助长，《国策》言宋人宝燕石，《列子》言宋人欲献日暄于君，《吕览》言宋澄子失衣夺邻（澄子告邻妇，吾所失衣佳，子所著衣劣，子不如以劣者我界）、《韩非子》言宋人学成名母（宋人学儒，归而呼其母名，曰尧舜大圣，犹呼其名）。宋襄公之图霸，不鼓不成列，不伐二毛，亦留笑柄也。

此自是宋人之愚，然亡国贱俘，每为人笑。英伦笑林，多称爱尔兰人之痴。（爱尔兰人于深水立木标，题其上云：水漫标顶，人不可涉。水既漫标，人岂得见？有标虚设，适见其輙。爱尔兰农人痛挞其驴，贵族见而止之，农人跪向驴道歉曰："不知子之有贵戚也。"爱尔兰人犯窃罪下狱，牧师问其由，对曰："仅于街头拾一绳耳。"牧师诧曰："拾一断绳，罪何至此？吾为子白之。"窃犯徐曰："君固不知，绳之彼端，尚有一牛也。"）爱尔兰屈服于英伦，亦已久矣，其得愚名，犹周人之笑宋也。

先秦诸子，孔墨并称。孔子言称尧舜，乃其所欲行，实周道也。（郁郁乎文哉，吾从周。吾其为东周乎。久矣夫吾不复梦见周公。）墨子盛称夏道，生不歌，死无服，勤生薄死，其道大觳；其立言固自苦，乃其所行者实殷道也。（明鬼，天志，信祸福报应。）孔子之先世，实为宋人。墨子之学，磨顶放踵，十人废耕，一人独勤，殆饶有宋人之呆气。史称墨翟为宋大夫，或称其为鲁人，或曰宋人也。观先秦哲人，老庄任天，杨朱重己，知天人而不知有群；荀韩明礼法，知有国而不知有民。惟孔子推仁，墨言兼爱，以救世为心，而皆为宋愚。世惟愚人始有一得之立，巧者不能也。

——原载北京《立言画刊》第 221 期（1942 年 12 月 19 日）

农田古义

人群进化之迹，衣食住行用享，后来居上。食之道，先食渔猎，作为网罟；进为游牧，始知养牲。居之事，始作营窟，犹无定居，仅成部落，未建国邑。既无国邑，自无国号；既无国号，何有君称？古所谓有巢氏、燧人氏、伏羲氏、神农氏，先儒或以为人君，近人或以为国号。窃谓此犹云：巢居之族落，养火之族落，猎牲之族落也。

惟以神农氏为农耕之民，犹有疑义。农古训酦，训慵，《书·盘庚》："惰农自安"，殆其本义欤？以形声求之，又似"爨辰"之义。辰，大火（星）也。《礼》："食竟而祭爨神，宗妇祭馈爨，烹者祭饔爨。"所谓"祭奥"是也，懊恼为连绵字，出一音根。汉儒谓神农即炎帝，农炎融熊，古音义相通，皆有火意。似神农氏为首作熟食之族，或者尊为炊神，与后稷尊为田神，正相当对乎？然古"田"字亦训陈猎，不训耕作，由游牧进而为耕稼时代，后人遂以郊牧之场，称耕稼之地。《孟子》犹言井地，不言井田。田字古音殆含"割猎"二音根，故果字从田，由割得声；雷字从田，由猎得声也。

——原载北京《立言画刊》第 230 期（1943 年 2 月 20 日）

君氏原氏

古代之君称，殆先称君氏，嗣称后伯。

考之古籀文，"氏"字取音于"师"，取象于"人"。氏古文作𠄨，象人加标帜，以示别其族。氏本为"人众"之称，用为人居曰："室"；用为众居则曰："京师"；用为众战，则曰："师旅"。用为人臣，则曰："士"；士披甲持戈，则曰："史"，史持书，曰"师"；师作谋，师奏乐，用为百工，则曰："司"，曰："事"。人君亦可称"氏"；氏者君氏也，赵氏赵宗，嬴氏姜氏之谓；可以名国，可以名族，可以名君，可以名臣。

"君"字取音于"军"，取象于"父"。君古文作𠮦，金文作𠲲，象人持杖（或垂拱）御圉。口即边圉之圉，形转为圃，为域，为围；音析为国，为郭，为固。圉字古音当含二读，作"国域"。域更含二读，作"卫御"。（尉字与域为同一音根，今尉字犹读作卫禦两音。殷周以前，仅作一文，表一义，即可含有二音，与西文同。至周始采一字一音之制，故"句吴""於越""专设诸""孟施舍""其麟""悉蟀"诸私名及骈名，皆补注其发声，"璠与""凤皇""邾娄"诸骈名，皆补注其收声。

"君"为人君之号，用为人众之称则曰："众"，《说文》音鉴，非众字也。（众从横目从三人，殆御众之谓。）用为人居，则曰："宭"。用为众居，则曰："郡"。用为兽众则曰："群"，曰："麕"。用为一国之长，乃亦曰君也。

古之君号，其始实借"父"称，即后伯之伯字也。父古文作𠂇，伯本作𠂇，即攴字；皆从一手执杖取象。（别作白，则由"火燔"取象。）古音"攴"字含二读，读作"伯父"殷周之际，析音别象，变为爸父、伯侯、霸侯、保傅诸文。离析其音，则"发声"为爸、伯、报、保；"收声"为父、傅、甫。后侯则音转也。《左氏春秋》"楚灵王曰：昔我皇祖伯父昆吾，筚路蓝缕，以启此土。"皇祖，称其先也，伯父，尊其爵也。既曰祖，则"伯父"比非"父之兄"之谓。今殷墟甲骨金文，于先君先公多作支，亦即《史记·殷本纪》"报丁报乙"之"报"字。报于文当从南从父，犹云南面司命之国父也。报南辟形根皆含"辛""幸"字，疑非金辛御幸之义，殆与仆字取象相同，当读作扑，为刑法之称欤？

若王公之称，殆见于殷周，殷"玄王桓拨"，周"笃公刘"，为称王公之始。通夏后氏一代，后启、后相，以至后孔甲，后桀，皆用后名。帝号之加，实始于秦齐东西分帝。帝初义本祭名，祖帝郊宗报祀，皆祭前王之称。皇取义于火，本训始训旺，训光，乃象词，非尊名，秦政灭六王，乃取以自尊异耳。

——原载北京《立言画刊》第 232 期（1943 年 3 月 6 日）

鲧为夏郊

上古天子皆感天而生。故先民祀帝以配皇天，祀郊以配后土。天，子也。地，母也。民之初生，固知有母，不知有父也。

《商颂》曰："有娀方将，帝立子生商。"有娀，即戎殷之先妣也。

《大雅》曰："厥初生民，时维姜原。"姜原，即姬之先妣也。

《秦本纪》："女修织，玄鸟殒卵，女修吞之，生子大业。大业取少典之子曰女，生大费。"大业即皋陶，大费即伯翳，秦之先祖也；女修则为秦之先妣。

《国语》称："鲧为夏郊。"郊字古文作 ，象人踞而祭母。而鲧实禹父。鲧字从玄从鱼，玄远也，鱼乳也。章太炎说，鲧鳏皆光棍。然则殷周秦初皆母系社会，至夏乃改父系，独祭先祖欤？诗颂二代，先以母德，有戎姜原太姒太任女修女华，昭在史册，惟禹之母不闻，非无故也。

——原载北京《立言画刊》第 251 期（1943 年 7 月 17 日）

杀殉之风

初民神道设教，多惧多疑，极怖死而极草菅人命。以人死为有知，故杀殉之风极炽，而壮士殉名，亦不惜牺身而为要离，为聂政。

初民之神道观有二：其一，"怀德"而报祀，以古圣为神，视神如人，故先民敬祖而报宗。其二，"畏威"而崇祈，以大厉为神，视神非人，故初民祀厉而祭鬼。乐园之窃果，赎罪之说，亦畏威也。

今之土地庙、土谷祠，实祀后土先啬，为田祖。今之城隍，乃邑厉也，古之大厉披发而叫，非人实妖，秦汉以降，乃化大厉为鬼县令，化田神为鬼村长。犹古之玄女实女魃，古之西王母披发戴胜，豹齿虎尾，森然可畏者也，后乃美化，善化。

上古之祀厉，视今日糖瓜祠灶，糊其口以乞善言者为尤可骇笑。

《汉书》贰师将军李广利降匈奴，既被谮见戮，临刑詈曰："吾死必为厉鬼。"后匈奴遇大雪病疫，人畜多死，乃祀广利，王以下皆膜拜。凡祀厉，必用强死之人，必用强梁之鬼，故郑人祀良宵。凡衅鼓，建邑秋，必杀强俘。凡殉葬，必用良臣；秦穆公之薨，子车氏之三良殉焉，诗人为之赋黄鸟，而卒无救。

《左氏春秋》，宋襄公之图霸，用鄫子于次睢之社，淫昏之鬼。

《史记·滑稽列传》，西门豹为邺令，民苦为河伯娶妇。

《史记·六国表》，周威烈王九年，秦灵公八年："城堑河濒，初以君主妻河。"君主犹公主也。

《山海经》："夏后开（启）上三嫔于天，得九歌与九辩以下。"

殷墟甲骨："丁己卜：其类（祀）于河，（用一）牢，沉（一）嫔。"沉字作，正象投人于川。嫔字作㜽，或释嬖，嬖亦嫔妾也。

孔子曰："始作俑者，其无后乎？"老子曰："天地不仁，以万物为刍狗。"俑为瓦木之偶，刍狗为草紮之犬，以其"象人而用之"也，故儒道致讥。虽然，孔老之立言，皆仁人之用心，为世立教故云尔。若核史实，则因果倒置。先有杀殉，后有冥器，始作俑，为刍狗者，乃正仁人之用心，为其"象人而代之"也。

——原载北京《立言画刊》第 252 期（1943 年 7 月 24 日）

无　题

先民立言，言必有物，物必有序。苟得其序，可征其义。四方东南西北，"东"最先举，四时春夏秋冬，"冬"居殿。且以今音读之，东冬声韵全同，此非无故也。

追溯华族文化，实奠基于东。古我先民殆由古之三韩燕易，沿海南下，止于泰岱，沿河西溯，徙宅河洛，渐至三秦。此族所谓太昊风姓，又称九夷、东夷、风夷是也。少昊挚以鸟名官，而太昊更在其先。孔子悲凤鸟之不至，乘桴浮于海，欲居九夷"从凤嬉"（汉人语），即指太昊，所谓夷俗仁，仁者乐山。少昊以凤鸟氏为历正，在《尧典》为羲和，是即伏羲。古文无风字，甲骨文以凤字代风："贞其有大凤雨"，即卜问将有大风雨也。古三韩分五族，祠风穴，礼遂神，见于《魏志》。风后之后裔姻族，建古韩国、古燕国、古易国，易即鹊，知阴晴天变，韩即韩雁，与燕皆候鸟也。故以为知时正历之徵。少昊挚即昊英氏，英印盈，亦即嬴，在鸟官即为鹰也。

"名"起于二人而别上下，"氏"起于两族以表婚嬲。若仅一人一族，将无用名氏矣。故姓名氏族之取义，恒相对待。伯夷、仲雍、叔牙、季历，以今俗语译之，即老大、二个、三小、四毛之义。（扶苏必为庶长子，胡亥必为嫡幼子，以扶苏义取枝叶，胡亥义取果核也。申生为长子，夷吾为仲子，重耳必为第三子，可观字义，知其排行。故师尚父即太公望，而比非子牙，尚与望皆有孟长之义，而子牙则训第三子，史所称吕牙，实即《书序》之君牙君雅，乃太公望之孙也。）

故炎帝与风后相对而制图腾，是为姜戎，戎即猱，见《匡谬正俗》，乃禺猴也。

皇帝与风后相对而制图腾，是为有熊，熊亦人立而行，古人以为"寓属"，寓即类人猿也。二昊以鸟名族，以日表君，二帝以寓名族，以后土表君，故曰帝。古语重谐音，犹无文字，凤既为天象之"风"，故炎帝又为"震"，黄帝又为"云"。二昊为东夷，二帝为西戎也。《史记·匈奴传》，置左右贤王，秋祠蹛林，拜日月，与皇帝文化相伴。黄帝妃西陵嫘祖，即《竹书》之西落鬼戎，鬼古音正读傀儡，亦类人猿也。汉人以为西陵、西落，即先零美。四方之序必始于东，则以华族文化先起于东也。

若四时之序，必终于冬者，则亦有故。

上古木兽多而人民少（商子语），湖泽多于江河，林薮多于平陆，五风十雨，天气湿暑，有三时而无冬。百果乱生，俯拾即是，人民不愁饥寒。上古之河洛，其湿热殆如南洋，卫地多竹，汶上亦多竹，竹乃热带草也。忽焉地轴振撼，百川乱流，天降奇寒，大地结冰，人兽死亡枕籍。先民不知其故，或归罪于上流之居民，而以为共工振滔洪水。或以为君不德，故招天变，天灾既烈，斯民迫不得已，与鸟兽争存，而茹毛饮血，食肉寝皮之事兴。于是四时攸分，人始知冬。凡初民三时营营辛勤，无他图也，亦惟在御冬。至冬则衣之用倍切，而食之求也益难。是故先民造历，寄重在冬，乃有以冬为岁始者。惟夏时以冬为岁之终，合乎慎终之义焉。此则岁终于冬之义也。

——原载北京《立言画刊》第 300 期（1944 年 6 月 24 日），此条题目为整理者拟

［附］张元卿《〈白鱼琐记〉整理识语》

宫以仁先生在《宫白羽年谱》（刊于 1994 年《天津文史》第 16 期）"1942 年"条下曾写道：先生"金甲研究"短文，开始在北京《立言画刊》以"白鱼琐记"题名刊出陆续发表。这是有关白羽发表甲金研究文章的最早记录，但究竟《白鱼琐记》发表于什么时间，在哪一期，是何内容，却从无人提及。我在研读白羽《甲金证史诠言》时，曾翻过一些《立言画刊》，但也没有找到。此后，我整理白羽的古史笔记《日新录》时，仍念念不忘《白鱼琐记》。

2014 年 10 月，偶然在网上发现《白鱼琐记》的线索并成功下载，这才看到了《白鱼琐记》的真容——《天津文史》第 16 期刊布的《甲金证史诠言》（误为为《金甲证史诠言》），最后五篇《释哭器》《宋人多愚》《农田古义》《君氏原氏》《杀殉之风》，原来就是《白鱼琐记》的内容，不知当初是如何混入《甲金证史诠言》的。另加上《鲧为夏郊》和未著题目的一篇，这就是目前我们见到的全部《白鱼琐记》。

　　从发表时间看，《白鱼琐记》最早，接着是《甲金证史诠言》。《日新录》中最早的一篇，写作时间虽早于《白鱼琐记》，但尚系原始初稿，似并未发表过。从内容看，《白鱼琐记》与《甲金证史诠言》《日新录》一样，都是研究古史的札记。此次整理悉尊原刊，并于每条末尾标明刊载时间，希望研究者能藉此摸清白羽研究古史的思想脉络和研究特色，深化我们对白羽的认知。

2015 年 4 月 27 日张元卿记于南京北秀村

甲金证史诠言

先民以数记

先民之立言，言必有物，物必有序，苟得其序，乃知其意。

先民之"开物成务"，盖先有语言，后有文字，先用绳文，后用刻契。"八索"者，八绳文也；"九丘"者，九陶文也；"三坟五典"者，龟与册也。八索进为八圭八卦，由张改契；九丘进为九共九鼎，由陶改铸。三坟始于土卜，进为龟卜；五典成册，后世易之以韦帛纸叶；进化之序厘然。而古俗之变，后于革政。古风久之乃得渐改。故孔子之世，犹以数记，犹有"三畏""九思"之绳记也。

初民之纪典，恒用数记。苟知一二之比，三五之记，乃得见古人立言之本。

汪容甫（元卿按，白羽原作漏"甫"字）作《释三九》，以诠古言，什得八九。语言文字之用至三代所备。然先民只知举确数，不差言虚数也。今人可言："不如意事恒八九，可与人言无二三。"二三与八九，皆可包延之约数，而古人不能作是言。古之所谓几千人，近乎千也。所谓数百年，以百数之也。皆非今日以几为"多"、以数为"诸"之谓。汪氏之文，诚发千古之秘，然以之考文可也，持以诠古史、证古俗，犹嫌未备。

先民之纪言，多用成数。曰三、曰五，是为小成之数；曰

八、曰九，是为大成之数。数有不足，或强凑然。观古数纪，必先知其善凑，乃能会其通。故"五霸"惟桓、文，"三王"惟汤、武，"五帝"惟黄帝、尧、舜，"三皇"惟伏羲、神农。三缺一，五缺二或三，其有不足，齐人凑之，□人凑之，晋人又凑之，所凑截然不同。汉经师史氏欲举"七强""九流""百国""百家"之说而折衷之，乃益增其纷扰。古史之九□、六十四民，即董仲舒辈欲持"鲁春秋"（儒家语）、"晋乘"（法家言）、"楚梼杌"（道家言及《山海经》《离骚》）□□书、□史、□春秋、齐谐、秦谶，诸百国宝书，而冶于一炉焉，而不知其必难合也。古史至是遂失其真。

先民数记始于偶之数记。五行终于三正，三正又终于丽象。阴阳之象，先有二，后有三。上溯之乃有太一、太极、无极，下□之乃有四象、六合、八□。道家言："道生一，一生二，二生三，三生万物。"此究极之言、近古之说，非上古之本义也。

先民以神道设教，以性道释物。道先立于二，有二乃生三，由三乃上溯于太一。此观古史，可得其诠。"昊天"与"上帝"是对文，太昊、少昊与炎帝、黄帝为对文，包羲与神农为对文。"申、包对义，研古文古象当去偏旁。神即申也，申之、包之，义恰相对。"有巢与燧人为对文。巢，楼也；燧，穴也。古神古圣，皆以二为偶。

——原载 1943 年 9 月 10 日、11 日《新天津画报》

乾坤之义

孔子言"性与天道"，性者生也，生者雌雄也，牝牡也。天道者，日月也；日月者，阴阳也。天象乃与生事相通，则古人论理明道，好用类比。以辞学之比兴，为名学之论断，至今俗犹不免。是故《周易》曰"乾坤"，而《殷易》乃曰"坤乾"，二者之序不同，其所昭示之谊亦迥然而大有别矣。

乾坤者，天地也，日月也，男女也，夫妻也。人道以男为尊之义也，此三代以后之时制也。

乾坤者，阴阳也，牝牡也，雌雄也，母子也。生道以母德为尊之义，此三代之前之古俗也。

盖人伦之始，实肇端于母子；群道之兴，实肇端于长男。《易》曰："长子帅师，弟子舆尸。""帅师"者，为军之帅，为国之君。"舆尸"者，载迁主以行，使幼子留后，以主先人之祭祀。（初民举全群以出征，故载迁主。武王伐纣，亦载文王木主以行。汉经师不知古俗，乃云武王自称曰太子发，又误解"舆尸"为"舆屍"，乃有死父不葬之语。汉人臆测，一何可笑！）上古之分封，使长子出为侯伯，留少子于故邑。故季历王周，太伯作吴，自是古风尔尔，不足异也。三国时，孙策奄有江东，乃令其弟孙权为县令，置强力之曹使为辅，其时权仅十四岁。此则周道，非三代以上之古制也。

——原载 1943 年 9 月 11 日《新天津画报》

高宗谅闇

《论语》："《书》云，高宗谅阴，三年，不言。"谅阴，居丧之称也，而确诂不得。

伏生《尚书大传》："高宗梁闇，三年不言，何为梁闇也？《传》曰：高宗居凶庐，三年不言，此之谓梁闇。"郑注："谅闇，谓凶庐也。谅，古作梁，楣谓之梁，闇谓庐也。"是以梁庐指丧棚也。

何休《公羊注》作"凉阴"；《文选注》以为"谅闇，寒凉幽暗之地"，是以"凉阴"为"凌阴"，为冰窖也。望文生训，极臆测之能。

今以古籀（即大篆）象观之，以古音求之，谅闇者，号丧也。字当作嫽闇。三代古俗，孝子丧其亲，登极（屋顶）招魂而呼："皋，某复！"皋，号也；某复，呼其亡考之字而唤其回也。初民谓死曰逝，一往不复之谓也。故招魂而唤之归，久号则失音，故曰谅闇。谅者嚷也；闇者哑也，字又作"喑"。

杨雄《方言》："哭极音绝，谓之唴哴，齐东谓之喑，楚谓之噭咷。"郭璞注："哴音亮，今关西语亦然；喑音荫，噭音叫。"是哴喑即谅闇也。

凉与谅，谅与，字形偏旁之微歧，古文相通，凉与谅又一音之转也。《诗·大雅》："维师尚父……凉彼武王"，凉亦作亮，"亮彼武王"，犹云呼彼武王而襄助之。亮古通襄，襄古通嚷也。

其本字实当作嫽闇。"嫽"，《说文》作诤，与凉字形极近（凉非从水旁），字从京，高宇也，从彡。古乞字之反文，当为号字，金文畗爵作㧖，正如孝子登极，开口而呼："皋，某复！"

—— 原载 1943 年 9 月 12 日、13 日《新天津画报》

孝、考、老本义

《说文》孝、考、老三字同源。《说文》谓三字从"毛人"，非也。字皆从兂，乃古"失"字，像老人毛发种种（"种种"即

"童童"，杜预《左传注》说非）。失字古谱作"佚"，佚，老也，古亦读"耋"，即今"爹"字，皆长老之称也。"老"字从"佚卜"，古文作𦥑，象佚老拄卜杖，父老之生称也，死则为考。

"考"字从"佚可"，古文作𦥑，可为古歌字。歌，呼也，即今嗷字，叫字。考者，嗥也，父老之逝号也，字由"歌老"得象。"歌老"正切"考"音。考，今读"告老"切，歌、皋双声同义。是考字仍由招魂叫老得谊。

"孝"字从"佚子"，亦从"佚号"，古文作𦥑。自者嗣也，孝者哮也。孝字由"子考"得象，"嗣哮"正切考音。是"孝"字亦由招魂叫老得谊也。

——原载 1943 年 9 月 13 日《新天津画报》

释　数

"一"，台（音怡）也。台，我也；一，弋也。弋者绳矢一只也。甲骨文弋字作↖，当即系矢以绳，用以投掷飞鸟。

"二"，尔也，尼也。"二"古音如"尼"，与今浙人呼"二"为"尼"同。

"三"，参也。初民以我为一，以汝为二。尔我对称，以参为三，第三人之谓也。

"三"古"四"字，肆也；肆者，列也。

"𠚤"，古"四"字，视也。以横目而突出，以示视意。

"Ⅹ"，古"五"字，網（现简化为网）也，像网目。又钺也；金吾即金斧，像对斧。

"ᐱ"，古"六"字，庐也，像屋庐，古文亦作□。

"ঞ"，古"六"字，络也，像络绳。

"ʌ"古"七"字，切也，像切横矢。

"ᛋ"古"七"字，系也，像结契。

"八"，古"八"字，别也。

"九"古"九"字，肘也，钩也。

"十"，古"十"字，矢也，折也，亦作"ᛉ"。

——原载 1943 年 9 月 14 日《新天津画报》

释　古

《说文》："十口相传为古。"此为引伸义，恐非古谊本训。观古象以寻古义，则"古"字之得象，于甲金古籀，竟有多文。

"ᅶ"：卜告也。甲骨文"古""吉""告"三字为同文，而"占""吉""旨"三字亦同象。"古"字从ᅶ（搞声）、从口"口义"，古即告也。疑殷人用龟卜，预告吉凶，以观后验。以后验视前占，则前占为"古"，后验为"言"。《诗》："考卜维王"，"考卜"殆即告卜，亦即古卜欤？今人犹云作事曰"搞一搞"，告言亦曰"搞一搞"，"搞"即告也，古也，一音之转也。

"古"：土古也，冢土也。字从土（土）、从凵（坎）。"记"称：有虞氏立社以土，夏后氏以木，殷人以石，此正像立社土。

古，土穀也，字从ᅶ（生字，植字）、从凵（坎字）。"穀"为形声字，古则为象形字也。犹块字亦有三文：或作"古"，坎

竹
心
集

344

中之土块也（居字从之）；或作圣，手持之土，块也（怪字从之）；后乃作塊，则为后起形声字，犹云"土类鬼声之物"也。"古"字之与"穀"字殆亦犹此欤。

凵，固郭也。字从囗（圍、域）、从，右主字，毒字，亦即蠚字。古者大君建太常、立大纛，建城庸以为固，古即"固"也，亦城郭也。

凵，古居也。字从大（人之正视形，大人君子也），从一（地也），与立字、天字为对文。《书·尧典》曰："若稽古帝尧"，郑氏释"稽古"为同天。初民之君号，当有称古者，音转为太昊、少昊、后启、后羿、高圉、亚圉。以古音求之，则"古"与昊、高、后（读如垢）皆为双声，歌纽也。

古，又先姑也。《诗·大雅》："厥初生民，时维姜原……居然生子"，此"居"字当作"估"，偏旁之人为母，古乃倒子形（𠙭），此"居"字即"毓"字也。初民知有母，不知其父。祀天作配，即以先妣，作配皇天，称之曰先古，即先姑也。周之先姑为姜原；殷之先姑为有娀；秦之先姑为女修、女华，而始祖不传，可窥古俗。

姑与舅为对文。"舅"古文即作𠂤，即"久"字。迨及夏后氏，以鲧为夏郊，是为父系之起源乎。

古字一文而有五象，孰为古义，殆不可考。则以先民首造语言，后造文字。欲探文史，不如一究语源。观古字之象，不如辨古字之声。古字本义，殆为凸（突）乎。

——原载 1943 年 9 月 16 日、17 日、18 日、19 日《新天津画报》

曰若稽古

亞，古文"亚"字。

曰，甲文"曰"字。

屮，小篆"曰"字，甲金文以为○（呼）字。

囻，小篆"围"字，又为"圉"字重文。

《书·尧典》首以"曰"字开篇，字又作"粤"。文云："曰若稽古帝尧，曰放勋。"汉经师释首三字，乃用三万言。汉俗尊师，务以矜博而已。

然"曰"字开篇，学者滋疑。以章法考之，古书简重，宜连篇目《尧典》，与正文合读之，犹云：《尧典》曰：若稽古帝，尧曰放勋。"持此句读，以与《皋陶谟》对读，亦当曰"《皋陶谟》曰：若稽古皋，陶曰允迪。"古帝者，炎、黄二帝以外又一帝也。古皋者，太昊、少昊以外又一昊也。昊天上帝，固上"神"也，亦先"圣"也。初民神道设教，固俨然尊王配天，谓君后罔非天胤者也（皋陶字又作咎繇，允迪为其号，羽别有说）。

更以古辞例考之。凡殷周二代金文在宗周以上者，恒镂"亚"形，或于亚形中镂文记事；或于亚形中镂颂辞；或于亚形中仅镂氏族，其式不一。然皆似以"亚"字为发语词，与"曰"字类也。梵欧古文字，开篇亦标符号，至今句首字母大书，篇首字母花标，初民心趣，中外皆同也。

然"亚"字又往往与"高"字为对文。高圉、亚圉，为周之先公，甲骨文所见殷先公。凡《史记》称报乙、报丁者，字皆加匚，以示"报"者，著报义。《说文》匚音辅，古读轻唇音恒为

重唇，辅当读报。独于上甲微，不加匚，而加囗，疑即高圉、亚圉之"圉"也。

亚、曰、圉，一声之转也，而形亦近。

——原载 1943 年 10 月 14 日《新天津画报》

黎民九族

《帝典》述尧德，首举"克明俊德"。克明俊德者，修身也。然后"以亲九族"。九族者，三姓九卿也。然后"九族既睦，平章百姓"。百姓者，庶士也。然后"百姓昭明，协和万邦"。万邦者，诸侯也。然后"黎民于变时雍"。黎民者，非万民之谓。黎民者，九黎三苗，四裔之称也。"记"称黄帝诛蚩尤，迁其民于邹屠，谓之曰民。以囗求之，民者苗也，蛮也，古南方夷也。黎者，冀也，耆也，古北方之夷也。

先秦之世，既用"黎民"，以称小人，乃别作"魑魅"二字，以示四夷，以表妖物。其实黎民、魑魅、黎苗，皆西北西南之族，宗周以前，戎夷为东族，殷囗戎殷，徐为徐戎，皆东人也。莱夷称夷，九夷称夷，则极东海滨之族也。

氐羌为西族，夏周于以接壤，或为婚友，或竟为同族，未可定也。而羌之即姜，断无可疑。

《尧典》九族，古只六族，戎夷、氐羌、黎民，是为六族。若并风姓之族，唐虞之族计之，适足九族之数。

旧说以黎民为平民，则"于变时雍"四字不得其解矣。《史记》"五帝纪"释此文以放四凶，以变四夷囗义，可知"于变时雍"当作"乃变是和"解。以其异族，故曰"变"，以其"变

第四辑　甲金留痕

347

之"，乃得"和"，此"和"乃魏绛和戎之"和"也。

——原载 1943 年 10 月 15 日《新天津画报》

纳于大麓

《帝典》述尧德，推己以及人。《帝典》试舜功，亦自内以达外也。

《帝典》曰："慎徽五典，五典克从。"五典者，秩宗也，在《周礼》为大宗伯。"纳于百揆，百揆时叙"。百揆者，百工也，即在《周礼》为司空。"宾于四门，四门穆穆"。四门者，在《周礼》为大行人，在汉为典属国。"纳于大麓，烈风雷雨弗迷。"大麓者，衡麓也。在古为烈山氏，在周为虞人、为衡人、为衡虞、为古之猎官也。

《晋语》："赵简子田于蝼（未告官守）。史黯闻之，以犬待于门。简子见之曰：'何为不告？'曰'主将适蝼，而麓不闻。臣敢烦当日（当值之官）。'简子乃还。"韦昭注：麓，主君苑囿之官。"传"曰："山林之木，衡麓守之。"（羽按：麓实薪猎之官，非主囿也。先民好猎，后乃建囿耳，麓之为虞官，断然无疑。汉经师乃释"大麓"为"大录国事"，谓为相职。王莽附会之，以为篡汉口实。或更以大麓为受禅之台。汉经师不特不知史，更不知文。）

——原载 1943 年 10 月 16 日《新天津画报》

竹心集

348

施、誓

研治古文，当即声求义。秦汉以前，书未同文，字多歧划，文无定形者也。若拘拘于点划，必有诬古诬言之弊。

《春秋左氏传》："施邢侯"，"施公孙有山氏"，此假"施"为"誓"。鲁哀公与三桓陈成，有山氏本季氏党也。哀公之出之，实自有山氏之家奔邾，故委孙怒而施之。施之者，誓而逐之也。章太炎释"施"为"解古"重刑，则以磔辜之说，恐不然也。

左氏又载藏孙以立后事被谗，见疑于季氏，出奔据防叛，以要立后于鲁。闻国人欲施之，自谀其智，谓施我无词也。乃季氏以斩关夺门之罪，卒施之。凡叛臣既出亡，国人恒誓之，籍其氏名，插其罪状而布之。如晋栾氏亦尝叛"禁锢""施誓"之刑者也。左氏有"施"辞"无若某某，欺其君而弱其孤"云云。

——原载1943年10月17日《新天津画报》

黎民于变时雍

凡立言，类举之物必有序。苟得其序，可揣其义。《洪范》五行始于水火；"三邹"五行始于金木（本于《国语·楚语》金、木、水、火与土杂）。汉"二刘"五行其序又异，《洪范》明以利害为序，乃物用也。土为土穀，故曰作甘。"三邹""二刘"则始以为相克为义，继以相生为义，由此演成两汉谶讳之学。以"比与"为"物理"，乃用以释天、释地、释人、释天人之际、释五脏、释病理。今者以五方、五色配五行，已有定论，而汉世犹多歧说。殷人，东人也，而尚白；周人，西人也，而尚赤。今者以五行配五脏，已有定论，而汉世犹出歧义，观《说文》可证。心肺孰当为火，人皆可执一似，以相比拟。然肾水、胃水、肺火、心火，皆修辞学之事，而非为理学也。

——原载 1943 年 10 月 18 日《新天津画报》

释甘、丹、者

甘，古文"甘"，又为"根"字象形文。

日，古文"口"。

者，古文"者"，又为"□"象形文，又为"株"字会意文。

丹，古文"丹"，又为"坛"字象形文。

凵，古文"坎"，"说文"释"开口"，此为引申义，当为坎字初文。

古籀篆有笔画雷同，取象殊异者，而义亦得通，如甘字即其例也。

"甘"字与"口"为对文，甘从口从一，一为指事，口含一以为甘也。

"甘"字与"者"为对文，"甘者"即"甘薯"（今俗称山芋），"甘者"又为"甘蔗"。薯、蔗本二物，古同音同名，以其味皆甘也。者字音变为署，庶字音变为遮，可知古时三字之音根本同。古字骈声，者与庶实当读为"独蜀"切，"独蜀"亦与"者庶"为同一声根之字。惟"者"字今音，专标发声，"庶、蜀"专标收声，斯为异耳。

甘薯之根味甘，□此滋乳，"者"字训株，"甘"字训杕。
"者"字滋乳"都"字，"甘"字滋乳"大战于甘"之"甘"，即
"邯"字，与"都"为对文。

甘与丹为对文，丹为古"坛"字，字从冂（堈）从二（上）。
甘为古坎字，字从凵（坎）二（下）。先民筑坛以祭山，掘坎以
祭地祭川，字形□变为"邯郸"。（又甘训绀，青赤色；丹训朱，
深红色；者训赭，紫红色。可知甘丹者，古字同根。）

观此诸象，是同一"甘"字，而形根取象截然，则以古之史
官造字者非一人，非一时，又非一地也；要之，先有"甘"声，
后造"甘"字，所以字形多歧。

——原载 1943 年 10 月 28 日《新天津画报》

都　慎

《皋陶谟》有《都慎》《都帝慎》诸文。旧注：训"慎"为
"谨训"。今按，"都慎"即"都君舜"也。"都"为君号，声义通
于督德。《孟子》引《舜典》，象曰："谟盖都君咸我绩。牛羊父
母，琴朕，二嫂使治朕栖。""谟"，"谋"也；"盖"，"害"也
（不训掩盖）。犹云："谋害都君舜咸我之功。牛羊归父母。琴、
瑟、二嫂归于我"。即《楚辞？天问》所谓"眩弟并淫，危害
厥兄"。

李唐军制，有军正、都头。"军正"犹军长，"都头"犹旅
长、团长。"都"即军、师、旅、团之义。迨宋元流为尊称。武
松曰武都头，犹"总爷""副爷"；已非武职大员也。在近时，则

"总爷"乃士兵，"副爷"乃警察。此政与俗、职与号之流变也。

——原载 1943 年 11 月 4 日《新天津画报》

帝 厘

帝厘即帝尧。记称尧姓"伊耆"，又作"伊祁"，此骈声词也。若作单文，即为"漆"性，实当作"桼"，古文"漆"字也。音变为"黎"，字又作"狸"，又作"厘"。"厘"古字本有"黎""僖"二读。凡古文往往即声见义，不得以形迹比划拘之。辩证如左：

《书序》：帝厘下土方，设居方，别生分类，作汨、作九共九篇。"旧注："厘"，赐也，理也。今按：非也；厘，姓也。

《书序》："汤始亳迁，已先王居，作帝告，厘沃。"旧注：帝"告"字，或作"诰"、或作"俈"。释"厘沃"为"末居沃土"。今按：非也；字有误倒，实当作"作帝厘，告沃"。帝厘即帝尧；告沃即皋陶，亦即槁饫，亦即咎繇也。"汨作九共"即"禹作九贡"。旧注"汨"字，正读"禹"字。告沃、槁饫、亦古音相通。

《书·尧典》："'有鳏在下，曰虞舜'。帝曰：'俞，予闻……''我其试哉！'女于时，观厥刑于二女。厘降二女于妫汭，嫔于虞。帝曰：'钦哉！'"旧注仍释"厘"为"末"。今按：非也。"厘降二女于妫汭，嫔于虞"犹云："尧降二女于于妫汭，庙见于虞瞽"也。如此，则女于时，即嫁女于是人，以视其型，乃尧商榷之语。"厘降二女"，则史官纪实事也，意乃不复。瞽叟为有虞国君，舜为出子，即史所谓才子，亦曰谗子弟，别于"树子"而言。汪中《述学》已先言之。

《礼记》："伊耆氏始为蜡。"注：伊耆氏，尧也。

《周官》有"伊祁氏"，即"伊耆氏"。《书》所谓"有服在百僚"，二王之后降为侯服，五帝之裔降为王官，乃与闽隶蛮服等列。殷周之理遇先王后裔，不过若是。

《周书》："西伯勘黎"（或列为《商书》）；《史记·本记》引作"西伯勘耆"。"黎"，古文从"桼"（古文"漆"）、从"几"，"邑"字也，字当作"桼"。漆、耆，一音之转。

《周语》："有神降于莘，内史过曰：'其丹朱之神乎！'王曰：'吾其若之何？'对曰：'使太宰祝史，帅狸姓，往献焉'。内史过又曰：'昔尧临民以五，今其胄也。'"注：神不歆其类；狸，丹朱之姓也。今按："黎"与"狸"，一音之转也。"黎"本作"漆"，又与"厘"声假，实即"伊祁""伊耆"氏也。

故曰：帝厘者，帝尧也。

——原载 1943 年 11 月 6 日《新天津画报》

释页、邑、也

𦣻，小篆"页"字，人首也。今口语犹读脑曰："页盖"。

邑，小篆"邑"字，元首也。文王长子曰"伯邑考"，武王元妃曰"邑姜"，可证"邑"之训"长"。

也，小篆"也"字，蛇虫之首也。通常借为语已词。"峄山碑"用"殹"字、"壹"字，是为发语词，居于句首。

豙，古文，豕首也；读如毅，毅字即从此文。强毅之义，亦由首长引伸而来。

先民造字，有繁象以示"义"，有简象以寄"意"。"页"字从"𦣻"、从𠂊，为繁象，为主义；"𠂊"则寄象偏旁也。而取象相同者，取音表义亦相近，"页""邑"也，是其例也。"羭"字今废，别有易字、义字、字从羊头。

——原载 1943 年 11 月 13 日《新天津画报》

释儿、弓

ㄋ，古文"儿"，"说文"以为人字，云像奇字。后世误解奇字，以为奇特之人字。今按：非也。"□"疑即是"奇"字，奇偶对文，"奇"即"只"字，亦即"肢"字。

魏《三体石经》，"及"字作"ㄋ"，是借"肢"字为"及"字也。"说文"亦于"及"字下，有"ㄋ"谓为古"奇"字。此殆传钞致讹，竟与"乁"字无别。其实字上短一小划，仍作当"ㄋ"，正象无头人之侧视形，上为肢，中为肢干。隶变为""，则右为肢，左为股干。

弓，古文"弓"，与"及"字正为对文。"弓"字既像弓形，亦像"躬"身形，恰与"儿"字为对文。"儿"以表"及""肢""只"诸义。"弓"以表"躬""弓""股"诸义也。

肢""躬"，皆与"元"字为对文。"肢""躬"又音变为"颉""顽"。

——原载 1943 年 11 月 14 日《新天津画报》

354

释 六

Ⅶ，古文"六"字。六，络也；"而"字从之，作"而"，上加一划，谓其字用为语助，音读亦变，不读"络"而读"呢"。

Ⅶ，古文"六"字。六，戮也。"亥"字从之，作亣，上加一划，谓其字用为干支数码，不读"戮割"，而读"害"。

Ⅶ，古文"六"字。"亥"字从之，亦戮也。形稍变，声义皆同。

Ⅶ，古文"六"字；庐也，露也。"两"字、"雨"字皆从之。雨字古文作"丽"，此羽字也，像鸟羽翼，篆文作雨，上加一划，谓其字乃雨露，非宇庐，亦非羽络也。

《左氏春秋》："亥有二首六身"。依小篆观之，绝不似。据古籀观之，正为组字之画图。盖非其物有二首六身，乃其字形上从"二"，下从"六"尔。

——原载 1943 年 11 月 15 日《新天津画报》

释九、六

九，古文"九"字。与"右""又""有"为同文，像人手，上仰。古读"九有"。

九，亦古文"九"字。像人肘，得"肘"声；像探肘。古读"勾九"。

，古文"六"字。像屈肘垂手。文实从"亥"转来。字又作，力字从其音。

，亦作古文"六"字。"两"字从之。

，古文"六"字。"而"字从其声形。

，古文"若"字。有二音，一音"你"，一音"侣"。女子戴箅扬手象也。

"易"爻像表阴阳，以"九"表乾阳，以"六"表坤阴。自来学者但以奇偶为说，谓九为奇数、六为偶数，故云尔。然何不以"一"字、"二"字表之，必用九、六，何为？

余以古籀体文观之，则"九"字训"有"、训"士"，"六"字训"侣"、训"若"、训"而"。"侣"者，偶侣也；"若"字、"而"字古音"你"，与"女"字古正同音。则"九""有"为男，"六""若"为女也。

——原载 1943 年 11 月 16 日《新天津画报》

归 禾

《周书·络诰》："公既定（宅），伻来来。"郑玄注：伻伻来者，使二人也。古人善附会，若使者二人来，即曰来来，十人来，宁可读十"来"乎？如今欧战动员九百万，亦书"来"字九百万乎？以《诗》校《书》，意者"伻来来"即"贻来麦"之讹，《书序》所谓归禾（又作"馈嘉禾"，古字通），殆谓此也。

——原载 1943 年 11 月 22 日《新天津画报》

嘉 禾

《书序》，《周书》更有《嘉禾》一篇，今逸。较之故籍，此当有二说，遂讹为歧传。二说者，一由"馈禾"误衍，一与《金縢》有关。以今观之，《嘉禾》实即《金縢》之后篇也。

《金縢》篇美周公之功，始于"既克商二年，王有疾"。周公自为功，祈天代死，寻译之义，自当止于"王翼曰乃瘳"。若下文所谓"武王即丧，管叔流言"，正当为《嘉禾》之开篇也。《金縢》下篇云："武王既丧，管叔及其群弟乃流言于国曰：'公将不利于孺子。'周公曰：'我之弗辟。我无以告我先王。'"周公居东二年，罪人斯得。"秋大熟，未获。天大雷雨以风，禾尽偃，大木斯拔，邦人大恐。王与大夫尽弁，以启《金縢》之书，乃得周公所自以为功代武王死之说……王执书以泣曰：'昔公勤劳王家，惟予冲人弗及知。今日动威以彰周公之德，惟朕小子其亲迎，我国家礼亦宜之。'"于是"天乃雨反风，禾则尽起。二公命都人，凡大木所偃，尽起而筑之。岁则大熟。"

——原载 1943 年 11 月 22 日《新天津画报》

周公奔楚

武王伐纣，出于骤胜，受辛殆有徐偃、宋襄之仁者。《说文》引孔子曰："夷俗仁"，此非"刚毅木讷近仁"，乃仁懦之仁。仁懦故败也，而族大势众，犹未可侮。武王设三监而去。"三监"

者，管、蔡及卫康叔是也。旧说谓有霍叔，殊非。霍在周西郊，即太岳，汉人牵引致误者也。

及武王殁，而武庚煽商之烬，志如少康。管、蔡从叛，东国震动。卫康叔在此日，殆犹汉七国既叛后之梁孝王也。周公亲率大兵东征，其似绛侯周亚夫，以首相出勘乱耳。

既践徐奄，讨熊盈之族，灭国五十，振旅而归。意其时周公功高震主。兵停伊洛，不得入陕，成王滋疑愈甚，必有扞关绝栈道之举。周公不得已，乃始释兵奔楚耳。

或疑周公此时何不率乘胜之师，入清君侧？此不知古为征兵制度，将士思归，无人从叛。读《东山》《破斧》之诗可见。周公若果引兵叩陕倒戈，将必蹈魏延、钟会、石达开之败。成王但颁"大诰"，群士必弃周公奔归故土。然则周公之奔楚，必事实也。"鲁史"言之，蒙恬言之，诸子、韩非言之，秦汉人皆言之，不诬也。

武王封康叔

《康诰》曰："孟侯，朕其弟，小子封。"又曰："乃寡兄勖。"此武王之诰也。史称武王封功臣，以师尚父为首封。《吕览》："齐潜王，周之孟侯。"是孟侯乃吕尚，"朕其弟"乃周公也，"小子封"是为康叔。

古字骈声

上古之文字多骈音。骈音者，一字两音，前有发声，后有收声。其韵缓，如旧剧之道白然；其音骈，如梵欧文字然。

试以《诗》为证。《诗·王风·邱中有麻》第二章，即有两种押法。

其一，押"过"字。"国"字本有"过"音，入声。"邱中有麻（读莫），彼留子国（读过）；彼留子国，将其来食（读噬嗑，音咯）。"

其二，押"域"字。"国"字本有"域"音，故或域，皆从其声，读平声。"邱中有麦来（读粒），彼留子国域；彼留子国域，将其来食□。"

古音之探讨，至顾、江、王而大获，然皆注意于收韵，不知初民即□定义，恒在发声也。自钱大昕始探讨声纽，已知押"麟"字不叶，可改押"麒"；押"天"字不叶，可改押"廷"。章太炎、黄侃□之，所获益深，然犹为达一间者，则未敢□言上古语言与西文全同，亦是一字而前有骈纽，后有骈摄也。

上古之语言，发声无元音。凡今音读元音作亚台（怡），吾余我者，（五音皆训我），古皆冠以仆音之纽，有时两纽，且多有两纽，如英文之 TC 或 GC 者，在古人语言中最多。

间尝谓古人说话，如旧剧道白，奇声怪调，声音极慢，如"姜"字正读"吉羊"，"维"字正读"系伊威"。旧持此□，未敢言之，恐骇俗也。

间尝谓中国文字始于结绳，然非郑玄所谓大事大结其绳，小事小结其绳。古人之结绳，实为记数。故六书始于"指事"，指事二字，以古音求之，正读作"系师绳"也。师即古绳字。

——原载 1943 年 11 月 29 日《新天津画报》

[附一] 吴云心《〈金甲证史诠言〉序》

在一九四三年的《新天津画报》上，发现了宫白羽的部分遗作《金甲证史诠言》，但零散佚失，已非完璧。今经天津图书馆高成元、刘荣华整理，加强这一书的系统性，有助于对古史之研究。白羽一生悉心钻研金石甲骨，手稿甚富，但几乎全部毁于"文革"。今其哲嗣以仁，在出版白羽武侠小说之同时，请人整理，并自己校对了这一小册子，足以慰其先人于地下了。

白羽原名宫竹心，前半生生活艰苦，家贫不忘读书，酷爱新文学。中年在新闻界活动。七七事变后，隐居天津，不得已以白羽笔名写武侠小说糊口。白羽雅不愿业此，自谓写武侠小说是"自挝其面"；但终以此成名。他在写他本不愿写的小说时，挤出时间，钻研"金甲"以售小说之收入，大量购买汉学家书籍，并以重金购得木版"皇清经解"，曾以书示我；在浩繁的卷帙上，圈点摘录，笔记满筐。浩劫之后，笔记手稿及参考书籍，均被抄走。一九八七年在天津文史馆发现他的手稿数本，但内容驳杂，似是信手所记，颇难整理。《金甲证史诠言》，据发表时间，当是他致力"金甲文"研究之早期作品，晚年更多精辟见解，但未有成品，可惜也。

白羽"金甲文"研究是以社会发展史为根据的，这就跳出清代汉学家的历史局限。他认为人类最早在群居生活实践中，交流思想，先由呼叫，逐渐成为简单汉语。后来发展到使用一种符号，把语言记了下来。开始当然不是文字（传说中的"结绳记事"或者就是一种）。但是初民这时已会画简单的图形，这就有可能用一种形象来记语言。如"虎"字作卧虎形，先民见虎而惊呼，其声为"虎"，乃绘虎形，并读其声。人类语言日有增益，同声之字渐多，无须每声一字，音域相近者可以借用，又进一步发展，声音不同而意义相近者，亦可通用。这种通叚之学，在古文字训诂中便成了专门的学问。白羽亦致力于此。"诠言"中训"古"字有五解。但从"古"为倒"子"形来看，"古"字本有"突出"之义，音为凸，像孕妇形。白羽又谓：初民知有母不知有父，女有孕则以为天授，故后人称其祖为"先姑"，殷之"先姑"为"有娀"，周之"先姑"为"姜原"，秦之"先姑"为"女修""女华"。（据一九八八年十月六日新华社讯，鄂伦春族尚有母系社会遗俗，称其祖只有母系，与"先姑"之称相类。）由此可证实母系社会之确实存在。可见白羽金甲文研究之科学性。白羽谓殷称坤乾，周为乾坤，二者之序，实际反映了母系社会与父系社会之先后。白羽以语言早于文字，从古声韵上证明文字创造过程中"声"与"象"的关系，这恐怕是他治学的思维路线。

据白羽笔记，他对金甲证史是有一套自己的完整计划的，他说："少年治文法修辞之学，不惟于《马氏文通》强以西语驾御华文语范，思探本别立一说，由此治金甲文、《说文》、《尔雅》，涉猎群经诸子文，趣向转变，折而治历史语言学，门程遂确。一方考社会起源，通治古史，由太古迄秦汉，一方考语言之本，以究文源；徒恨为贫所累，无钱备参考书物，草创学说虽多，犹欠广阅新书以为印证！"

静海吴杰民先生，曾执教津沽大学，钻研古韵，著述颇丰，但除讲义外无有正式出版物。吴研究古文字"通叚""声转"有独到见解，吴生平治学谨严，继承清人治学传统；白羽从事新文学的精神，敢于大胆突破，是他与吴先生不同处。

古文字训诂之学，应是脑力劳动中相当吃力的一门科学。天津前辈如王襄、陈邦怀，皆在全国负盛名，而遗著不多，且不普遍，流通量不大。更因过去在学术探讨上缺乏信息交流，往往有人钻研半世之所得，实际已是另一位学者的研究成果。看来出版不及时，信息阻滞，不特浪费了学者的精力，或许还埋没了若干辛勤劳动果实。

白羽生前曾对我谈其研究金甲文的种种设想，我现在只能回忆谈到古文字的声符问题，他还举了几个例子。"诠言"出版，虽可庆幸，但并不能弥补他在这门学术上应有的贡献的损失！我记忆中他所谈的那些独到的见解，似乎还有待于进一步搜求了。

一九八九年三月于病榻

［附二］ 张元卿《再谈白羽对金文甲骨的研究》

前一阵子我写过一篇《浅谈白羽对金文甲骨的研究》（发表于《天津文史》2009 年第 1 期，以下简称《浅谈》），主要探讨白羽是如何走上金文甲骨研究之路及其研究金文甲骨的方法与方向。因当时手边没有连载白羽《甲金证史诠言》的《新天津画报》，便把连载于《天津文史》第 16 期上的宫以仁、高成鸢、刘荣华整理的《金甲证史诠言》当作了主要参考材料。近日王振良先生惠借我全套的《新天津画报》，才得以看到当日的连载情形。看后发觉我在《浅谈》一文中表述的观点尚不需做大的调整，但一些细节却需要更正。此外，《甲金证史诠言》连载的具体情况及《新天津画报》作为媒体为何会连载研究甲金的文章，在《浅谈》中也没有说明，因此想通过本文把这两个问题说清楚。

《甲金证史诠言》的连载情况

首先，要做一史实更正：1943年9月至11月间，《新天津画报》连载了白羽的《甲金证史诠言》，但一些研究者一直都错把这部论著的题目写成《金甲证史诠言》（《天津文史》第16期上刊登宫以仁、高成鸾、刘荣华整理的《金甲证史诠言》、吴云心《金甲证史诠言·序》、刘荣华《宫白羽的甲金文轶作——〈金甲证史诠言〉》及宫以仁《宫白羽年谱》等文章都把题目搞错了）。据笔者查阅《新天津画报》得知，此文题目应该是《甲金证史诠言》。我在《浅谈》一文中因袭了前人的错误，也把题目误写成了《金甲证史诠言》。为了还原历史的真实，免得这一错误继续流传，特于此指出。

为了较为清晰地展示《甲金证史诠言》的连载情况，我编了一个连载情况表，现录于下。因《甲金证史诠言》诸篇都连载于1943年，故表中的"连载时间"未写年份。

编号	篇名	连载时间	备 注
01	先民以数纪（上）	9月10日	
02	先民以数纪（下）乾坤之义	9月11日	
03	高宗谅闇（上）	9月12日	《高宗谅闇》篇分两次连载，为区别起见，笔者分别加了（上）、（下）。
04	高宗谅闇（下）孝、考、老本义	9月13日	
05	释数	9月14日	

编号	篇名	连载时间	备　注
06	释古（一）	9 月 16 日	《释古》篇分四次连载，为区别起见，笔者分别加了（一）、（二）、（三）、（四）。
07	释古（二）	9 月 17 日	
08	释古（三）	9 月 18 日	
09	释古（四）	9 月 19 日	
10	曰若稽古	10 月 14 日	
11	黎民九族	10 月 15 日	该篇宫以仁、高成鸢、刘荣华整理的《金甲证史诠言》失收。
12	纳于大麓	10 月 16 日	
13	施、誓	10 月 17 日	
14	黎民于变时雍	10 月 18 日	
15	释甘、丹、者	10 月 28 日	该篇宫以仁、高成鸢、刘荣华整理的《金甲证史诠言》失收。
16	都慎	11 月 4 日	
17	帝鰲	11 月 6 日	
18	释贝、邑、也	11 月 13 日	
19	释儿、弓	11 月 14 日	
20	释六	11 月 15 日	
21	释九、六	11 月 16 日	
22	归禾　嘉禾	11 月 22 日	
23	周公奔楚	11 月 24 日	
24	武王封康叔	11 月 26 日	
25	古字骈声	11 月 29 日	该篇宫以仁、高成鸢、刘荣华整理的《金甲证史诠言》失收

据此表可知，《甲金证史诠言》在《新天津画报》共连载了
25 次，刊文 23 篇。现把宫以仁、高成鸢、刘荣华整理的《金甲
证史诠言》失收的三篇文章抄录于下：

黎民九族

"帝典"述尧德，首举"克明俊德"。克明俊德者，修身也。然后"以亲九族"。九族者，三姓九卿也。然后"九族既睦，平章百姓"。百姓者，庶士也。然后"百姓昭明，协和万邦"。万邦者，诸侯也。然后"黎民于变时雍"。黎民者，非万民之谓。黎民者，九黎三苗，四裔之称也。"记"称黄帝诛蚩尤，迁其民于邹屠，谓之曰民。以□求之，民者苗也，蛮也，古南方夷也。黎者，冀也，耆也，古北方之夷也。

先秦之世，既用"黎民"，以称小人，乃别作"魑魅"二字，以示四夷，以表妖物。其实黎民、魑魅、黎苗，皆西北西南之族，宗周以前，戎夷为东族，殷□戎殷，徐为徐戎，皆东人也。莱夷称夷，九夷称夷，则极东海滨之族也。

氐羌为西族，夏周于以接壤，或为婚友，或竟为同族，未可定也。而羌之即姜，断无可疑。

尧典九族，古只六族，戎夷、氐羌、黎民，是为六族。若并风姓之族，唐虞之族计之，适足九族之数。

旧说以黎民为平民，则"于变时雍"四字不得其解亦。《史记》"五帝纪"释此文以放四凶，以变四夷□义，可知"于变时雍"当作"乃变是和"解。以其异族，故曰"变"，以其"变之"，乃得"和"，此"和"乃魏绛和戎之"和"也。

释甘、丹、者

廿，古文"甘"，又为"根"字象形文。

凵，古文"口"。

𥅴，古文"者"，又为"□"象形文，又为"株"字会意文。

　　丹，古文"丹"，又为"坛"字象形文。

　　□，古文"坎"，"说文"释"开口"，此为引申义，当为坎字初文。

　　古籀篆有笔画雷同，取象殊异者，而义亦得通，如甘字即其例也。

　　"甘"字与"口"为对文，甘从口从一，一为指事，口含一以为甘也。

　　"甘"字与"者"为对文，"甘者"即"甘薯"（今俗称山芋），"甘者"又为"甘蔗"。薯、蔗本二物，古同音同名，以其味皆甘也。者字音变为薯，庶字音变为遮，可知古时三字之音根本同。古字骈声，者与庶实当读为"独蜀"切，"独蜀"亦与"者庶"为同一声根之字。惟"者"字今音，专标发声，"庶、蜀"专标收声，斯为异耳。

　　甘薯之根味甘，□此滋乳，"者"字训株，"甘"字训桹。"者"字滋乳"都"字，"甘"字滋乳"大战于甘"之"甘"，即"邯"字，与"都"为对文。

　　甘与丹为对文，丹为古"坛"字，字从冂（垌）从二（上）。甘为古坎字，字从凵（坎）二（下）。先民筑坛以祭山，掘坎以祭地祭川，字形□变为"邯郸"。（又甘训绀，青赤色；丹训朱，深红色；者训赭，紫红色。可知甘丹者，古字同根。）

　　观此诸象，是同一"甘"字，而形根取象截然，则以古之史官造字者非一人，非一时，又非一地也；要之，先有"甘"声，后造"甘"字，所以字形多歧。

古字骈声

上古之文字多骈音。骈音者，一字两音，前有发声，后有收声。其韵缓，如旧剧之道白然；其音骈，如梵欧文字然。

试以《诗》为证。《诗·王风·邱中有麻》第二章，即有两种押法。

其一，押"过"字。"国"字本有"过"音，入声。"邱中有麻（读莫），彼留子国（读过）；彼留子国，将其来食（读噬嗑，音咯）。"

其二，押"域"字。"国"字本有"域"音，故或域，皆从其声，读平声。"邱中有麦来（读粒），彼留子国域；彼留子国域，将其来食□。"

古音之探讨，至顾、江、王而大获，然皆注意于收韵，不知初民即□定义，恒在发声也。自钱大昕始探讨声组，已知押"麟"字不叶，可改押"麒"；押"天"字不叶，可改押"廷"。章太炎、黄侃□之，所获益深，然犹为达一间者，则未敢□言上古语言与西文全同，亦是一字而前有骈组，后有骈摄也。

上古之语言，发声无元音。凡今音读元音作亚台（怡），吾余我者，（五音皆训我），古皆冠以仆音之组，有时两组，且多有两组，如英文之 TC 或 GC 者，在古人语言中最多。

间尝谓古人说话，如旧剧道白，奇声怪调，声音极慢，如"姜"字正读"吉羊"，"维"字正读"系伊威"。旧持此□，未敢言之，恐骇俗也。

间尝谓中国文字始于结绳，然非郑玄所谓大事大结其绳，小事小结其绳。古人之结绳，实为记数。故六书始于"指事"，指事二字，以古音求之，正读作"系师绳"也。师即古绳字。

（笔者按：以上三篇文字中的"□"系无法辨认的字，暂以"□"代之。）

白羽的甲金研究成果今天见到的已很少了，补录这三则文字不仅意在恢复《新天津画报》连载《甲金证史诠言》的原貌，而且希望通过类似的积累，使白羽研究甲金的成果尽可能多地被发掘出来，以便为研究者提供尽可能多的研究材料。

《新天津画报》为何会连载《甲金证史诠言》

我在《浅谈》中谈及白羽何以会选择金甲研究时曾写道："从客观坏境看，天津是我国最早发现、认定甲骨的地方之一，是甲骨交易的集散地，更是甲骨研究的中心之一，有研究甲骨的传统和浓厚的甲骨研究氛围，这对白羽选择金甲研究无疑有着重要的影响。"其实这种客观坏境不仅会影响研究者学术方向的选择，同样会影响媒体的话语选择。我在《浅谈》中曾就当时媒体对甲骨研究的关注做过简单梳理，并得出这样的初步结论：

> 可以说从20世纪20年代到40年代，天津的报刊一直在为甲骨研究提供发表阵地，不论是《大公报》《益世报》这样的大报，还是《常识画报》及发表白羽金甲研究的《新天津画报》这样的小报，都在关注着甲骨的研究，今天看来这简直不可思议。这充分说明当时天津的甲骨研究已成为一种显学，其学术风气之浓厚在20世纪天津学术史上是空前绝后的。

"天津的报刊一直在为甲骨研究提供发表阵地"这一史实说明：当时的媒体在学术话语选择上对甲骨研究是有所偏爱的。虽然当时的媒体并未有什么刊载甲骨研究文章的同城协定，但史实表明大家似乎都有一种默契：要把天津打造成中国甲骨学的重镇。这就是风会所趋。

　　在当时天津刊载甲骨研究文章的报纸中，《新天津画报》是后起的一个媒体，它能出现在刊载甲骨研究文章的媒体行列中，从客观环境看自然是因为甲骨研究在当时的天津已成为一种显学，稿源有保证，但从媒体行业内部的竞争和互动的历史看，《新天津画报》刊载甲骨研究文章无疑又和天津报业刊载甲骨研究文章的风气有关。《新天津画报》的主办者沙大风身在这种风气之中，难免会受到《大公报》《益世报》等报刊刊载甲骨研究文章的激励或刺激，同时这些报纸刊载甲骨研究文章的成功经验和对这类读者的培育，在《新天津画报》决定刊载甲骨研究文章时无疑又会有积极的推进作用和示范意义。因此，我以为《新天津画报》能连载白羽的《甲金证史诠言》，从媒体的角度看和报业在这方面的竞争与示范有一定关系。

　　以上所谈是就外在的媒体环境而言，就《新天津画报》本身的因素看，它决定刊载《甲金证史诠言》又和该报自身的办报宗旨及其文化抱负有关。通过对《新天津画报》的初步考察，我认为该报的办报宗旨可从三个方面来概括：服务当下，雅俗共赏，流传后世。既服务当下，又雅俗共赏，这就是说在话语选择上不单独偏向雅俗任何一方，而且又强调话语要有其当下意义。《甲金证史诠言》是学术话语，属于雅的范畴，又是当下甲骨研究的新成果，而且有流传后世的可能，这都符合《新天津画报》的宗旨，因此从办报宗旨上看选择刊载《甲金证史诠言》是没有疑义的。但也许有人还会有疑问：《甲金证史诠言》是学术话语，俗众会欣赏它吗？对于这种担心，该报早有准备，在《甲金证史诠言》正式刊载前，该报连续两天在其"黑旋风"副刊刊登了同一则《本版启事》：

> 名作家白羽所著武侠小说，已脍炙人口，惟其志不在于此，而从事于甲骨金石考据之说，对古史探讨，多有发明，其所著《白鱼随笔》，散见各杂志。兹得本人同意，将其治学所得，著《甲金证史诠言》，逐日在本刊发表，俟《清史稿补》刊竣，即继续披露，希读者注意焉。

这则启事虽然是面向全部读者的，但揣其用意主要是针对喜欢其武侠小说的读者所做的说明。这批读者自然也有雅俗之分，对于其中之雅者这则启事自然能激发其阅读期望，而对于其中的俗者也可起到看个新鲜的广告作用。

该报也知道喜欢白羽武侠小说的俗众不都是欣赏其甲骨研究的人，启事虽能引得这部分读者来看热闹，但毕竟不会长久，要使得《甲金证史诠言》连载下去，还须白羽读者中的雅众来帮忙。为了进一步引起雅众的阅读兴趣，在《甲金证史诠言》连载前一天，该报"黑旋风"副刊刊登了署名"白友"者这样一篇文章：

关于白羽《甲金证史诠言》

> 生计逼人，不得不阿附世人之所好。白羽数年前写武侠小说，始能脱离贫困□内温饱，岂非俞剑平、柳兆鸿诸人之功。其实白羽□□对其笔下英雄，发生好感，只是利用那些英雄骗钱而已。（大约纺棉旦角，亦有同□，彼等未必好唱，未必愿解胸露乳，只是一唱一露，生活有着，有何乐而不为也。）

闻白羽生活近又不如前，其原因则以俞剑平等人不太活动，白羽专心于赔钱之学问，而研究甲骨文。

据白羽言其研究甲骨文之兴趣始于疑古，对古史之探讨，由甲骨金石入手，似觉确实。曹聚仁根据"说文"，即谓禹为爬虫之神话，殊近武断。中国民族文化殆发源于海滨，□古货币从贝，"渔猎"则先渔，"舟车"则先舟，可知中国民族文化尝在渤海湾一带。此与最近在北京周口店及山东龙山发掘之前后石器时代之遗骸，及石器陶器咸相符，可知远古中国文化咸起于东方。而帕米尔高原西来之说则成治学之问题。余意人种或来自西方，文化则系起源于沿海，或不致再有疑义。

白羽研究甲金所得，大部类此，其价值实足以补助中国古史所不足，汇而成一有价值之上古史说，较武侠小说不可同日而语矣。近见本版启事，知其文字将在本报披露，希好学者，其注意也。

（笔者按：文中的"□"系无法辨认的字，暂以"□"代之。）

这篇文章明显是给雅众看的。文中对白羽研究甲骨的起因及其甲骨研究的价值都做了简单说明，而且特别指出其甲骨研究"较武侠小说不可同日而语矣"。这篇文章的作者显然是白羽读者中雅众阵营的一员，《新天津画报》发表这篇文章，其用意无非是希望藉此"一员"之发言引起整个阵营或阵营之外的雅众的关注，因为他们深知只有这些读者才可能是《甲金证史诠言》的稳定读者。那为什么《新天津画报》不很在意俗众读者的走失，而毅然选择刊登《甲金证史诠言》呢？除了该报认定《甲金证史诠言》会有一批稳定的读者外，在这一时期该报连载着刘云若的言情小说《粉黛江湖》、郑证因的武侠小说《女侠黑龙姑》已吸引了俗众读者，该报并不担心这批读者会因《甲金证史诠言》的连载而有所损失。也就是说，用通俗小说"养"着甲骨研究，不仅是白羽的一种活法，也是《新天津画报》的一种办报策略。《甲金证史诠言》能在该报连载，其实也是得益于这种办报策略，只是这策略不只是"养"着甲骨研究，更有其宏大的文化抱负。

《新天津画报》的文化抱负体现在要为天津地方文化推出一批原创精品，让这些精品既能介入当下的都市生活，又有可能流传后世，成为这个城市历史文化积淀的一部分，惠及久远。历史已经证明，《新天津画报》接手推出的《旧巷斜阳》《蜀山剑侠传》等通俗小说已成为民国通俗文学经典，而《新天津画报》本身也因其内容的原创性和丰富性成了一部重要的民国文献。而《甲金证史诠言》的刊载正是《新天津画报》实现其文化抱负过程中的一项举措。

1994年《甲金证史诠言》被挖掘出来整理发表，使得这一学术成果得以重见天日，引起了一部分人的注意。这表明当初该报刊载《甲金证史诠言》是较有学术眼光的，只是今人还没有深入研究这部著作，特别是研究甲骨学史的专门学者还没有把白羽这部著作纳入其研究范围。

作为天津的一名文史研究者，把白羽研究甲骨的基本情况介绍出来，虽责无旁贷，但因学养不足，未能一探其著述之深义，亦不免汗颜！

2009年7月14日望云客舍

——原载《甲骨学与天津——甲骨文发现110周年纪念集》（《天津记忆》第29期，2009年12月25日印行）

日新录

管仲不名仲

管仲名夷吾，仲，其尊称也。《礼》：男子五十而称伯仲。齐桓公称夷吾为仲父。鲍叔，名牙，叔亦尊称。孔子名丘，字尼，仲尼亦尊称。孔子有兄名孟皮，病跛，故名皮，庶出故字"孟"，嫡出则字"伯"也。

傅说贤相非姓傅

战国游士傅会古史，创尊贤贵士之说，以自高身份，为有心之夸。汉代经师曲解经传，为支离破碎之论，则为无心之陋。今诸子及经说颇多迂怪之论，如宁戚饭牛，百里奚五羊皮，太公赘情，尹伊负鼎说汤以滋味，殷高宗梦得良弼于傅崄，云云。实皆战国游士苏秦张仪辈以寒士进说世主，所造作之虚词，于古史不能□本，而粉饰则多矣。太古封建之制，非亲莫用，断无拔用编氓，寒士奋起之事。即舜之相尧，亦尧婿也。太公望则与姬周为妻党，春秋周王妃皆纳姜姓，足其明证。

殷高宗梦得傅说，纯出傅会。《伪古文尚书》称得说于傅崄，因谓之傅说。实则傅说乃太傅名说也。太公望亦名师尚父，师尚父者，太师字尚父也。

孟子亦染游士自夸之风，见世主端身分之处颇多，孟子曰：说大人则藐之，已明言之矣。饰病不见齐王，造作之态，见讥于弟子。

隋唐多胡姓

五胡乱华后，蕃汉杂居。近人考隋唐皇室，其先出于胡人。炀帝小字阿□，母后姓独孤，皆非汉姓汉名。唐太宗诛建成、元吉，纳元吉妻巢剌王妃为妃，与生子女，欲以为元吉后，当时谏臣魏征不争，殆"收继"胡俗也。隋唐之世，朝野多胡姓士夫，尉迟恭即胡人，李克用父子为沙陀部族酋长。他如贺兰、慕容、纥干、赫连，诸奇姓见于唐书者尤夥。

五等爵本于族制

周爵五等，公侯伯子男。公，族长也；侯，射士也；伯，长兄也；子，长男也；男，力田者也。

周僭王

周王朝封域以内，侯服之中，尊周为王天子，他诸侯最高称公，如宋公、虞公是也。王畿之内，无别称王者。王畿之内，则不乏僭王。荆徐僭王已久，吴越亦得僭王。惟史家记载，尊王攘夷，始夷之为楚子，为徐子，为吴伯，为越子耳。而官文书亦且不禁。国语、吴语，夫差既覆楚，告成功于周，自称夫差，而称其弟夫椒曰"夫椒王"为乱于国，足其明证。管仲相桓公，问罪于楚，责苞茅不入，论者谓"楚罪之大者为僭王，何不责之，反责苞茅，以为避重就轻，齐实不敌楚"。羽按，此读古不察时情之过也。周之世，周不责封外之僭王也。

桓公攘楚，一匡天下，其功甚伟。《左传》称屈宪犒齐师，其辞咄咄，桓公无以应。论者谓齐之霸业乃屈就耳。羽按，左氏传文取材于《晋乘》《梼杌》，词若有偏耳。卅年十月廿三（元按，此为白羽撰写此条之时间）。

窃比老彭

古文辞用竹简，修辞务求简括，每删语助词。如介词，如代词，删省尤多，每生歧义。

孔子曰：信而好古，述而不作。窃比于我老彭。解者云，"我老彭"，亲之之词。此出于宋元陋儒，犹不足怪，乃近训诂学者亦沿此误，列为文法，则可笑矣。

羽按：此句语法当云：信而好古，述而不作。窃比于我，以老彭。以近世文序措之，即窃以老彭比于我也。原文"我"介宾词，"老彭"副词，省以"以"字，遂出奇解。《史记》中似此句法最多。

此条眉批：孟子公孙丑：尔何曾比于管仲。若以《论语》语式式之，即为：尔何曾比子于管仲。

惟其疾之忧

孔子论孝曰：父母惟其疾之忧，可有二解。一、事父母，惟当忧父母之疾。其他显扬侍养，已尽其心矣。词旨与"父母之年不可不知，一则以喜，一则以惧"相类。另一解：令父母惟忧子之疾，则德行言语皆循正守法，不遗父母爱。

按"其"字代词，代替不明（代子亦可，代父母亦可），遂生歧义。究以何者为正解字？

羽曰：孔子此语殆取于《诗经》。诗云：无父母贻罹。当以但全父母仅忧疾为正解，可也。

孔子出论，暗用古书者，不一而足。

此条眉批：如三人行，必有吾师焉。此暗引《易经》者也。

问为邦

颜回孔门高弟，问为邦之道，经画万端。孔子仅举"行夏之时，乘殷之辂，服周之冕，乐则韶舞"为言。观所问以验所答，有令人爽然失对之感。何也？

羽曰：孔子之意，殆谓取法于四代，而折衷之耳。因革先王，择善而从。孔子生平四事，包罗万有矣。十月廿四（元按，此为白羽撰写此条之时间）。

汉铜尺

阮元《山左金石志》引"孔东塘曰：建初铜尺与周尺同，当古尺一尺六寸三分，当汉末尺八寸，与唐开元尺同，当宋省尺七寸五分，当明部定官尺七寸五分□，当今工匠尺七寸四分，当今裁尺六寸七分，当今量地官尺六寸六分，当今河北大布尺四寸七分。"古尺小，今尺大。

汉买地玉券

建初六年十一月乙酉，武孟子男靡婴，买马熙宜、朱大弟少卿冢田。南广九十四步，西长六十八步，北广六十五，西长七十九步，为田廿三亩奇百六十步，直钱十万二千。东陈四比价，北西南朱少比价。时知券约赵满、何非，沽酒各二千。

羽按：文中"为田廿三亩奇百六十步"，"为"训"得"，训"有"，以今语释之，当云："计有田……"云云。"奇"音"寄"，零也。此作表词用，当训："计有田廿三亩又零一百六十步"。

亡命奔命

"张俭亡命"，"亡"，无也；"命"，名也。"亡命"犹云："匿名逃窜"。今人多训"亡命"为"逃性命"，大误。"奔命"，奔走而传命也，作名词用，即邮卒也。"疲于奔命"，谓"疲劳如急足送信之人"也。今人误以"奔命"为"挣命"，大缪。

此条眉批：于文亡字作亾，人隐也。亡训不在，存亡对义，亡在每对义。正与"有无""是非""生死"同。

未亡人

夫死称"未亡人"，言夫死本应逃亡，今乃守节于夫家作不逃之人。今人多以"未亡人"作"待死人"解，亦缪。遍查古书故训，"亡"字训"无"，训"失"，训"不在此处"，无训"死"者。"死亡"更为对待之动词，古语有"不死则亡"之语。《史记·张耳陈余列传》："张耳尝亡命游外黄，外黄富人女甚美，嫁庸奴，亡其夫去抵父客。"此犹云富人女误嫁庸奴，遂自其夫所逃亡，而去抵父客之家。《陈涉吴广列传》："陈胜吴广乃谋曰：今亡亦死，举大事亦死，等死，死国可乎?""今亡亦死"谓失期当斩，逃亦不克死，举大事亦不克于死也。

此条眉批：□昭廿一年，厨人濮曰：吾小人，可藉死，而不能送亡。《汉书·隽不疑传》："术太子得罪先帝，亡不即死，此罪人也。"《左传》重耳曰："亡人无以为宝，仁亲以为宝"，又"有亡人之子辄在"。误将"未亡人"解作待死，遂有程子"饿死事小，失节事大"的无情之理。一字之讹，实及万世!

其无后乎

《论语》孔子曰："始作俑者，其无后乎?""无后"犹云"不终"。谓其后必无善果也，不得善殁也。此为春秋时常语，与

"其不终乎？"（不得善终），"其不殁乎？"（不得善死）义均相类。

今人多误解"无后"为"绝嗣"，大缪。阅《左氏春秋》，可得此语正解。

此条眉批："无后"有二解，一谓"绝嗣"，一为"不终"。古者多兼两义，今人多指"绝嗣"。

增字解经

增字解经，为训诂家大戒。"大学"对小学而言，朱子乃云："大学者，大人之学也。"增一人字，去本训远矣。《大学》所云：殆以治平修身正心之术为大学，以学书识字洒扫应对为小学。然古书用竹简，惯于删省游词，以节作书之劳。于介词"于"、"以"，代词"其"、"者"之类往往刊略，不增字，又不得原解也。

十月廿八日（元按，此为白羽撰写此条之时间）。

增字删字

古人用竹简，行文先求简括，次求明白。后人易竹简为纸，易抄录为印版，今更易木雕为排铅，印书愈易，行文不求简练，或多枝蔓。

中国文字为"块形字"，为"单节音"，影响于语词甚大。

据刘半农考察，单音字仅三百九十余（日人谓四百余），同童桐僮铜之类，一音而成十数字形，□十义者，数见不鲜，故口语比增字以求不误。童子、梧桐、童仆、黄铜以古文同例之句推之。

《国语·吴语》："（越）王曰：越国之中，富者吾安之，贫者吾兴之，裁其有余，使贫富皆利之。"

"富者吾安之"全与"老者安之"之句式同。

之字训"往"，训"受者"，训"此"

之字，至也，往也。往，向其处也。与"于"字相对。于，"到也"，来到其处也。"於"，依也，亦与"之"对。

之字之为代词，亦舍至义。

《孟子》："不至将杀之"，犹云"不至，则将杀过去"。

之字处宾位

之字处领位，"之子于归"，犹云"此女子于是乎嫁"。

之字处宾位，常训此，即代受动之人物，然亦有不可训此者。如《吴语》"使贫富皆利之"，固可解为"我"，解为"我之政"。然核其实，则当训"使贫富之人皆利其利"，犹曰"使贫富皆享其利"也。利，益也。象字作名词用则训为"享利"。"之"字则指"其利"，盖无可疑。然则"之"字之义解，不当释为"他称代名词"（第三人称宾位代词），但当称为"受事代词"可矣。与"者"训为"施事代词"，恰可相对。"者"字实为主象代词。老者，老人也；病者，病人也。病为象词，加者字，转为名词，故曰主象代词，言其为象之本体也。

卅一年三月十九日（元按，此为白羽撰写此条之时间）。

吾人　汝夫

李白《宴桃李园序》："吾人□□（元按，原文如此，两字当作"咏歌"），独惭康乐"，谓我这个人也。

《左昭六年》："左师曰：汝夫也必亡"，谓你这个人也。

五　霸

五霸多异说。

《白虎通义》：昔昆吾氏霸于夏者也，大彭、豕韦霸于殷者也，齐桓、晋文霸于周也。

《郑语》：昆吾为夏伯，大彭、豕韦为商伯。

周之五霸，齐桓、晋文、秦穆、宋襄、楚庄。

荀子五霸：齐桓、晋文、楚庄、吴阖闾、越勾践。

五霸之说始见《左传》成公二年，齐国佐曰五伯之霸也，勤而抚之，以役王命。《孟子》：五霸者，三王之罪人也。（《中国通史》，三四六）

此条眉批：三王有四，五霸有七，古人于数不精索，后世当活看。

其之翟也

自昔学者释"词"，动以虚词无义释之。然古文简重，断不能以无义字空占篇幅。凡助词虚字，维无"实义"，犹有"意解"

也。正如口语"吗""的"等词，谓之无实义则可，谓在句子无实用，则谬矣。抑虚词所含之意解，较实字尤重要。

《诗经》："其之翟也"，"其""之"两指词，学者亦以无意解之，大谬。"其之翟也"犹云"此乃翟也"。"彼其之子"意当云"他这人"，或"他就是这人"。

是其志也

之可训是（此），亦可训是（是也之是），其亦训是。

《荀子·儒效》："诗言是其志也，书言是其事也，礼言是其行也，乐言是其和也，春秋言是其效也"，"是其"犹云"此乃"。

《贾子·道德说》："书者此之著者也，诗者此之志者也，易者此之占者也，春秋者此之纪者也，礼者此之礼者也，乐者此之乐者也。""此之"亦"此乃"意。

《论语》："予（宰予）之不仁也"，"之"当训"如此"，犹云"宰予乃如此不仁也"，亦言是意。

是、之、其、斯在古文同为指示词，皆可训"是"，训"乃"，训"即"。

卅一年五月十一日（元按，此为白羽撰写此条之时间）。

此条眉批：《燕丹子》："燕国之不报，吾事之不立哉。"之当训"其"，言"宜然"之意。

所字之言义

所为指示助词，与"焉"之用法，恰相对照。

"尔所不知"，汝不知之人，原句"汝不知其人"，尔主词。

"明所蔽矣"，明被蔽，原句"或乃蔽明"，明宾词。

"栗太子为江充所败"，原句江充败太子，"江充"主词。

"冀北之士，马之所生"，当云马之所自生，原句马生于冀北，马主词。

"大官大邑，身之所庇也"，当云身之所由庇，原句大官大邑庇身，身宾词。

据上例，所字用于"体"（名词）"用"（动词）之间，而体词或为主词，或为宾词，或为副词，颇不一定也。

"西河魏土，文侯所居"，原句文侯居于西河，文侯主词，西河副词也。

"国之所存几希"，此所字更难解，原句可视为"国存"，亦可释为"存国"。

焉字可变为疑问代词，"吾焉（于何）知之"，而"安"为异形之字。

所字可变或，或指代词，而许为变形，如里所、里许也。

许多，如许，许皆所意。

横　失

《韩非子·说难》："又非吾敢横失而能画之难也。""横失"，旧注、王注皆不能详。按，横失犹横议也，横失当作横矢，矢，直陈也，见《左传·谏观鱼》。《史记》《韩非子》引作横佚，则音近横议也。

横，纵横也，又广也，遍也，周也，充也。桄通横，桄训充，"广于上下"亦作"横于上下"。旁也，遍也。清儒有考，考光桄广横四字，音近义通。

横矢恰当训纵横，曲喻而旁通之。

卅一年五月廿六日（元按，此为白羽撰写此条之时间）。

舆

初见秦，"以此舆天下，天下不足兼也"。舆，对也。《论语》"吾与点也"，与，许也，同也。

"子罕言利，舆命，舆仁"，舆，举也。

"舆其奢，宁俭"，舆，如也。

《国语》："防民之口……其舆能几何？"舆，成也，效也。

《墨子》舆常训举。其舆有□。

"不如也，吾与汝不如也。"□训"许"，实当训"及"。□见孔子之谦。

五月廿六日（元按，此为白羽撰写此条之时间）。

此条眉批：旧说解"子罕言利，与命，与仁"之"与"为"及"，遂谬误难通。孔子乐天信命，《论语》言命、言仁之处，不胜枚举，何得谓之不言。

六五年五月五日。舆，甲骨文与，举也，本为一字。（元按，此句是蓝色钢笔字迹，句前之时间当为增补此条的时间）

彼其之子

犹云："他这个人"，或"他就是这位先生"。

此条眉批："彼其"亦作"彼己"，犹云"或彼或此之人"。

夫己氏

犹云"那个老儿","老",豫人语也。夫己之己,乃甲乙之谓。

此条眉批:《家语·困誓》:"其谁之子,不我知而从我者乎?"

周　书

《韩非·说林》,智伯索地,任章引《周书》"将欲败之,必姑辅之;将欲取之,必姑予之",此见《老子》。

王应麟谓此为苏秦所读《周书·阴符》。

只　且

《诗·北风》:"惠而好我,携手同行,其虚其邪,既亟只且。"旧注笺及朱注,均释"只且"曰辞也。今按,"只且"非语词,乃表象语也。此其误在不明虚邪二字之义,牵引而及下文,于不可解者,动认为语助词,委之不伦。

按,虚邪,犹虚徐也;虚徐,犹纡徐也。只且,犹趑趄也,亦作次且,行不进也。又狐疑也,有"留恋"、"盘桓"之意。亟,不音急,亦不训急,当音器,训频数也。

今而释之,当曰:"其纤纤其徐徐,既已频频,盘旋徐行。"

《文选》班固《幽通赋》："其虚徐兮，伫盘旋而且俟。"李子美注："虚徐，狐疑也。"正谓盘桓不进也。

此条眉批：《说文》：辵只，曲行也；辵且，往也。《尔雅·释诂》：徂，存也。明堂位注，□□。《庄子》：吾行郤郤，典郤，即只且，亦即趑趄也。

《诗》："其乐只且"，"只且"犹恣睢也，畅纵之意。《诗》："狂童之狂也且。""且"，驵也，狡也。又"且"，甚也。

范睢，《韩非子·外储说左上卅二》作"范且"。

诗经之助词

古人用竹简，作字极难，苟为无义，必予删省。乃《诗经》笺注，于虚字动谓辞也，而不加释。殊不知实义易解，惟虚词关系文章神理，若不释出，或致义相背反也。如"不亦"二字，实训"必其"。"诞生文王"，实训"乃生文王"，"诞"，当音"延"。"于以采萍"，实训"于何采萍"；"驾言出游"，实训"驾而出游"。注家妄不释出，或以"言"训"我"，或迳训"言"。"诞"字更为可笑，竟训"生"，致有麦诞之讹。

"言"字有二解：一训"而"，一训"焉"，或训"以"。惟"薄言"二字，予苦思不得解，但疑"薄"充当训"迫切""即之而"，或"骤尔""遽尔"。按，"旁薄"双声叠韵，"薄"或训"旁"、"遍"。

此条眉批：今按，薄为扯（即扒），假借，扒音拔，刺拔行貌。

王于出征

旧训"于"为"往",非也,胡适训"焉"亦非。其实"于"正可训"正在",或"从事于"。"王于出征",犹云"王出征去了"。"叔于田"云"叔去打猎去了"。"之子于归"犹云"这姑娘出阁去了",或"嫁出去了"。"黄鸟于飞",犹云"黄鸟飞来了"。"于"字实与口语之"来""去"等助动词同义。五月廿八(元按,此为白羽撰写此条之时间)。

—

"舍"有"去""留"二义

《左传》"食舍肉",留而不食也。《孟子》"姑舍是",姑存而不论也,犹今言"保留"。《论语》"君子疾夫舍曰欲之而必为之辞",则训"舍弃"。舍人,留人宿也。舍干戈,去干戈也。

"去""留"二义相反,而"舍"字兼之。

对义字例

"厌"有"足""不足"二义。

"慊"有"惬意""不惬意"二义。

"乱"有"治""乱"二义,亦有"终和"及"紊杂"之义。

"杂"有"调和"和"凌乱"二义。

"了得""了不得"同意。

"除非""除去""除是"同意。

"不显""丕显""显"同意。

"离"训"离隔"，亦训"离罹"。离开与遭遇意亦相反。"离骚"遭忧也。

"仇"有"配偶""对头"二义。即有"夫妻""怨仇"二解。

"敌"有"反对""相对"二义。

"忍"有"能容""不容"二义；有"恨""不恨"二义。

1. 忍为高，有容也。佳语也。忍心哉，狠心哉，不能容也。非佳语也。

2. 不忍，恻隐之心，谓不容受他人之惨遇。佳语也。项羽不忍，自刎乌江，谓不忍受己之惨遇，非佳语也。

"乞"有"与""求"二义

《论语》："或乞醯焉"，乞求也。

《江南野史》："以乞汝"，以畀汝也。

"致"有"与""得"二义

"致书于友"，"致"，给予也。

"骄敌致败"，"致"，获得也。

"致君尧舜上"，使君至于尧舜上，犹云"达也，使至也"。

引而致之，招致之，则训"使来也"、"来也"。

"听妇前致辞"，"致"，发（？）也。

"致"，本训"使之至"，由此通转，乃生"送出""送达"等义；又转为"落到""至于"之义。

"致命伤"，"致"亦"送"义。

厅

"厅"本作"听事"，六朝唐人语也。听事者，谓听事、理事、发命、莅政之所也。以听事二字括治事；又以动词摄方所名词，乃转为办公处之义，又由此生大堂舍之义。字义之流转，往往如此。清人谓之"回事处"。

薄言解

"薄言"二字，《诗经》多有。笺训为"始"，窃思非也。疑此字当作"下"解。

薄　暮

旁午、黎明、会朝、暨旦。

薄旁黎会，意义必近。近人已之"黎明"之"黎"不训"黑"，而训"来"，训"及"。窃疑"薄"字当与"旁"字义近。"旁薄"为双声叠韵字，又必与"林薄（草丛生为薄）"义近，或与"迫"字、"暴"字、"近"字、"遍"字义近，疑当训"薄遽"。《书经》："益移外薄四海。"《酒诰》："圻父薄违。"

此处眉批：薄言，世人然也。"薄"为坺字之假借，坺音拨，即犮。《说文》："足剌犮也"，"剌犮"即今言"剌泼"，行貌。今冀鲁谓腊八出去，剌拨剌拨，以足撇行为剌拨。

薄，微也，损也，鄙薄也，迫也。

旁薄，广被也，混同也。

旁，广，依。

旁午，交横分布。

"薄言"之解，余犹未敢深信。以《诗经》有许多奇句，不易捉摸也。

薄伐猃狁；薄污我私；薄澣我衣；薄采其芹。

此"薄"字之在动词之上者也。

薄言驷（马腹肥貌）者，有骊有黄（此在"貌"字之首）；

薄言往愬，逢彼之怒；

薄言震之，莫不震叠；

菜菜苤苢，薄言采之。

此与"言"字并用。

丹朱傲

《书》："莫若丹朱傲，惟漫游是好。"旧释"傲"为"骄"，非也。楚谓未成君者为敖，有堵敖、夹敖。丹朱傲犹云丹朱太子也。《管子·宙合》："若觉卧，若晦明，若敖之在尧也。"

此处眉批：敖从放，从出，不成皇也。《说文》引《书·尧典》，勋乃殂。师古注"莽传"引"放勋乃殂"，疑"放"字即"皇"字，彷徨叠韵。

木若以美然

《孟子》："木若以美然。"旧注望文生义，训"以"为"太"，谓与"已"通，实则非也。"以"当训"稍"，训"似"，训"差"。以重，差重；以刚，差刚也。在比较词，当为"差比"，非"极比"也。

《史记·平淮书》叙白金，云："白金三品，其一曰重，八两，圜之，其文龙，直三千；二曰以重，差小，方之，其文马，直五百；三曰复小，椭之，其文龟，直三百。"以犹差也，复犹甚也。

巨 万

巨万，万万也。古以一万为一贯，巨万，万贯也。数十巨万，数十万万也。巨万十数，犹云万贯之数，当以十位计数之也。"巨万"或即"亿万"。

衣轻裘

《论语》：子路曰："愿车马衣轻裘。"朱注：衣，服之也。大谬。衣非动词，亦名词也。此句当云："愿（以）车、马、单衣、皮衣与朋友共，敝之无憾。"乃列举之词也。如释"衣"为动词，则愿字下仍须补一动字"乘"字。古文介词及指词，常从删省，动字不能率删。朱子不知文法，故有误解。

无施劳

颜渊曰：愿无伐善，无施劳。朱注：伐，夸也，固不□，惟训"施"为"亦张大"之意则谬。施乃推展之意，非张大之意也。

施，移也，推也，推此及彼也。无施劳，勿将劳苦之事，推卸于人也。与"无伐善"义正相对。即无自夸好，无旁卸责之意，亦即忠恕之道也。

韩非初见秦

《初见秦》篇，《国策》嫁名张仪，以载于《韩非子》篇首，后人又以为韩非所作。文有灭韩之计，司马光本之以斥韩非鬻国寡恩。悲乎，韩非以救国使秦，卒殒命于秦。在《初见秦》之下即有《存韩》一篇，遭李斯攻讦，谓其"阳为秦，阴为韩"，有"挟其非心，逞其智辩"以使秦救韩自功，而韩非卒因此殉国，后人不察史实，反加以卖国之名，悲哉！

韩非"存韩"之计，计本无聊，大旨不过谓韩忠于秦，若伐韩，他国必叛，其时韩已危殆矣。

《初见秦》必非韩非作也。

《初见秦》作者

《初见秦》文气夸大，纯为纵横家之言，与法家深刻之言迥异。文历叙秦攻列国，乘胜而议和，使帝业不就，"皆谋臣之不总"之所致云云，末则以围邯郸，战长平，倾赵卒十万，忽然收兵为失策（彼殆不知秦力之不能胜任也）。其时五国合纵之谋复成，秦势顿挫。文语气夸伐，痛斥谋臣失计，其文中要旨，显攻范雎。

羽（元按，此处原为一竖，代"羽"，窃以为作此条时白羽书写迅速，未及写"羽"，遂以一竖划代之）按，长平之战距非使秦，在二十五六年前，羽（元按，此处原为一竖）窃疑此文殆蔡泽一流所献书也。然其文夸大，而昧于时势，愚初疑系李斯作，详察文气不类。

按其时范雎谗杀白起之后，郑安平、王稽均败，故游士有见于范雎失宠，乃献书以自炫。其言虽夸，但详于骂人，而计策毫无，恐此献书人未必得志也。

有所于施

《吕览·忠廉》："卫懿公有臣曰弘演，有所于使。翟人攻卫……及懿公于荥泽，杀之。尽食物其肉，独舍其肝。弘演至，报使于肝……因自杀，先出其腹食，纳懿公之肝。"

"有所于使"，有所使之于某处也。

又世犹云："有所乎尤"，有所围于某处也。

燕燕于飞

《诗》"燕燕于飞"，旧注训"于"为"往"。胡适以为非，谓当训"焉"。《吕览》引作"燕燕往飞"，正训"于"为"往"。

按"于"为助词，以今语释之，当为助动词"去""来"之义。

"之子于归"，彼女出嫁也。"王于出征"，王去出征也。"叔于田"，叔打猎去了。"黄鸟于飞"，黄鸟飞来也。

此条眉批："于"与"之"，以今语释之，当等于"来""去""起来""过去"等在动词尾之助动词。

如与不如

如与不如，有时同解。

《左传》："若爱重伤，则如勿伤。"如，不如也。然不如释"如"为"宜"，音近则义通也。

君子乐胥

《诗》：君子乐胥，"君子相乐"也。胥，相也，又俱也。乐只君子，"君子乐甚"也，或"乐兹君子"也。胥有"相"义，毫无可疑。吴员，字子胥，员，位也，单位也，故以胥配为"字"。古人名字义多相关，仲由字子路，颜渊名回，回者，洄也。项羽字籍，籍羽以飞也。

此条眉批："乐只君子"，"只"似训"此"，"衹此"。

聊乐我员

《诗》："聊乐我员"，犹云聊乐我个人。乐员，乐胥，义相对待。

罔极　无极

极，犹极端也，本训房脊。无极有美恶二义，"谗人无极"，谗人之恶太甚也；"昊天无极"，父母之恩如长天之无极也。

乐只君子

只，犹滋也，犹兹也，犹恣也，兹睢也。兹睢，亦有美恶二义。

成　相

《荀子·成相篇》为"砸杭之歌"也，相读如杭，阴平声。今谓砸相，建屋、筑台，以木撞之，群相歌，谓之"相"歌。

读 经

四部书各有读法。经，古籍也，昔之官书也。《书》及《春秋》，一为官牍汇刊，一为政府日报。《诗》，则民间歌谣选。（《国风》）宾宴婚丧乐歌，及庙堂乐谱（《大、小雅》），与夫宗庙祭祀赞美乐歌（《颂》），若以现代比之，殆为歌谣选、电影民歌、旧剧脚本、昆曲、苏摊、半班戏词、大鼓书词及国歌、佛唱、丧经之汇编。《易经》，则为周王庙签。"三礼"，则婚丧现制及理想制度之纪载与论文也。

读 子

读子当与读名家诗文集不同，彼名家别集，乃一人之著作，有主名而无主旨者也。子书则否，每一子书，当视为某一子家之丛书，其文字或为大事语录，或为大事所著之论文，或为后学追记大师之言行录，或为后学之论文，甚或附载反对派之言论焉，并及有关系之别派之言论焉。

韩非子及王充《论衡》

读先秦诸子，当先读此二者。韩非生乱世，其言危苦，其思想有条理而深入。先秦文思尽高，不讲结构，语多无伦次，此独缜密，所谓言有序也。王充处平世，俗多迷惑，其言破俗惊人，一扫诬罔，其人最富怀疑精神。

读清学

读清学，当先看《文史通义》及《经传释词》《述学》。章实斋研究史学，六经皆史一语，石破天惊，又如庖丁解牛，所入者深而一以贯之，所见无非牛者，使人油然生专家名世之感。章氏之学"一以贯之"，可谓学有本原者矣，读其书可悟专门学术之看法。学者每苦记忆力不佳，若章氏之学，非我寻材料，材料自寻我，焉有记忆不劳之苦？余二书可见研学功夫。王氏《经传释词》学识之高固无论，方法之精密，最富科学思想。

韩非初见秦

《韩非子》首篇《初见秦》有灭韩语，次篇又为《存韩》篇，显见二文必非一人所作。《初见秦》乃纵横家言，语涉夸张，与法家之精严刻深，迥乎不同，不识古人何以信为韩作，且据此罾韩，诬之甚矣。

羽曰：予忆力大坏，此文竟两见！

元按，此条前面已有，故白羽有此一叹，并做眉批云"此条重复"。

语学当立四门

语言文字为人生最重要之工具，运用此工具之方法，至今讲求未尽。愚意：至少当立四学：

一、训诂字义学（字典）

二、运用语词之学（文法）

三、考究字音之学（韵学）

四、休整语句之学（修辞学）——以上四种为科学的研究

五、休整文章之学（文章学或作文法）

第五涉于文学范围，已非科学，故当除外。

国文法之特质

中国之语文，为单节音（后多流为双节音），象形字（后流为块形字），孤立语（现兼关节语之作用），而又同音字最多，遂由此四点，发展为独有之性质。

于"语词"趋向骈词而多缀衬字，在文言已有之，而语体文尤甚。如：

老虎（即虎）　知道（即知）　计画（即计）　方法（即法）

于"语法"务为简练，而多删虚词（删介，删指代，删联词，删介词代词尤甚，或以象摄名，甚或删事象词，而以名物词摄代述词之职）。如：

紫气东来（自东来）　雪白（如雪白）　飞奔（奔如飞）

又文法之变化，向分两种，一曰：语词音形之变改，籍其歧

别改变，以示不同之观点、立场及时地情态。二曰：语词位次之变动，籍其颠倒变动，以示不同之观点、立场及时地情态。

其一谓之改词，如英文"我来"与"他来"不同字；"我来了"又与"我要来"不同字。其二谓之变序，如中文"惟你是问"，当为"我只问你"。其在西文，改词以表语气不同者为多，在中文则例不改词，不变语根，而惟变序。

英文多为语言根之变音变形，而词位之变化不重要。中文多为语序之变位，而字之变形绝无（间亦有之，如咱、朕、吾、我，字□义歧），而变音偶有。

无　题（元按，此条原无标题）

《孟子》一书，出孟子自著，故多纪言而不纪行。

《孟子》所列时君号谥，乃后学追填，故有错误。伐燕，齐潜王时事也，而误为宣王。古人于史实多不精确，诸子言鲁则哀公；言齐则姜齐桓公、景公，田齐则太王宣王；言楚则庄王、灵王、平王也；往往证之正史而不符。

《孟子》一书，但言梁王、齐王，其号谥为后所加，证之左：

《梁惠王》篇上号谥均全，《梁惠王》篇下即否。首章"庄暴见孟子曰：暴见于王，王语暴以好乐……他日见于王曰"，不著何王，此后学漏填也。

"齐人伐燕，胜之，宣王曰"，"宣"字漏填，应为闵王，考《史记》"年表"及"齐燕世家"，可得其谬。

《公孙丑》篇下"孟子将朝王，王使人来曰寡人如就见者也"，注，王，齐王也。"孟子之平陆……他日见于王"，亦齐王也。"孟子谓蚳蛙……谏于王"；"孟子为卿于齐，出弔于滕，王使盖大夫王驩为辅行"，亦齐王也。

"燕人畔，王曰吾甚惭于孟子"，此闵王也。"孟子致为臣而归，王就见孟子"，殆为闵王。

薄言解

羽三论薄言，今始得解，薄言，贲然也。《诗·小雅·白驹》："皎皎白驹，贲然来思"，注，贲然，光彩之貌，或以为来之疾也，来之疾也乃正解也。薄与喷薄、旁薄、迫、暴，音义都近，盖有"迫而临之""骤然至前"之意；朱注译为"从而"（"《黍苗》：我行既集，盖云归哉。我师我旅，我云既集，盖云归处"，"盖云"亦可当薄言解）。

此处眉批：陆浑戎一作贲浑，贲有碌、路义，即忙迫义也。薄忙训"奔忙""勿遽"是也。薄，贲也，奔也，勃也，音近则义通。贲，彼义切，古音义音蛾，彼蛾正切薄字。《礼表记》，引《诗》"鹑之贲贲"，今《诗》已作"奔奔"。

《葛覃》："言告师氏，言告言归，薄污我私，薄浣我衣"，犹云"乃告师氏，乃告而归，遽浴我身，遽洗我衣"。旧注谓查治其私服之污，似以薄言训盉；又云：言，辞也，薄，少也。

《芣苢》："采采芣苢（音浮以），薄言采之"，"采采芣苢，薄言捋之"。犹云："华华芣苢，即而采之"，"华华芣苢，即而捋之"。旧注"采采"，採也。

《柏舟》："我心匪鉴，不可以茹；亦有兄弟，不可以据。薄言往愬，逢彼之怒。"犹云："……亦有弟兄，不可依据；骤而往愬，逢彼之怒。"旧注"薄言"二字此解；茹，度也。

此处眉批：《灵台》："以伐崇墉"与"薄伐犬戎"句式同。

又："四方以无拂"，拂，戾也，似皆与"薄"之用法相似。贲又通幡：录伯戎敦，□贲，正似□（薄）。□（贲）、□（贲）、奔、专，形正相近。𧸷，《说文》用贝为饰。

《谷风》："行道迟迟，中心有违；不远伊迩，薄言我畿。"犹云："路不远而近，即送我至畿"。

《出车》："赫赫南仲，薄伐西戎"，迫，伐也。又："春日迟迟，卉木凄凄，仓庚喈喈，采蘩祈祈，执讯获丑，薄言还归。"犹云："执讯敌情，俘获丑众，骤尔还归"。

《采芑》："薄言采芑，于彼新田……"在句首，犹云："即而采芑，在彼新田"。

《采绿》："终朝采绿，不盈一匊。予发曲局，薄言归沐。"禄，王刍，曲局，曲卷也。犹云：吾发卷曲，速速归沐。又："之子于钓，言纶之绳。其钓维何？维鲂及鱮。维鲂及鱮，薄言观者。"犹云：此君行钓，乃理其绳。其所钓为何？为鲂及鱮。为鲂及鱮，速往观之。者，犹之也，焉也。《左传》："公将如棠观鱼者"，者，焉也。

此处眉批：薄，奔，贲，义亦相通。

《时迈》："时迈其邦，昊天其子之。实右序有周。薄言震之，莫不震叠。"旧注云：是行其邦，昊天其以我为子，实尊佑序次我有周，使我震之，四方莫不震动。按犹云：是邦原迈，天其以为子，而左右我有周，即而震动四方，四方震服。

《有客》："有客宿宿，有客信信。言授之絷，以絷其其（元按，第二个"其"为衍字）马。薄言追之，左右绥之。"注：一宿曰宿，再宿曰信，久则曰次。絷言执。犹云：有客宿留，乃授之以绊，以绊其马，（马若逸去），疾速追之，而左右遂安之。

《駉》："駉駉牡马，在坰之野。薄言駉者，有骊有黄。以车彭彭，思无疆，思马思臧。"注：駉，腹干肥张貌。郊、牧、野、林、坰，皆郊外之意。犹云：膘膘肥马，在郊野之外。贲来膘者，有黑骊马，有黄骠马，有车彭彭，思之无涯，思马之佳。

《泮水》："思乐泮水，薄采其芹。鲁侯戾止，言观其旂。"又："思乐泮水，薄采其藻。鲁侯戾止，其马蹻蹻。"犹云：乐斯泮水，就采其采。鲁侯戾止，乃观其旂。"薄"仍不出"旁""迫""贲""遍""翩"诸义。

宾词前后置

《韩非子·内储说》："殷之法，刑弃灰于街者。"《初学记》："殷之法，弃灰于街者刑。"所字之用，弃灰之易也。《内储说》：（论弃灰）"且夫重罚者，人之所恶也。而弃灰，人之所易也。"

又引：孔子曰："无弃灰，所易也。断手，所恶也。"

《孟子》："人之於身也，兼所爱；兼所爱，则兼所养。"所犹于也，谓爱於其兼，养於其兼。兼，动词也。

此条眉批：《鲁语》："若为元侯之所以怒大国，无乃不可尽。"注：所，所为也。"所"与"设""许""居""御"通假，又与"行止"义近。

役

《荀子·修身》："君子役物，小人役于物。"役，役使也。《孟子》："小役大，弱役强。"役，服事也。

为

倒句间以为字，经师多以无义释之，以为辞也。实非。为在倒句，固有实义。

《荀子·不苟》："君子名不贵苟传，唯其当之为贵。"此倒句也，正之，则为"唯以当为贵"。

《孟子》："惟奕秋之为听。"亦倒句，提宾，还之，则为"惟以奕秋为所听之对象"。

《论语》："何以文为？"正之，则为"用文何为乎？"

《汉书》："反怒为？"此有删省，正之，则为"何为反怒乎？"

字之义类

中国语文有虚实之别，体用之分。

实　词

名物字，事象字，乃实字也（名、动、形容）。此为意义词，语之骨干。

系　词

指代字，乃指出名物之半虚半实字也。（尔我为代字，彼此为指字）

副字，乃限制区别事象之半虚半实字也。此为指别词，为语之附属。

绾 词

介字，侧介物，事象。

联字，横联语、句、辞。

——此为关系词，为语之筋络。此则实字作虚字用也。

虚 词

助字，曳余声以表情意，附丽于词尾、语末。

感字，迸发声以表情意，游历于语中、句外。

此为情声词，为语之声调。

实字虚字之别

实字（名词、动词、象词即形容词）有实义，有定位，位变、品变而义不变。

如"病"字，原义"病甚"也，殆为象词、副词；通义"疾"也，则为动词、名词。

作名用——吾有病

作动用——吾病矣；作他动词——祸国病民

作象用——病人、病症

作副用——病倒、病殁

此处眉批：病字之位四变而义不变。

此其文位四变，用法四变，词品亦四变，而原义仍不脱病苦之意义也，此所以为实词也。

又如"以"字，古意义本动词，通义则为介词。用此字时，文位不变，字品不变，而意义则必"随遇而安"，视其用法而有种种不同之解释。

1. 以刀裁纸——以，用也，拿也，持也

   以羊易之——取也

   以兵攻之——用也

2. 子以八月生——以，于也

3. 自古以来——以，而也

4. 管仲以其君霸——以，依恃也

5. 以子之故——以，因也

6. 孔子以鲁君退——以，使也

7. 以车至——以，遣也，持也，将也

8. 筑堤以防水也——以，为也

9. 二十以上——以，往也

10. 以旱路至——以，由也

如上十例，用法当未□，其文位皆为介词，而以口语释之，则解释纷然，此虚词之特色然也。即白话之虚字亦然，如"拿"字"把"字，意亦虚泛难定。

此处眉批："拿"字，擒拿，取也，引申而作"运用"解，故有"拿飞机来攻敌"之语。飞机非可拿之物也，此则运用之义也。

盖虚字在语句上或司绾合之作用，或具指示之作用，其义本微，其用甚大，可谓有"意"无"义"，故有此现象，乃当然耳。

六月廿二

未之有伦

《蜀志·诸葛亮传》："诚是大晋光明至德，自古以来，未之有伦也。""之"字本提宾，此则已有"伦"为宾，"之"流为形式矣，亦可谓摹古而谬者。林琴南文"方姚卒不之踣"，踣，自动词，无宾语，"之"亦不通（极不通）。

《荀子·王霸》："国者……不得道以持之，则大危也，大累也。有之不如无之有也。"《论语》："未之有也。""之"字皆提宾。

《孟子》："苗浡然兴之矣。""兴"亦自动，此"之"字当为助动词，犹今言"苗浡然兴起来了"。

自动词语末着"之"字，可作助动词"起来"解者颇多。

文法之用

问：文法有何用？答曰：有大用。

古人但模古，不知文法解剖，致有大谬。

"诞生文王"，"诞"当音延，同爰，乃也。后人不知，训诞为大，又训为生。训大未出笑话，训生乃留笑柄。至今作寿，谓为寿诞之日。苟以文法推之，此诞字必为副词，助词，不能训生辰寿日也。

"古公亶父，来朝走马"，犹《书经·尧典》若"稽古帝尧"，犹云"古时，公亶父"。《史记》不察，乃以"古公"为谥矣。

《诗》："驾言出游"。言，焉也，而也。驾车乃出游也。后人不察，以"驾言"作"设言"解，遂有"驾言乘马"之笑话。若以文法解之，驾为动词，言必联词，助词也。

"未之有也"，"之"乃他动词之宾词前置，犹云"未有之也"。后人不察，妄加模仿，林琴南遂有"方姚卒不之踣"之笑话。卒不之踣，即到底不倒他。《三国志·诸葛亮传》亦有"未之有伦"一语，伦，等类也，若顺正之，则为"未有伦之"，译之则为"没有对儿（匹敌）他"，尤可无也。

书 社

书社，《史记·孔子世家》"楚欲封孔子书社三百里"，"里"字恐为汉儒之陋所误加。《论语》孔子论管仲，人也，夺伯氏骈邑三百，没齿无怨言。

此处眉批：《说文》，鄙，采邑也。恐鄙社即书社。书者，知也，肖亦知也。

《荀子·仲尼篇》印此则谓："与之书社三百，而富人莫之赶距也"。是书社即骈邑，骈邑犹食邑，言非采邑也。"书社三百"，殆即三百户之意。《史记注》，谓□书名于社，即曰书社。

《辞海》于"书社"一辞，所诂颇含混。

《大学》《中庸》

二书殆为荀氏学，胡适列于《孟子》前，大谬。

二书要旨杂见《孟》《荀》，然非《孟》《荀》引二书，实二书引《孟》《荀》。

大凡学说之进化，多由疏阔之精微，（后来居上）；学术之退化，由博大之繁碎，（每况愈下）。循序以观，孰先孰后，可默察也。《孟》《荀》之在《学》《庸》前，但详察学说进序，□釐然可见。又《学》《庸》有"载华岳而不重"，"今天下书同文，车同规，非天子不制礼"诸语，若其时无一大帝国当前，必不作此语。《学》《庸》之写定，殆在秦帝制将成时乎？

此处眉批：繁碎至极则支离，支离愈甚，则又有开宗大师出，引他说以张旧说，而注入新精神，如宋之新儒学是也。

"之"字

《荀子·儒效》："君子务修其内而让之于外，务积德于身而处之以遵道，如是贵名起之如日月，天下应之如雷霆。""起之"之"之"字不通，只可作"起来"解。

见

《荀子·君道》："请问为人子，曰敬爱而致父；请问为人兄，曰慈爱而见友。""见"表加动，或被动。

宾词提前，他动变被动转自动

《荀子·王霸》："人君……能当一人而天下取，失当一人而社稷危。"

先秦诸子学术思想之交错

祖先遗厚产，后人享之福。祖先遗留病毒，后之罹其害。
先秦思想影响于中国社会者：

中庸　模棱罕矫介之行　　　　　　儒

非战　和平　不武　　　　　　　儒、墨、道

尚贤不尚法　　　　　　　　　　儒、墨

任命　安分　无斗志　　　　　　儒

因循　惮变革　　　　　　　　　儒、道

无为　重德化　轻事功　轻刑法　儒、道

尊君　奴性　　　　　　　　　　儒、法

保身　贪生（战国殉道殉名之风灭绝）　杨子贵生　儒家明哲保身

延嗣　（无后为大，不提倡生育而自多，四万万人口受此影响）　儒

保家　重孝　（爱家，推爱家之心爱国、爱群）　儒

天道好还（流为报应）　道、阴阳、儒

此条眉批：明鬼（墨说），天道好还（道说），此亦深入人心。

以退为进（阴谋）　道

独善（自扫门前雪）　隐恶扬善

容恶（苛于责善，宽于讦恶）　儒家大弊

成败论人　春秋流弊

无为而治（重德化，轻事功，而菲刑法）　道、儒

　　好处——人民自由，政治上采不干涉主义。

　　弊——放任过甚，土豪劣绅欺良懦。《史记》《汉书》多有任侠及"杀人""避仇移居"之记载，可见私人报仇之流行，而□政治太松。

重情而轻法律（贤人政治、家族制自然结果）

重功利而绌玄想深思（名家之辩，大为道、儒、法所攻）

轻功利而空洞的教化（此二功利似反而非相反）

此处眉批：重动机，诛心之论。重人事而忽天道（宇宙论），绌玄想。中国人不重实际而又重实际。

中国社会乃家庭之放大

以上儒家影响最大，道墨次之，墨与如极近。

诸子开山祖，孔子也。

孟子谓孔子"集大成"，指周之礼教而言。

私学开放及于士民，自孔子始。

删诗书，定礼乐，乃以官书岁礼教民。

者犹则也

《吕览·本生》："夫水之性清，土者抇之，故不得清。人之性寿，物者抇之，故不得寿。"者犹则也。

何则，犹何者也。

《说文》以"者"为别事词，以"则"为分别之词。音近义通。

吕　览

吕览为杂家，今人惑于"杂"字之语氛，动联想及杂居、杂乱之义，轻视杂家，而不知杂家犹今言"调和□""折衷家"也。吕览含道、儒、阴阳、墨学颇多。司马谭自居道家，亦杂家也。

阴阳五行

此为两种学说，汉人混为一谈。

阴阳两性，二元论也，相对论也。二元论也。五德修始，从其所胜，循环论也。一元论也。《易经》当谓为阴阳家学说。道家、兵家、儒家、法家，多受阴阳家影响。

五行家乃流行汉之民间，至汉大兴。

无 题 （元按，此条原无标题）

语辞之运用，常有所谓古典成语者。某词常与某词相丽，某语常与某语相附。沿用既久，而语词者，遂若合有浓厚的历史气氛焉。此可谓之词氛，即语词之历史的背景也。

"淫"本训"雨甚"，引申而有"过甚"之意。然昔人恒用以指奸淫，而又偏指女子。自有奸夫淫妇之成辞，而此二字遂夺常义，专限此点。

"奸"本训"干犯"，引申而有"作奸为恶"之义，后又专限于私通。

"致"本训"使之至"也，因成语有"不听伯氏之言，以致于此也"，遂生"落到……田地"之义。而"致得恶果"之□解，致得善果，不能用之矣。

去见时人文字有"以致声誉日高"之语，此则不妥也。盖"致"字之词氛已专限于"以致不幸"矣。

子路掭雉

论语

《吕览·审己》曰："故子路掭雉而复释之。"

射虎中石

《史记》李广射虎，中石没羽，视之石也，再射，不入矣。《吕览·精通》以为养由基，《论衡》以为熊通。

翁仲作仲翁，苏州作判通，或谓明武宗事，或谓清高宗事，皆不可靠也。

宋人笔记，朝鲜人以矮为射，委矢故为射。以射为矮，□身故矮。他家可谓金人语也。清人称之，又为外国语，皆好奇造谣也。

天下所贵之

《吕览·无义》："郑平于秦王，臣也；其于应侯，交也。欺交反主，为利故也。方其为秦将也，天下所贵之，无不以者，重也。重以得之，轻必失之。去秦将入赵魏，天下所贱之，无不以也，所可羞，无不以也。"行方可贱可羞，而无秦将之重，不穷奚待。

无　题（元按，此条原无标题）

摆伦（元按，今译作"拜伦"）之诗，修辞粗豪，在本国为第二流，而驰名国外，以一经迻译，辞为之粗豪已不见，而文心之粗豪更足动人也。

《史记》在当时，不如《汉书》，亦以《汉书》修辞典雅而气饬，《史记》则杂辑百家，未尽修饰，故有"俗而不俚"之评。唐宋人犹未过加重视，至明后才压倒班书。

陶诗在当时诗格亦低，故《诗品》抑为三四流，以其语多近俗也，后世乃诧为绝作。大抵内容佳者可垂久，辞表佳者震当代。

相如之诗，排比堆砌，今人观之，一文不值，汉人则倾倒备至，以相如赋尚有副作用也——当类书字典看。

三都两京赋，动数千言，数山数海，指东指西，一排句数十百言，平铺直叙，徒见一堆堆的奇字，毫无风情，今人观之，反不如六朝短赋。

邹阳《狱中上书》，李斯《谏逐客书》，均堆砌臃肿，毫无条贯，说了又说，重复累坠（赘），已完又饶一段。文士尊古不敢诽，明以后人始有不满之词，有谓邹文如集锦帖子，然以古人称诵，仍不敢一笔抹倒，至曾文正始云不懂。

大抵汉以前文，重意思而忽略结构，又不讲起承转合，虽先秦文，前后结构亦一团糟，不过无人斥言耳。

庄子扯东扯西，无一重点，古人不敢斥，乃曰恣肆。其实，若下确评，当云：思高而语乱，与吴稚晖一样，股子都有毛病。

"之"之特解

《荀子·哀公篇》："定公问于颜渊曰：东野子之善驭乎?"《燕丹子》："燕国之不报，吾事之不立哉。""之"字皆当训"其"，言"殆然"之意。

"为"字倒装

《荀子·尧问》："周公曰：我文王之为子，武王之为弟，成王之为叔父。"犹云："我为文王子"。《不苟》："君子唯仁之为守，唯义之为行。"犹云："君子唯为仁守。"《荣辱》："今使人生而未尝睹刍豢稻粱也，惟菽藿糟糠之为睹。"

此条眉批："《孟子》：惟奕秋之为听。"从笔迹看，此条眉批为蓝墨水所写，当是后添的。

仓颉造字非信史也

《荀子·解蔽》："君子一于道而以赞稽物……故好书者众矣，而仓颉独传，一也。好稼者众矣，而后稷独传者，一也。"

私名词之定义

通名词：合同类而共有一名，如马牛是也。马牛非一，共有此名。

通名词者，又为绝同类而独有一名者也，如日月是也。日月仅一而绝类，日独有此"日"之名，月独有此"月"之名，亦为通名词也。

按，今以科学观之，日月同为群星之一。古人不然，古人以日月星为三名，不相为类而并列者也。

私名词，别同类而特立异名者也，如诸葛亮是也。诸葛亮，人也，有同类者也，为与同类立异，而特名诸葛亮。古今中外，人类万千，而诸葛亮仅一，故为私名，谓为一人所私有者也。

日月二名虽为日月所私有，但非与同类立异，而独具斯名，故为通名。

又说：

通名——（1）同类相对，共有一名。如牛马，如人。马成群，牛成群，人亦成群，故为通名。

（2）绝类无对，而自有一名，亦为通名。如日月，天无二日，是为绝类无伦，绝类亦通名也。

私名——别类立异，而专□一名。如孔子，人也，有同类者也。于众人中独擅"孔子"之一名，孔子即私名，"人"即通名也。

文之繁省

《论语》"楚狂凤兮之歌"，《庄子·人间世》较详。《荀子·哀公篇》"东野稷善御"，《庄子·达生》较略。

"知所设施之"

《论衡·定贤》："孔子知所设施之矣。有高才洁行，无知明以设施之，则与愚而无操者同实也。"《马氏文通》及《黎氏文法》定"所"字为宾位代字，实误。"所有""所见"，马氏释为"有之""见之"，黎氏并曲为之说。今观此句，"所设施之""所"字之下，已有宾代"之"字，则更何须"所"字为代乎？杨氏又以"明所弊矣"句例，定"所"为被动性助动词，尤误。其一，"所"字不含动性；其二，"所"字不表被意。"明所弊矣"实为"明为其所弊矣"之省略。且从文理观之，"所"字不但不表"被受"意，实更表"加施"之义也。

按，"所"字为表施动性之指词，"吾所知"，即"为——吾所——知"也。"为"犹"与"也，"由"也，"由……施"也。"为吾所知"，即"由吾处施知也"。"所"字与"这里"、"There"义颇相近。

此条眉批："所"字之义用。为匈奴所闭□。为乌所盗肉。

"白蹄""白其蹄"

《论衡·实知》："有牛鸣于外，弟子曰：'是黑牛也，而白蹄。'詹何曰：'然，是黑牛也，而白其蹄。'使人视之，果黑牛而以（白）布裹其蹄。""白蹄"之"白"，象词也。"白其蹄"之"白"，动词也。而以"其"字衬出"白"字之位用。是"其"字虽为指示"蹄"字之指词，而仍具变动前词之作用也。是为语词之"词氛作用"。

《公羊传》有"牛口伤"与"牛之口伤"之解释，以为伤自内作，伤自内作之别，如此解释文法，入于魔道。

此条眉批（蓝墨水字迹）：《韩非·解老》："詹何坐，弟子侍，有牛鸣于外。弟子曰：'是黑牛也，而白在其题。'詹何曰：'然，是黑牛也，而白在其角。'"先慎注，乾道本"白在其角"无"在其"二字。按下文，"何在其角"，文法一律，明乾道本脱"在其"二字，今据《御览》引补（十九页）。

按白题者，去□本然白色也。白在其角者，人为也。王化不通文法，其以类推，乃生此误。果黑牛而以布裹其角。

谅　闇

《淮南·氾论训》："夏后氏祭于闇，殷人祭于阳，周人祭与日出以朝。"此祭之不同者也。《论语》有"□闇"一词，旧注释为天子居青之名，而不得确解。今以此证之，"阳闇"即亮阴，即谅闇也。

无　题（元按，此条原无标题）

"专租学员，不卖堂客。""吃女招待。"

数语人传为□，而以国文法"省略"言之，甚合法，亦可解也。"专租学员"省一"于"字，专租于学员也。"吃女招待"，亦省一"于"字，当云"吃于有女招待之饭馆"也。前为文法的省略，后为修辞学的省略。

诸子相非

《淮南·氾论解》："夫弦歌鼓舞以为乐，盘旋揖让以为修礼，厚葬久丧以送死，孔子之所立也，而墨子非之；兼爱尚贤右鬼非命，墨子之所立也，而杨子非之；全性保真，不以物累形，杨子之所立也，而孟子非之。"

羽谓老子《道德经》之写定，当在孟子以后，观此益信。诸子相非，仅荀子曾讥老，而韩子解老，□老可定其时。《淮南·道应训》亦释老。

《淮南》有阴阳家言

《淮南》前三篇为道家言，《地形训》殆阴阳家言，疑似邹子终始。

荀子非五行说十二子，讥子思、孟子，按之孟子□，几于无的放矢。孟子固"未按往□造说，谓之五行"，而子思亦未祗而敬之曰："此真先君子之言也。"赵歧《孟子注》，谓有《外篇》四篇，"外书四篇：《性善辩》《文说》《孝经》《为政》，其文不能□□，不与《内篇》相似，非孟子本真，后世依仿而记也。"赵不为外书字句，四篇遂亡。

羽疑此四篇必有阴阳家言，孟子邹人，邹纵亦必邹人，荀子遂混而为一，未可知也。

《孝经》，《汉书·艺文志》谓曾子作，今乃知孟子后学所伪也。

阴阳说与五行说

阴阳说本于《易》，而老子据以释因革损益之义，而成"福兮祸所倚"及"以进为退""以守为攻"之阴谋，又与兵家混。因革损益又为孔子之说，孔子论"周因于殷礼，所损益可知也"。

五行说首见书《洪范》，殆以"五行"释"物理"，与"阴阳"释"天道"不同，不知何时混为一谈，疑为刘向目录学家所溷。

此条眉批：易象颇有儒说；《老子》颇有易说。

老子晚出

老子晚出，太史公谈论六家要旨，以道家为兼名法，儒墨，昭然可证，人皆冥目不视，何哉？

老子义最精，殆近杂家。杂家者，调和派也，非杂乱之谓也。

机　祥

《淮南·氾论解》论鬼神机祥颇精。

荀子非诸子

《天论》："慎子有见于后，无见于先。老子有见于诎，无见于信。墨子有见于奇，无见于畸。宋子有见于少，无见于多。有后而无先，则群众无门。有诎而无信，则贵贱不分。有奇而无畸，则政令不施。有少而无多，则群众不化。"此之评论，用孔子中庸说也。

诸子论诸子

当□《天下篇》《非十二子篇》《显学》《五蠹》及其他诸子讥斥异端之论，以观其要。

"总之"之＝此也"久之"之＝至也，及也

"假之，有弟兄资财而分者，且顺性情好利而欲得。"（《荀子》）假之，假设此事，假设如此。

总之总此；顷之　顷侧首也　及至一侧首之时也。

要之　大要此事；久之　及至评久之时也。

譬之　比此；"久之""顷之"之"之"，当列"至"助动词。

此条眉批："之"字训"至"，动词；训"此""于此"，指词；又训"去来"，□历动之助动词。臾，举手投足之际；须，待也。章氏以"须臾"为副词，非也。"须臾"犹云"转瞬"，乃副位动词。

之　字

逃亡之＝逃亡焉＝逃藏起来

《荀子·君子篇》："世晓然皆知夫为奸则虽隐窜逃亡之由不足以免也，故莫不服罪而请。"

老安少怀

《荀子·大略》："礼也者，贵者敬焉，老者孝焉，长者弟焉，幼者慈焉，贱者惠焉。"

"相"字为表对动之副词

《宋史·程灏传》："富人张氏父死，旦有老叟踵门曰：'我，汝父也'。子惊疑莫测，相行诣县。""相"字必副于他动词，"行"乃自动，误也。

"自""相"均副词，其作用能使自动转为他动。"自笑"，自笑己也。"相笑",人笑我,我亦笑人也。相不含"偕共"义,仅含"对"义。今曰"相行",殆谓相偕行乎?若然,"相食"亦训"共食"乎?

之字为指词

《书·牧誓》古人有言曰:"牝鸡无晨,牝鸡之晨,惟家之索。""之"晨,之非介词,殆指词处副位者。当释为"牝鸡若晨"或"牝鸡其或晨"。与燕丹子"燕国之不报,吾事之不立哉"之"之",均非介词。亦可视为"表词",此等"之"字,当与"是其""乃""而""若"诸指词等视。

此条眉批:《说苑六》:"今天油然作云,沛然下雨,则苗草兴起,莫之能御",此用《孟子》"则苗勃然兴之矣","之"训"起"也。

"是"之倒装

《牧誓》:"乃惟四方之多罪逋逃,是崇,是长,是信,是使,是以为大夫卿士。"经师旧释"是"字为助词,非也,"是"乃指词、代词。

犹云:"商王受乃为四方之逃罪人,此崇,此长,此信,此使,此以为大夫卿士。"此指罪犯,观"是以为大夫卿士"最鲜明。"是以为"即"以此为……"也。"是信,是使",犹"信之,使之","崇之,长之"。"长之",以"之"为长也。

此条眉批:此以倒装解之耳,实则为复句。"惟利是视",犹云"吾…惟有利…是视焉"。"惟利是视"、"惟是利视",前句是代宾,后句是指宾。口语"无人不打",亦即复句,犹云"吾惟…无人时…始不打之"。

代词之古用法

《汤誓》:"今尔有众,我后不恤我众",下云"今汝其曰,夏罪其如台?"

古量词之用法

甲骨文:"获羊三羊","获鹿六"。《逸周书》:"武王遂征四方,凡憝国九十有九国。""国"字不知省略。

此条眉批:见《通史》230。《竹书纪年》:王季伐西落鬼戎,俘二十翟王。太丁十一年,周人伐翳徒之戎,捷其三大夫。

无 题 (元按,此条原无标题)

孔子称尧舜而行周道,有吾其为东周,不复梦见周公,郁郁乎文哉,吾从周。墨子称夏道,实则法商,商人信巫鬼。夏道遵命,墨子非命。史称墨子宋大夫,孔子信鬼神而远之。夏道致孝乎鬼神,《孝经》记所从来。

语文乃野蛮产物文明工具

　　语言文字乃野蛮的产物，文明的工具。为先民野蛮时代所造，故多文字之障，语言之疵。为文明工具，故千变万化，字义改变，用法尤多变化。

无　题（元按，此条原无标题）

　　《尧典》，叙舜延狩，修辞简雅，颇明省略之法，必非西周以前之文。
　　古人多不懂省略，尤不懂"先见而后省"之法。《尧典》："如王器，如岱礼，如初"云云，已知避复。

古今异诂

　　遂，古训"竟"，有到底之意；今训"乃"，仅含于是之意，继事之词也。
　　体，古训曰体，四肢也；今训全体。
　　杂，古训"和合"，今言溷乱之意重。
　　亡，古训"不存""不在""不有"；今训"死"，大谬于古。
　　此条眉批：古今字异训，一字之移异，而语气大殊。

无　题（元按，此条原无标题）

汤武伐桀纣，取天下不取其国，乃游牧社会自然之现象，所争在诸侯之朝贡，非贪土地。《日知录》盛称武王诛纣立宋，不知时势非也。

无　题（元按，此条原无标题）

资性执着，而不能达观，思力能集中而甚健忘。少耽书卷，倾情稗史。先妣谓其"幼不好弄"而"开卷有益"也。宠之弥甚，而恣其所好。每诓辞丐钱，立驱车厂甸，购书盈抱而归。挑灯疾读，不催不眠，而不知其所好，尽为无用之文。

稗史词浅易受，数金、十数金之书，往往三日两日而毕。犹忆初读《红楼》，□两日力而尽。游心神于大观园，寝食均废，及乎终卷，目眩头晕，面无人色矣。

弱冠饥驱，橐军游食，怏怏不自聊，佣余自遣，始读子史。实非穷经研古，仍用读小说法，流览大意。徒以买书钱不给，求其耐读，省钱，埋首故纸堆，亦足以忘忧也。

已览既久，所好渐专，而学无师承，尝勇于疑古，不轻信注疏，而自叩心证。读四史，读诸子，由是进窥读群经，凡先秦两汉之文，绎读垂遍。而以清人训诂学最朴真，辄用为助，以通其义。

惟以时世之异，其于经子，亦以史眼观之。

元按，此段当为白羽之学术自述，置于此间，或将以此为

《日新录》之跋文，暂且于此告一段落？

介动词之名必须创立

介动词者，动词而有介系之用者也。然迳入介词，则不可，以其□具动词应有之变化也。

《外储说》："不在所与居，在所与谋。"与，介动词也，所字指之，所字所指必动词也。所以然，无所于问，无所为问，皆是。

阳虎事略

《外储说左下卅三》，阳虎走赵。

宋人之愚

□说——见《外储说卅二》（21页）。

无　题 （元按，此条原无标题）

亦兄弟辞也。然则"舅氏"云者，殆称异性之臣仆耳。使为诗者为君，则舅氏必为异性国之使臣。"氏"犹"族人"也。

天子自称小子

周制传嫡，嫡子孙必年长而辈幼，庶出必年幼而辈等。故周天子对同姓诸侯，称伯父、叔父。

哀 家

国君自称孤，居丧之词。不榖，不差也。□人，余一人，犹独夫也。

后妃亦称寡人，见《左传》。

不知何时何人作小说戏曲，而令后妃自称哀家也。孤哀相对，可笑。

三太称公，三少称孤。

元曲及《水浒》称女子为"寡老"，男子为"孤老"，后以"孤老"为妓女热客之名。又称夫为盖头，可笑。与絷头相对。

此条眉批：公侯伯子男，多为家族之称。公，翁也。伯，长子也。子，子也。侯，射士也。男，佃夫也。

官 国

中国官国也，称谓多官称。阁下，本称大学士，后及人人。

都头、军都，唐军制也。都头犹军正也。都头犹今之团长。武松以吏称都头。

衙内，唐官制，衙内检押使也，藩镇时代多以子侄充之，遂为少爷之称。今称巡警为副爷，副将也。今称兵为总爷、老总、总兵也。

呼保义，宋江之号，宋有保义使，呼保义犹云"人称保义使"也，保义使殆团练之谓。

"之养勇"与"之所养勇"

《孟子·公孙丑》："北官黝之养勇也，不肤挠，不目逃……孟施舍之所养勇也，曰：'视不胜犹胜也。'"犹云：北官黝养勇之法，不肤挠，不目逃。孟施舍所所涵养之勇，谓视不胜犹胜也。

《大学》《中庸》为荀学，为秦汉人所作

1. 语词似荀。"（人）之其所亲爱而辟焉"，"之"犹"至于"。《荀子·王霸篇》："之所与为之者之人，则举义士也。"

2. 慎独——见荀子。思想近荀，语词近荀。

3. "载华岳而不重"——秦人语也。

4. 今天下书同文，车同轨——秦帝业已成时语也。

5. 学术进化由博大至精微（进化），若退化则由博大至繁碎。由语孟荀至学庸，由博大至于精微。其迹显然，后来居上。

6. 战国前期，百姓指士族，秦汉人则百姓指平民。学庸之百姓指平民也。《书·尧典》："以亲九族，平章百姓，协和万邦，黎民于变时雍，九族卿大夫也。"百姓士也，万邦诸侯也，下至黎民，序次井然。

周人多业商，工人乃奴役

战国王朝已微，周人多为商。苏秦父兄、吕不韦皆洛中贾也（元按，此条后加，为铅笔笔迹）。

封建之世，仅有国君卿相士大夫，及农。农即农民。亦有工，工即挟手艺之奴隶也。负贩乃农民兼为之。直至战国末，巧匠始出名世。学庸有"来百工"之语，可见巧匠乃无田业，有手技之流民也，所谓氓也。氓乃无籍之流民。左之民，有服役之义。

此条眉批：周乃王朝，诸侯贡赋之物，集于京师，而贸易之业兴。

故书名于社。古之人口必甚清楚，故周宣王料民于太原，乃点名抽丁以充兵役也。

字义流转

丁，甲乙尺籍之谓，转为人丁。

兵，刀兵也，兵卒乃引申义。《三国志》犹有"兵人不法"之语，犹云"持兵之人"。

兽，折首也。兽，捕杀之狐鹿也。禽，捕捉也。禽，捕捉之雀鸟也。别制"擒"字，以表原义。

牲，生祭之兽也。畜，活养之禽兽也。

《说文》，兽，守备也，即狩之别体。

捷，胜也，今义也。《竹书纪年》"捷其三大夫"，则擒获之义。又别制"桀"字，以示擒杀；又作"磔"字，以为别体。

舍，留也，转为"释之"之义，遂引申而有"舍去"之意。而"留舍"与"舍去"义正相反，遂另制"捨"字。

此条眉批：左昭十八年，郳庄公反郳夫人，而舍其女。舍，留也。

古语施受同辞

此谓知本，被动也，子谓子贱，施动也。爵禄可辞也，被动也，不辞小官，施动也。

口语进化，乃加分别。此谓为知本，加一"为"字。子谓子贱。爵禄可辞去，加一"去"字。不辞小官。

这叫做知本。爵禄可以辞去的。

修辞三例

父季孙行父秃，晋却克眇，卫孙良夫跛，曹公子手偻，同时而聘于齐。齐使秃者御秃者，使眇者（御眇者），使跛者御跛者，使偻者御偻者。（《谷梁》成公元年传）

泗川守壮败于薛，走至戚，沛公左司马得泗川守壮，杀之。（《史记·高祖本纪》）

校尉李朔、校尉赵不虞、校尉公孙戎奴，各三从大将军获王，以千三百户封朔为涉轵侯，以千三百户封不虞为随成侯，以千三百户封戎奴为从平侯。（《史记·卫将军列传》）

北大廿五年试题。

"为"字用法

语有变格，则当求其原，探本立说，自无误矣。

《孟子》"惟奕秋之为听"，杨氏以"为"字为助词无义，非也。虽无实义，犹有虚义。

《荀子·荣辱篇》："小人无师无法，则惟利之见耳。"此例句增重语气也。又云："今使人生而未尝睹刍豢稻粱也，惟菽藿糟糠之为睹，则以至足为在此也。"此亦例句增重。今试探本还原。

惟利之见　　惟见利

惟糟糠之为睹　　惟睹于糟糠　　惟所睹为糟糠

"为"字含有"被"意者也。

此条眉批：唯利是视　无计可施　无德不酬　无人不打　见好即收

据上，"唯利是视"非倒句，乃两句也。

"灭莒"及"胡子沈子灭"

《左昭廿三年》：胡子髡、沈子逞灭。《正义》曰：君存（国亡）称灭，则文（灭字）在上，灭谭灭莒是也。国存君死，则文（灭字）在上（元按，"上"字当作"下"，此系白羽笔误。），胡子沈（灭）是也。此经师之论也。以文法言之，则灭自动词也。"灭莒"，致，动词也，变格也，犹云"使莒灭"，故"灭"字在上。"胡子灭"，灭为自动词之正格，故在下。

《左传》文太简伤明　　《庄子》文太乱伤秩

《左传》长于记言，拙于记事，后人无敢讥其太简者。

王子朝宾起有宠于景王，王与宾孟（即宾起）说之（元按，此处有眉批："说之，旧注有二解：一为言之，一为悦之"），欲立之。刘献公之庶子伯蚠事单穆公，恶宾孟之为人也，愿杀之。又恶王子朝之言，以为乱（旧注：王子朝有欲立之言。别注：恶有立子朝之言）。宾孟适郊，见雄鸡自断其尾。问之，侍者曰："自惮其牺也。"遽归告王，且曰："鸡其惮为人用乎！人异於是。牺者实用人，人牺实难，己牺何害？"

杜注及《正义》解，人己牺纷歧，而到底未解明。此《左传》之大失也。学者尊《左》，无敢致讥焉。《左传》叙事最拙，记言尚佳。

古书《论语》《檀弓》及《吕览》皆有此病。惟《孟》《荀》《韩非》文笔清醒。

详　略

《吕览·乐成》："民诵子产，我有田畴，而子产赋之。我有衣冠，而子产贮之。孰教子产，吾其与之。"此较详，与《左传》之简，相似。

孔子《凤兮之歌》《论语》及《庄子》亦互有详略。

吕览不二论诸子

老耽贵柔，孔子贵仁，墨翟贵廉（兼），关尹贵清，二列子贵虚，陈骈贵齐，阳生（朱）贵己，孙膑贵势，王廖贵先，倪良贵后。

寡人之在东宫之时

《吕览·审应》：魏昭王问于田诎曰："寡人之在东宫之时，闻先生之议曰：'为圣易'，有诸乎？"田诎对曰："臣之所举也。"

按古文多省略，如"吴之越也"，即"吴之伐越之时也"。

兴命与仁

兴犹举也，举犹倡也。

王天下臣诸侯

《史记·平原传》："汤以七十里王天下，文王以百里臣诸侯。"王，为王也，是为成动词。臣，使之为臣也，是为致动词，或致成动词。

伯氏　叔氏

《左昭十六》：晋荀跞如周，葬穆后。王曰："伯氏，诸侯皆有以镇扶王室，晋独无有，何也？"文伯揖籍谈，对曰："……晋居深山，戎狄之与邻，远于王室。王灵不及，拜戎不暇，其何以献器？王曰："叔氏，而忘诸乎？叔父唐叔，成王之母弟也，其反无分乎？"

伯氏、叔氏，天子称同姓诸侯之□臣也。叔父，称同姓诸侯也。若以辈分之，当何止称叔太高曾祖乎？

未知焉得仁

旧注不当，划成两截。以为"彼无知，何得谓之仁？"

《左昭十六年》：子产怒曰："孔张……在位数世，世守其业，而忘其所，侨焉得耻之？"

焉得耻之？从何处可耻之也。犹"怎能耻之"。

"未知焉得仁"，犹云"吾未知其于何得仁"也。

探下而省。

《荀子·大略》："吉行五十，奔丧百里。"

出辞气

《论语》曾子曰："出辞气，斯远卑□矣。"注多以动词解释气，非也。

《荀子·大略》："君子之学如蜕，幡然迁之，故其行效，其立效，其坐效，其置颜色、出辞气效。"

所字之位

此衣为缝工所制——缝工制衣。

此衣为鹿皮所制——以鹿皮制衣。

吾所知——为吾所知——吾知□。

明所蔽——明为所蔽——□蔽明。

所杀蛇白帝子——为人所杀之蛇，乃白帝子。

所杀者赤帝子——蛇为所杀者，乃赤帝子。

我不欺人，亦不为人所欺。

孔子言命

《论语》：子罕言利，与命，与仁。旧注"于"释为连词"及"，非也。与，举也，称许也。

孔子言仁，二十篇触处皆是，其言命亦十数条。

1. 子曰：吾十有五而志于学……五十而知天命。

2. 知命。不知命，无以为君子也。

3. 畏命。君子有三畏：畏天命，畏大人，畏圣人之言……小人不知天命而不畏也。

4. 任命。不怨天，不尤人，下学而上达，知我者其天乎？

5. 任命。富而可求也，虽执鞭之士，吾亦为之。如不可求，从吾所好。

6. 俟命。笃信好学，守死善道。

7. 信命。获鼎于天，无所祷也。

8. 任命。子疾病，子路请祷。子曰：丘之祷久矣。

9. 信命。天生德于余，桓魋其如予何！

10. 信命。凤凰不至，河不出图，吾已矣夫。

11. 信命。子畏于匡，子曰：天之未丧斯文也，匡人其如余何？

12. 任命。道之将行也与，命也……公伯寮其如命何？

13. 怨命。亡之命矣夫，斯人也而有斯疾也。

14. 不幸短命死矣。

子夏曰：夫子之文章可得而闻也，夫子之寄性于天道，不可得而闻也。谓孔子不言命，殆由此始。

作者七人

《宪问篇》子曰：贤者避世，其次避地，其次避色。子曰：作者七人矣。

《微子篇》逸民：伯夷、叔齐、虞仲、夷逸、朱张、柳下惠、少连，恰为七人，皆先孔子。

《微子篇》：大师挚适齐；亚饭干适楚；三饭缭适蔡；四饭缺适秦；鼓方叔，入于河；播鼗武，入于汉；少师阳，击磬，入于海。"

则为公。

天禄永终

尧曰：咨尔舜，天之历数在尔躬，允执其中。四海困穷，天禄永终。

古多以"天禄永终"为尧诫舜之辞，窃以此乃尧逊位自咎之辞也。

曹丕篡汉，九禅九让，献帝禅诏亦有"四海困穷，天禄永终"之语，盖皆让乎不得不让，不敢不让之地。

魏文即位乃曰："尧舜之事，吾知之矣。"此真知灼知也。

禅让之仪，惟汉魏六朝之君知之最深，最确。

托古改制

孔子信而好古，博学阙疑，尊王赞霸，欲兴周道者也，必无托古改制之事。读《论语》可见其精神。儒者所谓托古改制，乃汉人所造。所谓"孔子为汉家制度"，视孔子为预言家，为宗教家，后人以为可笑，汉经师言之甚庄。读史汉《儒林传》，可见儒与道家争宠之迹。

惟先秦诸子亦惯"造谣饰说"以欺时君。

其一，尊师。"彼以其爵，吾以吾仁。"田子方以贫贱骄世子，非必事实，游士借以自尊耳。

其二，尚贤。游士出身不高，故选伊尹复鼎，传说版筑，吕牙敖公侯，宁戚饭牛，百里五羖……之说。又造颜涿聚大盗也，田子方大驵也，折节儒服，为王者师之说。又造用人无方之说，桓公用仇贼，穆公用奴虏之说。

其三，诛异端。太公诛华士，管仲诛付里已，子产诛邓析，孔子诛少正卯，皆于史无据，徒见百家杂说。

总之，读先秦古史，以史料之缺，不得不取诸子群经，而经子不足尽信，当慎择之，以史眼、心证衡之。

此处眉批：孔子不相鲁。

即如"立贤无一方"之说，在春秋重世卿之时，必无此事。孔子士也，仅为家臣，不能登相，其登相，亦摄宾相耳。

（左氏称鲁三家，季孙为相，君有行则季孙居守，孟孙、叔孙以其一为使，夹谷之会，君与叔孙会齐君，度以孔子知礼，□为行人之助手，故曰"摄行相"事。行相者，行人之宾相耳。）

孔子出仕，仅至司寇，以士居下大夫之位耳。惟孔子之博学，始可有此。

此处眉批：孔子与诚"肉食者鄙"之曹刿，同为士之杰出者。

然当孔子开私学，掀起游说之风后，士族贤者辈出，骎骎然将取世卿之位，及三家分晋，以大夫之家仅为国，尽废卿大夫，乃取助于士，士乃得登庸。

故士族地位之提高，一由于学，孔子苏秦开其风气；二由于才，阳虎，三晋董安于、张孟谈，田齐开其门。

殆孟子之世，士族乃由家臣一跃而为王者师矣。故孔子有"事君尽礼，人以为谄"之□，以其时权在私门，事君多不尽礼也。

在春秋孔子以前，士族之登庸只有二途：

（一）从龙分子——如鲍叔、舅犯，皆士也。齐公子小白、晋公子重耳，在他国如大夫，即位为君，从士一跃为卿相。

（二）敌国人材——如百里奚、商鞅，如管仲，皆是也。楚材晋用，亦□此时。

什么不加检查

《唐祝文周续传》：（对联）什么不加检查，竟在妝台悬挂呢？什么当作怎么，什么＝何也。怎么，何故也。

"们"字来源

黎氏《文法》114谓您、咱、怎收音为m，后转为们。予按，非也。

唐钺《国故新探》谓，六朝人"是卿何物"，何物实为什物之讹。什物者，以或词转为疑词也，后改为拾没，为什末，为什么。

们则由门来，由每来，指复数之词也。

许止弑君

读书贵心证，贵史观，读古书又当通训诂，明古之修辞。

左昭十九年，许悼公虐（疟），饮太子止之药卒，太子奔晋。书曰：弑其君。君子曰：尽心力，以事君，舍药物可也。公穀亦纷致诘难责。

以意推之，太子惧罪而奔，嗣君既立，史官特以弑书，迎合新君耳。

思惟言曰云

动词“思、惟、言、曰、云、允……”在古文皆转用为语助(副词或助词)。

“思文后稷”，“旨酒思柔”，“无思不服”可与“有蕡其实”之“有”字用法相通。“言、曰、云”疑与“焉”、“以”意通。“允”疑通“焉”，“然”，焉，乃也。“惟”专指指词也，“惟”与“不”相对。

矧

矧，音沈，莫子偲谓为矢引之合音，确也。又通龈，音吟。(呻吟双声叠韵)矧从其本义言之，殆有发矢之意，与援己而射之，引弓而射之之“援”“引”意近。矧从其引申义言之，语助词，况也。

王引之校《书经》例，别训“亦”为“又”。

羽按，“矧”字与“爰”“焉”音近意通。爰、焉，乃也。似矧更可训“乃”。

《书·君奭》：百姓王人罔不秉德明恤，小臣屏侯甸，矧咸奔走。王曰：亦咸奔走也。羽按，乃咸奔走也。

《康诰》：元恶大憝，矧惟不孝不友，王曰：亦惟不孝不友。羽按，乃惟不孝不友。

《大诰》：宁王惟卜用，克绥受兹命；今天其相民，矧亦惟卜用。王曰：又亦惟卜用。羽按，乃亦惟卜用。

长恨歌

白居易作《长恨歌》，陈鸿作《长恨歌传》，歌传辞意多重复，世人未得正解。愚谓此歌乃所以传异闻，谓杨妃未死也。

此处眉批：若"死难"，非长恨也。惟生离不相见，乃为长恨。

传末云：元和元年，白居易自校书郎，尉于盩厔（今陕西县），鸿与王质夫家于是邑也，暇日相携，游仙游寺，话及此事，相与感叹。质夫曰："夫希代之事，非遇出世之才润色之，则与时消没，不闻于世……"杨妃马嵬之死，具见于正史，有何不闻？不闻于世者，杨妃之未死耳。

又云："乐天因为长恨歌……歌既成，使鸿传焉。世所不闻者（杨妃未死），予非开元遗民，不得知。世所知者（杨妃已死），有《玄宗本纪》在。今但传长恨歌耳。"

作歌传之缘起，已言之甚明。

传先叙杨妃入宫之始，专宠之情，兄国忠误国之事，次叙马嵬之变，"道次马嵬亭，六军徘徊持戟不进。从官郎吏伏马前请诛错以谢天下。国忠奉缨盘水（赐缢），死于道周。左右之意未快，当时敢言者请以贵妃塞天下之怨，上知不免，不忍见其死，反袂掩面，使牵之而去。（是玄宗未目睹其死也，而牵之去者何人？去将何方？杀之乎？乱兵淫之乎？仓卒展转，竟就死于尺组之下。"（是已死矣，而后又苏？）

"继而玄宗狩成都，肃宗受禅，改元还都。尊玄宗为太上皇，迁于西内。时移事去，乐尽悲来，三载一意，其念不衰。（知其未死也。）适有道士自蜀来，知上皇心念杨妃，自言有李少君之术。乃竭其术以索之，不至（游魂不至）……又出天界，入地府以求之，不见。又旁求四虚上下，东极大海，跨蓬壶，见最高仙山。上多楼阁，西厢下有洞，之东向，阖其门，署曰"玉妃太真院"（是女道士宫也）。

下乃叙杨妃出见，既出钿盒金钗，又以宫中私语为证。"使者还奏太上皇，皇心震悼（震悼者，同在人间，悲不得复合也），日日不豫。其年夏四月，南宫晏驾。"传二千余之（元按，之当作字），叙寻杨妃殆占其半。

白《长恨歌》约六七百字，亦叙其死及寻□□。

"六军不发知奈何，宛转峨眉马前死。花钿委地无人收，翠翘金雀玉搔头。君王掩面救不得，回看血泪相和流。"此言杨妃死于乱兵之手。

"行宫见月伤心色，夜雨闻铃肠断声。天旋地转回龙驭，到此踌躇不能去。马嵬坡下尘土中，不见玉颜空死处。"是玄宗回銮，曾觅其死，而马嵬坡下死处已空也。人其已死又活乎？

"悠悠生死别经年，魂魄不曾来入梦。"未入梦，魂未入梦，人殆未死也。

"临邛道士鸿都客，能以精神致魂魄……为感君王展转恩，升天入地求之遍。上穷碧落（天有神）下黄泉（地有鬼），两处茫茫皆不见（然则犹留孤踪在人间）。忽闻海上有仙山，山在虚无缥缈间。中有一人名玉妃……花冠不整下堂来。昭阳殿里恩爱绝（难回宫），蓬莱宫中日月长（为女冠）……"是杨妃落涸，为女冠，唐之女冠与妓无异也。

时肃宗与太上皇不和，玄宗与杨妃劫后余生，合金钿终不能圆破镜，固有"天长地久有时尽，此恨绵绵无尽（绝）期"之叹。

故此乃所以传异闻，故词多恍惚，后人不能心知其意。胡适且讥花钿落死无人收，既已写实，又入神话为矛盾，乃不知此正作者故留缺痕也。

五篇名文之考证

韩非《初见秦》，为纵横家言，词夸意少，深斥秦之谋士无谋，攻敌已胜，然因初见秦，遂令韩非有卖国之讥。

因督责□，遂令李斯有恋位媚君之嫌。

史公《报任少卿书》，任安下狱，意在求史公救之。史公自被腐刑，为中书令，尊崇任事，故任安劝其进贤，实则望其救友也。不知史公方以腐刑为深耻，遂发书大怒。其答书有三意。（一）吾以进贤救士（救李陵）得祸，当再敢言士乎？（二）士由宦夺荐救，士之辱也。吾乃士人，今为闺阁之臣矣。君尚望我相救耶？（三）吾下狱时，亲友相视不救，今乃责我救人乎？实并任安亦加怨詈矣。乃读此书者，千年来竟无一人能知其本意。

孔明《后出师表》确为孔明作，《吴志·诸葛恪》曾加引用也。

白居易《长恨歌》传杨妃未死也。

《初见秦》时在秦昭王

《初见秦》列三事：（一）伐楚焚鄢郢，功垂灭楚，谋臣失计，不战而与议和（昭王廿八九年）。（二）伐魏围梁，功垂灭魏，又不战而和（昭王卅二年）。（三）伐赵围邯郸，长平倾赵卒四十万，垂灭赵而和，事在昭王四十七年。其论点皆集中于长平之战，殆作于四十八九年，去韩非入秦廿余年。昭襄王十九年，王为西帝，齐为东帝，皆复去之。

一、伐楚

《秦本纪》昭襄王廿八年，白起攻楚取鄢邓，赦罪人迁之。

廿九年：白起攻楚，取郢为南郡，楚王走，周君来，王与楚王会襄陵。

三十年：蜀守若伐取巫郡及江南，为黔中郡。

二、伐魏

卅一年：白起伐魏取两城，楚人伐我江南。

卅二年：相穰侯，攻魏至大梁，斩首四万，魏入三县。

卅三年：客卿胡伤魏卷、蔡阳、长社，斩首十五万，魏入南阳以和。

四十二年：穰侯出之陶。

三、伐韩

四十三年：白起攻韩拔九城，四十五年，攻韩取十城。

四、伐赵

四十七年：攻韩上党，上党降赵，白起打破赵于长平，四十余万尽杀之。四十八年，韩献垣雍，秦军分为三军，武安君归。王龁伐赵，武安君拔皮牢，司马梗走太原。十月五大夫陵得赵邯郸。

四十八年：正月兵罢。

四十九年：益发卒佐陵，陵战不善，免。十月张唐攻魏，为蔡尉弗守，还斩之。

五十年：白起有罪。益发卒军临汾旁，白起有罪，死。

五十一年：攻韩取阳城、负黍，攻赵取二十余县。西周君背秦，与诸侯约从，将天下锐兵出伊阙攻秦。攻周，献土。

五十二年：周民东亡。

五十三年：韩王入朝，魏委国听令。

五十六年：昭王卒。庄襄王元年，秦使相国吕不韦诛东周。二年，攻赵，定太原。三年，攻赵去卅七城。四年，魏无忌率五国兵击秦，秦却于河北，蒙骜败。

始皇元年，吕不韦为相，找宾客游士，李斯为舍人。六年，韩魏赵卫楚共击秦取寿陵。五国兵罢，拔卫，卫徙韩王。八年，王弟长安君击赵反，死。九年，嫪毐封侯，反，诛。十年，吕不韦免，李斯谏逐客令，斯说先取韩，韩与韩非谋弱秦，尉缭客秦，李斯用事。十二年，不韦死。十四年，韩非使秦；秦用李斯谋留非。十六年，受地韩南阳，魏献地。十七年，攻韩，得王安，尽纳其地。

动词及象词之性质

象词，察异同。校论物象之异同，别黑以知白。

动词，综变动。历叙物象之成变，由生以入死。

文成法立

吟诗、撰论、编剧、填词，一篇裁成，自具一格。文各有体，即体各有法。是所谓法，乃"文章体法"也，体裁作法也，非文法，非格郎玛也。

文无定法

　　或吟诗述意，或状物写景，辞各尽其意，各尽其情，即文各具其法。至于著论明理，文以载道，同一题也，此人谋篇或先断后论，彼人布局，或先难后断；文各如其意，各尽其理。既已成章，当具法则。法固无定，"文如其人"；是人所持论必不同于彼也。是其所谓"法"，乃"文章作法"也，结构作法也，起承转合也，非文法，非格郎玛也。

　　所谓"文法"，出自译名，从实言之，当名"话式"。文法之学，乃字句之学，其所研究论述者，穷语词之品类及其通变，究语句之位序及其通变，俾措辞成句，简明得法，合于惯例，出言撰文，求人人之共喻，己意之得达。而听言览文，知言辞之正解。其学至浅，其用弥大，究其极致，实语文工具之工具也。

　　国人性恢宏而流粗疏，重神明而轻规矩，好言谈而忽略形而下的分析解剖。故徒拥四千年历史，久□重文，而文法之学，修辞不立。夫科学的文法修辞学不立，而诗话文评一类随笔感想的批评，则汗牛充栋。乏科学思想，又轻技巧，而高谈文气；即"推敲"一事论之，此以修辞学"声调"论之，"敲"字之声较推、叩、开、拍等字音容实美，本非神秘，故作深谈。科学的文章研究，譬如发掘古希腊女神石像，不当侈口高赞美妙，当如文西，以米突尺量其眉眼尺寸者也。若徒赞其美在神韵，即是玄谈。

　　文法学者，乃以尺寸度量文章之美者也。尺寸度罢，更加解剖刀。

字面之枉争

制名以表物，名字既立，尽人援用，历时久远，则因人因时因地，称引微歧，字义流转，而解释不同。更有称用者，为便于己意，引用旧词，别加新诂，此则与通常字义又生歧异焉，或者由此引起辨争。

孟子不重利，私利也；墨子之利，公利也。对象不同，徒□忿争，实则陷于文字之障，空费口舌，不知南辕北辙，愈趋愈远也。是故"正名"之说，实有必要。

文字语言乃野蛮的产物，文明的工具。古人应需造字，后人称便而用之，则不免于因滥用而生歧义。售，卖也，亦买也。乞，求也，亦赠也。此类实体实象之字显然，而抽象名理之"名实之惑"，殆尤甚焉。

古人诂义而造字，后人不甚爱惜，恣情活用。实则文明愈进，名象倍增，旧词不足用，新词臆造而不能共喻也，乃借旧词稍稍引申，以济其穷，而应其用，而词滥矣。造字者有人，而无主名，亦无专家，与无名诗人同。亦从无一官府设"正字"焉以诂词正俗，虽至今日，中外亦无"正名委员会"，日检报章，随时应需制定新词，诂定正解，颂"字典新增语词定义"也。（将来或有一日，政府设专馆，延专家，日日审查旧词，制定正解，又日日撰制新词新语，发字义月刊。）

而我国又当科学新造之日，一切新学问，研究伊始，必先制名。人人制名，名乃纷歧。

"文法"一名，即嫌不确。而词品、词性、词类，名词，名物词，动词，云谓语词，名义纷纷，不下七八种。

杨朱之学

孔子不言利，孟子痛攻利，私利也；墨子好言利，公利也。儒墨相逢，抗论利□，或上挥拳；此曰利不可言，彼曰利必当求。殊不知所谓"对象"实异，则其所争者，枉也。孟子所持论，实为乐利主义，特恨苏张孙吴之流，竟言私利，以掀大斗，故痛言而深讳之，而易其名曰仁义。杨子为我，是无君也；墨子兼爱，是无父也；无父无君，是禽兽也。此其推断，未免横绝。若易言之，杨子为我，是有父也；墨子兼爱，是有君也；有父有君，是大圣也。宁不可笑乎？

实则墨子之兼爱，在于非攻，与孟正同。而杨朱之为我，在于重己而不为恶，禁贪欲，非攻斗以保身而即以救世。其意若曰：即不爱人，宁不爱己？苟为爱己，则为君当义，为臣当忠，与人当信，与国当和平。推重己之道，以爱人，乃所以自爱。自爱之极致，无不爱人。此则杨子之大道也。伪《列子·杨朱篇》乃六朝颓废思想，非战国之文也。战国之学说，儒墨救世，固无论己，乃至道家老、庄、杨、法、名家、宋钘、慎到、三邹子之流，无不含积极思想，抱救世之热情，人人皆敝唇焦，强人从我则天下治之苦心者也。

杨子之学说备载于《吕览》，可见其真面目。故极声色，饰栖台，统谓为伐性之斧，非自爱之道。乃至于夺人之有，争人之城，是自贼其身者也，尤为杨氏所非斥。

求知态度与治学方法

求　知

（一）唤起兴趣。

（二）唤起需要。知之不如好之，好之不如乐之。以消遣治事治学，以治学为消遣。

（三）独见创获。使知识求汝，非汝求知识。

治学方法

启疑求阙（勿人云亦云），假设求证。综览以求其会通，析论以求其异同。

史　观

人异，事异，时异，地异，则客观之世象必不雷同。

心　证

人同此心，事同此理，则主观之情理当无异。

古史、古史观及古史家

《书经》《春秋》《国语》《国策》《竹书》

刘向所叙录　司马迁所纂　班固　陈寿

秦帝业及其文明暨对后世之影响

秦霸业之初基　缪公霸西戎　孝公变法
帝业之奠立　昭王

古史一治一乱，学者迷于史观，竟认为循环现象，不可避免者。

秦汉帝业，隋唐政制，明清文化，于中国关系巨大，因秦隋祚短，胜国史家动多诬评。

不通之句

靳以《没有用的人》：当我睡到了床上，只有短短的一刻，就为汗把我浸醒了。

国文奇特之现象，文法家未予解释

倒教蚊子把我咬了一下。

他昨天得的病。

多留他的神。

庄子昔者大众化，无怀化……当是时也

子见斩衰者冕衣冠者见之虽少必变

不听雅言，皆雅言也。

听他言，吓得我。

惊得他一跳。

今文《尚书》二十八篇，考其文词，定其今古

《帝典》，《春秋传》引为《夏书》，谓夏史所作。文如："五月南巡守，至于南岳，如岱礼。八月西巡守，至于西岳，如初。十有一月朔巡守，至于北岳，如西礼。""如初""如西礼"为修辞学省略格，文殆在后。"曰若，稽古帝尧。"既曰稽古，定非尧舜时之文。经师释"曰若"教其言，以今观之，当连样题同读："帝典曰：若稽古帝尧之"云云。若为"王若曰"之"若"，"如此说"也。

此处眉批：《尧典》《说文》引作《虞书》，□于岱宗柴。

《皋陶谟》《禹贡》并《帝典》当为一时之笔，或夏殷之书，而周人译之。

《甘誓》《汤誓》，语法相近。《甘誓》："左不攻于左，汝不恭命。用命，赏于祖；不用命，戮于社。"语气不接，正为左人不能造复句也。《汤誓》："今尔有众，汝曰：我后不恤我众。"多一"汝"字，殆亦语气不接。古人只能作短句，不能联短句为较长之复句也。"汝曰"之"汝"，疑当作"若"，古音系正近。

此处眉批：《甘誓》昔人谓为夏启时事，疑时代在夏后。

《盘庚》三篇，语最奥涩，细考之，语法非艰深，乃语词有别解也。疑为真殷文，最古，否则为发言，未经周史译改。（《史记》《本纪》即改译《书经》。）

《盘庚》与《周诰》为《书经》最古之文。《帝典》《禹贡》，文甚修整而明白，或古有其文，后经周人译以雅言。

《牧誓》与《甘誓》《汤誓》极近。

《洪范》近《禹贡》。

《金縢》近……

此处眉批:《说文》引《微子》作《周书》。

《吕览·先识览》正名:齐昏王周室之孟侯也,太公之所老也。

《高宗肜日》近《汤誓》。

《西伯戡黎》《微子》介在《盘庚》《周诰》之间。

《大诰》《康诰》《酒诰》《梓材》《召诰》《洛诰》《多士》《五逸》《灵奭》《多方》《立政》,此周初之文。文次古。

《康诰》云:“王曰:孟侯,朕其弟,小子封。”古多于此不解,而意为一人。今按,孟侯,齐侯也。朕其弟,周公也。小子封,康叔也。《吕览》称姜齐,爵列孟侯。

《吕刑》,周中□之文,□帝乃舜也。

《文侯之命》,东周之文。

《费誓》殆西周之文,与《牧誓》相出入,《牧》为诸侯之书,故后异。《秦誓》亦然。

此处眉批:书多亡逸,《史记》□《本纪》□□□□《尧典》外,当另有《舜典》。

古帝号

帝尧帝舜,称帝。

禹,称伯禹。稷,称后稷。伯夷,伯益。

《殷本纪》“报丁卒”“报乙立”,“报”亦君号,或祭名。

相土之相,亦称号也。

报丙卒,子主癸立。主癸卒,子天乙立,即汤。

此处眉批:古帝号与近世官称。

殷既有天下，又称太甲、太戊，祖戊。

帝，主，祖，王，伯，报，霸。

后，侯。君，公。

水浒官称

衙内	衙内签押史	都头	军正	朝奉	朝奉大夫
郎中		员外		保义	保义史
将仕	董将仕	总爷		副爷	
阁下		大人	小舍		郎君

三坟五典八索九丘

《左氏春秋》坟典之说，当作：

八索，结绳文也。

九丘，刻石文也。

三坟，砖陶文也。

五典，竹简文也。

伪《孔丛》

王肃不明训诂，伪作《孔丛子》多为笑柄。

费子阳谓子思曰：吾念宗周将灭，是不知宗周、成周之义也。子思称孔子曰：臣之祖，是不知春秋时人称父之父为大父，

而谓祖乃先人也。（祖先）

《居卫篇》曾子谓子思，谓孔子事君以礼，有傲世主之心。无乃不容乎。子思曰时移世异，天下诸侯方招英雄。

孟子车，见《孔丛》，此孟子之字与？

"之时"

《国策·齐六》：燕之伐齐之时，楚王使将军将万人而佐齐。

语文者，野蛮之产物，文明之工具也。

何以谓文明之工具？语文促精思想，思想推进语文。初民无文字，语言简陋，遂乏精深之思。可于乡愚征之，可于儿童征之。童愚皆苦于□□，□意也。文明进步，思想精进，乃有精致美妙之语言，可曲摹心情。故曰：思精则语妙，语妙乃精思，互为因果，故曰文明之工具也。

何以谓野蛮之产物？初民应时需创造语言，人非一人，时非一时，地非一地。其所造"语词"，未必包延，难免复叠。乃至于碍之于礙，剩之与賸，同义异形；好之与妙，老之与考，同义异训。南人称吾，北人称我，字音少，字多□音，滋生骈词。

语分宾主，宾主倒置；事有施受，施受曰□。空劳记忆，所表□少。是语词之野蛮也。

有之曰"有之"，无之曰"未之有"。是语次之野蛮也。

有此分歧而不合名理之语式，又有此涵义浑漠之语词。学习之甚难，运用之不易。而说又有文言口语之不同，南音北音之各异。夫语文之障，影响文明，国文之不进步，文字实居一因也。

最进步最理想之语文，语词之涵义当精严，语式之排比当确定。此□语，人造的语言也，闻其文法止十七条。恨中华大国与日英语法相比，愈老□愈病态。然则文法之讲究，何等切要乎？

此处眉批：约定俗成，习焉不察。考去客际，或语□□次，显悖名理。

语文者，人类群生活之交通工具也。工欲善其事，必先利其器。器若复难，则运用之方法，运用之技巧，必有□□。工具精者，运用之技巧易。工具拙者，运用之技弥难。语文乃人类群生活之工具也。而国人号称尚文，独于文法修辞之学，罕为科学之研究。则国人习性，重神明而轻规□，薄技巧而荣精熟。所谓"熟能生巧"。虽学者亦惑焉。夫熟能生巧者，老农也。艺而近于道，农师也。曾不知苦练冥搜而乍通，未若巧得捷径之省事、省力，执简御繁，可活用也。

冥搜乍通者，下意诚会其当然而不能言其所以然。巧□捷径者，既能知之，又能行之。能知能行，□通其要妙，乃可以由理解而创造。其视苦练摹仿，□愈倍□□。

一切学问皆作如是观，而语文之学、文法之学犹然。文法之学，今人有知其重要者疑，而□事者或犹驳之。或曰："文成法立"，用文法何为？或曰："文无定法"，谓文法者，乃妄言也。讵知控持驳议，去题目甚远，空费唇舌。

奇形省略

爱去，不去。去否，我不过问。

爱去，（则去，）（不爱去，则）不去。

一不作，二不休。既已为之，则当终之。

一（若）不作，（犹可休；）一不作，（尚可休，）二（若作），（当）不休。二（若作，即）不休。

无　题 （元按，此条原无标题）

《法言·渊骞》：要离实蜾蠃之靡也。聂政秋士之靡也。荆轲刺客之靡也。字书无解，今按，靡，们也，聚也。

"之"代"我"

《风俗通》简子曰：我之帝所甚乐，有罴来，我又射之，中罴。帝甚嘉之，赐我二笥。

之训"去"。又，智伯攻襄子，襄子奔之，保晋阳。

［附一］张元卿《〈日新录〉整理说明》

2009 年 4 月，我在宫白羽学术研讨会上发表了论文《浅谈白羽的金甲研究》，当时只是以白羽的《甲金证史诠言》为中心来进行论述，因掌握材料有限，是实实在在的浅论。会后某天，宫以仁先生叫我去他寓所聊天，当谈到白羽的金甲研究时，宫先生说他手头还有一本白羽的学术札记《日新录》，其中也有一些涉及金甲的内容，但因这本札记是稿本，字迹难辨，内容多涉及先秦古史，不易整理，一直放在家中。他接着又说，你对白羽的金甲研究有兴趣，这本札记就给你研究吧。拿到这本札记初一翻阅，确如宫先生所言，除了字迹难辨，涉及古史的内容也很难通读，一时感到要整理出来，也非易事，就没有立即去整理。

2010 年 6 月，我在南京装修新房，因工程时停时续，心绪烦乱，某天忽觉不妨用这装修间歇的等待时间，来整理《日新录》，能做多少做多少，希望藉此能使心情平复，同时也有所收获，遂着手整理。此后整理工作时断时续，历时一年才基本完成。最后一部分是在天津社会科学院文学所整理的，那时我正在办理离院手续，即将离开天津，想在离开之前把这个活儿做完，作为天津生活结束的纪念。2011 年 3 月 28 日，宫以仁先生在长治去世，那时《日新录》还没整理完，没能让宫先生看到整理本《日新录》。

《日新录》中有几篇札记有明确的写作时间，时间最早的一篇是第五篇札记《周僭王》，其末尾写着：卅年十月廿三。由此推测，《日新录》最早写于 1941 年 10 月前后。《之字处宾位》《是其志也》《横失》这三篇均写于 1942 年。据宫以仁《宫白羽年谱》（刊于 1994 年《天津文史》第 16 期）1942 年条记载，该年宫白羽"'金甲研究'短文，开始在北京《立言画刊》以'白鱼琐记'题名刊出。"《白鱼琐记》尚未查到，不知《之字处宾位》这三篇札记是否曾在《立言画刊》刊出？1943 年 9 月至 11 月间，天津《新天津画报》连载了宫白羽的《甲金证史诠言》。《甲金证史诠言》共 23 篇，也是研究古史的札记，其中的《高宗谅闇》与《日新录》中的《谅闇》都涉及了"谅闇"的问题，但内容不同，此外在《日新录》中便无与《甲金证史诠言》同名或题名类似的札记了。《日新录》中最晚出现的写作时间"六五年五月五日"，出现在《舆》的眉批中。"六五年"当是 1965 年，眉批是对《舆》所述内容的补充，一年后宫白羽去世。由此可知，《日新录》的写作时间长达二十余年，到宫白羽去世前一直还在增补之中。

《日新录》主要是从史学和语言学的角度来研究先秦历史和

古文文法，此外也有一些探究语学和学术史的内容。作为现代武侠小说宗师的宫白羽，在文学史上已有其独特的地位，而作为学者的宫白羽，其面目尚不清晰，还需做更深入的研究。相信《日新录》在《问津》这个平台上一定能遇到它的知音，作为学者的宫白羽终会在现代学术史上得到他应有的评价。

此次整理悉按原来顺序进行，有些札记原无题目，现统一题作"无题"；眉批内容尽量排在所在页的内容之后，以"元按"形式出现；个别内容酌情加按语说明；模糊难辨的字以□代替。错讹之处，敬请方家指正。

2012 年 8 月 17 日草于原平

2014 年 2 月 8 日改定于茶亭

——原载天津市问津书院编《问津》第 2 卷第 5 期（总第 17 期，2014 年 5 月 23 日印行）

［附二］杜鱼《〈日新录〉编后记》

因学中国小说史的关系，我对于宫白羽先生不算陌生，但是很长时间以来，他在我心目中仍然只是个通俗小说作家——不过较其他人更为"著名"而已。

让我更深地了解白羽，是与元卿兄认识之后。缘分也是因为通俗小说，当时元卿正客居韩国，搞了个关于通俗小说的网站，大约是寂寞而且无聊，以此来消遣过剩的闲暇精力。我们最初也属于"网友"之类，偶尔交换一点儿关于通俗小说的资料。后来觉得共同话题挺多，就在现实生活中见面交流了。初次相识似是二〇〇四年初，那天约元卿到我家观看藏书，他送了我一本《民国北派通俗小说论丛》，当然是附着带签名的。此后呢，相互往来就越来越多了。

组织津门论剑会议时，我通过元卿兄的引见，又认识了白羽的哲嗣宫以仁先生，渐渐地于白羽有了更多的认知，不断推进着我们对这位"通俗小说作家"的重新定位。民国时期的北派通俗小说作家——至少是包括白羽和还珠楼主在内的几个重要作家，其国学的功底可谓都不一般，这相对于当下文字尚写不通顺的某些畅销书作家，绝对是不能同日而语。但是，在学术的道路上，能够一路曲折前行而坚持走下来的，白羽大概是唯一的个案。

对于白羽的古文字和古史研究的水平，我们没有资格来说三道四，但约略还是可以看出，他走的是王国维先生文史互证的路子。白羽的相关撰述，最先整理出来的是《甲金证史诠言》（刊于《天津文史》），这次《日新录》的印行，无疑给我们认识白羽又打开了一扇新的窗口。不过这些尚远非白羽学术成果的全部，他还有刊于北京《立言画刊》的《白鱼琐记》，还有保存于天津市文史研究馆资料室的手稿……随着这些资料的逐渐发掘问世，我想除了作家、报人和出版家之外，白羽的学者身份也将会越来越清晰。

还原一个真实的白羽，研究者恐责无旁贷！元卿兄整理的这本《日新录》，或可以算作还原过程中的坚实脚印吧！

杜鱼写于甲午惊蛰前五日

——原载天津市问津书院编《问津》第2卷第5期（总第17期，2014年5月23日印行）

附录 追忆宫以仁

怀念宫以仁先生

孔庆东

4月，草长莺飞，中国大地疯传着一些不仁的新闻。下旬，收到天津朋友们办的电子《品报》第11期，上面有"追忆宫以仁先生"专栏。宫先生于2011年3月28日20点30分，在山西长治驾鹤西去，终年81岁。宫以仁是北派武侠大师宫白羽之子，少年得志，弱冠之年就供职于新华社，曾亲历开国大典，对毛主席、周总理深有感情。1958年因受右派总编牵连而下放，后来在山西长治党校工作，曾为经济学副教授。晚年往来于长治、天津等地，以极大精力整理白羽遗作，对新时期的通俗文学研究做出了别人不能比拟的独特贡献。

15年前左右，即20世纪90年代中期，我在北大尚未博士毕业，正在研究现代通俗文学时，有幸结识了宫以仁先生。后来有一天，到他北京的临时寓所拜访，一见如故，从下午一直谈到晚上，宫先生的次女宫捷给我们做的饭，颇有天津风味。宫先生问我咸不咸，我说我们东北人都口重，不咸。后来我介绍宫先生认识了严家炎、钱理群等导师，到他们家里拜会。严家炎先生大力支持我开拓现代通俗文学研究这块广阔的学术新领域，钱理群先生指导我编著了《沦陷区文学大系》的"通俗文学卷"。北大诸师都对宫以仁的热情质朴和勤奋谦逊给予赞赏，但对于宫先生侃侃而谈的诸多江湖掌故和通俗文学作品，他们又显然是陌生的。在白羽研究的问题上，宫以仁先生给我提供了许多材料。我曾经打算写一部《白羽评传》，宫以仁先生寄予很高期望，当着严家炎先生的面说，此书非孔庆东写不好。可惜后来因为出版社爽约，此事一直未能付诸实施。宫以仁先生还多次对我亲口讲述白羽一家当年的生活以及那时候"武林"的真实生活状况，特别是讲到白羽对鲁迅的崇敬。这些都对我思考通俗文学问题产生了相当大的启发。后来我们多次在学术会议上见面，每次都亲切有加，但宫先生的白发也越来越多，步履也越来越迟缓了。只有他的古道热肠，一仍如旧。二十多年来，宫以仁为现代通俗文学研究所做的串联学者与作家后人、打通媒体与学界的工作，有口皆碑。倪斯霆在《为宫以仁先生"送行"》中讲的非常准确："民国通俗小说研究在今日能形成研究群体，以仁先生当年的穿针引线之功是不应埋没的。"这种侠义行为，颇像笔者在《反讽武侠大师——白羽》中所评价的白羽小说：一方面是"脚踏实地"的，另一方面也是散发着浓厚的文化气息的。

宫以仁先生胸怀坦荡，他虽然厚爱父亲的作品，但几次对我说，金庸梁羽生的作品，确实是青出于蓝，更上层楼。我说金庸梁羽生袭用了很多白羽的东西，宫以仁先生说，那白羽还袭用了鲁迅呢，可是白羽没超过鲁迅啊，袭用不要紧，超越才有出息。关于右派问题，我认为有些右派是冤枉的，有些并不冤枉。当初反右确实存在着扩大化，而后来的平反，也未免扩大化到了荒唐的地步，似乎天下只有三五个右派，甚至根本没有右派，都是左派和冤枉派了。宫以仁先生不同意我的观点，但他认真地说："我没有你想得这么深，你学鲁迅，我学我父亲。但我同意你说的，右派不都是好人，坏小子也挺多。至于后来平反，你想想，光给张三平反了，那李四能干吗？干脆都平反了算了，历史就是一笔糊涂账。"关于天津文化问题，我认为天津是中国通俗文化重镇，天津藏龙卧虎，为培养和保护中国民间文化传统做出了巨大贡献。但是宫以仁先生告诉我，天津文化也有一些糟粕，不可赞美过高。还有一事，著名评书演员单田芳擅自播讲白羽的《十二金钱镖》，我在出租车上听到，后来向宫先生求证。宫先生笑曰："我跟单田芳打官司，他赔了我6000块钱，可是我花的钱都过万了。"我说官司要不要继续打，我帮您行侠仗义，让单田芳多赔点，反正单田芳老师有的是钱。宫先生说："我知道你喜欢呐喊，但这个事儿不值得。我不是为钱，就是为个说法。只要人家讲道理就行了。"宫以仁先生晚年视力恶化，给我的来信，字都写得很大。这本来不需要解释，宫先生却每次都对我这个晚辈报以歉意。宫先生的仁义精神感动了我，我现在凡是接长辈的电话，都躬身肃立；凡是给年长者写信，字一定写大点、写清楚点。

　　宫先生几次邀请我到长治做客，说长治气候好、东西好吃。我去过山西多次，有时候离长治已经很近了，比如2009年还去过晋城，但总想着下次专程去吧，去跟宫先生做一回彻夜长谈。关于白羽跟郑证因在创作和生活上的来往，我还有若干问题要向他请教；关于白羽作品中的天津味儿为什么不如郑证因那么多，还有关于白羽"袭用鲁迅"的问题，我也想跟宫先生进一步切磋。但这一切而今都落空了。宫以仁先生那瘦高的身材，那清癯的面容，那副"二锅头"瓶底的眼镜，那爽朗的笑声和经常"吞字儿"的口音，都永久定格在我的回忆里了。我只有用继续研究武侠小说、研究通俗文学、研究现代文化，继续用"行侠仗义"和"棒喝呐喊"，来答谢这位谆谆长者和文化前贤了。宫以仁先生千古！

　　——原载《天津日报》（2011年5月9日），天津《品报》第12期（2011年7月1日）转载

为宫以仁先生"送行"

倪斯霆

4月13日，应晚报裕成、振良二兄之邀，赴河北省青县考察李鸿章当年创立的马厂兵营遗址。在去马厂减河路上，青县新闻出版局局长王庆安先生告诉我，宫以仁先生去世了（宫以仁之父乃民国著名武侠小说作家白羽，白羽1899年便出生在马厂）。我一惊，忙问什么时候。他说有半个月了。其实，在得此消息之前，我似乎已有感觉。去年我将我刚出的一本新书让人转给他，始终没有接到他的回音。这不是以仁先生的风格。以往别说送书给他，就是在报刊上发篇小文，他见到后也会打电话评说一番。

返津后的转天上午，我便给以仁先生的女儿宫萍家打电话，但始终无人接听。当晚，我便接到了宫萍的电话，告诉我其父已于3月28日20点30分病逝，她和她先生刚刚从长治处理完后事回来。当我问起以仁先生的病情时，宫萍说从去年下半年起，以仁先生便时而清醒，时而糊涂。本来她们全家已商量好，今年九月以仁先生返津后，便不再去长治，在津与女儿等安度晚年了，不想他没有等到那时候。我知道以仁先生自上世纪60年代定居长治后，每年秋天到转年春天要到天津的旧居过冬，而夏天是必须回长治的。他曾跟我说天津太热，长治凉快。但随着年岁增长，今年已八十有一的以仁先生越来越让家人惦念，其长女宫萍长年定居天津，次女宫捷研究生毕业后便赴深圳谋职，以仁先生的夫人近年也长住深圳，为宫捷照看孩子。所以让孤身一人住在长治的以仁先生落叶归根定居天津，便成了全家的心愿。如今眼看心愿即将变成现实，以仁先生却突然撒手西去，怎不叫家人和友人陡生遗憾与哀伤……

说起我与以仁先生的交往，还要追溯到二十年前。

1990 年初，我应花山文艺出版社及恩师张赣生先生之约，参与了国内第一部武侠小说辞典的编写工作。记得那年夏天，我在一家区级图书馆的旧书库中偶然发现了一本名为《青林七侠》的小册子，经过考辨，我发现它竟是后来以《十二金钱镖》蜚声民国文坛的社会武侠小说大家白羽的武侠处女作。而当时海内外研究者均将 1938 年初杀青的《十二金钱镖》作为白羽的第一部武侠小说。身为白羽哲嗣的宫以仁先生则独自认为其父武侠处女作应是上世纪 30 年代中期在报刊上连载的《黄花劫》。这两种说法在当年的白羽研究中被反复引用。但《青林七侠》却早在 1926 年便在北京张恨水主编的《世界日报》副刊连载。1991 年初，当我完成武侠小说辞典民国部分辞条的撰写任务后，便于当年春节期间以《宫白羽的第一部武侠小说》为题写成一篇文章，寄到《今晚报》社。同年 4 月 9 日文章在副刊发表。十二天后，我便接到晚报副刊吴裕成兄转来的宫以仁先生来信，称我的考证"此说可信"，并于同年 8 月 9 日，他又在《今晚报》副刊发表《从宫白羽第一部武侠小说谈起》文章，对我的发现公开表示支持，认为"倪斯霆文章所述符合事实"。随后，我便接到了以仁先生约我在黄纬路二美里其旧居面谈的电话，从此我便与以仁先生相识并结成忘年之交。

随着我对民国武侠小说研究的深入，白羽作品引起我极大关注。为了能看到更多的一手资料，1992 年秋天，我专程去往长治，在宫以仁先生家吃住一周。在这朝夕相处的日子里，我除了看到大量白羽小说初版本及当年报刊资料外，还从以仁先生口中知道了大量当年的"旧人"与"旧事"。并在研究白羽的同时，也对以仁先生的坎坷身世多有了解。作为白羽次子的以仁先生1930年生于天津，1949年从天津一中高中毕业后直接考入华北大学，并于当年5月底被分配到新华社北京总社新闻训练班学习。三个月后进入新华总社办公室工作。1955年调任《中苏友好报》作记者。1958年因受"右派"总编株连，蒙冤下放二十余年，最后落脚山西长治。新时期以来，随着冤案昭雪，以仁先生在文字工作上重又焕发青春，在重新整理补写了白羽大量武侠小说的同时，于1992年又推出了《宫白羽武侠小说全集》22部550万字。然而，以仁先生的辛勤劳动成果，却被另一名人"侵犯"。

2000年，著名评书演员单田芳在没有经过白羽后人授权的情况下，擅自播讲了评书版《十二金钱镖》。当我将此信息转告以仁先生后，以仁先生立即去函与单田芳进行交涉，但始终得不到回应。气愤之下，以仁先生回到天津，在拿到我为其提供的数家电台播放录音带后，以仁先生为了维护自己的信誉（此前他已允诺著名评书演员袁阔成改编播讲此书，并接受了中央广播电台的预付稿酬。但在袁阔成尚未录制时，单田芳却率先播讲。对此，中央广播电台指责以仁先生一稿两投），遂将单田芳告上法庭。记得当年在我家饭桌上，我与以仁先生及《天津日报》社罗文华兄一起商谈此事时，以仁先生曾讲：我不是为钱打官司，关键是要通过此案还我清白，我58年已蒙冤一次，这次不能再被冤枉了。为此，我及冯育楠先生等研究人员也多次接受媒体专访，证明《十二金钱镖》确系白羽所创，目前再版版本是以仁先生整理校定的，而绝不是被告代理人所讲是单田芳的家传。此案在经过三年多的反复后，由北京第二中级人民法院终审判决单田芳侵权，并对宫以仁先生公开道歉及赔钱。事后当我向以仁先生祝贺时，以仁先生无奈地说："打官司我花了一两万，单田芳赔我的却只有几千元。真是赢了官司赔了钱。我父亲白羽生前经常义务帮人打官司，他深知打官司难，我这回算是深刻领会了我父亲所说的打官司难了。"

以仁先生去了。这几天我总在想，作为民国通俗小说研究圈子里的"名人"，以仁先生一生没写一部武侠小说（偶尔替父捉笔不算），也没写出几篇轰动的研究文章，更没有一本专著出版，他为什么在圈子里成了"名人"。光是因为他是"名人"之子吗，我想不完全是。民国通俗小说"名人"之子很多，为什么只以仁先生成了"名人"。他的业绩是什么呢？今夜行笔至此，我忽有所悟。在二十多年前的上世纪80年代末，民国通俗小说在大陆尚未完全解禁时，海内外虽有专家学者已在试探性地进行研究，并有文章偶而面世，但大多各自为文，相互间即没联系，也未形成日后专家学者与通俗小说作家后人的互动，更没有产生大陆与海外学者间的沟通与交流。是以仁先生凭着灵敏的闻见，以文章为线索，寻觅海内外研究人员与作家后人，穿针引线，最终织成了日后海内外民国通俗小说研究这张大网。他通过报刊文章先后结识了大陆的张赣生、范伯群、徐斯年、钱理群、周清霖等专家，又通过香港媒体联系上了金庸、梁羽生、叶洪生、黄汉立、于东楼等海外作家与学者，并走访发动了其他民国通俗小说作家的家属及后人，最终在他这里将这些专家学者与作者家属交叉串联起来，并在这些人的带动下，又引发出了一批年轻的研究者，遂形成今日民国通俗小说研究方兴未艾的局面。我想，民国通俗小说研究在今日能形成研究群体，以仁先生当年的穿针引线之功是不应埋没的。

据宫萍讲，以仁先生走的很安详。28日下午，他还与在深圳的夫人通电话，商谈定居天津之事，不想当晚便在熟睡中逝去。而其在此之前已为定居天津做准备，其大量书籍信函已整理装箱准备托运了。

以仁先生走了，走得悄无声息。作为朋友与晚辈，我未能在他生命的最后时刻为他送行，现在只能以此小文遥祭他的在天之灵了。

以仁先生，走好……

2011年4月27日夜于津沽双牛堂

——原载天津《品报》第11期（2011年5月1日）

敬悼宫以仁先生

张元卿

今早在福志兄博客惊悉宫以仁先生已于 3 月 28 日去世，心里很难过。先生晚年希望能将白羽《话柄》重新出版，曾在报上刊发《愿留话柄在人间》，但竟没有一家出版社愿意出版，成为一桩憾事；先生是带着这个遗憾去的。

就在 3 月中旬宫先生还给我来电话，说天津要拍白羽的武侠小说电影，希望我们了解一下相关情况，看看《话柄》和白羽杂文能不能就着这个好势头找到出版的地方。我那时正在南京，没能去了解有关情况。上月初作家出版社的一位编辑来信，对振良和我策划的"民国北派通俗作家散文丛书"很感兴趣，我随即把目录传去，其中就有白羽的《话柄及其他》。我希望这次能有出版家看中这套丛书，使白羽《话柄》得以再版，完成宫先生托付我的事情。而今宫先生去了，即使《话柄及其他》能够出版，对于宫先生已没有任何实际意义了。

1996 年春我从苏州来津查阅民国通俗小说资料，行前徐斯年先生给我写了宫先生和张赣生先生的地址，建议我抽空去拜访一下。到津后我先和宫先生取得联系，转天在二贤里首次见到宫先生。那天聊至中午，宫先生执意留我吃饭，说还可边吃边聊。宫先生给我的第一印象是随和、热情，言谈间对于当时通俗文学研究的现状很是关切，也有些忧心，因为年轻一代中认真研究民国通俗小说的并不多，而相关资料却不易收集。那天他热情地向我介绍几位应去访问的老人，一位是天津师大的张守谦，一位是北京的徐凌影，当时我把他们的地址都记下了，但后来却没能去拜访。来津工作后，我和张守谦先生曾住在一个小区，几次说去都没去成，后来张先生去世了，我才后悔不迭。徐凌影女士是徐凌霄的妹妹，吴秋尘的妻子，宫先生说她知道的事情很多，特别是关于天津通俗作家的旧事。那时我虽知道这些老人的作用不可替代，但因工作没有落实，心绪不宁，总在拖着。现在想来，即便那时我没有杂事相扰，也不会敏锐地意识到老人们会在我们"总在拖着"的时候悄然离去，因为那时我对于口述历史，对于交游研究的意义，还没有什么认识，只盯着作品和生平，孤立地、也可以说是忙无头绪地去乱撞。现在宫先生走了，我又一次后悔不迭，后悔没能从宫先生那里早些体悟到交游研究的重要。

在苏州毕业后，我开始和宫先生通信，他称我为"小友"，每次都用"宫以仁稿纸"给我写信，对我的问题，有问必答，同时也会指出我文章中的错误，还会附带提一些其他史料。2002年我去韩国后，和宫先生来往不多，只是替他留心韩国有没有白羽小说的译本。2009年回国后，振良约我编辑《天津记忆》，同时希望做几个通俗文学方面的会议，而那时振良正好在《中华画报》发现了白羽的大批杂文，遂决定首先做白羽的会。于是我和宫先生联系，说了这个想法，先生很是支持，同时希望我们把《中华画报》佚文复印件寄给他，他去找人打印。此后我们和宫先生分头整理这批佚文，终于编成《天津记忆·白羽研究专号》，于2009年4月印行。4月19日，宫先生返津，在晋乡居请天津的"小友"们聚会，久别重逢，大家聊得非常畅快，饭后一起合影留念。4月25日，天津建筑遗产志愿者团队和天津文史馆合办的"宫白羽学术研讨会"在津召开，宫先生参加了会议，除了发言，还积极参与讨论，并及时补充有关史事。那次许杏林、李正中等老先生也来了，他们多是宫先生的老相识，也都是好久没见面了，因此能聚在一起谈白羽，格外兴奋。李正中讲到当时租书铺贴有对联"家家读钱镖，户户讲剑平"。许杏林讲到其小学马老师曾说：看小说，不要看别的，就看《十二金钱镖》；又说，白羽之所以不成大名，是天津自身的关系；还说，应该出《话柄》，其它还在其次。那天宫先生很开心。

2009年我和宫先生来往最多，除了白羽会议外，在我们筹备"民国北派通俗小说学术讨论会"的过程中，宫先生热情地帮我们联系有关专家，不时问讯准备情况。开会时，宫先生参加了全部专题讨论，直到会议结束，那年他已80高龄。正是有了宫先生给我们的支持，我和振良才有信心做白羽的会议，而白羽会的成功又为我们做"北派"的会积累了经验，也积攒了底气，而这一切都离不开宫先生对我们的帮助。

而今在天津，关注民国北派通俗小说的研究者日渐增多，可是在上世纪80年代"北派"研究只有张赣生、倪斯霆等几位先生在做，而他们的研究就一再得益于宫先生的支持，这支持除提供白羽生平信息外，更多的是对通俗作家交游的介绍，和作为亲历者的种种回忆。正是由于宫先生对通俗小说的持续关注，使研究者们能不断获得来自通俗作家后人的史料支援和研究倡议，从而促进了他们的研究。比如在寻找王度庐的过程中，宫先生就曾发挥过积极的作用。

回顾上世纪80年代以来的通俗小说研究史，宫先生的独特作用将随着时间的流逝日渐分明，因为那一批通俗作家中的卓越人物虽以通俗小说名世，却是传统文化修养很高，懂得中国传统文化的价值，甘做传统传人的异才，他们的崛起是中国传统文化潜在力量的体现，他们在华北沦陷时期所产生的积极的历史作用正有待后人去掘发。宫先生关注他们，为其抱不平，是伤感于传统的失落，不忍前人苦心白费，长思后生能光前裕后，故而持续关注，坚持不懈，非仅"愿留话柄在人间"也。

宫先生走了，我只能把这些流年杂感记在这里，希望它能破阴阳之隔，传悼惜之情。

2011 年 4 月 17 至 18 日草于北秀居

——原载天津《品报》第 11 期（2011 年 5 月 1 日）

［附］宫以仁致张元卿信

元卿老弟：

接来信，我很高兴认识你这位小朋友。（有点卖老吧，一笑！）

现代青年人多向"钱"看，所以我对认识搞学问的人，都十分欢迎。我近日返晋，九月底再回津。届时我也许能陪你去看几位前辈。尤其是徐凌影老人，今已九十有余，望你尽早去见见她。吴云心文集中"吴秋尘条"谈及她。小女宫捷前年去见过她，头脑清醒。她大概是刘云若的重要知情人了。我如没来津，你可持我信去拜谒。徐斯年老师那里有白羽自传《话柄》，其中"我的新闻"部分里讲"秋白夫妇"处颇多，秋白夫妇即吴秋尘徐凌影夫妇也。当年吴秋尘的地位颇高，但正如吴云心所讲，多靠擅交际，文笔不如刘云若。

原想对论文多讲点意见，因即离津，来不及了，你的论文大概即将经过毕业答辩。刘著，一般资料讲四十多部，我和倪斯霆均不相信有那么多。我意，应以社会流传较广者为重点，另加具有特色者（如《歌舞江山》讽张作霖张学良父子，《媲婳》写男风），二者并不见得完全一致。我还是数十年前看的，近年只翻了翻《小扬州志》，主要看其结尾有没有续集。据倪斯霆讲，找不到续集，我看过部分续稿（非作连载稿）很有特色。（还没有写青青再出场，写走了笔，没法写下去了。）我意，引用著作不要过多，重点突出些；还要考虑读者对原作的熟悉情况。不多写。待你来津面谈。祝

顺利！

宫以仁

1997. 5. 19

又，注意"扶轮"二字，勿写错。

（张元卿按：这是宫以仁先生写给我的第一封信，当时我在苏州大学读研，信是徐斯年老师转给我的。）

——原载天津《品报》第12期（2011年7月1日）

我与宫以仁先生二三事

侯福志

4月16日，宫以仁先生女儿宫萍女士打来电话，告之本人宫以仁先生已于3月28日晚8时左右在山西省长治市的寓所去世。听到这个噩耗后，我感到十分难过。近两年，笔者数次与老人见面，老人慈祥的面孔依稀就在眼前，我怎么也不相信会他会这样突然离去。

笔者的手头有一套花费宫以仁先生近六年时间编著的名为《话柄》的著作。全部著作分为三卷：第一卷是该书作者的父亲、著名的武侠小说大家白羽先生的自传《话柄》；第二卷是宫以仁先生撰写的《话柄后集——白羽后传》；第三卷是宫以仁先生研究白羽先生生平和作品思想艺术特点的专集——《话柄续编补遗》。

宫以仁先生在第三卷第一章开篇提到："承蒙徐斯年教授赠我北京《晨报》所刊译文和《礼拜六》散文各一篇、素未见面的朋友侯福志赠我《东方朔》十余页、倪钟之教授赠我《北洋画报》十数页（都是无偿赐的原报刊复印件），我十分感动。"其实感动的不仅是宫以仁先生，笔者历尽周折，获得这部作品，同样是百感交集。

白羽与《东方朔》

《东方朔》于1927年在天津创办，是《东方时报》的文艺副刊，由著名报人吴秋尘任主编。《东方朔》的风格具有轻松、幽默、滑稽之特点，许多篇什兼具调侃味道，如《十六年来之报屁股》，用轻松、滑稽的笔触，对民国以来"报屁股"（即报纸副刊）发展历程进行了回顾，很能吸引读者眼球。作为"报屁股"的《东方朔》，它的独立性和办刊的灵活性是其它报纸副刊无法比拟的。它可以脱离主报而独立发行，同时拥有《小说半月刊》、《文艺》特刊等相对独立的子副刊。

提到白羽的文学成就，人们首先想到的是他的武侠小说，而对这之前的情况知之甚少。而笔者有幸在旧书市场上收集到了刊于1928年前后的《东方朔》40余张，内刊白羽短篇小说以及文艺评论、散文随笔若干篇，其中的小说有《警眸》；文艺评论有：《好小说》、《劝善小说》、《小说闲话》；散文有《年话》、《俗物眼中的秋节》等。其中，白羽的文艺评论，反映了他早期的文学观点和美学理想。如在《劝善小说》一文中提出："纯文学作品，如小说之类。不可摆出道学家的架子，假借故事，一味劝善。"这与传统的"文以载道"之说有明显不同。

白羽的散文思想深刻、笔法自然、语言流畅，从另一侧面，为我们展示了宫氏的内心世界和高超的语言技巧。如《俗物眼中的秋节》一文，表达了作者因穷困而形成的对中秋佳节的不同感受："于此时我们应当消极的搪债、还账，积极地索薪、借钱。"因此，"秋节和我有甚么关系呢？我对之确没有一点好感想。"另一篇《年话》则对过年又有一番感慨："过年的苦乐，都随心绪而移。如同'莺啼燕语报新年'，何等绮丽；'音书北望堪肠断，况复明朝是岁除'，何等悲切；至于'除夕关门过'，便是意绪萧骚，让人哭不得笑不得了。"看来，无论是过节，还是过年，对于处于贫困潦倒的白羽一类的文人来说，均没有什么好兴致，有的就只剩下"切肤之痛"，甚至是"讨厌的喽"。

第一次见到宫以仁

　　2003 年 8 月份，笔者在天津《今晚报》副刊《日知录》专栏发表一篇名为《宫竹心与〈东方朔〉》的文章，这篇具有学术性质的随笔见报后引起人们的关注。一些学者纷纷与笔者联系索要资料。笔者并非专家学者，尤其是对白羽武侠小说更是知之甚少，只是因为发现了白羽先生早期的一些作品，并觉得有公诸于众的必要，所以，对有关材料进行了整理，借助于《今晚报》这个主流媒体作了披露，并提出了本人对白羽早期艺术成就的看法。不料，这篇小文被白羽的哲嗣宫以仁先生不意间读到。宫以仁先生十分兴奋，经报社编辑打听到本人的电话，与我取得了联系，我将报纸复印后通过其在津的女婿之手转送给了宫以仁先生。

　　这一年的冬天，宫以仁先生由晋城市坐火车来津探亲。老人一出车站就迫不急待地打电话给我，要亲自登门看望我。我知道宫以仁先生已经七十多岁了，不忍心让他老人家跑这么远的路，婉拒了老人的要求，并表示于近日登门造访。过了几天，笔者如约而至。老人当时住在河北区中山路二美里，这个地方是他女儿的家。老人见到笔者十分快慰，我们谈了约有一个多小时。老人讲述了白羽在天津的生活经历，还向笔者介绍了《十二金钱镖》成书过程，以及对中国武侠小说创作的影响。特别提到香港的武侠小说作家梁羽生、金庸小说与白羽小说有着许多渊源。临别时，我请老人在我收藏的《十二金钱镖》扉页上题了字，老人还向笔者赠送了他编著的《话炳》的打印稿，另外还赠送了两本白羽先生的再版著作。

喜得《话柄》签名本

宫以仁先生是白羽的次子，原在新华社总社工作。自 1984 年开始，受一些文艺出版社的邀请，整理了白羽的《十二金钱镖》、《血涤寒光剑》、《联镖记》、《牧野雄风》等遗作，并补录了以上各书的结尾。上世纪九十年代，编辑了《宫白羽武武侠小说全集》。宫先生不仅是一位资深编辑、记者，也是一位文艺评论家，这套《话柄》凝聚了宫以仁先生心血，是他对民国时期北派通俗小说研究的重要成果，在我国武侠小说研究史上具有重要意义。

2009 年春，宫以仁先生的女儿宫萍受宫以仁先生的委托打电话找我，想要送一套新近出版的《话柄》。因家人当时未留下宫女士电话，故一直未能联系上。对于我来说，这套书的价值是不可估量的，它记录着我与宫以仁先生文字缘。因此，我非常着急，一直想法子联系。正在我一筹莫展的时候，在一个朋友聚会的场合，邂逅了青年学者张元卿先生。张先生对北派通俗小说也很有研究，曾撰写了一部《民国北派通俗小说论丛》的专著，是一位对白羽先生武侠小说颇有研究的专家。记得我第一次去探望宫以仁先生时，宫以仁先生曾经专门介绍过这位曾在苏州大学上研究生的青年学者，话语间流露出对后生的敬意。张先生现在已调到天津社会科学院工作，目前仍致力于北派通俗小说的研究。据张先生说，他前几天刚好见过宫以仁先生的女儿，并且手里也有一套《话柄》。我从他手上要了宫先生女儿家的电话，并很快取得联系，终于在得到了这套期望已久的《话柄》。

——原载天津《品报》第 11 期（2011 年 5 月 1 日）

痛悼宫以仁先生

王庆安

　　人在沉重、悲痛的时候，是想说、想喊，还是想哭？这大概是我们生理上的基本诉求。那么文人的表达就是想写点什么，以吐露心声为快。话出口，可写起来却难以落笔。也就是说，人亦熟来人亦生。脑子一片空白，捋不出个头绪来。于是翻看我的日记：

　　　　2011年3月28日　二月二十四　星期一　晴　气温3～15度

　　　　加班。住单位。

　　　　给宫以仁先生通电，问候，并约请他来青县马厂兵营。接电很慢（这是老年人的一般规律）。不是宫先生接手机，却是一位女士？我说："是保姆吧"。对方说："是王庆安先生吧。我是宫捷。"他的女儿？少顷，宫捷抽泣。我似有预感。"我爸——爸，今天过逝啦"。我也一时骨鲠在喉，进而哽咽。考虑本周内还有两个必须由我参加并讲话的会议，不能前去长治向宫老的遗体做最后的告别。宫捷表示理解并劝告我也节哀，多联系。

　　　　梦中，有宫先生和蔼的身影。

　　近一个月来，宫以仁先生戴着两个瓶子底儿（高度近视）的那双眼睛，时常挂入我的脑海。悲痛之情，也使我像被牵去什么似的。记得与宫先生联系，还多亏天津潘强律师、许杏林老师的牵线，更在于他的令尊、武侠小说的宗师宫白羽出生在青县马厂兵营的缘故。

对于宫白羽先生是我业余研究的课题，使我和以仁老成了忘年交。我们相互联系的时间虽然不是很长，却都有相见恨晚的感觉。以仁先生年事已高，腿脚不便，多住在山西长治。我们几乎是一两个月联系一次，最频繁时，一天要通三四个电话。老人说过，接过我的电话，晚上睡觉都踏实。我记住这些话，路途遥远，公务在身，因此多打几个电话，以排解老人的孤寂。我们找到白羽的一篇文章，记起一件往事，知道一个幽默，遇到一件高兴的事儿，就是谈资。似乎我们之间的寒暄，才是白白支付的话费。老人思维清晰，风趣健谈。每次通话基本在三四十分钟左右，直到他老人家说，好了，明天你还上班呢。挂机吧。

我们谈话的范围，开始是宫白羽先生的生平、小说，马厂兵营、马厂减河，鲁迅、金庸、梁羽生等等，这些主题词帮助我写就《武侠小说的宗师——宫白羽》一文。

文章草拟的 2006 年 9 月，我专程赴晋东南面呈，征求意见。万余言着实让"半盲老人"吃了不少苦。不久，我收到老人页页改动、字字珠玑的修改稿。一个标点，一处注释，无一遗漏。透过纸背，我仿佛看到了那双"鼠目寸光"的眼睛、那对瓶子底的眼镜、那个放大镜下和那寸距间的痛苦与执着，以及对晚辈特殊的关爱与莫大的鼓励。

老人不光写下："我只认为庆安先生搜集、阅读了许多资料，认真写作，其精神和写作水平，令人钦佩"；"谢谢庆安先生的辛勤和认真劳动"等鼓励后生的话。还记录下今天看来，非常珍贵的文史资料。

比如，鲁迅给宫白羽的信，是七封（白羽留存原件的数量），还是十几封信？通过我们反复考证，包括查阅《鲁迅日记》等，实际上是十几封信。河北省 2007 年第 7 期《文史精华》杂志刊登时也有误。在我们面谈时，我特意让宫老在修改稿上加注"《鲁迅日记》记载有遗漏"的字样。

稿中在谈到宫白羽性情时，以仁先生率真地在稿上加入"然而秉性难移，一喝了酒，仍常发脾气骂人，如何仁甫、吴君邑等老朋友被他骂得不敢再登门了。"

当然宫以仁先生也有耿耿于怀的事情，并用红笔标注于稿中（当然，不便于发表）。那就是大约在 1955 年，鲁迅给宫白羽的七封信原件，经天津的一位著名大作家（已故）"借"走，而至今未还，也不知何故。等等。

再后来，我们谈话的范围，由白羽拓展到金庸、梁羽生。如，著名武侠小说作家陈文统，是因为何故改名梁羽生的；金庸评价宫白羽"对中国武侠小说的发展做出过一定贡献，堪称三四十年代武侠小说文坛上一代宗师"的语言环境和时代背景，等等。

老人的阅历与学识，就是一个档案库、图书馆。在谈到他自己时，令他亢奋的是参加开国大典、找到白羽的遗作等，还有在新华社、在《俄文友好报》的工作经历等"走麦城"的事儿，也不避讳。

坚持新闻的真实性、坚持实事求是的思想路线等，是老人所希冀的，也是践行的原则。比如，我撰写了一批参加开国大典人物和中国人民解放军军乐队的文史稿件，多有 1949 年 10 月 1 日"天气晴朗"的字样。问起见证老人，宫老哈哈大笑说："其实那天没有太阳，是阴间多云。"

谈起他在《俄文友好报》被定为"林、尤、宫反党小集团"、打成"右派分子"时，也不忘和我狂聊小集团主帅、报社第二副总编辑庄方的"深刻检讨"。因为那时检讨的越深刻越容易过关，庄方当然是受益者。大体是说，庄方在检讨的最后"深刻"地说，我与林某合谋给苏联大使馆写信指责《真理报》代印的《友好周刊》封面毛主席像的印刷质量不高，有辱领袖形象，实质上开创了对苏联"抗议"的先例，破坏中苏友好。破坏中苏友好，就是破坏世界和平，就是要毁灭全人类。当时宫老坐在会场前排的受批判席上，竟"嗤嗤"地笑出声来。当即被主持人怒斥并罚站，其结下的果子自然是苦的。二十多年后，宫老再见庄方，还不忘当年的检讨词，并与庄开玩笑。说："庄方同志，我在你领导下十来年，不知你还有毁灭全人类的野心哪。"庄方回道："你真小看我啦，我是萨达姆第二。"还有，还有……

我们通话时，旁人听起来只当是父子对话，话与话投机，心与心相印。我也偶有雪泥鸿爪的记录，只当是见面录音采访时的提纲。呜呼！惜哉，悔矣！

宫老作古，笔墨犹存。我之所以要回忆这些，不避嫌，不护短，真真见宫先生坦荡做人、谨慎为文，实感投言，实在敬佩。回过头来想想，他所说的有些鲜为人知的事情，今天看来其文史价值和意义应该更大一些。

到了2009年4月25日，天津市建筑遗产保护志愿者团队、天津市文史研究馆组织召开宫白羽学术讨论会。宫以仁先生特邀我出席。会上，我作为唯一外地代表，再次聆听了以仁老、杏林老等认真而风趣的讲话，并有幸发言。

好在关于白羽的，不，还有对以仁的研究事业，已在天津，乃至更大范围的志愿者们，在开掘，在努力，这大概是先辈及其子孙们值得安慰的吧。

老人常说，每当从天津到山西的火车上经过青县时，他就记起白羽、马厂，还有庆安……2011年春节前后，我们通过几次电话，相约春暖花开时节，他身体好一点的时候，到青县来马厂，探访白羽的出生地，品尝金丝小枣、五香冬菜、绿色蔬菜，感悟马厂兵营文化、炮台文化以及其它他认为的、更重要的文化等等。

不成想，真不成想！您，您怎么失约了呢！

大地回暖了，枣花要开了，青菜的花儿也错着季地、争着抢着地吐出了芬芳，似在迎客，似在为您开放。若果蔬之花有灵，权作是对那位坦诚活着、安静睡去的老人的供品吧！

2011 年 4 月 24 日于河北青县

——原载天津《品报》第 11 期（2011 年 5 月 1 日）

悼念宫以仁先生

牛立明

在天津，我有几位忘年交，都是天津地方研究史的老前辈，随着我头上白发的增多，这几个老前辈也都相继离开了我们。前几天，振良兄告诉我，宫白羽先生的次子宫以仁先生，也走了……

一连几天，我的心情格外沉重，找出宫以仁先生给我的图书资料，想想我们爷俩为数不多的几次见面……

我常想，去世的那几位研究天津文史的老前辈、包括宫以仁先生，都不是大家族出身的人，也不是富甲一方、腰缠万贯的大财主，可他们的离去，为什么就令我们这些晚辈难过呢？他们打动我们的地方是什么呢？

精神！骨气！人格！尊严！做学问的严肃，为人处事的随和跟善意……，我觉得，也许这些就是宫以仁先生留给我们的精神财富，也是我对宫先生肃然起敬的地方。

我认识宫以仁先生至少十多年了，是谁介绍我认识宫先生的，实在想不起来了，应该是天津的老新闻记者王慰增老师。只记得我得到了一个区号是山西长治市的电话号码，说是宫以仁先生山西家里的电话，我怀着兴奋的心情拨通了那个电话号码，电话那端的宫先生午睡刚醒，得知我是天津人，又非常喜欢宫白羽、刘云若、张恨水这些章回小说作家，宫以仁先生特别高兴。

在电话里，老人给我讲了一些宫白羽先生生前的生活细节，还提供给我王度庐夫人李丹荃先生、以及其他一些通俗小说作家家属的电话号码，那时我还是个靠采访卖稿子的自由撰稿人，对宫以仁先生的无私帮助很是感激。

不久，我采访了一些通俗小说作家的后人，文章在报刊杂志上发表出来。我在电话里跟宫以仁先生说，希望他回天津时，我对他进行采访，宫以仁先生爽快第答应了。我还问说，您为什么要在山西呆着呢？宫先生告诉我说，山西长治的夏天，比天津要凉爽很多，他是个非常怕热的人，所以就一直呆在山西，只有等到冬天他才回天津住上一段时间。

在采访到宫以仁先生之前，我们时常通电话，得知我非常喜欢天津旧体章回小说作家刘云若，宫以仁先生还专门给我寄来一些有关刘云若、宫白羽的资料。在来信中，宫先生也提出了他对作家刘云若的一些看法，非常客观，不带任何感情色彩的评价。

电话里的宫以仁先生，声音沙哑，我想这跟他常年吸纸烟有关系。每次通电话，宫先生都很温和，从不在谈论某人、某事时失态过。还有，宫以仁先生一直对我这个晚生后辈很尊重，这点令我很感动，我说这话，决不是矫情，因为从小到大，我都是在别人的欺负中、在别人的白眼中生活。人是很势力的动物，我们的周围，许多人是不懂得尊重别人、也不懂得自尊的人，而尊重别人，这是生活中常识性的东西，而今恰被人遗忘了。

宫以仁先生是个大学毕业生，是天津武侠大家宫白羽先生的后代，在他身上，能体现出宫家的家风。譬如说，平易近人、不卑不亢、自尊与尊重别人，重感情，不畏权贵、不攀富人等等。后来在天津河北区二美里宫以仁先生天津家中，在跟宫先生交谈、聊天中，宫先生给我的上述印象，更加强烈了。那是个初冬的季节，我来到宫先生的房间时，靠窗支着一个铁皮煤球炉子，宫先生坐在炉子旁边，边吸纸烟边给我讲述他和他父亲宫白羽先生的故事，以及他与民国时期一些小说家后代交往的事情。

宫以仁先生中等的个子，一头白发，戴深度近视眼睛，手不离烟，说话的声音粗且沙哑。闲聊中，宫以仁先生给我讲了他知道的民国后期一些天津著名报人的故事，还给了我他们后代的电话。宫以仁先生讲话时很谨慎、很理性，也很有逻辑性，偶尔才笑一笑。

宫先生的房间很简朴，房子也没装修，房门后头立着一个泛黄的书柜，上面摆放着北岳文艺出版社出版的宫白羽先生的武侠小说，我还站起身把书架上的书籍拿眼溜了一遍，却没有见到宫白羽先生的自传、我格外喜欢的《话柄》。

宫以仁先生告诉我说，他现在正整理先父的书籍，目前除了重新整理、修订"钱镖四部稿"之外，他还写作《白羽传》。如果能出版的话，他会送给我一本《白羽传》，我听了非常高兴。我问宫先生写作《白羽传》进展如何？他一指眼睛说，他的眼睛不好，写得很慢。

从谈话中得知，宫以仁先生虽已年近八旬，但每日仍坚持读书写作，他忙于整理的"钱镖四部稿"，总字数约三百余万字。"钱镖四部稿"拟名《十二金钱镖全传》，其中包括：初部作（本传）《十二金钱镖》；二部作（别传）《杨柳情缘》；三部作（前传）《牧野雄风》；四部作（后传）《大泽龙蛇传》。"钱镖四部稿"是白羽晚年自拟之名。现在宫以仁先生走了，这部大书还能不能出版呢？

跟宫以仁先生的交谈非常愉快，傍晚时，宫先生的女婿麻利地做了两道菜、蒸的米饭，又做了鸡蛋汤。其中一道菜是"宫保鸡丁"，那菜的味道跟馆子里的炒菜很接近，至今记得，后来也常跟宫先生的女婿提及这道美味。

采访完毕，宫以仁先生送给我三本杂志，一包《偷拳》的小说手抄稿。这些资料我至今保存在书柜里，两本杂志是《通俗文学评论》，另一本是台湾出版的《中华国学》，纸张和印刷都比大陆出版的《通俗文学评论》质量好得多。

回家翻看几本杂志，对宫白羽先生和刘云若先生的认识更广阔了，特别是张元卿兄撰写的《刘云若论》，写得很有水平，给我印象极深。我一直对《通俗文学评论》杂志的"通俗"两个字特别抵触，我自信阅读文学书籍还不算少，当代的所谓纯文学，文笔西洋化，叙述和描写都是学洋人的笔法，起笔也很楞，让人无法看下去，非常不符合中国人的阅读审美心理。反观宫白羽、刘云若、张恨水、还珠楼主等这些作家的作品，作品主题深刻、贴近百姓，批判现实主义和讽刺的味道很浓，文笔更是继承了中国章回小说的传统笔法，甚至有了改良，读起来既轻松又愉悦。我觉得，这才是真正的中国文学笔法，这才是中国的文学精髓。

再次见到宫以仁先生，是在宫先生的八十岁生日那天。在一家餐馆的包间里，我看到宫以仁先生时，觉得他还是老样子，纸烟吸得还是很勤，那天我们这些后生晚辈，跟宫先生聊得很尽兴，大家纷纷跟宫先生合影留念。那天，我还得到了梦寐以求的《话柄》三册。

没过多久，即 2009 年 4 月下旬，张元卿兄再次告知我说，想请我参加"宫白羽学术讨论会暨《天津记忆·宫白羽研究专号》首发式"，我急忙答应。那个会是在天津文史馆召开的，宫以仁先生的头发已然全白了，开会人站在天津文史馆前合影，宫先生没戴帽子，初春的风有些大，将宫先生的白发吹乱了。会后，我请宫以仁先生在《天津记忆·宫白羽研究专号》上签字，宫以仁先生提笔就写，字迹大气而有力。

再后来，我听宫以仁先生的女儿宫萍姐说，宫老师得了中风，已经接到天津家里住了。这期间，我一直向几家影视公司推荐宫白羽先生的小说《偷拳》，希望改编成电影或电视剧，为此跟宫以仁先生通电话勤了一些，宫先生告诉我说，香港大导演王家卫正在跟他谈《十二金钱镖》改编成电影的事情，我听了非常高兴，因为王家卫既是武侠编剧出身，又会导演，此事如果促成，那《十二金钱镖》肯定象《卧虎藏龙》一样，红遍天下。

　　电话交谈中，我察觉宫先生心情不高，可能是因为他得病的缘故吧。我只能在电话里安慰老人几句，我能做什么呢？但宫先生走得这样快，确实出乎我的意料。

　　下面的文字，就是我当年采访宫以仁先生的稿件节选，用来祭奠宫以仁先生的在天之灵，也希望宫家的后代继承家风，保存好宫先生留下来的资料……

　　　　——原载天津《品报》第 11 期（2011 年 5 月 1 日）

怀念宫以仁先生

李力夫

昨日，接到《今晚报》王振良兄长的电话，告之宫白羽先生的哲嗣宫以仁老已于上月 28 日在山西省长治市的寓所中去逝。听到噩耗，感到心里一震，甚而荡漾起许多莫名的痛楚与悲伤，而言语中却仓皇地期期艾艾，只是答了一句知道了。仿佛只是听到了一个故人搬家的消息。当自己反应过来，忽感悲从中来，想写些文字纪念，又不知从何下笔。

小学时，我无意中得到过一套北岳文艺出版的《十二金钱镖》，看得如醉如痴，对白羽先生这位乡贤更是敬仰有加，后来，蒙张元卿与王振良老师引荐，有缘结识白羽先生的次子宫以仁老，虽然见面不多，但甚为老人的气度所感动，老人年轻时曾在新华社任职，赶上了那个时代的大风大浪，但从被这些风浪击倒过！我对老人的传奇经历和高尚人格很是佩服。

因为我在出版社工作，老人还曾送我一套用了近六年时间编著的名为《话柄》的著作，全书共为三卷：第一卷是该书作者的父亲、著名的武侠小说大家白羽先生的自传《话柄》；第二卷是宫以仁先生撰写的《话柄后集—白羽后传》；第三卷是宫以仁先生研究白羽先生生平和作品思想艺术特点的专集——《续编补遗》。

当时，这本书是宫老先生自费印制，唯念此书能以流传，唯念白羽先生之生平著作能为世人所知晓重视，宫以仁老特嘱我帮着找几家出版社，看看能否正式出版此书，我当时也联系了十几家出版社，并向他们说明此书之意义，可惜没有一家出版社愿意出版，这是一桩憾事。但我想来日方长，等待机缘为好，但不料今日宫以仁老业已辞世，心中多了几分愧疚与歉意。

宫老在世时，我曾将手中旧版《话柄》一书做了影本送宫老，以补其新版话柄前无旧时照片之憾。此后我便借梯上楼，与宫老先生过往渐密了，此后，几次去宫以仁老家中拜访，老人已年过八旬，但思维清晰，思想不呆板、不僵化。谈锋甚健，与我们几个年轻人聊天没有什么居高临下的姿态，更多的是鼓励。

可是说这本老版《话柄》是我与宫以仁老相识之契机，今日宫老辞世，将新旧两版《话柄》置于案头，百感交集

这本《话柄》为天津正华书局中华民国二十八年十二月十日出版，是白羽的自传，内容很是丰富，依据目录所示，封面话柄二字为周作人所提，这一点和以仁先生在新版话柄中提到的"在沦陷区，白羽认识几位大文人，如周作人、何海鸣等。"是吻合的。书的封面上还有刘延栋所作白羽绘像以及当时天津名士王伯龙所提诗一首：弹铗唱歌气倍豪，淋漓大笔写荆篙。炉边沉醉无名姓，万古云霄一羽毛。书前有吴云心先生的序文，之后是白羽先生及家人的照片，当时我曾问宫以仁老为何书中唯独"次子以仁"未用照片，而是一幅漫画呢？宫老笑答，当时自己顽皮的很，不愿照相，最后只得用漫画代替了。当时老人说起时，那已经是七十多年前的事了。

因为我平时很注意鲁迅研究，所以对《话柄》中一段白羽先生回忆与鲁迅交往的文字格外留心，宫以仁老还特地为我将书中白羽先生与鲁迅先生交往的片段指出，让我受益匪浅。他说，1949年后，父亲宫白羽不再以"武侠小说大家"为人知，更多的时候是以"曾受过鲁迅先生教导的文学青年"的身份示人，不过与一些仗着"鲁迅曾经教导过的青年"为名作为政治资本的人

不同，宫白羽并未以此去出过风头，也未捞得半点好处，而是选择了普通人的生活，他还曾在一家地方出版社做了编辑，以薄薪供养家人。

宫以仁老还为我找出过一篇文章，是在1957年国家放出"百家争鸣，百花齐放"的时候，白羽先生曾在《新港》杂志发表的文章，其中有这样的文字：

> 在共产党掌握并巩固了政权之后，要叫百家争鸣。这是谦虚，也是集众思，广众议，也是对"思想压制"的解放，也是勤求民隐，也是披沙拣金。你们这些杂家还不感激吗？难道非等夹棍夹在你腿上才说才鸣吗？
> ……
> 一些青年作家流于形式化，一般化，稿子叫你一看，不等看完就知道"下回分解"，好像除了搞运动，做套子活，便没有玩意了。然而青年作家之所以如此（因为我是做编辑工作的人，可以多要求自己和同行），各出版社编辑同志（你们想一想），你们是不是有时犯一些毛病呢？非公式化稿件就不敢登，要的是四平八稳，人嚼过了的甘蔗我再嚼，就决不会招灾惹祸。
> ……
> 所以我要建议，或者说我要抗议，充分给人们以争鸣、齐放的机会！不给，人就要装哑叭！

多年之后台湾学者叶洪生先生见到此文，在台湾《中时晚报》上发文说：幸好中共认为白羽早已是旧社会的死老虎，起不了什么作用，因此在随之而来的反右斗争中没有波及到他，但是他的次子宫以仁却为"鼓吹新闻自由"而被打成"右派分子"，

"下放劳动"。1949年后，宫白羽没有丢掉鲁迅先生的精神，而这一点，宫以仁老无疑是承继了他父亲的这一特点。

有次与我们几个年轻人话旧事，说起1949年自己参加开国大典的事，当时他随新华社总社有关部门从京郊迁入北京城里的司法部街，在新华社总编室任职，为"新政协"和新中国筹建工作及时发布新闻。我们其中一人问起那日的天气，怎么赶上的那么好的一个大晴天的，是否有天气预报算过，宫老哈哈大笑，说："其实那天一整天都是阴天，没有太阳。"

——原载天津《品报》第11期（2011年5月1日）

宫以仁先生一路走好

胡立生

读上期《品报》，惊悉宫以仁先生去世噩耗，悲之痛之。我与宫先生是在 2009 年"津门论剑"会上初识的，先生的热情、认真、执着，均给人留下很深的印象。由宫先生编辑整理的《宫白羽武侠全集》的出版，对宫白羽武侠作品在当今的普及推广，可谓功不可没。斯人已去，愿宫先生一路走好。今特摘录 1947 年《一四七画报》有关宫白羽先生一家之旧闻资料，以寄托哀思之情：

★白羽父子皆嗜读小说，每得新书，不敢放手，放手转眼无踪，故父子四人常抢书为乐。

★白夫人亦嗜读小说，一日嗜读，竟将肉炖胡云。

★白羽年四十八岁，白夫人五十岁，长子以智二十五岁，次子以仁十七岁，幼女以美十二岁。其中次子最聪明，明年暑假即高中毕业矣。

★白羽极好客，每至星期六、星期日其斗室即充满客人，互相谈心，述一星期内所闻见之奇闻异事以为乐，若无客来，则一家居于一室谈天，夜半方散。

★白羽虽写武侠小说，却一招武术也不会。

★白羽长子有父风，亦写一武侠小说，但秘不示人。

★白羽极溺爱其子女。

★白羽长公子视其父所作之小传，语人曰："没我作得详细。"

——原载天津《品报》第 12 期（2011 年 7 月 1 日）

深痛悼念宫以仁同志

　　宫君以仁，驾鹤西奔。噩耗传至，众皆痛惊。叹君一生，坎坷不平。祖籍山东，迁徙天津。北京就职，从业新闻。遭贬外放，上党安身。初任工校，继调党门！岗位多变，勤贯始终。视力虽弱，识事颇清。腿脚有疾，勇于践行。见多识广，师德可风。生徒众多，编著亦丰。离而不休，笔耕不停。整理父作，弘扬传统。积劳成疾，病久归阴。二女失恃，众失良朋。君虽身逝，良风永存。请君安息，阴佑后人。

2011 年 3 月 31 日

　　（注：党门，指党校部门。作者为王守信、马骏、李永忠、崔忠诚、王仁德、吕春生、武俭、闫元亮，皆是宫以仁先生在晋东南地委党校同事。）

　　——原载天津《品报》第 11 期（2011 年 5 月 1 日）

留得"话柄"在人间

——"追忆宫以仁先生"编辑琐记

杜　鱼

　　今年 4 月 13 日，我与倪斯霆先生一起，还有今晚报社副刊部吴裕成先生等，受河北省青县新闻出版局王庆安先生之邀，赴青县考察马厂兵营和盘古寺等史迹。2009 年 4 月，王先生曾来津参加宫白羽学术讨论会，其间我和倪先生引领与会者参观了一炉月刊社（基泰大楼）、天津商报馆和庸报馆等，之后我又专门陪同王庆安先生考察了民主道段芝贵、段祺瑞居所，陕西路宁星甫旧居，以及南开二纬路宁家大院等。这几个人物，或者与青县的历史密切相关（段祺瑞、段芝贵），或者本身就生于青县人（宁星甫），都是王先生感兴趣的人物。由于这次深入的交往，我们与王先生算是老相识了。

　　在去马厂兵营的路上，王庆安先生突然用很低沉的声音告诉我们："宫以仁先生——走了！"宫先生这几年身体一直不很好，但是对于这个现实，我们还是感到有些突然。我追问了一句先生去世的时间，王先生说："大约有半个月了！"14 日，因为筹备纪念李琴湘先生诞辰 140 周年学术讨论会，我暂时把这事放在了一边。15 日上午，与宫以仁先生熟识的年轻朋友，大体同时接到宫萍女士的电话，告知宫以仁先生去世的消息。因为已经有了心理准备，我只是简单安慰了几句，没有再多谈什么。在悲惋的通话氛围中，我竟然忘记询问先生离世的具体日期。17 日上午，我刚把来津参加李琴湘会（16 日）的李𣏌先生（李琴湘之孙）送走，元卿兄就自南京打来电话，谈起宫以仁先生去世的情况，并建议在《品报》辟一纪念专栏。当天我刚好有夜班，于是提前一些时间来到单位，分别联系倪斯霆、侯福志、李力夫、牛立明诸先生，约他们撰写怀念宫以仁先生的稿件。我不太好意思再给宫萍女士打电话，就顺便请福志老兄帮忙询问，这时我们才获知宫先生去世的准确时间为3月28日晚8时30分。

4月23日，师友的稿件已陆续来齐，我开始着手编辑《品报》第11期，忽又想起与宫先生交往密切王庆安先生，于是又打电话向其约稿，王先生非常痛快地答应了。24日晚我上班时，王先生的稿件已经躺在了电子邮箱里。有了这些师友的支持，使得我们这个纪念性专栏大大地充实起来。随后我又通过谷歌和百度，检索到几篇与宫先生有关的文字，一并放到这个专栏里面。

我与宫以仁先生的交往，集中在2009年的4月和5月，先生来津参加"宫白羽学术讨论会"和"津门论剑——民国北派通俗文学学术讨论会"期间。4月19日，先生自长治回到天津的第二天，就携长女宫萍、次女宫捷，邀请倪斯霆、张元卿、侯福志、李立夫、牛立明和我，在迎水道山西宾馆吃饭。就是在这次聚会上，好几位对天津通俗文学研究有着浓厚兴趣的年轻学人，才第一次见面并且熟识。倪斯霆和张元卿两先生在文章中，已经比较准确地评价了宫先生对新时期以来民国通俗文学研究所起的推动作用。然而我觉得，在近两三年"天津帮"的形成过程中，宫先生也同样起到了穿针引线的"枢纽"作用。其中的最重要的标志，就是他在天津"两会"召开前后所发挥的积极影响。这一点，随着时间的推移和"天津帮"的成熟，我想会越来越明显。

2009年初，因侯福志先生的提醒，我从收藏的《中华画报》影印件中，辑录出了一百多篇宫白羽的佚文，最初元卿兄和我打算整理出来，在"两会"上就教于师友，可是一着手就发现，由于影印件字小模糊，释读起来十分困难，虽然只有两万余言，但远非十天半月可毕其功。因此，我就先行编制了一篇《〈中华画报〉白羽佚文索引》，以方便后面的整理工作。听说发现大批宫白羽佚文，宫以仁先生自然抑制不住激动，隔三差五地就打电话给元卿，希望能够尽快将佚文整理出来。因为要专心筹备"两会"，我们实在抽不出更多时间，最后只好将佚文复印件通过宫萍，寄给了远在长治的宫先生，由他请人识读打字并亲自校阅一遍。对于一些难于索解之处，宫先生还添加了注释。

"两会"之后，元卿和我利用工余时间，对初校稿进行复校和三校。其间宫先生又多次给元卿和我打来电话，对我们的整理工作进行"督促"，使得校阅进程逐渐加快。最紧张的那阵子，元卿和我一周要见上四五次面。由于字小难辨，我们的工作一直靠放大镜进行。一般是我来读，元卿校改；遇到拿不准的字，再请元卿看一下。如果两人都拿不准了，只好用■来代替。这样一直进行到 2009 年 9 月下旬，宫白羽先生这批佚文的校对工作才告一段落。9 月 28 日，我完成了《〈《中华画报》白羽佚文〉前言》，10 月 1 日印行了《〈中华画报〉白羽佚文》（《天津记忆》第 19 期）。

2010 年 1 月，元卿和我组织召开纪念刘云若逝世六十周年座谈会之后，百花文艺出版社的董令生老师找到我们，提出编辑"民国北派通俗文学名家散文小品丛书"的设想，元卿与我立即进行了前期准备，并列出编辑大纲和刘云若、宫白羽两人的备选篇目。这一丛书计划很快得到社方的积极反馈，可就在元卿与我将有关篇目复印一过，打算送交初审并讨论签定合同事宜之时，忽然听到董令生老师重病住院的消息（前不久从某君博客上，看到董老师参加社会活动的照片，知道她康复得相当不错），这一丛书计划也就被无限期地搁置下来。宫以仁先生生前，非常期待能够看到这本小品集的出版，而如今老人带着种种的遗憾，永远地离开了我们。

　　宫以仁先生性格随和，有着无与伦比的亲和力。在我们有限的交往中，他带给了我巨大的感召，使我心甘情愿花时间和精力，去为宫白羽先生做一些力所能及的事情。

　　现在宫以仁先生也走了，我也愿意拿出时间和精力，帮助以仁先生完成他未能完成的遗愿——留得"话柄"在人间。

　　拉拉杂杂地写了这许多，权作对宫以仁先生的一种纪念！

2011 年 4 月 29 日于广雅之轩

　　——原载天津《品报》第 11 期（2011 年 5 月 1 日）

　　（杜鱼按：本文载于《品报》时径名《"追忆宫以仁先生"编辑琐记》，收入书中时新拟了主标题。）

编后记：告慰宫以仁先生

王振良

2009年，编辑《天津记忆》第6期"白羽研究专号"时，我写过一段《编后缀语》作为补白，其中有这样的话："白羽长期在天津生活，但在相当一段时间里，他似乎已被人们遗忘。作为土生土长和非土生土长的天津人，我们有责任让更多的人记住白羽，认识白羽。其中，很重要的一点是：白羽并非只是武侠小说的作家，同时也是一位在甲金古史方面有着较深造诣的学者，一位驰骋文场建树颇多的报人，一位卓有成绩的出版家和教育工作者。"

回过头来再看这几句话，可能带点揄扬乡贤的意气。但如今六年多过去，随着作品的不断发现整理，至少作为学者和报人的白羽，面目已经越来越清晰。如果说，报章文字体现了白羽物质的生存的需求，那么关于古文字的研究，则更多地体现了其精神的学术的趣味。

对于非武侠小说作家白羽的研究，由于资料零散目前还难于深入下去，虽然张元卿兄和我辑录过若干内部资料，但毕竟印数较少流传不广。这次天津市文史研究馆慨然出资，支持我们将白羽小说之外的零散作品汇为一编，并因其号而命名为《竹心集》，列入"天津市文史研究馆馆员著述丛书"公开出版，这对白羽研究来说自是一种福音。

这里，谨对《竹心集》的内容作些说明。

第一辑"白羽自述"，主体是白羽自传《话柄》，民国二十八年十二月十日出版，由白羽自办的天津正华学校出版部印行。2008年，白羽哲嗣宫以仁先生自费印行了注释本，以馈赠亲友和学人。本次整理，即在宫以仁长女宫萍女士提供的电子文档基础上，根据原书重新比勘订讹；至于宫以仁、宫捷所加注释，以言难尽意未予保留。《家风》原载天津《一炉》半月刊第一卷第五号（民国十九年六月一日印行），据通俗文学收藏和研究专家侯福志先生提供的复印件整理。《生之磨炼——宫白羽自传》原载天津《星报》（1950年2月16日至4月3日），由张元卿兄发现并整理。

第二辑"说良心话"，收录白羽刊于天津《中华画报》的文字，主要是"良心话"专栏杂文，还有专栏外的杂文和其他报章体文字。这是经侯福志先生提醒，我在《中华画报》检索出来的，并请人录入文字初校一过，嗣后交宫以仁先生覆校，最终张元卿兄和我又昕夕对校，以《〈中华画报〉白羽佚文》为名，列入《天津记忆》第19期，于2009年10月印行。收入本书时，仅订正了极个别文字；宫以仁先生覆校时，曾加入一些批注，以有助于理解文章背景，因此酌予保留。

第三辑"说三道四"，收录白羽散见在各种报刊的随笔、评论和杂文等，其中有的也属专栏性质，但因篇数较少无法独立，就一股脑归并到这里。本辑又大略别为四个部分："三国闲话"收与三国平话有关的考据文章；"艺文漫录"收与小说（三国除外）、戏曲有关的文学方面的文章；"人物百态"和"社会万象"则主要是杂文和随笔，前者以摹写三教九流为主，后者以针砭世故人情为宗。白羽的这类文字，不时仍有新的发现，这里仅据所见录存。

第四辑"甲金留痕"，收录白羽研治甲骨文、金文和古史的札记。《白鱼琐记》是其最早发表的古文字研究成果，然学界一直只知其名未见其文。2014年张元卿兄偶然发现线索，随即复制并录入整理，发现《天津文史》第16期所刊《金甲证史诠言》，最后五篇当属《白鱼琐记》。《甲金证史诠言》初由宫以仁、高成元、刘荣华整理，并以《金甲证史诠言》为名，揭载于《天津文史》第16期。后来，张元卿兄又发现三篇漏收文字。这次文字合璧之际，又请元卿兄重新核校。曾羼入的《白鱼琐记》文字则归之所属。《日新录》是张元卿兄据白羽手稿（宫以仁先生赠）整理，2014年5月收入问津书院编印的内部资料《问津》第2卷第5期（总第17期），这次也请元卿兄对了原文。

本书整理过程中，文字严格遵循文献原貌，模糊不清者以□替代（第二辑情况特殊以■替代）；原文排印鲁鱼亥豕之处，直接改正并加"整理者按"予以说明；只有句读的文字均加新式标点，原标点与今通行用法抵牾过甚者酌予更动，其他不影响文意者仍保持原貌；原文书名和篇章之名，有时用引号，有时无引号，即使一篇文章中也是如此，整理时未作更动，亦不添加书名号；除《话柄》《白鱼琐记》《甲金证史诠言》《日新录》之外，自报刊辑录的白羽佚文，署名情况十分复杂（极少数甚至不敢说必属白羽），故不厌其繁地将发表时所署缀于标题之后，以便于进一步研究；每篇文章最后尽量详注出处，然来源复杂搜集不易，少数标注未能尽如人意，尚祈有以谅宥。极少数篇章中对中国共产党领导的军队有不恰当称呼，为存文献之真亦保留原貌，相信读者自能鉴别。最后需要说明的是，本书属于文献汇编性质，传布过程中产生一些相关文字（主要是序跋和说明），有助于读者了解文献的发现、整理、传播过程，故择要附于相关文字之后。

编辑出版一部白羽文集，是宫以仁先生多年的愿望，并曾写有《愿留话柄在人间》一文揭诸报端。可惜就在白羽佚文被不断发现之际，先生遽然于 2011 年 3 月驾鹤西行。其后不久，我和元卿兄等在《品报》第 11 期（2011 年 5 月 1 日）和第 12 期（2011 年 7 月 1 日）开辟"追忆宫以仁先生"专栏，向师友邀约了一组纪念文稿，今移置书末作为附录，以留先生之雪泥鸿爪焉。

这本《竹心集——宫白羽先生文录》虽然还远谈不上完善（譬如白羽的武侠小说序跋就未能辑入），但或差可告慰宫以仁先生于泉壤之间！

2015 年 7 月 11 日初稿于四平轩，9 月 4 日定稿于饱蠹斋